GESCHÄFTSDEUTSCH

An Introduction to Business German

Second Edition

GUDRUN CLAY
Metropolitan State College of Denver

McGraw-Hill, Inc.

New York St. Louis San Francisco Auckland Bogotá Caracas
Lisbon London Madrid Mexico City Milan Montreal New Delhi
San Juan Singapore Sydney Tokyo Toronto

This is an  book.

Geschäftsdeutsch

1 2 3 4 5 6 7 8 9 0 SEM SEM 9 0 9 8 7 6 5 4

ISBN 0-07-011334-3

This book was set in 10.5/12 New Baskerville by Clarinda
the editors were Leslie Berriman and Gregory Trauth;
the designer was Lorna Lo;
the front matter and back matter designers were Paula Goldstein and Lorna Lo;
the production supervisor was Tanya Nigh;
the cover was designed by Deborah Chusid;
the cover illustration was done by Iikka Valli.
Illustrations were done by Lori Heckelman and Lorna Lo.
Project supervision was done by Stacey Sawyer.
Production assistance was provided by Kevin Berry, Marian Hartsough, Edwin Smith, Pamela Webster, and Edie Williams.
Semline was printer and binder.

Library of Congress Cataloging-in-Publication Data

Clay, Gudrun.
Geschäftsdeutsch : an introduction to business German / Gudrun Clay. — 2nd ed.
p. cm.
Includes index.
ISBN 0-07-011334-3
1. German language—Business German. 2. German language—Textbooks for foreign speakers—English. 3. German language—Grammar. 4. German language—Conversation and phrase books (for merchants) I. Title.
PF3120.C7C58 1994
438.2'421'02465—dc20 94-32894
CIP

Photo Credits

Page 1 Bettman; *12* Bundesbildstelle Bonn; *13 (left)* IN-Press/Bundesbildstelle—Inter Nationes; *13 (right)* IN-Press/dpa—Inter Nationes; *19* David Ausserhofer—Inter Nationes; *21* Presse- und Informationsamt der Bundesregierung—Inter Nationes; *23* Bundesbildstelle Bonn; *35* Deutsche Bundesbahn Zentrale—Inter Nationes; *39* Bundesbildstelle Bonn; *45* German Information Center; *53* Bundesbildstelle Bonn; *83* Bild: WDR—Inter Nationes; *103* Inter Nationes/I.N.-Bild; *129* Inter Nationes/Klaus Lehnartz; *141* Bundesbildstelle Bonn; *157* INP/Bergbau AG—Inter Nationes; *160* Bundesbildstelle Bonn—Inter Nationes; *170* INP/Danetzki; *181* Inter Nationes; *186* Bundesbildstelle Bonn; *186 (bottom)* Horten; *187* WDR/Kratzen; *192* Bundesbildstelle Bonn; *193* Jochen Tack; *199* INP/AEG—Inter Nationes; *207* Deutsche Bundesbank; *230* DZT-Archiv—Inter Nationes; *233, 235, 236* Bundesbildstelle Bonn; *241* Presse- und Informationsamt der Bundesregierung; *241 (bottom)* German Information Center; *244* Bundesbildstelle Bonn; *248* German Information Center. *Credits continue on page 284.*

GESCHÄFTSDEUTSCH

Preface ix

1 Die Bundesrepublik Deutschland 1

Blick auf Deutschland 2
Die Bundesländer 5
Hörverständnis: „Rostock: Mitglied der neuen Hanse" 16
Wußten Sie das schon? 18

2 Europäische Gemeinschaft/ Europäische Union 19

Historischer Überblick 20
Statistischer Überblick 27
Ein Modell für morgen 31
Hörverständnis: „Geldpolitik" 35
Wußten Sie das schon? 36

3 Verkehr und Transport 37

Das Verkehrssystem 38
Die Straße 42
Die Bahn 45
Die Luftfahrt 52
Die Schiffahrt 56
Hörverständnis: „Verkehr und Transport" 59
Wußten Sie das schon? 60

4 Geschäftskorrespondenz 61

Der Geschäftsbrief 62
Angebot und Nachfrage 70
Musterbriefe 77
Hörverständnis: „Sprache" 81
Wußten Sie das schon? 82

5 Bewerbung 83

Bewerbung 84
Lebenslauf 91
Interview und Stellenangebot 95
Hörverständnis: „Bildungsweg und Berufsziele" 101
Wußten Sie das schon? 102

6 Tourismus 103

Tourismus 104
Urlaub und Ausflüge 107
Reisen in Deutschland 112
Hörverständnis: „Wandern in den Alpen" 119
Wußten Sie das schon? 120

7 Verbraucher 121

Steuern 122
Verbraucherschutz 128
Konsumgesellschaft 132
Hörverständnis „Ladenöffnungszeiten" 139
Wußten Sie das schon? 140

8 Sozialwesen 141

Soziale Sicherheit 142
Abgaben und Leistungen 146
Sozialhilfe 152
Hörverständnis „Arbeitsämter in der Bundesrepublik" 155
Wußten Sie das schon? 156

9 Industrie und Arbeitswelt 157

Industrieland Deutschland 158
Die deutsche Chemieindustrie 162
Industrie in den neuen Bundesländern 164
Arbeitswelt 168
Ausländische Arbeitnehmer 175
Hörverständnis „Berufsbildung in Betrieb und Schule" 179
Wußten Sie das schon? 180

10 Wirtschaft 181

Handel 182
Arbeitgeber und Arbeitnehmer: Sozialpartner 190
Import und Export 196
Hörverständnis „Produktionsverlagerung ins Ausland" 202
Wußten Sie das schon? 203

11 Geldwirtschaft 205

Banken 206
Geldverkehr und Service 211
Kreditkarten 221
Hörverständnis „Bankier Hermann Josef Abs" 228
Wußten Sie das schon? 229

12 Umwelt 230

Umweltprobleme 231
Umweltschutz 240
Alternative Energiequellen 247
Hörverständnis „Umwelt" 249
Wußten Sie das schon? 251

Sample Test: Prüfung Wirtschaftsdeutsch International 253

Anhang 269

Zahlen, Gewichte, Maße 269
Daten und Temperaturen 269
Gesetzliche Feiertage in der Bundesrepublik 269
Abkürzungen 270
Länder, Hauptstädte, Leute, Sprachen, Währungen 271
Adressen staatlicher und privater Unternehmen und Organisationen in der Bundesrepublik 272

Wortschatz 275

Index 279

Geschäftsdeutsch, Second Edition, introduces students to the language of business German and gives them insight into Germany's place in the global economy. The topics, language, and skill-building exercises offer an excellent preparation for students who, after two years of college-level German, plan to pursue careers in international business. At the same time, the materials are appropriate for students, such as German majors or minors, who have chosen business German as an elective course.

The Second Edition of ***Geschäftsdeutsch*** reflects the recent changes in Europe and responds to instructors' and students' requests for up-to-date information and current business terminology. Guided by comments and suggestions from users of the First Edition, I have included new topics, shortened and deleted some reading texts and added others, resequenced activities to help students build their receptive and productive language skills, and added a listening comprehension activity at the end of each chapter.

Many students at North American colleges and universities who successfully passed the prestigious and universally recognized examination **Prüfung Wirtschaftsdeutsch International** prepared for this exam with the First Edition of ***Geschäftsdeutsch***. The Second Edition has been thoroughly revised to prepare students even better for this exam. While no one textbook covers all topics of business German, ***Geschäftsdeutsch*** presents the most popular ones and teaches and practices the essential skills necessary for proficiency in the world of German business.

The twelve chapters of ***Geschäftsdeutsch*** are organized around major business and economic topics. **Kapitel 1** serves as an introductory chapter with a twofold purpose: first, to provide students with information about the geography and economics of the sixteen **Bundesländer** and, second, to encourage students to choose a particular area of interest, such as finance, industry, ecology, or the like and to pursue it throughout their course of study both inside and outside the classroom. The remaining chapters cover eleven different topics of primary interest to those in the German and European business worlds.

Chapter Organization

Each chapter of ***Geschäftsdeutsch*** is organized as follows:

Advance organizer: **Einführende Gedanken / Einführende Fragen**

Each subtopic: **Vor dem Lesen**
Wortschatz
Lesetext
Übungen zum Verständnis / zum Wortschatz / zur Grammatik
Aktivitäten

Chapter wrap-up: **Hörverständnis**
Schlußgedanken
Wußten Sie das schon?

- The **Einführende Gedanken** or **Einführende Fragen** activate students' background knowledge and raise questions about the general chapter theme. Responses to these thoughts and answers to these questions can be found in the readings and activities within the chapter
- Opening each thematic subsection of the chapter, **Vor dem Lesen** introduces students to the subtopic and piques their interest in the reading selection(s).
- The **Wortschatz** presents the important active vocabulary of the **Lesetext**. Placed before the **Lesetext**, it helps students read the text with greater facility and better understanding, while reinforcing the acquisition of vocabulary.
- Presenting the primary content of the chapter, **Lesetexte** consist of author-written descriptions of formalities, procedures, policies, and programs in the German business world as well as authentic texts, such as newspaper articles, graphics, and promotional materials, that explain or illustrate the subtopic. For ease of reading, passive vocabulary is glossed in footnotes at the bottom of the reading.
- The **Übungen zum Verständnis** offer a variety of exercises with which students can check their comprehension of the information presented in the **Lesetext**. The **Übungen zum Verständnis** may be prepared by students as homework for in-class discussion.
- The **Übungen zum Wortschatz**, based primarily on the **Wortschatz** lists, are designed to help students' acquisition of the high-frequency vocabulary of business German texts.
- The **Übungen zur Grammatik** review those structures frequently encountered in German business language, such as passive constructions, indirect questions, indirect discourse, extended modifiers, and the like. Frequent **Grammatiknotizen** offer a concise review of the more complex grammatical structures. Business vocabulary is recycled throughout the exercises and in the **Grammatiknotizen**.
- Active mastery of German business language is promoted and developed through the **Aktivitäten**. Activities, designed for pairs and groups, include class reports, text summaries, interviews, role-plays, information gathering, and discussions. In earlier chapters, the activities are more tightly structured and guided. With increased practice, students are given greater latitude to devise and carry out tasks. The activities are designed to encourage language production at the paragraph level with appropriate vocabulary and acceptable syntax.
- The **Hörverständnis**, a new global listening passage treating a topic related to the chapter theme, gives students an opportunity to develop their listening comprehension skills. Running from three to five minutes, recorded passages

consist of simulated radio broadcasts, reports, interviews, biographies, and news briefs. The accompanying **Hörverständnis** exercise in the text is preceded by a short list of vocabulary with English definitions. The audio portion previews the vocabulary in a German context related to the listening passage, thereby giving students an opportunity to anticipate the content of the passage. Taken together, the answers to the listening comprehension questions in the text can be used by students to summarize the text.

- The **Schlußgedanken** serve as confirmation that students have attained the learning goals of the chapter. In this section, instructors are encouraged to develop their own chapter wrap-up based on the interests and ability of their students.
- **Wußten Sie das schon?** is a collection of cultural notes and observations that illustrate some common German attitudes and behavior patterns. Popular with instructors and students alike, this section has been expanded and updated in the Second Edition. It can be used as a point of departure for lively classroom discussion.

Features of *Geschäftsdeutsch*, Second Edition

- Essential business topics are covered in twelve manageable chapters. Materials can be covered comfortably in one or two semesters or in two or three quarters.
- Many new photos, updated graphics and maps, and other visuals have been carefully integrated into the chapters to illustrate and complement the readings and to provide additional cultural information.
- A new listening comprehension tape, tied into the **Hörverständnis** activity in each chapter, adds a new dimension to your business German course and offers students a welcome opportunity to practice their listening comprehension skills. The Listening Comprehension Tape, supplied free to adopting instructors, is also available to students at a nominal price.
- New reading and listening comprehension activities range from seeking information in the texts to inferring meaning and intent.
- New, engaging, task-based actitivies go beyond mere vocabulary and grammar practice. Students are given a chance to apply their newly acquired knowledge to real tasks and to explore areas of personal interest further. A wide variety of activities promotes interaction and classroom discussion.
- Abundant writing exercises give students ample practice in the conventions of German business language and proper style in German business correspondence.
- A comprehensive German-English vocabulary (**Wortschatz**), containing the vocabulary of the **Lesetexte**, appears at the end of the book.
- A sample **Prüfung Wirtschaftsdeutsch International** exam is reproduced in a special appendix for students interested in taking this examination.
- The newly revised Appendix contains lists of frequently used abbreviations, weights and measures, temperature conversion charts, German national and regional holidays, and European countries and currencies. An expanded list provides current addresses of public and private agencies that can supply your students with supplementary materials for reports and class assignments.

Acknowledgments

The author and publisher would like to express their gratitude to those instructors who responded to a series of surveys and reviews or reviewed and commented on manuscript during the development of the Second Edition. (The appearance of their names does not necessarily constitute an endorsement of the text or its methodology.)

Robert Ambacher – Millersville University
Virginia Blaney – Mississippi State University
Lisa Brendel – University of Illinois, Chicago
Michael L. Burwell – University of St. Thomas
Bernard H. Decker – University of Central Florida
Henning Falkenstein –Valparaiso University
Tamara Felden – Augustana College
Erika Gautschi – Purdue University
Andreas Gommermann – Creighton University
Clayton Gray, Jr. – Lake Forest College
Maryanne Heidemann – Ferris State University
Helga N. Hill – East Carolina University
Irmtraut Hubatsch – Goethe Institute, San Francisco
Inga Jablonsky – Spokane Falls Community College
Paul A. Jagasich – Hampden-Sydney College
Anthony Jung – University of Nebraska, Omaha
Louise W. Kiefer – Baldwin-Wallace College
Norgard Klages – University of North Carolina
E. Anette Koeppel – Sprachenzentrum Universität Erlangen
Alan F. Lacy – Marquette University
Jochen R. Liesche – University of Washington
Peter Mollenhauer – Southern Methodist University
Coralee Nollendorfs – University of Wisconsin
Eva Ohrner-Bauersachs – University of Colorado, Boulder
Heinz D. Osterle – Northern Illinois University
William E. Petig – Stanford University
Frank Philipp – Lynchburg College
Mark W. Rectanus – Iowa State University
Anthony Richter – South Dakota State University
Heidi M. Rockwood – Georgia Institute of Technology
Gerd Schneider – Syracuse University
Paul A. Schons – University of St. Thomas
Ruth Schwertfeger – University of Wisconsin, Milwaukee
Gisela Strand – Hope College
Beate Sturges – University of Michigan, Dearborn
Georg von Tiesenhausen, Jr. – The University of Alabama, Huntsville
Eugene F. Timpe – Southern Illinois University
L. Allen Viehmeyer – Youngstown State University
Richard O. Whitcomb (retired) – Illinois State University
Albert K. Wimmer – University of Notre Dame
Hilde Wohlert – Oklahoma State University
Roland A. Wolff – Colorado State University
Rita Wuebbeler – Georgia State University
Margrit V. Zinggeler – University of Minnesota, Minneapolis

Many thanks are owed to a number of people who made contributions to this book: Barbara Bernhart of the Goethe Institute library in San Francisco for her assistance in collecting statistical materials; Tom Dzimian of the German-American Chamber of Commerce; Herrn Schuldenzucker, Regierungsdirektor of the

Presse- und Informationsamt der Bundesregierung; Herrn Krieg of the Bundesrat; and many other private businesses and public agencies that provided information and materials. Further thanks go to Jochen Liesche, who read the manuscript for language and style, and to all those students and colleagues who made many valuable suggestions to improve this edition.

I would like to extend my heartfelt gratitude to Ursula Dinse for her outstanding development of the manuscript; to Stacey Sawyer, who guided the book through production from beginning to end; to the editing, design, and production team at McGraw-Hill, especially Karen Judd, Francis Owens, Tanya Nigh, and Lorna Lo; and to Margaret Metz, Marketing Manager at McGraw-Hill, for getting word out about this new edition. Last, but not least, I would like to express my warmest appreciation to Gregory Trauth, who commented on the first draft manuscript and handled the myriad in-house details connected with the project, and to Leslie Berriman and Thalia Dorwick, who encouraged and supported me in writing this new edition.

Gudrun Clay,
Metropolitan State College of Denver

EUROPA, NORDAFRIKA UND DER MITTLERE OSTEN
Maßstab 1,75 cm = 500 km
EU-LÄNDER (1995)
EINWOHNER (1995)
Belgien 10 Mio.
Dänemark 5,1 Mio.
Deutschland 80,6 Mio.
Finnland 5,0 Mio.
Frankreich 57,5 Mio.
Griechenland 10,3 Mio.
Großbritannien 57,9 Mio.
Irland 3,5 Mio.
Italien 56,9 Mio.
Luxemburg 0,4 Mio.
Niederlande 15,2 Mio.
Norwegen 4,3 Mio.
Österreich 8,0 Mio
Portugal 9,8 Mio.
Schweden 8,7 Mio.
Spanien 39,1 Mio.
Gesamtbevölkerungszahl 372,3 Mio.
Reykjavik
ISLAND
NORWEGEN
Oslo
SCHWEDEN
Stockholm
FINNLAND
Helsinki
Tallinn
ESTLAND
LETTLAND
Riga
LITAUEN
Wilna
Moskau
Minsk
WEISSRUSSLAND
(ZU RUSSLAND)
Warschau
POLEN
OSTSEE
NORDSEE
Nordirland
IRLAND
Dublin
Schottland
England
Wales
GROSSBRITANNIEN
London
Der Ärmelkanal
ATLANTISCHER OZEAN
Kopenhagen
DÄNEMARK
HOLLAND
Den Haag
Brüssel
BELGIEN
Berlin
DEUTSCHLAND
Luxemburg
LUXEMBURG
Paris
FRANKREICH
LIECHTENSTEIN
Bern
SCHWEIZ
Prag
TSCHECHIEN
SLOWAKEI
Wien
ÖSTERREICH
Budapest
UNGARN
Ljubljana
Zagreb
SLOWENIEN
BOSNIEN U. HERZEGOWINA
KROATIEN
Sarajevo
Belgrad
JUGOSLAWIEN
RUMÄNIEN
Bukarest
MOLDAWIEN
Kischinew
Kiew
UKRAINE
RUSSLAND
KASACHSTAN
ARALSEE
USBEKISTAN
TURKMENISTAN
KASPISCHES MEER
Tiblis
GEORGIEN
ASERBAIDSCHAN
Baku
ARMENIEN
Eriwan
SCHWARZES MEER
BULGARIEN
Sofia
Skopje
MAKEDONIEN
Tirana
ALBANIEN
ADRIATISCHES MEER
PORTUGAL
Lissabon
ANDORRA
Madrid
SPANIEN
MONACO
Korsika
VATIKANSTADT
Rom
ITALIEN
Sardinien
Mallorca
TYRRHENISCHES MEER
IONISCHES MEER
GRIECHENLAND
Athen
Sizilien
Straße von Gibraltar
Rabat
MAROKKO
Algier
ALGERIEN
Tunis
TUNESIEN
MALTA
Tripolis
LIBYEN
MITTELMEER
KRETA
Ankara
TÜRKEI
Nikosia
ZYPERN
Beirut
LIBANON
Damaskus
SYRIEN
Tel Aviv
Amman
JORDANIEN
ISRAEL
TOTES MEER
Kairo
ÄGYPTEN
Teheran
IRAN
Bagdad
IRAK
KUWAIT
Kuwait
PERSISCHER GOLF
SAUDI ARABIEN

1 Die Bundesrepublik Deutschland

- Blick auf Deutschland
- Die Bundesländer

Im Frankfurter Flughafen

Lernziele

In diesem Kapitel sehen wir uns Deutschland aus wirtschaftlicher Perspektive an. Sie werden etwas über die sechzehn Bundesländer und deren wirtschaftliche Bedeutung für Deutschland lernen. Lesen Sie den Text mit dem Ziel, Informationen herauszufinden, die für Sie von besonderem Interesse sind, sei es über das Finanzwesen oder die Warenproduktion, über die wirtschaftliche Infrastruktur oder das Agrarwesen, über die Ökologie oder den Tourismus. In den folgenden Kapiteln können Sie sich dann noch mehr auf Ihr spezielles Interessengebiet konzentrieren und Ihr Grundwissen und Fachvokabular vergrößern.

- Welche Rolle spielt Deutschland in der Weltwirtschaft?
- Was sind Ihrer Meinung nach die Stärken der deutschen Industrie?
- Was für Vor- oder Nachteile hat Deutschland durch seine geographische Lage?

Blick auf Deutschland

Vor dem Lesen

Sehen Sie sich die Wappen der sechzehn Bundesländer und das Bundeswappen an.

Baden-Württemberg

Bayern

Berlin

Brandenburg

Bremen

Bundesrepublik Deutschland

Hamburg

Hessen

Mecklenburg-Vorpommern

Niedersachsen

Nordrhein-Westfalen

Rheinland-Pfalz

Saarland

Sachsen

Sachsen-Anhalt

Schleswig-Holstein

Thüringen

1. Welche Länder haben eine Krone über ihrem Wappen?
2. Welche Länder haben eine Krone in ihrem Wappen?
3. Welche Tiere finden Sie in den Wappen?
4. Welches Tier kommt am häufigsten vor?
5. Was für andere Embleme finden Sie in den Wappen?

Was wissen Sie schon?

1. Deutschlands Nachbarn heißen ______________________________

____

____.

2. Die Bundeshauptstadt ist ______________________________.
3. Die Zahl der Bundesländer ist ______________________________.
4. Der Nationalfeiertag ist am ______________________________.
5. Deutschland war ______________________________ Jahre geteilt?

Wortschatz

Substantive

die Betriebsstätte, -n factory
das Durchgangsland, ¨er transit country
die Europäische Union European Union
die Finanzhilfe, -n financial support
die Investition, -en investment
die Marktwirtschaft market economy
der Rückstand *here:* backwardness
die Treuhandanstalt Trust Agency
der Unternehmergeist entrepreneurial spirit
die Volkswirtschaft national economy
die Wiedervereinigung reunification

Verben

aufarbeiten to catch up (with work)
aufbauen to build up
durchleben to live through
sanieren to rehabilitate; to rebuild
stillegen to close down
vorsehen für to earmark for

Adjektive und Adverbien

besiedelt populated
bevölkerungsreich with a large population
dicht dense
ehemalig former
erheblich considerably
umgestaltet remodeled

Ausdrücke

im Extremfall *here:* as a last resort

Lesetext

Von allen europäischen Ländern hat Deutschland die meisten Nachbarn. Im Herzen Europas gelegen, ist Deutschland ein Durchgangsland vom skandinavischen Nordeuropa zum Mittelmeer und von West- nach Osteuropa. Seit dem 3. Oktober 1990 gibt es wieder *ein* Deutschland. Dazu sagte Bundeskanzler Helmut Kohl: „Jetzt stehen wir vor der großen Aufgabe, nach der staatlichen Einheit auch die innere Einheit Deutschlands zu vollenden.“ Vierzig Jahre des wachsenden wirtschaftlichen Rückstands müssen aufgearbeitet werden, um in ganz Deutschland einheitliche Lebensbedingungen zu schaffen.

Deutschland, etwa so groß wie der amerikanische Bundesstaat Montana, hat über 80 Millionen Einwohner. Das sind mehr als in irgendeinem anderen Land der Europäischen Union. Jedes Land in der Bundesrepublik hat seine eigene historische Entwicklung.

Nach der Wiedervereinigung 1990 kamen fünf östliche Länder zu den elf westlichen Ländern der Bundesrepublik, so daß die Bundesrepublik Deutschland heute aus sechzehn Ländern besteht. Eine ganze Volkswirtschaft soll in wenigen Jahren total umgestaltet werden. Ein Volk, das vierzig Jahre lang getrennt war und völlig unterschiedliche wirtschaftliche, gesellschaftliche und rechtliche Entwicklungen durchlebt hat, soll wieder zusammenwachsen.

Sowohl öffentliche Finanzhilfen als auch private Investitionen aus dem westlichen Teil Deutschlands dienen dem Aufbau der

Infrastruktur im Osten. Allein im Jahre 1992 war jede vierte Deutsche Mark für den wirtschaftlichen Aufbau im Osten vorgesehen.

Die Treuhandanstalt hatte die Riesenaufgabe, 45 000 Betriebsstätten der ehemaligen Deutschen Demokratischen Republik zu privatisieren, zu sanieren oder im Extremfall stillzulegen. Nachdem im Osten 90% aller Betriebe verstaatlicht waren, sollen in Zukunft Privateigentum und Privatinitiative dieselbe Rolle spielen, wie es in der sozialen Marktwirtschaft des Westens schon lange der Fall ist. Der Unternehmergeist scheint schnell zu wachsen: 1990 allein wurden im Osten 280 000 Firmen gegründet, mit modernster Produktionstechnik und dem nötigen Know-how.

Nach Rußland ist Deutschland der bevölkerungsreichste Staat Europas; danach kommen Italien mit 58 Millionen, Großbritannien mit 57 Millionen und Frankreich mit 56 Millionen Einwohnern.

Übungen zum Verständnis

A Geben Sie stichwortartige Antworten auf die Fragen.

1. Deutschland ist ungefähr so groß wie? ________________
2. Wie viele Einwohner hat Deutschland ungefähr? ________________
3. Wie viele neue Bundesländer kamen 1990 dazu? ________________
4. Aus wie vielen Bundesländern besteht es? ________________
5. Welche Probleme gibt es für die Volkswirtschaft im Osten? ________________
6. Was ist die Aufgabe der Treuhandanstalt? ________________
7. Wer leitete vor 1990 die Betriebe im Osten? ________________
8. Wie viele neue Firmengründungen gab es 1990 im Osten? ________________
9. Welches europäische Land hat mehr Einwohner als die Bundesrepublik? ________________

B Finden Sie für jeden Absatz eine passende Überschrift.

____

____

____

____

____

____

Aktivitäten

Mündlicher Bericht. Fassen Sie den Inhalt des Lesetextes zusammen. Unterstreichen Sie zuerst in jedem Absatz die Wörter (Stichwörter), die Ihnen bei der Zusammenfassung helfen werden.

Die Bundesländer

Vor dem Lesen

Was wissen Sie schon? Von welchem Bundesland ist hier die Rede?

1. das Land der tausend Seen ____________________
2. das Land der Bierbrauereien ____________________
3. High-Tech und Kuckucksuhren ____________________
4. Küstenfischerei an Nord- und Ostsee ____________________
5. Stadt, in der die Weimarer Republik ausgerufen wurde ____________________
6. größter europäischer Industriestandort ____________________
7. das Land rund um die Bundeshauptstadt ____________________
8. Standort der Chemie und Braunkohlezentrum ____________________
9. das kleinste Bundesland ____________________
10. dichtbesiedeltes Land mit berühmten Messen und Buchverlagen ____________________
11. Deutschlands Tor zur Welt ____________________
12. Knotenpunkt des Luftverkehrs, der Auto- und Eisenbahnen ____________________
13. Industrielandschaft an der Saar und Handelspartner Frankreichs ____________________
14. Sitz der Volkswagen AG ____________________
15. dichtbesiedeltes Land mit dem größten Industriegebiet Europas ____________________
16. Deutschlands berühmtes Weinbaugebiet ____________________

Wortschatz

Substantive

das Agrargebiet, -e farming area
der Handelspartner, - trade partner
das Handwerk craft
die Industriemesse, -n industrial fair
der Industriestandort, -e industrial center/location
der Knotenpunkt, -e junction
der Lieferant, -en supplier
die Quelle, -n source, spring
die Rohstoffverarbeitungsindustrie raw material processing industry
der Umweltschaden, ¨-en environmental damage
das Unternehmen enterprise
das Weinbaugebiet, -e wine growing area
die Werft, -en shipyard

Verben

basieren auf (+ *Dat.*) to be based on
bestehen aus to consist of
erfahren to experience
errichten to establish
grenzen an (+ *Akk.*) to border (on)
leben von to live on/by
rechnen mit to count on
sich spezialisieren auf (+ *Akk.*) to specialize in
sich (etwas) überlegen to consider (something)

Adjektive und Adverbien

dünn besiedelt thinly populated
verkehrsgünstig easily accessible

Lesetext

Baden-Württemberg, das Land der Kuckucksuhren und der High-Tech Industrie, grenzt an Frankreich und die Schweiz. Dort liegt der Schwarzwald, ein bekanntes Erholungsgebiet. Von hier

kommen Autos und Computer-Chips. Hier sind die Zentralen von Daimler-Benz und Porsche, IBM und Bosch. Die bedeutendsten Industrieregionen des Landes liegen um Karlsruhe, Mannheim und Heidelberg.

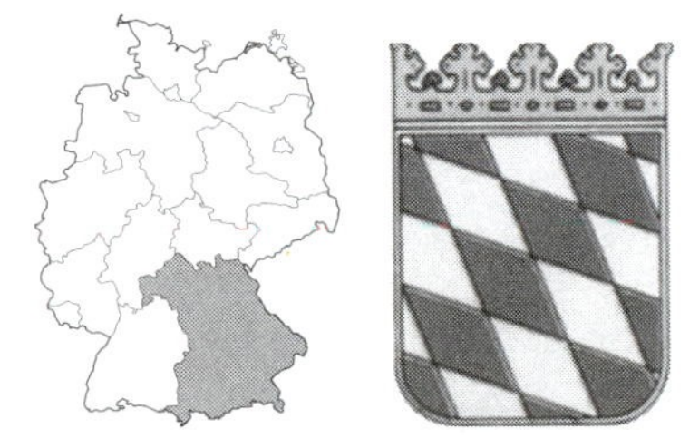

Bayern ist flächenmäßig das größte Bundesland und das größte deutsche Agrargebiet. Die Alpen, Seen, der Bayerische Wald und München mit seinem Oktoberfest lassen

die Touristenindustrie blühen. Bayerns Wirtschaft basiert vor allem auf Auto- und Flugzeugbau, auf Elektro- und Elektronikindustrie. In München sitzen auch bedeutende Versicherungen[1] und Verlage.[2]

Wenn das Autobahnnetz von Neapel nach Stockholm ausgebaut wird und auch das von Lissabon über Prag nach Warschau, dann liegt Nürnberg genau im Schnittpunkt, was dem Handel und Transport Bayerns noch größere Bedeutung zukommen lassen wird. Nürnberg ist durch seine jährliche Spielwarenmesse bekannt. Das hochwertige Rosenthal- und Hutschenreuther-Porzellan kommt aus Ostbayern. Aber in der ganzen Welt kennt man Bayern sicher vor allem wegen seiner Bierbrauereien.

Berlin ist die Hauptstadt des vereinigten Deutschlands und ein eigenes Bundesland. Berlin ist Deutschlands

[1] *insurance corporations* [2] *publishing houses*

Wirtschaftsmetropole und Europas größter Industriestandort. Branchen der Elektroindustrie, der Textil-, Maschinenbau- und Nahrungsmittelindustrie sind hier ansässig. Dazu kommen die Bekleidungsindustrie, die optische und pharmazeutische Industrie und viele Druckereien. Bekannte Unternehmen wie z.B. die Siemens AG und AEG haben ihren Standort in Berlin. Durch die Wiedervereinigung hat Berlin einen Wirtschaftsboom erfahren, der weiter anhalten wird, da auch der Regierungssitz[3] nach Berlin verlegt wird.

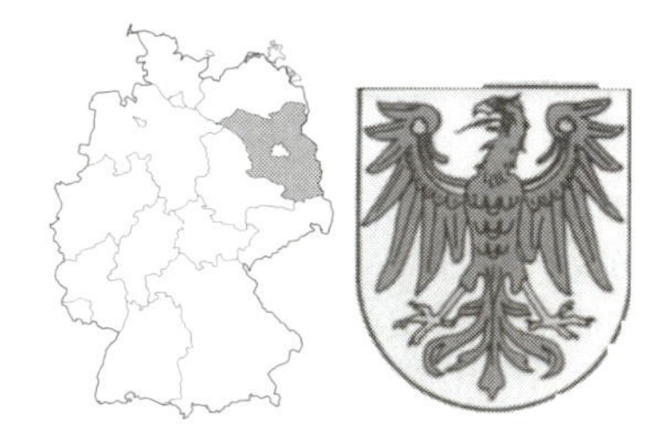

Brandenburg. In seiner Mitte liegt die deutsche Hauptstadt Berlin. Die deutsche Regierung überlegt sich, ob Brandenburg und Berlin eventuell zu *einem* Bundesland vereint werden sollen. Brandenburgs wichtigste Wirtschaftszweige[4] sind Land- und Forstwirtschaft. Hier liegen auch Industriestätten[5] für Stahl und Braunkohle,

und nach der Wiedervereinigung hat die Firma Mercedes-Benz südlich von Berlin ein Lkw-Montagewerk[6] errichtet.

Bremen ist das kleinste Bundesland und besteht aus zwei Städten: Bremen und Bremerhaven, 65 km voneinander getrennt.

[3]*seat of government* [4]*branches of the economy* [5]*locations of industry* [6]*truck assembly work*

Beide Städte haben schnelle Umschlaghäfen,[7] die sich vor allem auf Container-Fracht spezialisieren. Bremen ist der wichtigste Importhafen für Tee, Kaffee, Baumwolle und Tabak.

Neben der Schiffahrt entwickelte Bremen eine Flugzeug-, Fahrzeug- und Raumfahrtindustrie.[8] Auch die Entwicklung der Elektronik spielt eine immer größere Rolle. Die deutsche Polarforschung hat ihr Zentrum in Bremerhaven.

Hamburg ist wie Berlin und Bremen zugleich eine Stadt und ein Bundesland. Der Hamburger Hafen, „Deutschlands Tor zur Welt", ist der wichtigste Seehafen der Bundesrepublik und der zweitgrößte Seehafen Europas. Hamburg ist die zweitgrößte Industriestadt der Bundesrepublik mit seinen Werften, Raffinerien,[9] Rohstoffverarbeitungsindustrien[10] und Verbrauchsgüterindustrien.[11]

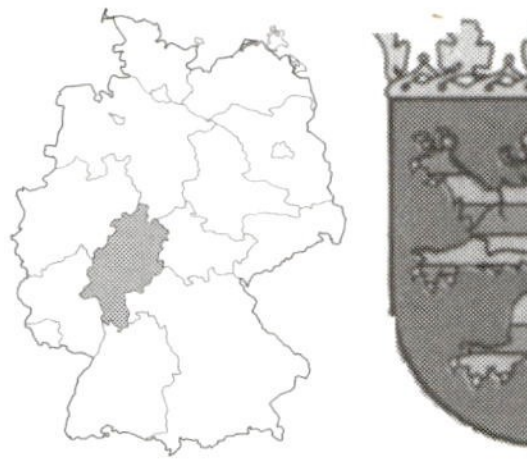

Hessen liegt im Rhein-Main Gebiet. Die Landeshauptstadt Wiesbaden mit ihren 27 Heilquellen ist ein bekannter Kurort. Frankfurt ist ein Knotenpunkt des europäischen Luftverkehrs und der deutschen Autobahnen und Eisenbahnen. Hier befinden sich auch die meisten deutschen Großbanken, die Deutsche Bundesbank und viele ausländische Filialbanken.[12]

Das Rhein-Main Gebiet ist neben dem Industriegebiet am Rhein und an der Ruhr und neben Berlin der größte wirtschaftliche Ballungsraum[13] Deutschlands. Außer den bekannten Firmen wie Opel, Hoechst und Degussa gibt es um Kassel ein Industriegebiet, das sich auf Maschinen-, Lokomotiv- und Automobilbau spezialisiert, und um Offenbach befindet sich eine Lederindustrie. Die Kunstausstellung[14] „documenta" und die internationale Buchmesse[15] bringen jährlich Tausende von Besuchern nach Frankfurt.

[7] *transshipment ports* [8] *aerospace industry* [9] *refineries* [10] *raw material processing industries* [11] *consumer products industries* [12] *branches of a bank* [13] *industrial center* [14] *art exhibit* [15] *book fair*

Mecklenburg-Vorpommern nennt man „das Land der tausend Seen". Seine Wirtschaft basiert auf Landwirtschaft, Ackerbau und Viehzucht. Eine Werft baut Binnenschiffe. Lebensmittel- und Baustoffindustrie[16] sowie Autoreifenproduktion befinden sich bei Neubrandenburg, aber sonst ist das Land wenig industrialisiert. Es ist dünner besiedelt als irgendein

anderes Bundesland. Die friedliche Landschaft mit einem großen Naturschutzgebiet, den vielen Seen und Wäldern ist ein Grund dafür, daß sein Tourismus blüht und ständig wächst.

Niedersachsen. Das Land erstreckt sich von der Nordsee bis zur Mittelgebirgszone und ist neben Bayern der wichtigste Lieferant landwirtschaftlicher Produkte in

Deutschland. Es ist besonders verkehrsgünstig gelegen, da sich hier die großen Nord-Süd- und West-Ost-Trassen der Auto- und Eisenbahnen kreuzen. Dazu sorgt der Mittellandkanal[17] für den Binnenschifffahrtsverkehr[18] zwischen West- und Osteuropa.

In Hannover findet die größte Industriemesse der Welt statt und die „CEBIT", eine Großausstellung der Kommunikationstechnik. Die Volkswagen AG hat ihren Sitz in Wolfsburg.

Nordrhein-Westfalen. Kein anderes Bundesland hat so viele Einwohner wie Nordrhein-Westfalen. Das Ruhrgebiet ist das größte europäische Industriegebiet. Großkraftwerke[19] machen das Ruhrgebiet zum Zentrum der deutschen Energieversorgung.[20] Düsseldorf heißt „Schreibtisch des Ruhrgebiets", weil sich hier viele wichtige Bürohäuser und Versicherungen

[16] *industry for building materials* [17] *Elbe Canal* [18] *traffic on waterways* [19] *large power stations* [20] *energy supply*

befinden. Die größten deutschen Bierbrauereien stehen in Dortmund, und der größte Binnenhafen der Welt ist Duisburg.

Das Land ist von Verkehrswegen aller Art durchzogen, auf denen Tag und Nacht Personen und Güter befördert werden und die ständig auf dem neuesten technischen Stand gehalten werden müssen. Geschäftsleute benutzen vielfach lieber die öffentlichen Verkehrsmittel,[21] vor allem Schienenfahrzeuge, weil man auf den Straßen und Autobahnen ständig mit Staus rechnen muß.

Köln ist nicht nur für seinen gotischen Dom, sondern auch für sein „Kölnisch Wasser" bekannt. Aus Solingen kommen weltbekannte Schneidewaren, und Essen, im Herzen des Ruhrgebiets, gilt als eines der besten Einkaufszentren Deutschlands.

Rheinland-Pfalz. Mit den Tälern des Rheins und der Mosel ist Rheinland-Pfalz Deutschlands wichtigstes Weinbaugebiet. Viel Industrie hat das Land nicht, aber das größte Chemiewerk Europas, die BASF, befindet sich hier, und die Quellen des Landes liefern ein Drittel des gesamten Mineralwassers in Deutschland.

Die Geschichte von Rheinland-Pfalz geht 2000 Jahre zurück, als die Römer die Städte Trier, Mainz, Worms und Koblenz gründeten. Später erfand Gutenberg in Mainz die Buchdruckerkunst, in Worms

bekannte sich der Reformator Martin Luther zu seinen Thesen, und in Trier wurde Karl Marx, Philosoph und Kritiker der Nationalökonomie, geboren.

Das Saarland grenzt an Frankreich und Luxemburg. Seine Wirtschaft stützt sich auf[22] Kohle und Stahl, Automobil- und Maschinenbau, Metallverarbeitung[23] und chemische Industrie. Mit Lothringen und Luxemburg hängt es nicht nur geo-

[21] *public transportation* [22] stützt . . . *is based on* [23] *metal processing*

graphisch, sondern auch wirtschaftlich zusammen. Das angrenzende Frankreich ist sein wichtigster Handelspartner.

Sachsen ist unter den neuen Bundesländern das am dichtesten besiedelte und am stärksten industrialisierte Land. Leipzig, die traditionelle Messestadt und Zentrum des Verlagswesens,[24] sowie Dresden und die Porzellanmanufaktur[25] in Meißen sind

weltbekannt. Chemnitz macht sich einen Namen durch Maschinenbau und Mikroelektronik, und in der Automobilstadt Zwickau hat Volkswagen eine Niederlassung.[26] Kein Wunder, daß Sachsen von allen neuen Bundesländern die beste wirtschaftliche Zukunft vor sich hat.

Sachsen-Anhalt ist dünn besiedelt und muß einen schwierigen Umstellungsprozeß durchmachen. Das Chemie- und Braunkohlezentrum der früheren Deutschen Demokratischen Republik ist in einem schlechten Zustand und hat so weitgreifende Umweltschäden verursacht, daß ungeheure Investitionen zur Sanierung[27]

[24]*publishing industry* [25]*porcelain factory* [26]*branch* [27]*rehabilitation*

des Landes nötig sind. Die Chemie soll auch in Zukunft ihren traditionsreichen Standort hier behalten.

Traditionsreich ist Sachsen-Anhalt auch auf dem Gebiet der Kultur. Es ist die Heimat Martin Luthers, hier entstand das althochdeutsche Manuskript „Merseburger Zaubersprüche", und hier komponierte Johann Sebastian Bach.

Schleswig-Holstein ist das nördlichste Bundesland. Es ist ein dünn besiedeltes Land zwischen Nord- und Ostsee. Die Fischerei ist hier ein besonders wichtiger Wirtschaftszweig. Die Nordseeinsel Helgoland lebt ganz vom Fisch- und Hummerfang. Neben einer vielfältigen mittelständischen Wirtschaft[28] um Hamburg spielt der Tourismus eine

wichtige wirtschaftliche Rolle. Die nordfriesischen Inseln der Nordsee, die Ostseebäder und die wunderschönen Erholungsgebiete sind ein wahres Touristenparadies.

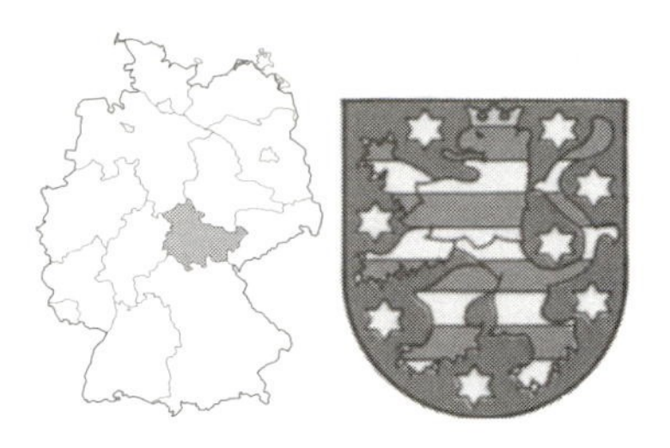

Thüringen, „Deutschlands grünes Herz", wurde durch Jena und den Mechaniker Carl Zeiss weltbekannt. Die Zeiss-Werke sind auch heute im Stadtbild nicht zu übersehen. Neben dem traditionsreichen Handwerk spielt die Automobilindustrie besonders in Eisenach eine Rolle. Vor der Wiedervereinigung wurde dort der „Wartburg[29]" hergestellt, heute arbeitet die Firma Opel dort.

Thüringen blickt auf eine ebenso reiche Kultur zurück wie sein Nachbarland Sachsen-Anhalt. Hier wirkten Johann Wolfgang Goethe, der Shakespeare-Übersetzer Christoph Martin Wieland und der Dichter und Sprachforscher Johann Gottfried Herder. Hier, in Weimar, schrieb Friedrich Schiller seinen „Wilhelm Tell", und Franz Liszt komponierte und gab Konzerte. 1919 wurde in Weimar das Bauhaus gegründet, im selben Jahr, als dort die Verfassung der Weimarer Republik von der Nationalversammlung in Kraft gesetzt wurde.

[28] *medium-sized industries* [29] *name of an automobile produced in the former GDR*

Übungen zum Verständnis

Nach den Informationen im Lesetext, sind die folgenden Aussagen richtig (r) oder falsch (f)? Wenn eine Aussage falsch ist, geben Sie die richtige Antwort.

1. _______ Das kleinste Bundesland ist Schleswig-Holstein.
2. _______ Mercedes-Autos kommen aus Bayern.
3. _______ Baden-Württemberg hat nur Industrie, aber keine Erholungsgebiete.
4. _______ Frankfurt ist ein Finanzzentrum.
5. _______ Niedersachsen liefert viele landwirtschaftliche Produkte.
6. _______ Der Mittellandkanal ist eine Wasserstraße.
7. _______ Der meiste deutsche Wein kommt aus dem Rhein-Mosel Gebiet.
8. _______ Mecklenburg-Vorpommern leidet an Wasserarmut.
9. _______ Mercedes-Benz hat eine Niederlassung in Brandenburg errichtet.
10. _______ Die Siemens AG hat ihren Standort in Berlin.

Was paßt zusammen?

1. _______ Meißener Porzellan
2. _______ Zeiss Optik
3. _______ Opels neue Niederlassung
4. _______ Daimler-Benz, Porsche, IBM, Bosch
5. _______ Verkehrsknotenpunkt
6. _______ Umschlaghafen für Containerfracht
7. _______ „Deutschlands Tor zur Welt“
8. _______ Größtes Bundesland
9. _______ Größte Industriemesse der Welt
10. _______ Bundeshauptstadt
11. _______ Land- und Forstwirtschaft
12. _______ Land der tausend Seen
13. _______ Römerstädte

a. Hannover
b. Sachsen
c. Hamburg
d. Jena
e. Bremen
f. Eisenach
g. Baden-Württemberg
h. Frankfurt
i. Rheinland-Pfalz
j. Berlin
k. Mecklenburg-Vorpommern
l. Brandenburg
m. Bayern

Beantworten Sie die Fragen, und begründen Sie dabei Ihre Antworten.

1. Ihre Firma, die Surfbretter herstellt, möchte eine Branche in der Bundesrepublik eröffnen. In welchem Bundesland wären die Verkaufschancen am besten?

   ____

2. Sie sind als Tourist/Touristin in Deutschland und wollen Ihrer Mutter eine Kuckucksuhr mitbringen, wenn Sie wieder in die USA zurückkehren. In welchem Bundesland finden Sie wohl die beste Auswahl?

   ____

3. Ihre Tante Frieda ist zur Kur in Wiesbaden. Sie wollen sie besuchen. In welches Bundesland müssen Sie reisen?

___

4. Sie lieben die Berge und wollen eine Woche im Hochgebirge verbringen. In welches Bundesland werden Sie reisen?

___

5. Ihr deutscher Freund Rolf arbeitet in einer Reederei. Er sagt: „Ich arbeite in dem kleinsten Bundesland, das den größten Fischereihafen hat." Wo ist er?

___

6. Sie wollen in der Nähe von Berlin arbeiten, aber nicht in der Stadt selbst. In welchem Bundesland werden Sie sich wohl niederlassen?

___

7. Weg von der Industrie! Weg von den vielen Menschen! Sie suchen Natur, Seen, Wälder, das Meer! Wohin möchten Sie ziehen?

___

8. Sie sind Unternehmer in der Bekleidungsindustrie. Sie lieben die Atmosphäre einer Weltstadt. Welcher Standort würde Sie interessieren?

___

9. Sie wollen für Volkswagen in einem der neuen Bundesländer arbeiten. Wohin werden Sie ziehen?

___

10. Für Ihr Importgeschäft in den USA wollen Sie Meißener Porzellan importieren. Da Sie gern mit dem Osten Deutschlands Handelsbeziehungen hätten, besuchen Sie welches Land?

___

Aktivitäten

Partnergespräch

1. Sie kennen jetzt mehrere charakteristische Merkmale der verschiedenen Bundesländer. Füllen Sie die Informationstabelle (siehe auch Seite 16) zusammen mit einem Partner / einer Partnerin aus.

Merkmale	*Bundesländer / Städte*
Versicherungen	
High-Tech Industrie	
	Berlin

Merkmale	*Bundesländer / Städte*
Industriemesse	
Verkehrsknotenpunkt	
	Thüringen
	Sachsen
Frankreichs wichtigster Handelspartner	
	Rheinland-Pfalz

2. Sie haben vor, im nächsten Sommer das Bundesland Ihrer Wahl zu besuchen. Ihr Partner / Ihre Partnerin ist brennend an Ihrer Wahl interessiert und möchte folgendes wissen:

- geographische Lage
- Klima
- Sehenswürdigkeiten
- landschaftliche Schönheiten (Wälder, Seen usw.)
- wirtschaftliche Bedeutung
- Sportmöglichkeiten und Erholungsgebiete

B **Mündlicher/schriftlicher Bericht.** Entscheiden Sie sich, wofür Sie sich am meisten interessieren, z.B. Landwirtschaft, Finanzwesen etc., und wählen Sie dann das Bundesland (oder die Länder), das Ihren Interessen am meisten entgegenkommt. Bereiten Sie dann mit Hilfe von Nachschlagewerken, wie z.B. dem Brockhaus, einen schriftlichen oder mündlichen Bericht vor, den Sie Ihrer Klasse vortragen.

C **Vorbereitung auf die Semesterarbeit.** Im Laufe des Semesters werden Sie weitere Informationen zu Ihrem Thema sammeln und Ihr Wissen erweitern. Legen Sie eine Sammelmappe an, in der Sie Zeitungsartikel, Schaubilder, Cartoons etc. zu Ihrem Thema sammeln. Am Ende des Semesters fertigen Sie einen ausführlichen Bericht an, in dem Sie alles gesammelte Material verwenden.

Hörverständnis

Rostock: Mitglied der neuen Hanse

Neue Wörter und Ausdrücke

die Hanse	Hanseatic League
anknüpfen an (+ *Akk.*)	to link up with

UBC	abbreviated name for the Union of Baltic Cities
die Wirtschaftsförderung	economic stimulus
der Kulturaustausch	cultural exchange
unmittelbar	direct, unimpeded
um . . . willen (+ *Gen.*)	for the sake of economic goals
der Sund	straights between the Baltic Sea and the Kattegat
die Blütezeit	a time of economic or cultural blossoming

Beantworten Sie die folgenden Fragen.

1. Wann und wo wurde die Vereinigung der Baltischen Städte gegründet?

____

2. Welche deutschen Städte sind in der UBC vertreten?

____

____

3. Was sind die Ziele der UBC?

____

____

4. Über die UBC hinaus unterhält die Stadt Rostock intensive Kontakte mit vielen europäischen Städten. Welchen Zwecken dienen diese Kontakte?

____

____

____

5. Wo und wann wurde die Deutsche Hanse gegründet?

____

____

6. Welche Regionen umfaßte die historische Hanse?

____

____

7. Welche Regionen profitierten ganz besonders von der Zugehörigkeit ihrer Handelsstädte zur Hanse? Warum?

____

____

8. Wie sicherte die Hanse offene Wasserwege zwischen Nord- und Ostsee?

____

Schlußgedanken

- Die sechzehn deutschen Bundesländer unterscheiden sich in vieler Hinsicht, sei es geographisch, wirtschaftlich, in kultureller Tradition oder in ihrer Anziehungskraft auf Touristen. Finden Sie ähnliche Unterschiede in den Regionen Ihres Landes?

- Vergleichen Sie die geographische Lage und Bevölkerungsdichte Deutschlands mit der Ihres Landes. Welche Probleme ergeben sich daraus für Deutschland, die für Ihr Land nicht so sehr von Bedeutung sind?

🌐 Deutsche Familien ziehen nicht oft um. Mehrere Generationen einer Familie leben oft in demselben Gebiet.

🌐 Die Deutschen schätzen ihr Heim sehr. Man hat es entweder geerbt oder selbst bauen lassen und wird wahrscheinlich sein Leben lang darin wohnen bleiben. Der Garten wird sorgfältig gepflegt und der ganze Besitz mit einer Hecke oder einem Zaun umgeben. Eine feste, solide Haustür und Rolläden sorgen dafür, daß der Hausbesitzer vor fremden Augen und Ohren geschützt ist.

🌐 Die Intimsphäre ist den Deutschen äußerst wichtig. Nachbarn besuchen sich nicht regelmäßig; dicke Wände sorgen für Ruhe; Türen werden in Privathäusern und in öffentlichen Gebäuden geschlossen (eine offene Tür macht einen schlampigen Eindruck); man hält vom Gesprächspartner einen größeren Abstand als es in vielen anderen Ländern der Fall ist; man vermeidet unbeabsichtigten körperlichen Kontakt.

🌐 Die Deutschen lieben es, im Freien zu sein. In einem Land, das nicht größer ist als Montana (Einwohnerzahl etwa 3 Millionen), wollen sich etwa 80 Millionen Menschen an der Natur erfreuen. Wälder und Parks werden liebevoll gepflegt und von den Spaziergängern sauber gehalten.

🌐 Die deutschen Bundesbürger geben den größten Teil ihres Freizeitgeldes für Urlaub aus. An zweiter Stelle stehen die Ausgaben für ein Auto und an dritter Stelle Sport und Camping.

🌐 Das beliebteste Reiseziel der Deutschen ist Italien; danach kommen Österreich und Spanien. Fast die Hälfte aller deutschen Reiseausgaben fallen auf diese drei Länder.

🌐 Die Bundesrepublik gibt immer mehr Geld für Forschung und Entwicklung aus. Man betrachtet diese Ausgaben als Investitionen in die Zukunft.

2 Europäische Gemeinschaft – Europäische Union

- **Historischer Überblick**
- **Statistischer Überblick**
- **Ein Modell für morgen**

Ein Europa ohne Grenzen

Lernziele

In diesem Kapitel werden Sie etwas über den geschichtlichen Hintergrund der Europäischen Union erfahren und über ihre Aufgaben und ihr Programm für die Zukunft. Sie werden sich Gedanken machen über die Aufnahme von Nationen in die EU, die wirtschaftlich von nicht so großer Bedeutung sind, und ob wir die EU als ein Zukunftsmodell wirtschaftlicher und politischer Zusammenarbeit ansehen dürfen.

- „Kein Staat Europas ist einzeln wettbewerbsfähig gegen die USA oder Japan.“ (Zitiert nach „Ein Modell für die Welt von morgen“. In: Europa-2000, Presse- und Informationsamt der Bundesregierung, Bonn 1992.)
- Die EG/EU ist mit 320 Millionen Verbrauchern der größte Markt der Welt.
- Die EG exportiert bei weitem mehr als die USA oder Japan.
- Die EG importiert ungefähr so viel wie die USA und dreimal so viel wie Japan.

Historischer Überblick

Vor dem Lesen

Die Europäische Gemeinschaft / Europäische Union. Welche europäischen Länder haben sich zur Europäischen Gemeinschaft zusammengeschlossen? Tragen Sie die Ländernamen in die Karte ein. Sie können die Autokennzeichen zu Hilfe nehmen.

NL	D	DK
B	FN	
L	GB	IRL
F	N	
A	S	E*
P	I	GR

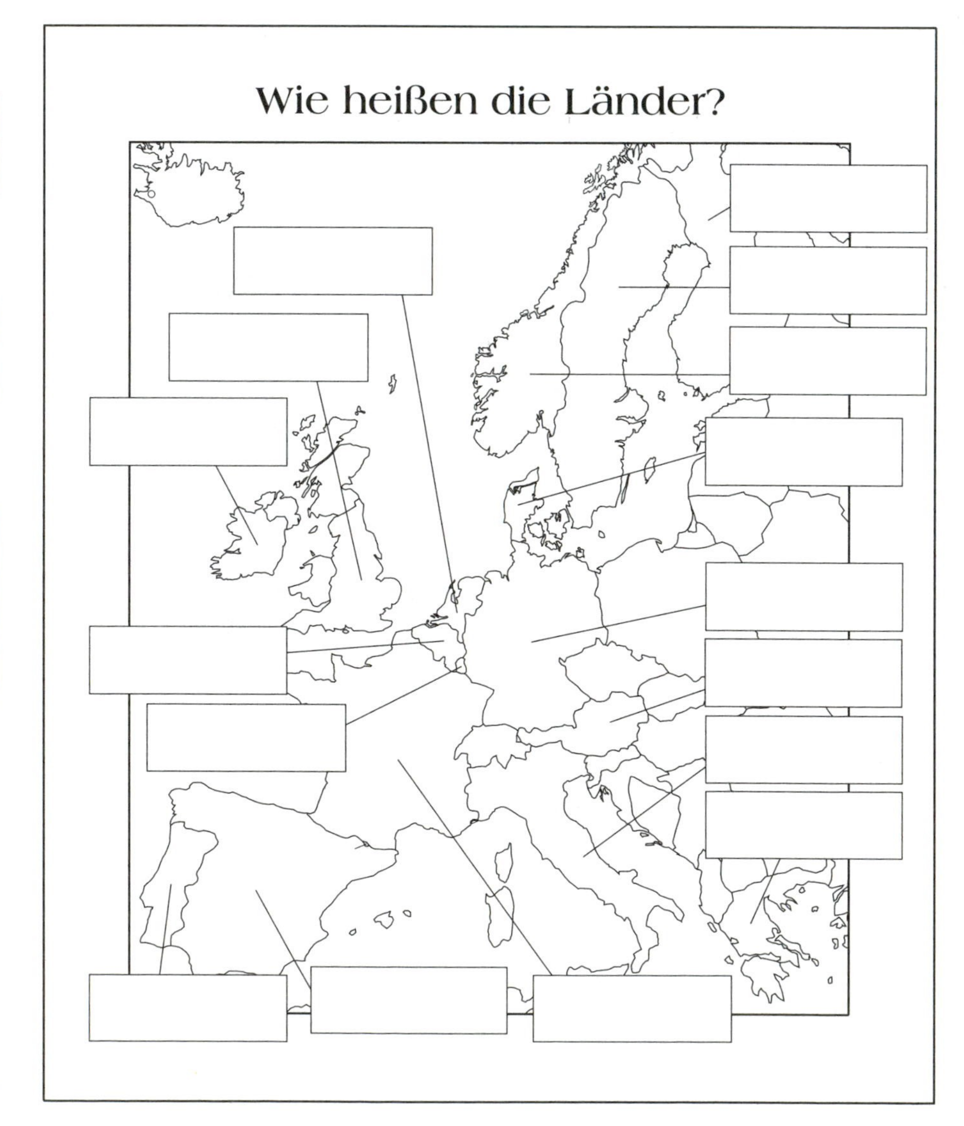

*E - España (Spanien)

Wortschatz

Substantive

der Agrarmarkt, ¨e	agrarian (agricultural) market
der Außenzoll, ¨e	external tariff between member states
der Beitritt	joining, attaining of membership
die Beschränkung, -en	limitation
der Handelsaustausch	trade
der Inlandzoll, ¨e	domestic tariff
die Kernenergie	nuclear energy
das Mindestpreisniveau	guaranteed minimum price
der Mitgliedsstaat, -en	member country
das Preisniveau	price level
das Sozialprodukt, -e	national product
der Überschuß, *Pl.* **Überschüsse**	excess, surplus

Verben

sich zusammenschließen	to merge

Adjektive und Adverbien

innergemeinschaftlich	within the community
ökonomisch	economic
verderblich	perishable

Ausdrücke

Angebot und Nachfrage	supply and demand

Lesetext

uf englisch heißt die Europäische Gemeinschaft *Common Market* oder *EC (European Community).* Die Deutschen sprechen von der EG (Europäische Gemeinschaft). Seit dem 1. November 1993 spricht man von der Europäischen Union, wenn man die gemeinsame Außen- und Sicherheitspolitik[1] meint, sowie die Innen- und Justiz-politik,[2] die sich vor allem mit Kriminalität, Terrorismus und Einwanderungsfragen befaßt. Der Ausdruck „EU" scheint sich aber als allumfassende Bezeichnung[3] durchzusetzen, da es oft schwierig ist zu unterscheiden, was nun genaugenommen[4] EG- oder EU-Angelegenheiten sind. EG ist eine Sammelbezeichnung[5] für drei verschiedene Zusammenschlüsse:

- die EGKS (Europäische Gemeinschaft für Kohle und Stahl oder auch Montanunion genannt)
- die EURATOM (Europäische Atomgemeinschaft)
- die EWG (Europäische Wirtschaftsgemeinschaft)

Nach dem Zweiten Weltkrieg schlossen sich einige europäische Länder zusammen, um auf wirtschaftlichem und politischem Gebiet friedlich zusammenzuarbeiten. Schon damals wünschte man sich als endgültiges Ziel eine Europäische Union, die sich mit den Beziehungen aller Mitgliedsstaaten befassen[6] würde. Nicht nur das ist inzwischen erreicht, sondern die Mitgliedsstaaten haben sich zu einer europäischen Währungseinheit[7] entschlossen (ECU), wobei die Europäische Zentralbank (EZB) die europäische Geldpolitik gestalten wird.

---

[1] *security policy* [2] *judicial policy* [3] *collective term* [4] *strictly speaking* [5] *collective term* [6] sich befassen mit *deal with* [7] *currency unit*

Die Bundesrepublik Deutschland, Belgien, Frankreich, Italien, Luxemburg und die Niederlande waren die ersten Staaten, die sich 1952 zur EGKS zusammenschlossen, um einen gemeinsamen Markt für Kohle, Stahl, Erz[8] und Schrott[9] zu schaffen. Sie schafften Inlandzölle und mengenmäßige Beschränkungen untereinander ab und erhoben Außenzölle.

Dieselben sechs Staaten gründeten 1957 die EURATOM mit dem Ziel, Kernforschung[10] und Kernindustrie in Europa zu fördern und die Kernenergie für friedliche Zwecke zu nutzen. Im selben Jahr gründeten sie in Rom die EWG.

Ihr Ziel war ein gemeinsamer Wirtschaftsraum, eine einheitliche[11] Wirtschafts- und Sozialpolitik, ständiges und gleichmäßiges[12] Wirtschaftswachstum und damit ein Wachsen des Sozialprodukts und des Lebensstandards ihrer Bürger.

1967 wurden die drei Gemeinschaften zur EG zusammengeschlossen. Seitdem ist der Handelsaustausch der beteiligten[13] Länder um 600% gestiegen, und die EG ist mit 34% am Welthandel beteiligt. Heute gehören die folgenden Länder zur EG/EU: Belgien, Dänemark, Deutschland, Frankreich, Griechenland, Großbritannien, Irland, Italien, Luxemburg, die Niederlande, Portugal und Spanien. Ab 1. Januar 1995 sollen auch Österreich, Schweden, Norwegen und Finnland Mitglieder der EU sein.

Im Zusammenhang mit der Entwicklung der Europäischen Union muß auch die Entwicklung der Nato gesehen werden, deren Mitglied Deutschland 1955 wurde. Das Vertrauen der europäischen Staaten in die militärische Sicherheit Europas war eine unentbehrliche Voraussetzung für die wirtschaftlichen Entwicklungen der späteren Nachkriegsjahre.

Die EFTA ist das zweitgrößte Wirtschaftsbündnis in Westeuropa, zu dem Mitte 1993 die folgenden Länder gehörten: Finnland, Island, Liechtenstein, Norwegen, Österreich, Schweden und die Schweiz. Da Österreich, Schweden, Finnland und Norwegen ab 1995 Vollmitglieder der Europäischen Union sein werden, ist der Fortbestand der EFTA unsicher.

Ein bedeutendes Ergebnis innerhalb der EG ist der Agrarmarkt. Seine Ziele sind:

- garantierte Lebensmittelversorgung[14] der EG-Bevölkerung
- Warenlieferung zu stabilen Preisen
- Sicherung der landwirtschaftlichen Produktivität
- höheres Einkommen für Landwirte
- Gleichgewicht zwischen Angebot und Nachfrage

Seit 1970 hat das Abschaffen[15] der Zölle innerhalb der EG und das Errichten des Außenzolls das Preisniveau der landwirtschaftlichen Waren gesichert. Dies hat die Menschen in der EG dazu angeregt, die innergemeinschaftlichen Produkte zu kaufen. Das Agrarpreissystem will gemeinsame Preise und Handelsnormen[16] sichern und eine harmonische Wirtschaftspolitik aller Mitgliedstaaten erreichen.

Die EG kann nicht immer ein Gleichgewicht zwischen Angebot und Nachfrage schaffen. Aus diesem Grund gibt es manchmal einen Überschuß an bestimmten Waren wie Getreide, Milch und Butter. Auf dem Agrarmarkt kommen die Preise nämlich nicht durch Angebot und Nachfrage zustande,[17] sondern durch politische Entscheidungen der Landwirtschaftsminister[18] der EG-Mitgliedsstaaten. Das Ziel ist dabei, den Landwirten ein angemessenes Einkommen zu garantieren.

Das System der garantierten Preise wird sehr kritisiert. Die Verbraucher können bestimmte Waren, die im Überschuß vorhanden sind (z.B. als Resultat einer Rekord-

[8] *ore* [9] *scrap metal* [10] *nuclear research* [11] *uniform, standardized* [12] *steady* [13] *participating* [14] *food supply* [15] *elimination* [16] *trade standards* [17] *zustande kommen come about* [18] *ministers of agriculture*

ernte), nicht billiger bekommen, weil die EG dafür sorgt, daß ein bestimmtes Mindestpreisniveau nicht unterschritten[19] wird. Manche Erzeugnisse können jahrelang gelagert werden, andere werden an Entwicklungsländer exportiert (z.B. Butter), und leicht verderbliche Produkte wie Obst und Gemüse werden manchmal vernichtet.

Der Beitritt ärmerer europäischer Staaten zur EG wird auch kritisiert. Er mag politisch wünschenswert sein, verursacht aber wirtschaftliche Probleme, da jeder Mitgliedsstaat entsprechend[20] der Größe seines Sozialprodukts seinen Beitrag zahlt. So steuert Deutschland am meisten zum EG-Haushalt bei, und wirtschaftlich ärmere Länder profitieren dabei. Wenn alle Mitgliedsstaaten auf gleichem ökonomischem Niveau stünden, gäbe es weniger Streit um diesen Punkt.

[19] *fall below* [20] *according to*

Bauern demonstrieren gegen EG-Politik.

Übrigens können wir bereits jetzt in einigen EG-Mitgliedstaaten mit der Vorläuferin der künftigen Europa-Währung, der ECU, bezahlen: So stellt das renommierte Londoner Kaufhaus Harrods seine Rechnungen neuerdings auch in ECU aus. In der britischen Kronkolonie Gibraltar sind die goldfarbenen Münzen – Wert: 70 ECU oder 50 Pfund Sterling (etwa 145 Mark) – seit Anfang 1992 sogar reguläres Zahlungsmittel. Und auch das traditionsreiche Reisebüro Thomas Cook, das bereits 1986 ECU-Reiseschecks einführte, nimmt die neuen Münzen an.

Europa in Akronymen

Folgenden Akronymen werden Sie immer wieder begegnen, wenn Sie etwas über die Europäische Union lesen. Einige Bündnisse dienen der gemeinsamen Verteidigung, andere der wirtschaftlichen Zusammenarbeit.

ECU *European Currency Unit* (Europäische Währungseinheit)

EG Europäische Gemeinschaft (*EC = European Community*)

EGKS Europäische Gemeinschaft für Kohle und Stahl (*European Coal and Steel Community*)

EU Europäische Union (*European Union*)

EURATOM Europäische Atomgemeinschaft (*European Atomic Energy Community*)

EFTA *European Free Trade Association* (Europäische Freihandelszone)

EWR Europäischer Wirtschaftsraum, besteht aus EG und EFTA (*European Economic Area*)

EZB	Europäische Zentralbank (*EMI = European Monetary Institute*)
NATO	*North Atlantic Treaty Organization.* Verteidigungsbündnis zwischen der EG (außer Irland), den USA, Kanada, Norwegen, Island und der Türkei. Frankreich gehört nur politisch, aber nicht militärisch dazu.

Übungen zum Verständnis

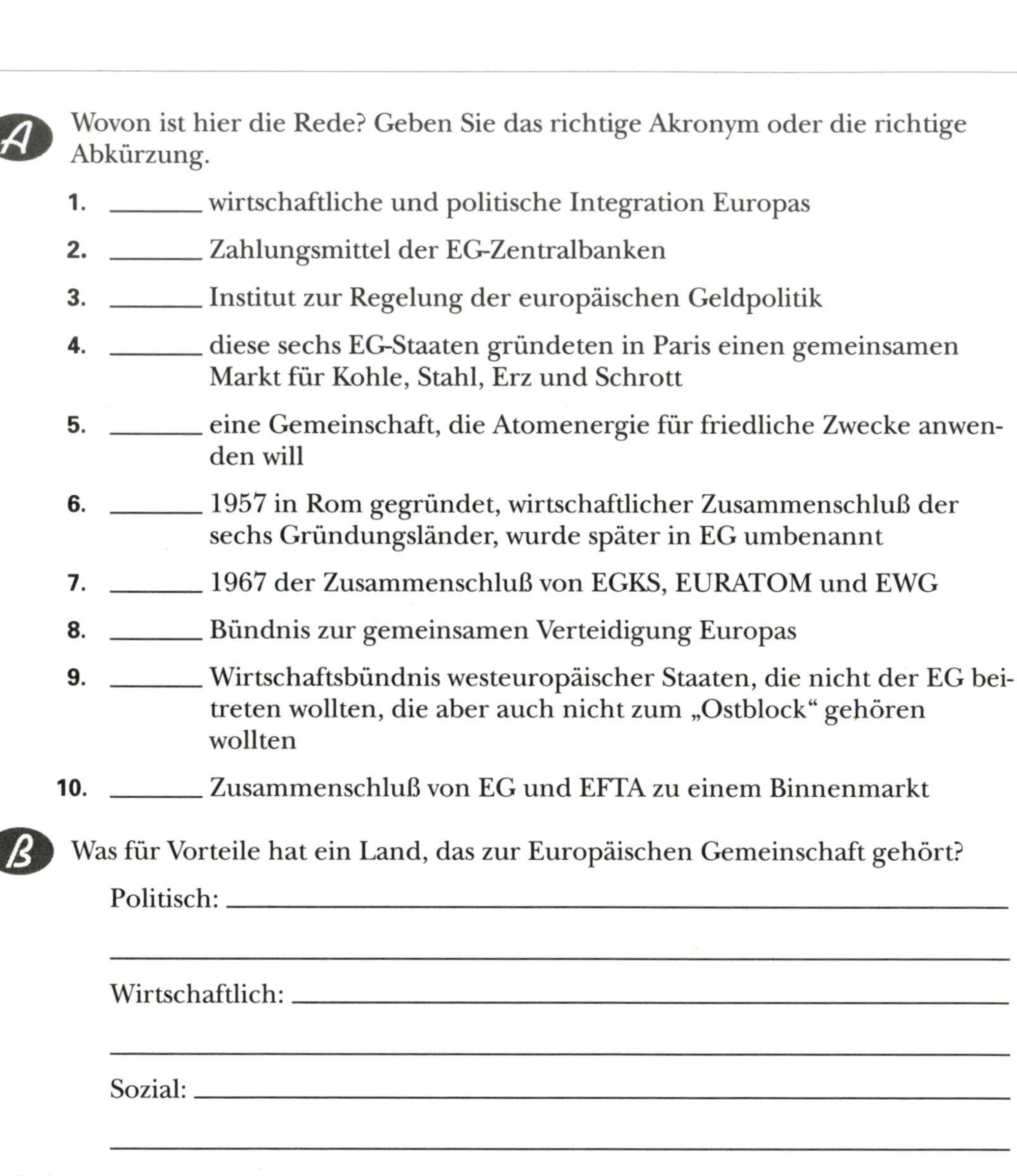

A Wovon ist hier die Rede? Geben Sie das richtige Akronym oder die richtige Abkürzung.

1. _______ wirtschaftliche und politische Integration Europas
2. _______ Zahlungsmittel der EG-Zentralbanken
3. _______ Institut zur Regelung der europäischen Geldpolitik
4. _______ diese sechs EG-Staaten gründeten in Paris einen gemeinsamen Markt für Kohle, Stahl, Erz und Schrott
5. _______ eine Gemeinschaft, die Atomenergie für friedliche Zwecke anwenden will
6. _______ 1957 in Rom gegründet, wirtschaftlicher Zusammenschluß der sechs Gründungsländer, wurde später in EG umbenannt
7. _______ 1967 der Zusammenschluß von EGKS, EURATOM und EWG
8. _______ Bündnis zur gemeinsamen Verteidigung Europas
9. _______ Wirtschaftsbündnis westeuropäischer Staaten, die nicht der EG beitreten wollten, die aber auch nicht zum „Ostblock" gehören wollten
10. _______ Zusammenschluß von EG und EFTA zu einem Binnenmarkt

B Was für Vorteile hat ein Land, das zur Europäischen Gemeinschaft gehört?

Politisch: ______________________________

____

Wirtschaftlich: ______________________________

____

Sozial: ______________________________

____

C Beantworten Sie die folgenden Fragen.

1. Welche drei europäischen Gemeinschaften sind in der EG zusammengefaßt?
2. Wer soll in der Europäischen Union die Geldwirtschaft überwachen?
3. Was erleichtert den Transport von Gütern innerhalb der Mitgliedsstaaten?
4. Was ist das letztendliche Ziel der EG?
5. Inwiefern profitieren die Leute von einem gemeinsamen Agrarmarkt?

*Verwenden Sie hierfür ein extra Blatt Papier.

6. Nennen sie eines der Probleme, die der Agrarmarkt hat.
7. Was geschieht, wenn es in der EG mehr Waren gibt, als die Mitgliedsstaaten brauchen?
8. Welcher Mitgliedsstaat der EG zahlt die höchsten Beiträge? Warum?

Übungen zum Wortschatz

Machen Sie eine Liste dieser EU-Länder mit folgenden Angaben.

Internationales Autokennzeichen	Land	Einwohner	Adjektiv
1. NL			
2. L			
3. B	Belgien	Belgier/in	belgisch
4. I			
5. D			
6. DK			
7. GB			
8. P			
9. F			
10. E			
11. IRL			
12. GR			

Was sind die Ziele der EG/EU? Setzen Sie die passenden Verben an ihre richtige Stelle.

zu erreichen	zu nutzen
zu garantieren	zu schaffen
zu lagern	zu sichern
zu liefern	zusammenzuarbeiten

1. um friedlich ________________
2. um einen gemeinsamen Markt ________________
3. um die Kernenergie für friedliche Zwecke ________________
4. landwirtschaftliche Produktivität ________________
5. die Lebensmittelversorgung der EU-Bevölkerung ________________
6. Waren zu stabilen Preisen ________________
7. um eine harmonische Wirtschaftspolitik ________________
8. anstatt die Erzeugnisse jahrelang ________________

C Ergänzen Sie jeden Satz mit einem passenden Ausdruck aus dem Lesetext.

1. Das Land mit dem größten ________________ zahlt die höchsten EG-Beiträge.
2. Die EG sorgt dafür, daß bestimmte Waren nicht unter ein bestimmtes ________________ sinken.
3. Der ________________ ärmerer Länder in die EG ist wirtschaftlich nicht immer wünschenswert.
4. Die ________________ ist der Zusammenschluß von drei Gemeinschaften.
5. Ab 1995 hat die EG/EU sechzehn ________________.
6. Die wirtschaftliche und politische Zusammenarbeit begann nach dem ________________.
7. Die Abschaffung der ________________ hat den Verkehr der Waren innerhalb der EG wesentlich erleichtert.
8. Die EURATOM will ________________ für friedliche Zwecke einsetzen.
9. Seit der Gründung der EG ist der ________________ zwischen den EG-Ländern um 600% gestiegen.
10. Der ________________ bringt landwirtschaftliche Produkte schnell und zu stabilen Preisen in alle EG-Länder.
11. Durch die Zusammenarbeit der EG-Länder wird versucht, ein Gleichgewicht zwischen ________________ und ________________ zu schaffen.

Schreiben Sie zuerst für jedes Kompositum die Einzelteile, dann ihre englische Bedeutung und schließlich die englische Bedeutung des Kompositums.

BEISPIEL: die Sammelbezeichnung
Einzelteile: sammeln / die Bezeichnung
Bedeutung: *to collect / designation*
Bedeutung des Kompositums: *collective designation*

1. die Handelsaustausch
2. das Mindestpreisniveau
3. innergemeinschaftlich
4. das Agrarpreissystem
5. das Gleichgewicht
6. der Mitgliedsstaat
7. wünschenswert
8. der Landwirtschaftsminister

Aktivitäten

A **Mündlicher Bericht.** Fassen Sie einen Aspekt der EG/EU zusammen. Wählen Sie ein Thema, das Sie interessiert.

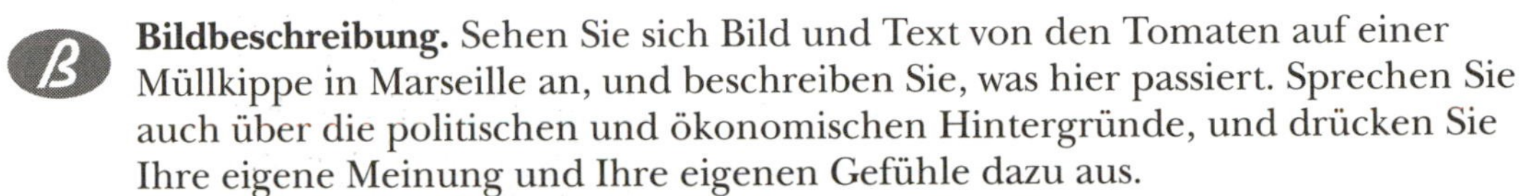

B **Bildbeschreibung.** Sehen Sie sich Bild und Text von den Tomaten auf einer Müllkippe in Marseille an, und beschreiben Sie, was hier passiert. Sprechen Sie auch über die politischen und ökonomischen Hintergründe, und drücken Sie Ihre eigene Meinung und Ihre eigenen Gefühle dazu aus.

Bilder, die Protest auslösten:[1] Französische Bauern kippten[2] ihre Tomaten auf eine Müllkippe[3] bei Marseille, weil sie keine Käufer mehr dafür fanden. Selbst Obst und Gemüse, das von der EG bereits aufgekauft worden war, wurde zum Teil vernichtet.[4] Wenn es sich auch nur um ein bis zwei Prozent der Gesamternten handelte, stießen solche Maßnahmen auf[5] Unverständnis. Zwar ist auch von EG-Zeiten bei reicher Ernte ein Teil verdorben, nur haben Bauern dafür nichts bekommen. Die öffentliche Kritik richtete sich dagegen, daß Lebensmittel, die mit Steuergeldern aufgekauft wurden, nicht an Bedürftige[6] verschenkt, sondern "aus dem Markt genommen" wurden. Allerdings ist das Verschenken überflüssiger, aber leicht verderblicher Lebensmittel nicht nur aus organisatorischen Gründen problematisch. Die 1992 beschlossene Reform der Agrarpolitik soll künftig[7] Überschüsse in den Ernten vermeiden helfen.

[1] *triggered*
[2] *dumped*
[3] *dump*
[4] *destroyed*
[5] stießen auf *met with*
[6] *needy*
[7] *in the future*

Statistischer Überblick

Vor dem Lesen

Europäische Gemeinschaft / Europäische Union. Amerika ist ein wichtiges Absatzgebiet für die Länder Europas. Welche europäischen Produkte kennen Sie? Welche Produkte kaufen Sie? Woher kommen wohl die meisten dieser Produkte?

Wortschatz

Substantive

die Aufnahme, -en	admission
das Bevölkerungswachstum	population growth
die Geburtenhäufigkeit	birth rate
der Geburtenüberschuß	surplus of births
die Überalterung	disproportionately large numbers of older people
die Wirtschaftsleistung, -en	economic output

Verben

etwas befürworten	to approve something
gegenüberstehen (+ *Dat.*)	to be faced with
umfassen	to encompass

Adjektive und Adverbien

knapp	barely
nahezu	almost
spärlich	sparsely
ursprünglich	originally
verhältnismäßig	relatively

Ausdrücke

bei genauer Betrachtung	on close examination
im Durchschnitt	on the average
in mehreren Schritten	in several steps

Lesetext

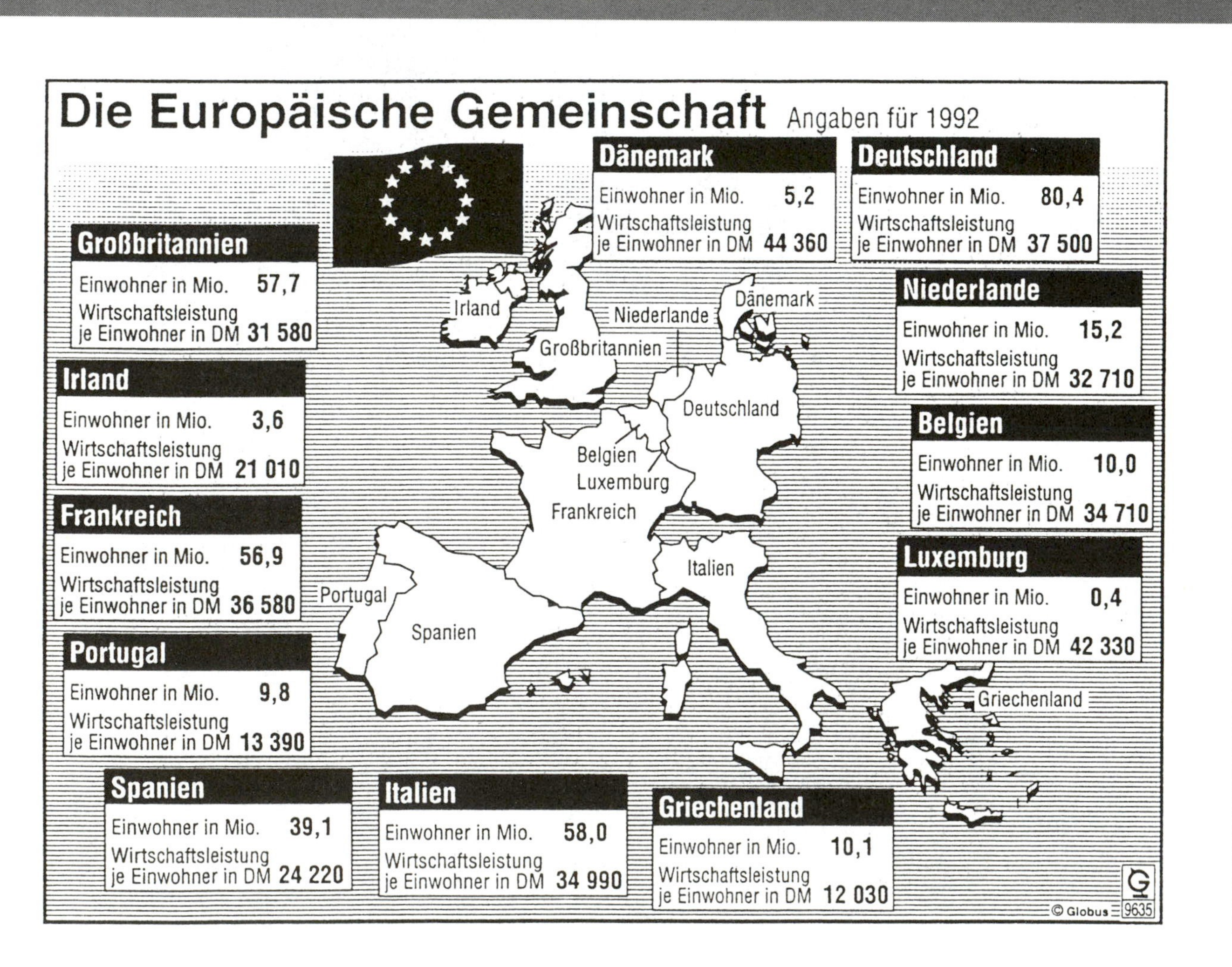

Die Europäische Gemeinschaft, die ursprünglich aus sechs Staaten bestand und sich dann in mehreren Schritten (1973, 1981 und 1986) zur Zwölfer-Gemeinschaft erweiterte, wurde 1990 wieder ein Stück größer: Seit der Vereinigung Deutschlands gehören auch die rund 16 Mio. Deutschen zwischen Erzgebirge[1] und Ostsee zur EG-Familie. Die Gemeinschaft umfaßt damit auf einer Fläche von 2,37 Mio. Quadratkilometern eine **Bevölkerung** von nahezu 346 Mio. Menschen (1992) – weit mehr als z.B. die USA (257 Mio.), Rußland (150 Mio.) oder Japan (124 Mio.).

Innerhalb der Gemeinschaft hat Deutschland mit 80,7 Mio. Einwohnern die größte Bevölkerung. In deutlichem Abstand folgen Italien mit 58 Mio., Großbritannien mit 57,8 Mio. und Frankreich mit 56,9 Mio. Nimmt man noch Spanien mit seinen 39,3 Mio. Einwohnern hinzu, so verteilt sich die EG-Bevölkerung zu 84% auf die fünf großen und zu nur 16% auf die sieben kleineren Mitgliedstaaten.

Das westliche Europa ist **eine der am dichtesten besiedelten Regionen** der Erde. Auf einem Quadratkilometer leben im EG-Durchschnitt 146 Menschen. Bei genauerer Betrachtung lassen sich aber auch innerhalb der Gemeinschaft Zonen größerer Verdichtung von relativ spärlich bevölkerten Gebieten unterscheiden.[2] So zieht sich[3] ein Siedlungsband[4] mit hoher Bevölkerungskonzentration von Norditalien über Süd- und Westdeutschland, Belgien und die Niederlande bis nach Süd und Mittelengland. Daneben gibt es einzeine große Ballungsräume[5] – meist im Einzugsbereich[6] der Hauptstädte, wie z.B. um Athen, Rom, Madrid, Lissabon, Paris, Berlin und Kopenhagen. Verhältnismäßig schwach besiedelt sind dagegen die „Randstaaten"[7] der Gemeinschaft – von Griechenland über Spanien und Portugal bis nach Irland sowie große Teile von Frankreich.

Nimmt man die Gemeinschaft in ihrem heutigen Umfang,[8] so ist ihre Bevölkerung in den gut vier Jahrzehn-ten seit 1950 um 67 Mio. (oder knapp ein Viertel) auf ihren gegenwärtigen Bestand gewachsen. Der Schwerpunkt des **Bevölkerungswachstums** lag in den sechziger Jahren. Im damaligen „Baby-Boom" war die Geburtenhäufigkeit wesentlich größer als heute: Kamen im heutigen EG-Raum 1960 noch mehr also 18 Kinder je 1000 Einwohner zur Welt, so sind es Anfang der neunziger Jahre nur noch 12 Neugeborene je 1000 Einwohner. Da die Sterblichkeit[9] währenddessen[10] nahezu konstant blieb, schrumpfte[11] der jährliche Geborenenüberschuß im EG-Durchschnitt von 8 auf 2 je 1000 Einwohner. Die EG-Bevölkerung tendiert daher zu **Überalterung.** So stehen den rund 63 Mio. Kindern unter 15 Jahren (18% der Bevölkerung) bereits 50 Mio. Menschen im Alter von 65 und mehr Jahren (15%) gegenüber.

[1] *mountain range in Saxony* [2] lassen sich . . . unterscheiden *can be identified* [3] *stretches* [4] *stretch of dense population* [5] *densely populated areas* [6] *surrounding area* [7] *peripheral states* [8] *size* [9] *mortality* [10] *in the meantime* [11] *shrank*

Übungen zum Verständnis

Welche Informationen erhalten Sie aus dem Schaubild und dem Text „Die Europäische Gemeinschaft"? Geben Sie die Zahlen an.

Anzahl der Staaten, die zur EG gehören: ______________

Deutschland hat eine Einwohnerzahl von ______________

Luxemburg hat eine Einwohnerzahl von ______________

Portugal hat die geringste Wirtschaftsleistung pro Einwohner:

______________ DM

Die EG bestand zu Anfang nur aus _______ Staaten.

1990 kamen _______ Mio. Deutsche aus der früheren Deutschen Demokratischen Republik zur EG.

_______ Mio. Menschen gehören zur EG.

_______% der EG Bevölkerung leben in den fünf größten Staaten.

Die EG ist ungefähr _______ Jahre alt.

Von _______ bis _______ wuchs die Bevölkerung der EG am meisten.

_______ % der EG Bevölkerung sind 65 Jahre alt oder älter.

Was erfahren Sie im Schaubild „Wer ist willkommen?"

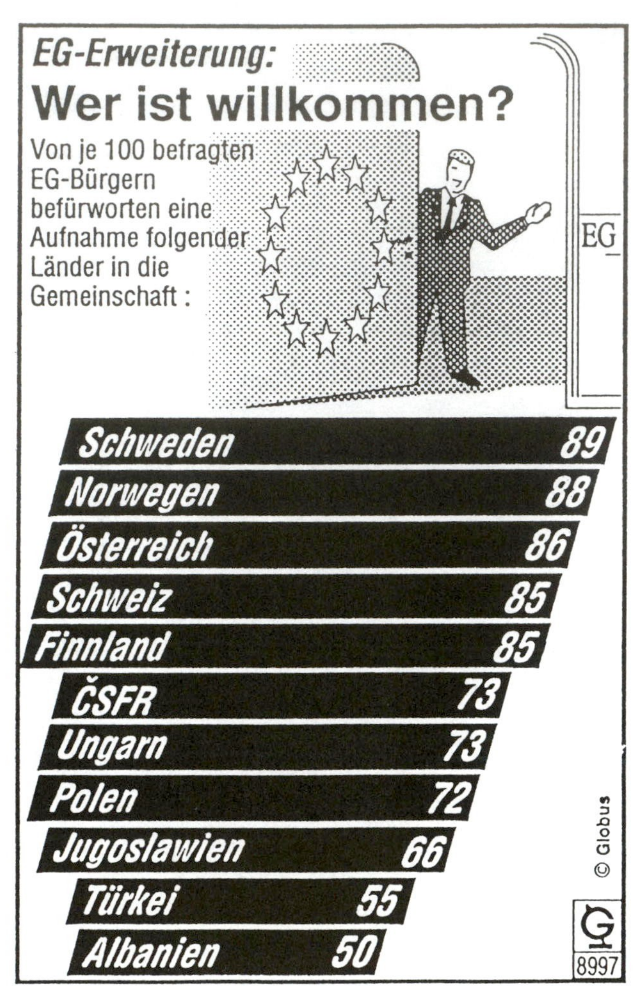

1. Welche fünf Länder würde die EG am liebsten aufnehmen? Warum meinen Sie das?
2. Welche von den elf genannten Ländern würde die EG am wenigsten gern aufnehmen? Warum meinen Sie das?

Aktivitäten

Partnergespräch. Versuchen Sie im Gespräch mit Ihrem Partner / Ihrer Partnerin, eine Erklärung dafür zu finden, warum die EG/EU den Beitritt bestimmter Länder vorzieht und Schwierigkeiten hat, dem Beitritt anderer Länder zuzustimmen. Notieren Sie sich Stichpunkte.

Beitritt bevorzugt aus folgenden Gründen:

____

____

____

Zustimmung schwierig aus folgenden Gründen:

____

____

____

Mündlicher Bericht. Berichten Sie über Ihr Gespräch. Gebrauchen Sie dabei Redewendungen wie:

- Ich könnte mir denken, daß . . .
- Es ist möglich, daß . . .
- Ich nehme an, daß . . .

Die EG würde die Länder X, Y, Z am liebsten aufnehmen, weil . . .

Ein Modell für morgen

Vor dem Lesen

Welche Vorteile hat die EG gegenüber Ländern, die nicht zu einer Gemeinschaft zusammengeschlossen sind?

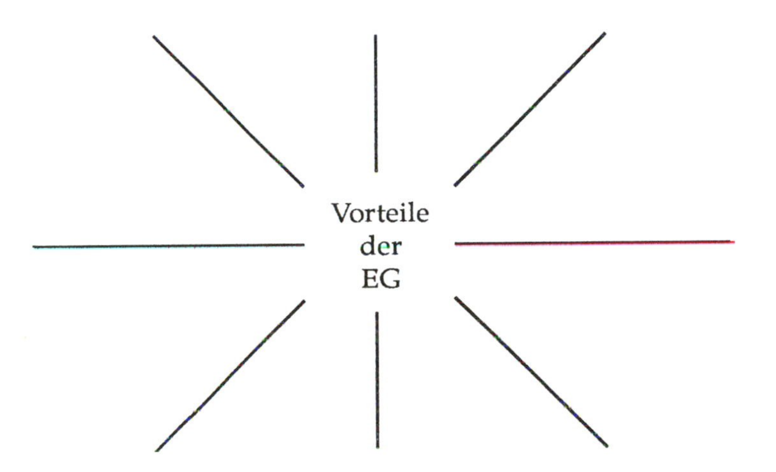

Wortschatz

Substantive

der Aufbau establishment, construction
die Auflösung, -en dissolution
die Erweiterung, -en expansion
die Friedenssicherung peacekeeping measures
die Gegebenheit, -en situation
die Notwendigkeit, -en necessity
Zollschranken (*Pl.*) customs barrier
das Zusammenwachsen growing/coming together

Verben

bekämpfen to fight against
erleichtern to make easier
erproben to try out
erstarken to gain in strength
regeln to regulate; to work out
sich vereinigen to unite
sich zusammenschließen to join together; to merge
zustimmen to agree

Adjektive und Adverbien

einzeln alone, singularly
erdenklich thinkable
nahezu nearly
preiswert inexpensive, good value for the money
richtungweisend pointing the way
undenkbar unthinkable
wettbewerbsfähig able to compete
wirksam effective

Ausdrücke

Krieg führen to make war

Lesetext

Vorteile für Eruopa

Ein Modell für die »Welt von morgen«

Seit der Vertreibung aus dem Paradies müssen die Menschen ihr Zusammenleben irgendwie regeln und organisieren. So haben sich in Jahrtausenden immer neue Formen sozialer und politischer Organisation entwickelt, haben sich den Veränderungen der Bevölkerungsentwicklung, der Wissenschaft, der Kriegstechnik, der Kultur angepaßt.

Im Zusammenwachsen europäischer Staaten zur Europäischen Union wird eine völlig neue Form der politischen Organisation entwickelt und erprobt, eine Form, die den Gegebenheiten und Schwierigkeiten in der Welt von heute und morgen angepaßt und gewachsen[1] ist. Um nur einige dieser Gegebenheiten und Notwendigkeiten zu nennen: Ende des Ost-West-Konflikts und Auflösung der Sowjetunion, Wiedererstarken[2] des Nationalismus und Bürgerkriege in Europa, Aufbau einer Friedensordnung in Europa, wirtschaftliche Zusammenschlüsse in Amerika und Asien, Kampf gegen Hunger und Armut in der Welt. Die jetzt wachsende politische und soziale Struktur der Europäischen Union kann richtungweisend[3] sein für die Welt von morgen.

Für die weitere, vertiefende Entwicklung der EG zur Europäischen Union und für ihre Erweiterung um neue Mitglieder sprechen aber auch viele näherliegende Gründe.

Politische Vorteile

Ganz allgemein: Friedenssicherung. Die Staaten der EG haben in vergangenen Jahrhunderten und bis 1945 viele Kriege gegeneinander geführt, nahezu jeder gegen jeden. Ein Krieg Preußens gegen Bayern ist seit Gründung des Deutschen Reichs, ein Krieg Deutschlands gegen Frankreich oder England seit Gründung der EG undenkbar geworden. Einigung schafft Frieden. Und in Zukunft: Das Asyl- und Einwanderungsrecht kann nur gemeinsam zufriedenstellend[4] geregeltwerden; Drogenhandel und andere internationale Kriminalität könen nur gemeinsam wirksam bekämpft werden.

Und besonders für uns Deutsche: Nach zwei Weltkriegen ist Deutschland durch die EG wieder gleichberechtigter Partner in Europa geworden. Die Mitgliedschaft der Bundesrepublik Deutschland in der EG hat es den europäischen Nachbarstaaten erleichtert, der Vereinigung beider deutscher Staaten zuzustimmen.

Wirtschaftliche Vorteile

Ganz allgemein: Zollschranken störten nicht in einer Zeit, als Marktgebiete mit wenigen Hunderttausend Menschen noch ausreichend groß waren für alle erdenklichen[5] Unternehmungen. Heute sind Märkte mit Hunderten von Millionen Menschen nötig, damit Produkte und Dienstleistungen preiswert angeboten, damit neue und zukunftssichere Produkte entwickelt werden können. Kein Staat Europas ist einzeln wettbewerbsfähig[6] gegen die USA oder Japan.

[1] *be a match for* [2] *resurgence, gaining in strength* [3] *pointing the way* [4] *satisfactorily* [5] *thinkable, imaginable* [6] *competitive*

Übung zum Verständnis

Steht das im Lesetext? Wenn nicht, wie heißt es denn da?

	JA	NEIN	
1.	______	______	Soziale und politische Organisationen müssen sich im Laufe der Zeit ändern, weil sich in der Bevölkerung vieles ändert.
2.	______	______	In Europa gibt es keine Bürgerkriege mehr.
3.	______	______	Die Europäische Union kann als Modell für den Rest der Welt dienen.
4.	______	______	Die Europäische Union möchte keine neuen Mitglieder mehr aufnehmen.
5.	______	______	Die Staaten der EG haben nach 1945 keine Kriege gegeneinander geführt.
6.	______	______	Jeder Staat kann das Asyl- und Einwanderungsrecht allein für sich regeln.
7.	______	______	Kriminalität kann nicht international bekämpft werden.
8.	______	______	Zollschranken stören nicht, weil die Marktgebiete in den einzelnen Staaten groß genug sind.
9.	______	______	Europa ist gegen die USA und Japan nicht wettbewerbsfähig.

Übungen zum Wortschatz

Suchen Sie das gegenteilige Wort im Text oder, wenn nötig, im Wörterbuch.

1. das Auseinanderfallen ______________________
2. schwächer werden ______________________
3. der Abbau ______________________
4. Frieden schließen ______________________
5. denkbar ______________________
6. erschweren ______________________
7. teuer ______________________
8. wettbewerbsunfähig ______________________

Drücken Sie die folgenden Redewendungen aus dem Lesetext mit Hilfe eines Verbs aus.

BEISPIEL: Zusammenwachsen europäischer Staaten →
europäische Staaten wachsen zusammen

1. Auflösung der Sowjetunion ______________________
2. Wiedererstarken des Nationalismus ______________________
3. Aufbau einer Friedensordnung ______________________
4. wirtschaftliche Zusammenschlüsse in Amerika und Asien ______________________
5. die Vereinigung beider deutscher Staaten ______________________

Aktivitäten

Schriftliches. Schreiben Sie unter Verwendung der folgenden Schlüsselwörter eine Zusammenfassung. Benutzen Sie ungefähr 100 bis 150 Wörter.

SCHLÜSSELWÖRTER

das Zusammenwachsen europäischer Staaten
Einigung schafft Frieden
preiswerte Produkte
wettbewerbsfähig

B Diskussion

1. Durch die Ratifizierung (Vertragsannahme durch das Parlament) des Vertrags von Maastricht besteht seit dem 1. November 1993 die Europäische Union. Diskutieren Sie die folgenden Themen in Ihrer Gruppe, und berichten Sie danach die Ergebnisse dem Klassenforum.
   a. die Konsequenzen einer einheitlichen Währung
   b. die Konsequenzen einer einheitlichen Außenpolitik
   c. Glauben Sie, daß die Länder im Laufe der Zeit ihre Identität verlieren? Warum (nicht)?
2. Das imaginäre europäische Land Kiwiri produziert Rohstoffe, die die anderen Länder der EU benötigen, jedoch befindet sich das Land in einer sehr schlechten ökonomischen Lage. Bilden Sie zwei Gruppen, und diskutieren Sie die Aufnahme Kiwiris in die EU. Notieren Sie sich hier Stichworte, und verwenden Sie die untenstehenden Redemittel.

Pro	Kontra

REDEMITTEL

Der Vorteil/Nachteil liegt darin, daß . . .
Es wäre vorteilhaft/nachteilig, wenn . . .
Ich würde vorschlagen, daß . . .
Ich befürworte die Aufnahme, weil . . .
Ich bin aus den folgenden Gründen dafür/dagegen: . . .

Hörverständnis

Geldpolitik

Neue Wörter und Ausdrücke

ECU	European Currency Union
der Geldschein, -e	banknote, bill
die Notenbankpolitik	*here:* monetary policy
der Sondergipfel, -	special summit (meeting)
der Sparertrag	yield, return from savings
der Standort, -e	location
die Steuerflucht	tax evasion (by leaving the country)
die Verrechnungseinheit	clearing unit
volle Hoheit über (+*Akk.*)	full sovereignty

Beantworten Sie die folgenden Fragen.

1. Wo wird die Europäische Zentralbank ihren Standort haben?

   ____

2. Legt der Vertrag von Maastricht fest, wo dieser Standort sein muß?

   ____

3. Was sind die Ziele der Währungsunion?

   ____

   ____

4. Wer bestimmt bis zum Eintritt in die Währungsunion die Geldpolitik der nationalen Währungen?

   ____

5. Wie heißt das Zahlungs- und Verrechnungsmittel der Europäischen Union?

   ____

6. Wie viele Mitarbeiter wird das Währungsinstitut beschäftigen, und woher kommen sie?

   ____

   ____

7. Die Europäische Union versucht, Steuerflucht zu verhindern. Bei welcher Art von Erträgen ist Steuerflucht ein Problem?

   ____

8. Was stand bisher einer einheitlichen Steuerregelung im Wege?

   ____

   ____

Schlußgedanken

Erarbeiten Sie die Unterschiede zwischen NAFTA und der EG in einer Gruppendiskussion. Welche Vor- oder Nachteile bringen solche Abkommen und Zusammenschlüsse? Begründen Sie Ihre Ansichten.

🌐 Seit dem 1. Januar 1988 gibt es für jeden EG-Bürger den Europapaß. Bei der Einreise in EG-Länder werden EG-Bürger an speziell eingerichteten Schaltern bevorzugt abgefertigt (See- und Flughäfen). Das erinnert den Reisenden daran, daß man z.B. als Deutscher auch Bürger Europas ist.

🌐 Große deutsche Firmen achten darauf, daß ihre Vertreter im Ausland sich über Sitten und Gewohnheiten des fremden Landes informieren. Bei vielen deutschen Industriebranchen gibt es dafür eigens eingerichtete Seminare.

🌐 In Zukunft soll es in allen EG-Ländern einen einheitlichen Führerschein geben. Das bedeutet auch: Vereinheitlichung des Qualitätsstandards bei der Fahrprüfung in ganz Europa und damit—so hofft man—mehr Sicherheit auf Europas Straßen.

🌐 Die EG verfolgt eine Politik der Chancengleichheit für Frauen. Seit 1984 gibt es einen Ausschuß für die Rechte der Frau. Er verlangt Chancengleichheit im Hinblick auf Entgelt *(pay)*, Beschäftigung und Berufsausbildung sowie die Gleichbehandlung im Bereich der sozialen Sicherheit.

🌐 EG-Bürger haben Freizügigkeit, d.h. sie können in jedem EG-Staat mit den gleichen Vergünstigungen wie die einheimischen Arbeitnehmer arbeiten.

🌐 Hochschuldiplome (nach mindestens dreijährigem Studium) werden in jedem EG-Land anerkannt.

🌐 Die EG ist offen für weitere Mitglieder. Die Türkei hat 1987 einen Beitrittsantrag gestellt und Malta 1990. Außerdem wird der Beitritt in Ungarn und in der Schweiz diskutiert. Voraussetzung: Das Land muß demokratisch und europäisch sein.

🌐 Die vier Grundfreiheiten des Binnenmarkts sind: freier Verkehr von Personen, Waren, Dienstleistungen und Kapital.

🌐 Das Ziel der Europäischen Union ist die Einigung der Mitgliedsstaaten auf politischem, sozialem und wirtschaftlichem Gebiet.

🌐 Die Europäische Zentralbank (EZB) wird spätestens 1999 das Spitzeninstitut in der Europäischen Währungsunion. Ihre Hauptaufgaben werden die Ausgabe der europäischen Währung ECU sein, die Sicherung ihrer Stabilität und die Festlegung der Zinsen.

3 Verkehr und Transport

- **Das Verkehrssystem**
- **Verkehrsträger:**
  - **Die Straße**
  - **Die Bahn**
  - **Die Luftfahrt**
  - **Die Schiffahrt**

Binnenschiffahrt auf dem Rhein

Lernziele

In diesem Kapitel erfahren Sie einiges über Verkehrsprobleme, die in einem dichtbesiedelten Land wie Deutschland besonders schlimm sind. Städte und Länder bemühen sich, durch Verbesserungen der Fahrwege und öffentlichen Verkehrsmittel der Bevölkerung eine attraktive Alternative zum Privatauto zu bieten. Die Hauptverkehrsmittel und ihre Bedeutung für die Personenbeförderung und den Warentransport werden einzeln besprochen.

Einführende Fragen

- An der Ostküste der USA fährt der ICE (Intercity Express). Warum, glauben Sie, probiert man in den USA einen deutschen Zug aus?
- Das Fliegen innerhalb Deutschlands ist verhältnismäßig teuer. Wie kommt das wohl?
- Wenn die Bahn mit dem Flugzeug konkurrieren wollte, was müßte sie Ihnen als Geschäftsmann/Geschäftsfrau bieten?
- Am Wochenende ist der Lastwagenverkehr auf den deutschen Autobahnen nicht erlaubt. Hätte es Sinn, so eine Regel auch in Ihrem Land einzuführen?
- Was halten Sie von Geschwindigkeitsbegrenzungen oder Tempolimits? Wo sind sie Ihrer Meinung nach angebracht, und wo nicht?
- Was für positive und negative Eigenschaften assoziieren Sie mit öffentlichen Verkehrsmitteln?

Das Verkehrssystem

Vor dem Lesen

1. Welche Verkehrsmittel befördern hauptsächlich Personen und welche Güter?
2. Zu welchen Tageszeiten ist der Verkehr am stärksten? Warum?
3. Welches Verkehrsmittel ist bei Ihnen am beliebtesten? Warum?
4. Welche Verkehrsmittel verursachen die meisten Umweltprobleme und welche die wenigsten?

Wortschatz

Substantive

die Binnenschiffahrt	inland shipping
die Fracht, -en	freight
die (Höchst)geschwindigkeitsbegrenzung, -en	speed limit
der Linienflug, ¨-e	regularly scheduled flight
die Personenbeförderung	transport of people
der Personenkraftwagen (Pkw), -	automobile, car
die Rücksichtnahme	consideration
die Schätzung, -en	estimate
die Schiene, -n	track
die Verkehrsberuhigung	quiet zone (slow traffic)
die Verkehrsleistung, -en	number of kilometers per person or per 1 ton of freight transported
das Verkehrsmittel, -	means of transportation
das Zonengeschwindigkeitsschild, -er	speed limit sign for a certain zone

Verben

sich abspielen	to take place
anpassen an	to adapt to
voraussetzen	to presuppose

Adjektive und Adverbien

baulich	structural
innereuropäisch	within Europe
streckenweise	for certain stretches (of the road)
umweltgerecht	environmentally sound
verstopft	jammed

Lesetext

Der Verkehr in Deutschland spielt sich auf der Straße ab, auf Schienen, Flüssen, Kanälen und in der Luft. Die Hauptverkehrszeiten[1] liegen morgens zwischen 6 und 8 Uhr und nachmittags zwischen 16 und 18 Uhr. Straßen sind verstopft, Parkplätze kaum zu finden und die öffentlichen Verkehrsmittel überfüllt. Schnellverkehrssysteme[2] führen von den Vororten[3] in die Stadtzentren, aber trotzdem bestehen viele darauf, mit dem Privatwagen zu fahren. Bei der Personenbeförderung steht der Personenkraftwagen (Pkw) an erster Stelle. Auf den Autobahnen der alten Bundesländer gibt es nur streckenweise Höchstgeschwindigkeitsbegrenzungen, aber in den fünf neuen Bundesländern darf man höchstens 110 km/h fahren.

Bus, U-Bahn[4] und Straßenbahn stehen an zweiter Stelle. Danach kommen die Eisenbahn und das Flugzeug. Die Bahn ist ein sehr bequemes und vom Wetter unabhängiges Verkehrsmittel, das für den innereuropäischen Verkehr bedeutend[5] billiger ist als das Flugzeug. Die Reichsbahn (RB) der ehemaligen Deutschen Demokratischen Republik wird allmählich der Struktur der Deutschen Bahn (DB) angepaßt.

Der Flugverkehr spielt für Fracht- und Personenverkehr mit dem Ausland eine immer wichtigere Rolle. In der Ferienzeit kommen zu den Linienflügen auch noch Chartermaschinen, die die Ferienreisenden[6] in die beliebtesten Ferienparadiese bringen. Die größte Fluggesellschaft Deutschlands ist die Lufthansa.

Im Güterverkehr[7] liegen die Lastkraftwagen (Lkw) vorn; mit großem Abstand[8] folgen die Eisenbahn und die Binnenschiffahrt. Da der gesamte Verkehr in den nächsten Jahren erheblich[9] zunehmen wird, ist es besonders wichtig, daß das Verkehrssystem so umweltgerecht wie möglich ausgebaut wird.

[1]*peak traffic hours* [2]*rapid transit systems* [3]*suburbs* [4]*subway* [5]*considerably* [6]*holiday travelers* [7]*transportation of goods* [8]*by a wide margin, by far* [9]*considerably*

Übungen zum Verständnis

A Beantworten Sie die folgenden Fragen.

1. Was für Verkehrswege werden hier genannt?
2. Was passiert während der Hauptverkehrszeiten?
3. Mit welchem Verkehrsmittel fahren die Deutschen am liebsten?
4. Welches Verkehrsmittel kann auch bei ganz schlechtem Wetter fahren?
5. Erklären Sie die Abkürzungen *RB* und *DB*.
6. Welches Verkehrsmittel wird für den Transport von Waren am häufigsten benutzt?

Auf dem Bahnhof in Köln

 Interpretieren Sie das Schaubild „Zu Wasser—zu Lande—in der Luft“.

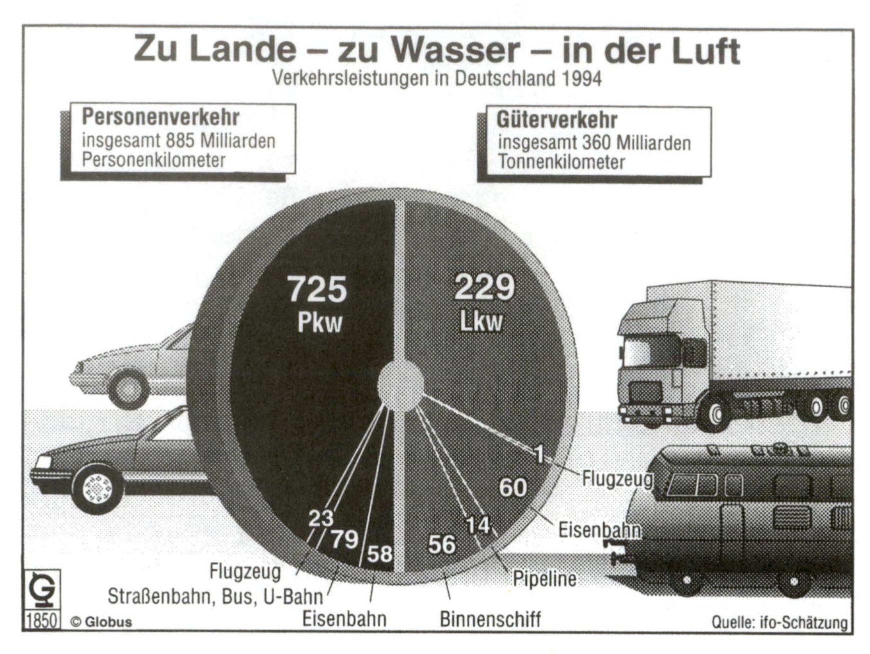

1. Welches Verkehrsmittel befördert die meisten Personen und welches die meisten Güter?
2. Welches Verkehrsmittel wird von Personen am wenigsten beansprucht? Warum?
3. Warum befördern die Flugzeuge weniger als 1% aller Güter?
4. Welches Verkehrsmittel wird nur beim Güterverkehr erwähnt, aber nicht beim Personenverkehr? Warum?

Grammatiknotizen

Unterordnende Konjunktionen

Unterordnende Konjunktionen verbinden einen Hauptsatz mit einem Nebensatz. Der Nebensatz kann dann nicht als kompletter Satz alleine stehen. Der Nebensatz gibt uns weitere Informationen über den Hauptsatz, z.B. erklärt er, warum, wann, wie und unter welchen Bedingungen das Ereignis im Hauptsatz geschieht. In dem Nebensatz, der mit der unterordnenden Konjunktion eingeleitet wird, steht das konjugierte Verb am Ende. Ein Komma trennt die beiden Satzteile:

Er hat uns geschrieben, **daß** er am Dienstag **kommt.**
daß er am Dienstag **zurückkommt.**
daß er am Dienstag zurückkommen **muß.**
daß er am Dienstag zurückgekommen **ist.**

Können Sie sich denken, **warum** man in den USA einen deutschen Zug ausprobieren will?

Man kann auch mit dem Nebensatz beginnen, dann muß aber das konjugierte Verb des Hauptsatzes direkt folgen:

Daß er am Dienstag kommt, **hat** er uns geschrieben.

Übung zur Grammatik

Fragewörter können auch unterordnende Konjunktionen sein: Verbinden Sie die Satzpaare mit einer passenden unterordnenden Konjunktion. Achten Sie dabei auf die Wortstellung.

als	weil
anstatt	wenn
da	wo
daß	
obwohl	
sobald	
warum	

1. Wir benutzten fast ständig öffentliche Verkehrsmittel. Wir waren in Deutschland.
2. Haben Sie eine Ahnung? Warum wollen so viele Deutsche keine Geschwindigkeitsbegrenzung?
3. Ich habe das nicht gewußt. Am Wochenende dürfen keine Lastwagen auf der Autobahn fahren.
4. Zu gewissen Tageszeiten vermeide ich die Autobahn. Der Verkehr ist dann zu stark.
5. Meine Kollegin fährt immer mit ihrem Auto zur Arbeit. Sie kann selten einen guten Parkplatz finden.
6. Können Sie es mir sagen? Wo gibt es Höchstgeschwindigkeitsbegrenzungen auf der Autobahn?
7. Ich nehme lieber einen Linienflug. Die Charterflüge sind meistens so voll.
8. Viele Geschäftsleute fahren gern mit der Bahn. Sie fliegen nicht.
9. Anstatt mit dem Auto fahre ich lieber mit dem Zug nach Stuttgart. Ich muß pünktlich ankommen.
10. Man wird auch in den neuen Bundesländern schneller fahren dürfen. Die Straßen werden ausgebaut.

Aktivitäten

Partnerarbeit. Besprechen Sie mit Ihrem Partner / Ihrer Partnerin die Vor- und Nachteile der verschiedenen Verkehrsmittel. Notieren Sie sich hier Stichpunkte.

VERKEHRSMITTEL	VORTEILE	NACHTEILE
____________________	____________________	____________________
____________________	____________________	____________________
____________________	____________________	____________________
____________________	____________________	____________________
____________________	____________________	____________________
____________________	____________________	____________________

B **Mündlicher Bericht**

1. Welche Verkehrsmittel halten Sie für besonders umweltfreundlich? Begründen Sie Ihre Meinung.
2. Vergleichen Sie die Situation in Deutschland mit der in Ihrem Land. Welches Verkehrsmittel wird am häufigsten benutzt und welches am seltensten? Warum ist das so?
3. Welches Verkehrsmittel benutzen Sie täglich? Begründen Sie Ihre Antwort.

Die Straße

Vor dem Lesen

A Beantworten Sie die folgenden Fragen.

1. Gibt es auf den Autobahnen in Ihrem Land eine Geschwindigkeitsbegrenzung?
2. Wodurch werden auf Ihren Autobahnen Staus verursacht?
3. Mit welchen öffentlichen Verkehrsmitteln können Sie zur Arbeit fahren?

B Wählen Sie das Verkehrsmittel, das Ihrer Meinung nach in den folgenden Situationen benutzt wird. Sie dürfen jedes Verkehrsmittel mehr als einmal nennen.

das Auto	das Fahrrad	das Schiff
der Bus	das Flugzeug	die Straßenbahn
die (Eisen)bahn	der Last(kraft)wagen	die U-Bahn

1. Herr Meineke fährt jeden Morgen mit sein ______________________________ ins Geschäft.
2. Die Schüler fahren mit d_____ ____________________________. Sie wohnen außerhalb der Stadt.
3. Erik ist umweltbewußt. Er fährt mit d_____ ____________________________.
4. Die Reise mit d_____ ____________________________ ist teuer, aber geht am schnellsten.
5. D_____ ____________________________ ist vom Wetter ziemlich unabhängig.
6. Sie können d_____ ____________________________ von Bremerhaven nach New York nehmen. Das dauert aber mehrere Tage.
7. Mit d_____ ____________________________ kommt man schnell ans Ziel; man kann aber streckenweise nichts vom Land sehen.
8. Manche deutsche Großstädte haben ein ____________________________; sie läuft elektrisch und ist deshalb umweltfreundlich.
9. D_____ ____________________________ fährt häufig mit einer Geschwindigkeit bis zu 250 km/h.
10. Sie können jetzt mit d_____ ____________________________ von Calais (Frankreich) nach Dover (England) durch einen Tunnel fahren.

Wortschatz

Substantive

das Autobahnnetz network of highways
das Ballungsgebiet, -e densly populated area
die Beseitigung removal
der Brummi, -s truck (*Ugs.*)
der Engpaß, *Pl.* Engpässe bottleneck
die Geschwindigkeitsbegrenzung, -en speed limit
der Laster, - truck
der Stau, -s traffic jam
der Unfallschwerpunkt, -e accident black spots
die Verkehrsdichte traffic density

Verben

befördern	to transport
genießen	to enjoy
vermeiden	to avoid
verzichten auf (+ *Akk.*)	to do without

Adjektive und Adverbien

unentbehrlich	indispensable
vorgeschrieben	required, prescribed

Ausdrücke

in Anspruch nehmen	to make use of

Lesetext

Nach den USA hat Deutschland das längste Autobahnnetz der Welt– und es wird größer. In den neuen Bundesländern werden in Zukunft weitere Strecken entstehen, aber in den alten Bundesländern geht es hauptsächlich um die Beseitigung von Engpässen und Unfallschwerpunkten.

Obwohl das Auto eine der Hauptursachen[1] der Luftverschmutzung ist, will der Bundesbürger auf sein Auto nicht verzichten. Für manche ist es für den Weg zur Arbeit unentbehrlich, andere wollen ihren Privatwagen in der Freizeit genießen. Wegen der wachsenden Verkehrsdichte wird das Autofahren aber immer problematischer. Ferienreisende in den Ballungsgebieten starten oft schon in den ganz frühen Morgenstunden, um die schlimmsten Staus zu vermeiden.

Innerstädtisch[2] und manchmal auch außerstädtisch[3] können öffentliche Verkehrsmittel in Anspruch genommen werden. Es gibt Busse, Straßenbahnen, S-Bahnen und U-Bahnen. Oft kann man innerhalb einer gewissen Zeit mit derselben Fahrkarte auf alle anderen Verkehrsmittel umsteigen.

Der Lkw spielt für den Gütertransport von Tür zu Tür eine unentbehrliche Rolle, nicht nur im Bundesgebiet, sondern auch im restlichen Europa. Da Lkws vom Wetter abhängig sind und an Wochenenden zu bestimmten Zeiten die Autobahnen nicht befahren dürfen, werden sie häufig im „Huckepackverkehr" von der Bahn auf Spezialwaggons befördert.

Das Kraftfahrtbundesamt berichtet: „Der ‚Brummi' ist beim Gütertransport das Verkehrsmittel Nummer eins. Fast sechzig Prozent der Transportleistung in Deutschland entfallen auf den Lkw. Besonders stark hat der Güterverkehr nach dem Fall des ‚eisernen Vorhangs' zugenommen. Deutschland in der Mitte Europas bekommt das als wichtiges Transitland besonders zu spüren.[4] Die größte Zahl ausländischer Lkws kam im vergangenen Jahr aus den Niederlanden (2,5 Millionen), gefolgt von französischen und belgischen Lastern."

Geschwindigkeitsbegrenzungen, Höchsttempo, Tempogrenzen oder Tempolimits – Deutschland ist das einzige Land in Europa mit „freier Fahrt". Aus Bonn wird dazu berichtet: „Hier (in Deutschland) gibt es noch Straßen, auf denen jeder so schnell

[1] *main sources* [2] *within a city* [3] *outside of a city* [4] *to feel*

fahren darf, wie er will und kann – die Autobahnen. Sie stellen freilich[5] mit rund 10 690 Kilometern Länge nur einen geringen Teil des bundesdeutschen Straßennetzes dar, das eine Gesamtlänge von 624 000 Kilometern hat. Außerdem gelten[6] auf zahlreichen Autobahnabschnitten Geschwindigkeitsbegrenzungen. In den anderen europäischen Staaten reicht das Höchsttempo auf Autobahnen von 90 Kilometern bis zu 130 Kilometern pro Stunde.

[5] of course [6] are in force

Übung zum Verständnis

Suchen Sie im Text und im Schaubild „Fremde Laster auf deutschen Straßen" alle Informationen, die sich auf den Lastkraftwagenverkehr beziehen.

1. Was bedeutet hier „Einfahrt"?
2. Was bedeutet hier „Durchfahrt"?
3. Woher kommen die meisten Laster, die auf deutschen Straßen fahren?
4. Warum fahren gerade in Deutschland so viele Laster?
5. Nach dem Zweiten Weltkrieg gab es eine Zeit, in der der Güterverkehr ziemlich plötzlich stark zunahm. Wann war das?
6. Im Text steht, die Autofahrer in Deutschland haben „freie Fahrt", aber das Schaubild gibt eine Richtgeschwindigkeit von 130 km/h an. Was bedeutet das?

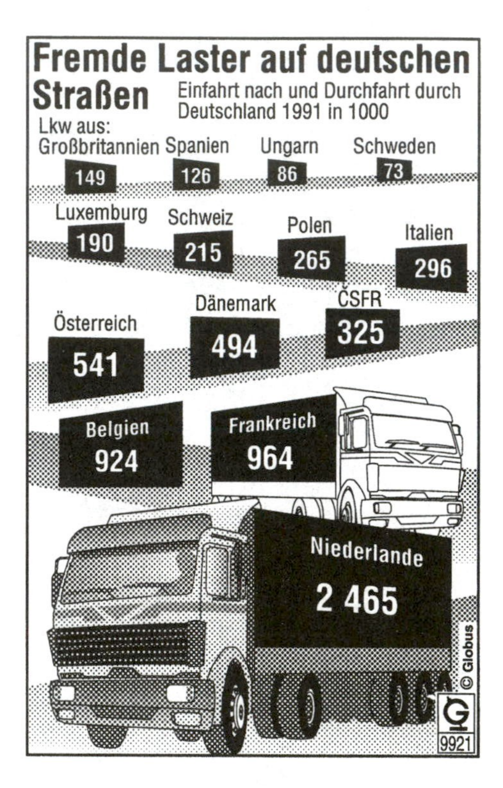

Der „Brummi" ist beim Gütertransport das Verkehrsmittel Nummer eins. Fast 60 Prozent der Transportleistung in Deutschland entfallen auf den Lkw. Besonders stark hat der Güterverkehr nach dem Fall des „eisernen Vorhangs" zugenommen. Deutschland in der Mitte Europas bekommt das als wichtiges Transitland besonders zu spüren. –Die größte Zahl ausländischer Lkw kam im vergangenen Jahr aus den Niederlanden (2,5 Millionen), gefolgt von französischen und belgischen Lastern.

Aktivitäten

Partnerarbeit. Erarbeiten Sie mit Ihrem Partner / Ihrer Partnerin eine Liste von Gründen für oder gegen ein Tempolimit auf der Autobahn.

FÜR	GEGEN
______________________	______________________
______________________	______________________
______________________	______________________

Mündlicher Bericht. Berichten Sie im Klassenforum, wie Sie zum Tempolimit auf der Autobahn stehen. Begründen Sie Ihre Meinung.

Schriftliches. Schreiben Sie für eine Zeitung einen kurzen, erklärenden Text zu dem Schaubild „Fremde Laster auf deutschen Straßen". Es stehen Ihnen maximal 100 Wörter zur Verfügung.

Die Bahn

Vor dem Lesen

1. Warum reisen Sie gern / nicht gern mit der Bahn?
2. Ist die Bahn in Ihrem Land staatlich oder privat?
3. Inwiefern ist die Bahn umweltfreundlicher / nicht umweltfreundlicher als andere Verkehrsmittel?
4. Was für Bahn-Typen kennen Sie?

Wortschatz

Substantive

der Bahnanschluß, (*Pl.*) **Bahnanschlüsse**	connection to the railway system
die Bürgerinitiative, -n	citizens' action group
die Hauptverkehrszeit, -en	peak traffic hours
die Hochgeschwindigkeitsstrecke, -n	high-speed stretch
die Innenstadt, ¨e	downtown
die Maßnahme, -n	measure
der Mülltransport	transport of waste, garbage
der Nachteil, -e	disadvantage
der Nahverkehr	local traffic
der Pendler, -	commuter
der Standort, -e	location
das Transportunternehmen, -	transport corporation/enterprise
die Trasse, -n	marked-out route
die Überfüllung	crowding; overloading

Verben

elektrifizieren	to electrify
entlasten	to relieve; to take a load off
realisieren	to make real

Adjektive und Adverbien

entsprechend	corresponding
gleichzeitig	at the same time
innerstädtisch	within a city
knapp	barely
kurzfristig	short term
nagelneu	brand-new
oberirdisch	above ground
überregional	connecting different regions
unterirdisch	underground
zukunftsorientiert	with an eye to the future
zunehmend	increasing
zuschlagpflichtig	subject to surcharge

Lesetext 1

1994 wurden die westdeutsche Bundesbahn und die ostdeutsche Reichsbahn zur Deutschen Bahn AG (Aktien gesellschaft) zusammengefaßt. Die Deutsche Bahn AG ist das größte Transportunternehmen in der Bundesrepublik. Immer mehr Züge werden elektrifiziert, was den Bahntransport zunehmend umweltfreundlich macht. 1991 wurden die ersten Hochgeschwindigkeitsstrecken in Betrieb genommen,[1] auf denen die ICE-Züge

[1] in Betrieb genommen *put into service*

Geschwindigkeiten bis zu 250 km/h erreichen. Diese Züge fahren vorerst nur auf bestimmten Strecken, aber die Bahn hofft, diese Züge besonders für Geschäftsleute attraktiv zu machen und ihnen damit eine Alternative zum Flugzeug oder Auto zu bieten. Die Magnetschnellbahn Transrapid wird nach dem Jahr 2000 als erste Strecke Hamburg mit Berlin verbinden. Sie soll bis zu 500 km/h fahren.

Eine besonders wichtige Funktion hat die Bahn in den wirtschaftlichen Ballungsgebieten, z.B. in Berlin, Hamburg, im Ruhrgebiet, in Frankfurt am Main, Köln, Nürnberg, Stuttgart und München. In fast allen Ballungsräumen sorgt ein „Verkehrsbund" dafür, daß die öffentlichen Verkehrsträger[2] miteinander verbunden sind, so daß die Fahrgäste mit ein und derselben Fahrkarte alle Verbundverkehrsmittel benutzen können. Wenn möglichst viele Autofahrer auf öffentliche Verkehrsmittel umsteigen, dann werden die Zentren der großen Städte durch den Individualverkehr[3] weniger belastet,[4] was auch einen Beitrag zum Umweltschutz bedeuten würde.

Die Einordnung der Deutschen Bahn in die Privatwirtschaft sieht die Gründung von drei Gesellschaften für die folgenden Bereiche vor:

a. Personen-Nahverkehr
b. Güterverkehr
c. Fernstrecken

Die Deutsche Bahn AG will ein neues Preissystem testen. Für zunächst 300 Städteverbindungen gilt nicht mehr für jeden Kilometer der gleiche Preis, sondern der Preis wird abhängig von der Konkurrenz durch Auto und Flugzeug (Loco-Tarife). Es gibt dann Festpreise[5] für bestimmte Strekken.

Seit 1992 gibt es die BahnCard (Preis: 50 DM–440 DM), mit der Kunden ein Jahr lang Fahrkarten zum halben Preis kaufen können.

Den Reisenden steht eine Vielzahl an Zügen zur Verfügung. Da gibt es zuerst einmal die zuschlagpflichtigen komfortablen schnellen Züge.

EC = EuroCity
ICE = InterCity Express, wahrscheinlich der beliebteste Zug, der die größeren deutschen Städte so praktisch verbindet, daß der Reisende in ein paar

Ganz Deutschland für die Hälfte.
BahnCard und BahnCard First.

Unternehmen Zukunft
Deutsche Bahn

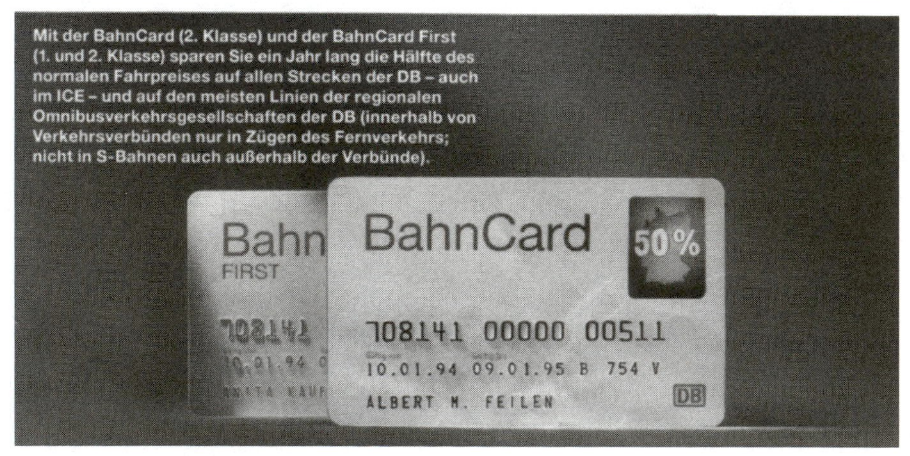

[2]transportation systems [3]one person per car (as opposed to carpooling) [4]burdened [5]fixed prices

Minuten und meist auf demselben Bahnsteig Anschluß bekommt. Diese Züge fahren seit 1979 mit Gewinn.

Die folgenden Züge sind nur zuschlagpflichtig, wenn das so auf dem Fahrplan gekennzeichnet[6] ist.

IR = InterRegio, ein überregionaler Zug mit gehobenem Komfort, z.B. für die Strecke von Essen nach Leipzig.

FD = Fern-Express, ein qualifizierter Schnellzug mit Wagen von IC-Qualität und mit InterCity-Anschlüssen, der Ferienorte von der Ostsee bis in die Alpen verbindet. An Bord gibt es Essensmöglichkeiten mit Salatbuffet und Bier vom Faß und ein Spielparadies für Kinder, das „Kinderland".

D-Zug = ein Schnellzug, der Orte miteinander verbindet, die keinen Anschluß an das InterCity-Netz haben.

RSB = RegionalSchnellBahn, die mit hoher Geschwindigkeit Orte innerhalb einer Region verbindet.

Nicht zuschlagpflichtig sind:

E = Eilzug

CB = City-Bahn, ein Zug in Ballungsgebieten

S = S-Bahn, eine Stadtschnellbahn für den innerstädtischen und Vorortverkehr. Sie fährt teils ober-, teils unterirdisch (auch Hochbahn und U-Bahn genannt) und hat besonders in den Hauptverkehrszeiten eine rasche Zugfolge.[7] Ihre Geschwindigkeit beträgt 50 km/h, ein Tempo, von dem Autofahrer in der Stadt nur träumen können.

RB = Regionalbahn

[6] *marked* [7] *train interval*

Übungen zum Verständnis

■ ■ ■

Beantworten Sie die folgenden Fragen mit Hilfe der Informationen im Lesetext.

1. Welche Transportmittel faßt der Begriff „Bahn AG" zusammen?
2. Warum ist die Bundesbahn umweltfreundlicher als viele andere Verkehrsmittel?
3. Was macht das Umsteigen innerhalb einer Region von einem Verkehrsmittel in ein anderes so einfach?
4. Bei bestimmten Städteverbindungen soll sich der Fahrpreis nicht nach Kilometern richten, sondern wonach?
5. Welcher Zug könnte mit dem Flugzeug (innerhalb Deutschlands) konkurrieren?
6. Mit welchem Zug fährt man, wenn man an einen Ort reisen muß, der nicht dem IC-Netz angeschlossen ist?
7. Warum nimmt eine Familie mit mehreren Kindern, die in den Urlaub reisen will, gern den Fern-Express?
8. Welchen Vorteil hat die S-Bahn gegenüber dem Bus im innerstädtischen Verkehr?
9. Wann spricht man von Hoch- und wann von U-Bahnen?
10. Warum nehmen viele Geschäftsleute gern die S-Bahn und lassen ihr Auto zu Hause?

Welchen Zug würden Sie in den folgenden Situationen benutzen?

1. In Ihrem Düsseldorfer Büro sagt Ihnen ein Kollege aus Paris am Telefon, Sie möchten doch bitte so bald wie möglich die neuen Baupläne mit ihm ansehen.

   Zug: ____________________

2. Sie arbeiten in Essen und wollen zur Leipziger Messe. Unterwegs in Hannover will ein Kollege zu Ihnen in den Zug steigen.

   Zug: ____________________

3. Sie wohnen am Rand der Stadt. Welchen Zug nehmen Sie jeden Morgen zu Ihrem Büro im Stadtzentrum?

   Zug: ____________________

4. Sie wohnen in Düsseldorf und haben in Oberwinter, einem kleinen Ort am Rhein, geschäftlich zu tun.

   Zug: ____________________

5. Sie wollen in weniger als einer Stunde einen Zug von Köln nach Koblenz nehmen.

   Zug: ____________________

Lesetext 2

Bürgerinitiative **PRO BAHN** Niederberg e. V.

Design: Dirk F. Költerhoff

100000 Menschen in Velbert und Heiligenhaus[1] sind seit Jahren ohne Eisenbahnanschluß. Die funktionierende Niederbergbahn[3] zwischen Velbert, Heiligenhaus und Kettwig wurde in den sechziger Jahren stillgelegt. Jetzt soll auch noch der Güterverkehr eingestellt[3] werden.

Die Bürgerinitiative Pro Bahn Niederberg meint:

Niederberg braucht den S-Bahnanschluß

- für die Fahrt zur Arbeit und zum Einkaufen nach Düsseldorf und Essen
- für den Gütertransport zu den Autowerken in Stuttgart, Wolfsburg, Eisenach . . .
- für die Fahrt zum Flughafen in Düsseldorf
- für den Mülltransport zur Müllverbrennung in Remscheid
- für den Anschluß an das überregionale Eisenbahnnetz

Unsere Region darf nicht länger vom zukunftsorientierten Bahnverkehr abgeschnitten bleiben. Auch die hiesige Industrie weiß: Ein fehlender Bahnanschluß ist ein erheblicher[4] Standortnachteil.[5] Die Bahn entlastet unsere Straßen. Statt lärmendem und stinkendem LKW - Verkehr, umweltfreundlicher Transport auf der Bahn.

[1]Velbert und Heiligenhaus *two mid-sized cities in the Ruhr Valley* Niederberg [2]*train servicing the region of* Niederberg [3]*discountinued* [4]*considerable* [5]*disadvantage of a location*

Wir fordern unsere Vertreter in der Stadt, im Land und im Bund auf, alles zu tun, um die Niederbergbahn zu erhalten und zu reaktivieren.
Die Trasse ist vorhanden, die Haltepunkte sind vorhanden, was fehlt, ist nur guter Wille. Sollen Velbert und Heiligenhaus auch in Zukunft wettbewerbsfähig bleiben, muß der Bahnanschluß kommen. Statt kilometerlanger Autostaus freie Fahrt im Zug in 30 Minuten nach Düsseldorf und noch schneller nach Essen.
Keine neue Brücke muß gebaut werden, die Strecke braucht nur neue Gleise, Elektrifizierung und verbesserte Haltepunkte. Damit wäre die Niederbergbahn auf dem modernsten Stand. Verglichen mit anderen Ausgaben im Verkehr sind die Kosten gering.

Unterstützen Sie unsere Aktion durch Ihre Unterschrift. Damit die Zukunft für unsere Region gesichert ist.

P.S.: Für 20,-DM/Jahr können Sie bei uns Mitglied werden. Sprechen Sie uns an.

Bürgerinitiative PRO BAHN Niederberg e.V./Bankverb. Sparkasse Velbert, Konto-No. 225409/Vorsitzender: W. Werner, Kuhler Str. 13, 42555 Velbert

Übung zum Verständnis

Fassen Sie in wenigen Sätzen zusammen, was diese Bürgerinitiative erreichen will.

Übung zum Wortschatz

Ergänzen Sie den Lückentext mit Wörtern aus der folgenden Liste.

der Autostau	entlasten	zukunftsorientiert
der Bahnanschluß	der Standortnachteil	
die Bürgerinitiative	überregional	

Velbert und Heiligenhaus, zwei Städte im Landteil Niederberg, haben seit den sechziger Jahren keinen ______________________. Die Einwohner sind auf Busse oder ihre Privatautos angewiesen. Eine ______________________ ruft deshalb auf, ______________________ zu denken und zu handeln. Die Straßen sind schon zu voll und sollen so viel wie möglich durch die Bahn ______________________ werden. Auch für die Industrie ist ein fehlender Bahnanschluß ein großer ______________________. Der Bahnanschluß an das ______________________ Eisenbahnnetz durch eine S-Bahn muß nicht sehr viel kosten, da die Trasse schon vorhanden ist. Statt kilometerlanger ______________________ verlangen die Bürger eine umweltfreundliche Beförderung mit der Bahn.

Lesetext 3

Dieseltriebwagen: Ein modernes Fahrzeug für die Region.

S-Bahn Rhein-Sieg

Erweiterung des S-Bahn Netzes um die Strecken
- Köln–Düren,
- Köln–Flughafen Köln/Bonn

Köln/Bonn: Den Flughafen an das S-Bahn-Netz anbinden.

Einsatz des modernen VT628-Dieseltriebwagens

Auch in der Region erwarten die Fahrgäste, daß sofort etwas geschieht. Auf den nichtelektrifizierten Strecken in Ostwestfalen, im Siegerland, im Sauerland, aber auch an Rhein und Ruhr ist der Einsatz des modernen VT628 kurzfristig zu realisiern.

S-Bahn Rhein-Ruhr

Als Sofortmaßnahme muß die Überfüllung der Züge in der Hauptverkehrszeit

Taktverkehr: Mehr Loks und Wagen könnten das Angebot verbessern.

durch den Kauf von rund 126 Wagen, 25 Loks, sowie entsprechender Baumaßnahmen[1] behoben[2] werden. Hierdurch würden folgende Angebotsverbesserungen möglich:
- Einsatz von Sechs-Wagen-Zügen auf der S 1 (Dortmund–Düsseldorf) und der S 6 (Köln–Düsseldorf–Essen) und von Fünf-Wagen-Zügen auf der S 4 (Unna–Dortmund),
- Zehnminutentakt[3] auf der S 1 zwischen Dortmund und Mülheim/Ruhr sowie Zwanzigminutentakt auf der S 2 Dortmund–Mengede-Duisburg–Düsseldorf.

Regionalschnellbahn Essen–Haltern–Münster

Seit dem 17. Mai 1990 fährt auf der Strecke von Essen über Gelsenkirchen, Wanne-Eickel und Haltern nach Münster die Regionalschnellbahn. Ausgestattet[4] mit modernisierten Wagen und im festen Einstundentakt werden die achtzig Kilometer in genau einer Stunde zurückgelegt. Mehr und mehr Pendler steigen inzwischen auf diese schnelle Verbindung um.

Nun wird es noch attraktiver, diesen Zug zu benutzen. Seit dem 3. März 1993 gibt es in allen Zügen einen Café-Wagen „Rhein-Ruhr". Auch Nahverkehrsreisende können jetzt ihr Frühstück nachholen oder zwischendurch eine Tasse Tee trinken.

Bocholt: Die Stadt finanzierte einen modernen Triebwagen und das Land NRW die Umgestaltung des Umsteigebahnhofs.

S-Bahn München

In den letzten zwanzig Jahren wurde im gesamten Großraum München ein zusammenhängendes S-Bahn-Netz aufgebaut. Durch einen Tunnel unter der Innenstadt wurden die weit ins Umland reichenden Strecken direkt mit dem Zentrum und der gleichzeitig ausgebauten U-Bahn verbunden. Der Erfolg dieses Systems gibt den Planern recht. Benutzten 1971, dem letzten Jahr des „traditionellen" Verkehrsangebots, täglich 160 000 Fahrgäste die Bahn, so sind es heute rund 700 000. Im Abstand von neunzig Sekunden fahren zwischen Hauptbahnhof und Ostbahnhof die Züge.

---

[1] *construction measures* [2] *remedied* [3] *intervals of 10 minutes* [4] *equipped*

Pendolino
Nürnberg–Bayreuth

Seit einem Jahr verkehrt zwischen Nürnberg und Bayreuth der nagelneue Dieseltriebwagern VT 610. Er ist mit moderner Neigetechnik[5] ausgestattet. Auch Kurven können mit 160 km/h durcfahren werden. In knapp einer Stunde sind so die 94 Kilometer zwischen beiden Städten zurückgelegt. Alle Stunde–von morgens um 6 Uhr bis abends um 24 Uhr–gibt es eine Verbindung. Früher brauchte der Zug viel länger, und oft mußte sogar umgestiegen werden. Seit der Pendolino fährt, ist dies anders.

Pendelino: Attraktiver Triebwagen mit moderner Neigetechnik.

[5] *a technology that allows the train to tilt up to 8°*

Übung zum Verständnis

Beantworten Sie die folgenden Fragen.

1. Ist der Dieseltriebwagen VT 628 schon eingesetzt worden?
2. Wie soll die Überfüllung der Züge der S-Bahn Rhein-Ruhr behoben werden?
3. In welchen Zeitabständen sollen die Züge der S1 (Dortmund—Düsseldorf) verkehren?
4. Wieviel Zeit braucht die Regionalschnellbahn von Essen über Haltern nach Münster? Wie viele Kilometer sind das?
5. Warum finden immer mehr Pendler die Regionalschnellbahn Essen—Münster so attraktiv?
6. Warum soll das S-Bahn-Netz im Raum Köln/Bonn erweitert werden?
7. Wie kommt es, daß in München immer mehr Fahrgäste die Bahn benutzen?
8. Verkehrt der neue Dieseltriebwagen VT 610 schon zwischen Nürnberg und Bayreuth?
9. Wie viele Kilometer sind die beiden Städte voneinander entfernt, und wie lange braucht der Zug dazu, diese Strecke zurückzulegen?
10. Warum finden Sie die Verkehrszeiten des Pendolino günstig / nicht günstig?

Übung zum Wortschatz

In der Collage finden Sie einige Wörter oder Fachausdrücke, die Sie gebrauchen können, wenn Sie über den Schienenverkehr sprechen. Tragen Sie die passenden Fachausdrücke in die Liste ein.

BESCHREIBUNG	FACHAUSDRUCK
hier laufen keine elektrischen Leitungen	______________
in kurzer Zeit / in naher Zukunft	______________
in die Wirklichkeit umsetzen	______________
etwas, was sofort getan werden muß oder soll	______________
zu viele Menschen in den Zügen	______________
die Zeit, wenn die meisten Verkehrsmittel fahren	______________

BESCHREIBUNG	FACHAUSDRUCK
korrespondierend	______________
Abstand von zehn Minuten	______________
Leute, die regelmäßig hin- und herfahren	______________
Reisende, die nur kurze Strecken fahren	______________
das Stadtzentrum	______________
zur selben Zeit	______________
ganz neu	______________
kaum, beinah, nicht ganz	______________

Aktivitäten

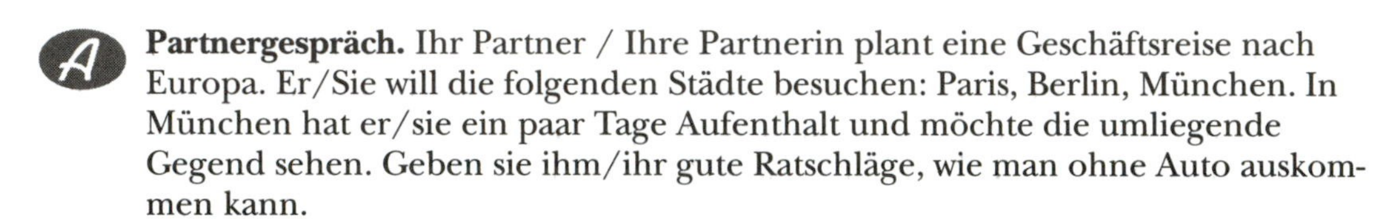

A **Partnergespräch.** Ihr Partner / Ihre Partnerin plant eine Geschäftsreise nach Europa. Er/Sie will die folgenden Städte besuchen: Paris, Berlin, München. In München hat er/sie ein paar Tage Aufenthalt und möchte die umliegende Gegend sehen. Geben sie ihm/ihr gute Ratschläge, wie man ohne Auto auskommen kann.

B **Mündlicher Bericht.** Sie haben einen Monat in Deutschland verbracht und sind mit dem Zug kreuz und quer durchs Land gefahren. Beschreiben Sie Ihre Route, mit welchen Zügen Sie gefahren sind und wie Ihnen dieses Erlebnis gefallen hat. Lassen Sie Ihrer Phantasie freien Lauf.

C **Schriftliches**

1. Man hat Sie gebeten, ein Referat über das Verkehrssystem der Deutschen Bahn AG zu geben. Schreiben Sie einen Brief an das Werbeamt der Bahn (Anschrift im Anhang), und informieren Sie sich über die folgenden Punkte.
   - Wer fährt mit der Bahn
   - Preisstruktur
   - Sonderangebote
   - Probleme und Lösungen in den Ballungsgebieten
   - Nahverkehr
   - Zukunftsprojekte
2. Schreiben Sie zusammen mit einem Teilnehmer / einer Teilnehmerin in Ihrer Gruppe einen Brief an die Bürgerinitiative Pro Bahn. Melden Sie sich in diesem Brief als Mitglied an, oder opponieren Sie gegen diese Aktion. Geben Sie in jedem Fall in zwei bis drei Sätzen Ihre Gründe für Ihre Einstellung an.

Die Luftfahrt

Vor dem Lesen

1. Welches Bundesamt (*federal agency*) überwacht in Ihrem Land die Flugsicherheit?

Flughafen Köln-Bonn

2. Hat Ihre Heimatstadt einen internationalen Flughafen? Wenn nicht, wie heißt der nächstgelegene?
3. Von welchen U.S.-amerikanischen Flughäfen aus bestehen Direktverbindungen nach Frankfurt am Main?
4. Welcher U.S.-amerikanische Flughafen fertigt die meisten Fluggäste ab?

Wortschatz

Substantive

das Charterunternehmen, -	company that charters airplanes
die Flugsicherheit	air saftey
der Linienverkehr	regularly scheduled flights
die Luftverkehrsgesellschaft, -en	airline

Verben

abfertigen	to process; to check in
anpassen (+ *Dat.*)	to adjust (to)

Lesetext

Für die Flugsicherheit in Deutschland sorgt die Deutsche Flugsicherungsgesellschaft GmbH in Frankfurt am Main. Der immer stärker belastete deutsche Luftraum macht es notwendig, daß die Sicherheitsstandards der Flughäfen ständig der technologischen Entwicklung angepaßt werden.

Auf den deutschen Flughäfen verkehren im regelmäßigen Linienverkehr ca. neunzig internationale Luftverkehrsgesellschaften. Dazu kommen, besonders zur Hauptreisezeit, eine Anzahl von Charterunternehmen. Von den deutschen Flughäfen aus bestehen direkte Flugverbindungen zu ungefähr 200 Zielen.

Übung zum Verständnis

Beantworten Sie folgende Fragen mit Hilfe der Schaubilder auf Seite 55.

1. Welcher Flughafen fertigt die meisten Fluggäste ab?
2. Wie erklären Sie sich, daß Frankfurt, Düsseldorf und München den größten Anteil am Luftverkehr verbuchen?
3. Welche Flughäfen haben Doppelnamen und warum?
4. Welche Stadt hat zwei Flughäfen?

Übungen zum Wortschatz

A Deutsche Ausdrücke und Fremdwörter hört man oft nebeneinander. Sie sollten beide kennen. Ordnen Sie die Ausdrücke, die dasselbe aussagen, einander zu.

1. _______ die Buchung
2. _______ der Fluggast
3. _______ Erste Klasse
4. _______ der Flughafen
5. _______ die Fluglinie
6. _______ zollfrei
7. _______ die Zwischenlandung
8. _______ die Faßkraft

a. die Airline
b. der Airport
c. die Reservierung
d. die Kapazität
e. First Class
f. der Passagier
g. der Stopover
h. Duty-free

B Im Bereich des Flugverkehrs wurden viele Ausdrücke vom Englischen ins Deutsche übernommen. Schreiben Sie neben jeden Begriff das richtige englische Wort.

1. die Bordkarte ____________________
2. die Businessklasse ____________________
3. der Start ____________________
4. die Touristenklasse ____________________
5. der Transitpassagier ____________________
6. einchecken ____________________
7. die Warteliste ____________________
8. der Direktflug ____________________
9. der Kontrollturm ____________________

C Die folgenden Komposita haben alle etwas mit dem Flugverkehr zu tun. Wie viele können Sie erraten? Schreiben Sie neben jeden Begriff das richtige englische Wort.

1. der Flugverkehr ____________________
2. der Fluggast ____________________
3. der Flugschein ____________________
4. die Flugzeit ____________________
5. der Anschlußflug ____________________
6. der Flugpreis ____________________
7. die Flugzeugbesatzung ____________________
8. die Flugsicherheit ____________________
9. die Flugverbindung ____________________
10. das Flugpersonal ____________________
11. die Flughöhe ____________________
12. die Flugangst ____________________

13. die Flugdauer ______________________
14. der Flugdienst ______________________
15. das Flugverbot ______________________
16. das Fluggepäck ______________________
17. der Nachtflug ______________________

Wählen Sie von den Ausdrücken in Übung C die aus, die den Text richtig ergänzen.

1. Wir haben eine ______________________ von 10 000 m erreicht.
2. Der Flug nach Frankfurt ist ein ______________________. Sie kommen um 6 Uhr morgens an.
3. Der ______________________ ist ausgezeichnet. Ist das ein Sonderpreis?
4. Die ______________________ beträgt 8 Stunden und 18 Minuten.
5. Die ______________________ ist nicht gut. Ich muß zu lange auf den ______________________ warten.
6. Finden Sie auch, daß die ______________________ unwahrscheinlich freundlich war?
7. Wieviel darf mein ______________________ wiegen?
8. Die ______________________ werden gebeten, ihre Bordkarten bereitzuhalten.

Aktivitäten

Partnerarbeit

1. Schreiben Sie die Städtenamen neben die Flughafenzeichen in die Karte. *Hinweis:* Die für den internationalen Luftverkehr unwichtigen Flughäfen Saarbrücken, Münster-Osnabrück und Bremen sind nicht eingezeichnet.

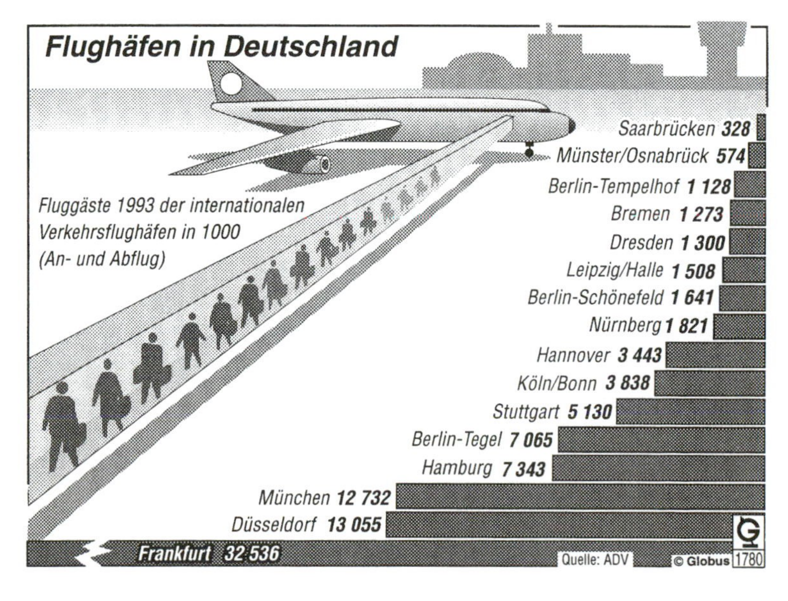

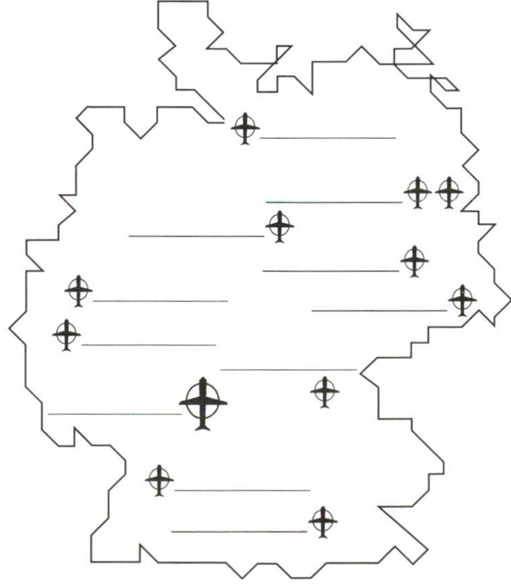

2. Bei jeder Art von Reisen braucht man bestimmte Redewendungen. Hier finden Sie spezielle Redewendungen für Flugreisen. Versuchen Sie zusammen mit einem Partner / einer Partnerin, die entsprechende englische Redewendung zu finden. Vergleichen Sie dann Ihre Ergebnisse im Plenum.

   a. Wo kann ich den Rückflug bestätigen?
   b. Wann startet die Maschine?
   c. Wie lange wird sich der Flug verzögern?
   d. Wird während des Flugs eine Mahlzeit serviert?
   e. Was kostet Übergepäck?
   f. Mein Koffer ist verlorengegangen.
   g. Sie können eine Stunde vor dem Abflug einchecken.
   h. Ich kann Sie auf die Warteliste setzen.
   i. Der Flug ist verschoben worden.
   j. Der Flug wurde gestrichen.
   k. Alle Transitpassagiere des Lufthansaflugs 430 nach Chikago werden dringend gebeten, sich sofort zum Flugsteig B 57 zu begeben.
   l. Letzter Aufruf für British Airways-Flug von Düsseldorf nach Manchester, Flugsteig C 81.

Gruppenarbeit. Bilden Sie kleine Gruppen (drei bis vier Personen). Ihre Gruppe will einen Transatlantikflug buchen. Besprechen Sie, was Ihnen bei der Wahl einer Fluggesellschaft wichtig ist. Lesen Sie die folgenden fünfzehn Angebote, und bewerten Sie, wie wichtig Ihnen jedes einzelne Angebot ist. Schreiben Sie eine 1 neben das wichtigste, eine 15 neben das unwichtigste Angebot usw. *Hinweis:* Diese Angebote existieren noch nicht alle.

______ Flugsicherheit

______ keine Gewichtsbegrenzung für Ihr Fluggepäck

______ freundliche Flugzeugbesatzung

______ alkoholische Getränke umsonst

______ Sonderpreis

______ Rauchverbot im gesamten Flugzeug

______ ausgezeichnete Mahlzeiten

______ problemloses Einchecken

______ Direktflug ohne Zwischenlandung

______ kürzere Flugdauer als bei den anderen Fluglinien

______ bequeme Sitze

______ Lesematerial und Unterhaltungsfilm während des Flugs

______ Pünktlichkeit

______ getrennte Kabine für Eltern mit Kindern

______ gutes Vielfliegerprogramm mit Bonusmeilen

Die Schiffahrt

Vor dem Lesen

1. Hat Ihr Staat einen Hafen (Seehafen oder Binnenhafen)?
2. Welcher Hafen / Welche Häfen in Ihrem Land spielen für den Transatlantikverkehr eine Rolle?
3. Welche Häfen kennen Sie am Pazifik?
4. Was für eine Rolle spielt die Binnenschiffahrt in Ihrem Land?

Wortschatz

Substantive

die Binnenschiffahrt	inland shipping
das Frachtschiff, -e	freight vessel
der Güteraustausch	trade of goods
die Hafeneinrichtungen (*Pl.*)	port facilities
die Handelsflotte, -n	merchant fleet
der Kanal, ¨-e	canal
die Seeschiffahrt	overseas shipping
der Überseehafen, ¨	sea port
das Wasserstraßennetz, -e	network of waterways

Verben

löschen	to unload
beladen	to load

Lesetext

Der Schiffstransport heißt innerhalb des Landes „Binnenschiffahrt" und auf der See „Seeschiffahrt". Die Bundesrepublik hat eine sichere und hochmoderne Handelsflotte und auf dem Gebiet[1] der Containerschiffe und des Roll-on-Roll-off-Verkehrs ist sie weltweit führend. Die Überseehäfen Hamburg, Bremerhaven, Wilhelmshaven, Lübeck und Rostock sind auf Grund der großen Investitionen in die Infrastruktur und in die modernen Förder -und Hebeeinrichtungen[2] international führend. Sie sind „schnelle" Häfen, in denen große Seeschiffe in Rekordzeit gelöscht und beladen werden können.

Für die Binnenschiffahrt spielt der Rhein, der ungefähr zwei Drittel der Binnenschiffslasten befördert, die größte Rolle. Rund 3 900 deutsche Frachtschiffe verkehren[3] auf Flüssen und Kanälen, die eine Gesamtlänge von 6 700 km haben. Dieses Wasserstraßennetz wird weiter ausgebaut und modernisiert, nicht nur für den innerdeutschen Verkehr, sondern auch um den Güteraustausch mit Osteuropa über den Rhein-Main-Donau Kanal zu erleichtern. Dieser Kanal ermöglicht eine durchgehende Wasserstraßenverbindung von der Nordsee bis zum Schwarzen Meer.

[1]auf . . . *in the area* [2]Förder- . . . *container cranes* [3]*travel*

Übung zum Verständnis

Beantworten Sie anhand des Lesetextes die folgenden Fragen.

1. Was will man damit ausdrücken, wenn man von einem „schnellen Hafen" spricht?
2. Nennen Sie zwei Nordsee- und zwei Ostseehäfen.
3. Inwiefern ist der Rhein-Main-Donau Kanal für die Wirtschaft sehr wichtig?

Übung zum Wortschatz

Ergänzen Sie die folgenden Sätze.

1. Das ____________________ wird immer weiter ausgebaut und auf den neuesten technologischen Stand gebracht, weil es für die Beförderung der Fracht so wichtig ist.
2. Der Rhein-Main-Donau Kanal erstreckt sich von der ____________________ bis zum ____________________.

3. Schiffe, die aus Amerika kommen, laufen einen deutschen ________________ an.
4. Ein ________________schiff befördert Güter aber ist nicht für den Personentransport bestimmt.
5. Ein Schiff entladen nennt man ________________.
6. Eine künstliche Wasserstraße, die zwei Flüsse verbindet, ist ein ________________.
7. Schiffe, die Güter in riesigen Behältern transportieren, sind ________________.
8. Den Schiffsverkehr innerhalb eines Landes nennt man ________________.

Grammatiknotiz

-*IG* ODER -*LICH*?

Die Endung **-ig** drückt eine Zeitspanne (Dauer) aus:

> Nach einer zweitägi**gig**en Reise erreichten sie Rotterdam. (Die Reise dauerte zwei Tage.)

Die Endung **-lich** drückt eine regelmäßige Wiederkehr aus:

> Das Schiff macht stünd**lich**e Hafenrundfahrten. (jede Stunde einmal)

Übungen zur Grammatik

A Erklären Sie, was die folgenden Ausdrücke bedeuten.

BEISPIELE: ein dreiwöchiges Programm → Das Programm dauert drei Wochen.
ein monatliches Gehalt → Jeden Monat bekommt man ein Gehalt.

1. eine jährliche Urlaubsreise
2. ein zweimonatiger Sprachkurs
3. ein stündlicher Bahnanschluß
4. der wöchentliche Mülltransport
5. ein neunmonatiges Praktikum
6. eine halbstündige Fahrt
7. ein viertelstündlicher S-Bahn-Anschluß
8. eine halbjährlich erscheinende Zeitschrift
9. tägliche Verkehrsprobleme
10. eine monatliche Sitzung

B Ergänzen Sie jeden Satz mit dem passenden Adjektiv, und vergessen Sie die Endungen nicht!

1. Die Hostessen machten einen ________________ Kurs (zwei Monate lang).
2. Die Fahrzeuge werden ________________ überprüft (jedes Jahr einmal).
3. Die InterCity-Züge verkehren ________________ (jede Stunde).

4. Ein ______________________________ Busverkehr ist nicht gut genug (jede halbe Stunde).
5. Sie machten eine ______________________________ Kreuzfahrt im Mittelmeer (vierzehn Tage lang).
6. Nach einer ______________________________ Zugfahrt waren sie in Dresden (vier Stunden lang).
7. ______________________________ um 1 Uhr wird auf dem Schiff das Mittagessen serviert (jeden Tag).
8. Die Wagen werden ______________________________ überprüft (jedes Vierteljahr).
9. Die Parkplätze werden ______________________________ gereinigt (jede Woche).
10. Die Zeitschrift der Deutschen Bahn AG erscheint ______________________________ (jeden Monat).

Aktivitäten

Partnerarbeit. Als Import- und Export-land spielt die Bundesrepublik eine wichtige Rolle. Erstellen Sie zusammen mit Ihrem Partner / Ihrer Partnerin eine Liste der wichtigsten deutschen Seehäfen und Wege der Binnenschiffahrt. Erklären Sie anhand Ihrer Liste, wie Deutschland sich im internationalen Wettbewerb behaupten kann.

Hörverständnis

Verkehr und Transport

Neue Wörter und Ausdrücke

das Rekordergebnis, -se	record result
der Güterumschlag	transfer of goods
der Fuhrunternehmer	carrier
die Schwebebahn, -en	suspension railway
weitreichend	far-reaching
das Drehkreuz	*here:* hub
inneramerikanisch	within the United States

Beantworten Sie die folgenden Fragen.

1. Worauf läßt sich der Anstieg im Güterumschlag im Hamburger Hafen zum Teil zurückführen?

____

____

2. Welchen Platz nimmt Hamburg im internationalen Containerumschlag ein?

____

____

3. Warum plant die Bundesregierung, Autobahnbenutzungsgebühren für schwere Laster zu erheben?

____

____

4. Welchen Verkehrsmitteln soll die Magnetschwebebahn Transrapid Konkurrenz machen?

____

____

5. Welche Aspekte würden die Magnetschwebebahn konkurrenzfähig machen?

____

____

6. Was sieht der Vertrag zwischen den Fluggesellschaften Lufthansa und United Airlines vor?

____

____

7. Welche Flugstrecken betrifft der Vertrag?

____

____

8. Welche Vorteile bietet die Zusammenarbeit von Lufthansa und United Airlines Passagieren im inneramerikanischen und innereuropäischen Raum?

____

____

Schlußgedanken

- Welche Verkehrsprobleme müßten noch in diesem Jahrhundert gelöst werden?
- Was können wir vom europäischen Modell in bezug auf Verkehr lernen?

Wußten Sie das schon?

🌐 Die meisten Hauptbahnhöfe befinden sich im Zentrum einer Stadt. Das ist besonders praktisch für Geschäftsleute auf Reisen und für solche, die auf weitere Verkehrsmittel angewiesen sind.

🌐 Züge kommen pünktlich an und fahren pünktlich ab. Pünktlichkeit spielt nicht nur im öffentlichen Verkehr eine große Rolle, sondern auch im privaten und geschäftlichen Leben.

🌐 Die Metropolen Europas sollen mit einem Bahnschienennetz ausgebaut werden für eine Reisegeschwindigkeit von 300 km/h. Ein Zug wird dann in weniger als vier Stunden von Köln nach Paris fahren und in weniger als einer Stunde von Köln nach Frankfurt. Damit wird die Bahn zum ernsthaften Konkurrenten des Flugverkehrs.

🌐 Der Internationale Luftverkehrs-Verband (Genf, Schweiz) rechnet mit einer Verdoppelung des deutschen Luftverkehrs für Passagiere bis zum Jahr 2010.

🌐 Der ICE (InterCity Express) erreicht eine Höchstgeschwindigkeit von 406,9 km/h. 1997 sollen sechzig technisch weiterentwickelte ICE 2 eingesetzt werden, und im Jahr 2000 wird ein ICE-M (Mehrsystem) fertig sein, das die verschiedenen Bahnstromsysteme Europas benutzen kann.

4 Geschäfts-korrespondenz

- **Der Geschäftsbrief**
- **Angebot und Nachfrage**
- **Musterbriefe**

In einem Büro

LERNZIELE

Da der Geschäftsbrief sich in Form und Inhalt von einem Privatbrief unterscheidet, lernen Sie in diesem Kapitel die Standardform eines deutschen Geschäftsbriefs kennen. Sie werden lernen, wie man sich schriftlich informiert, wie man ein Angebot akzeptiert und etwas bestellt und wie man—sollte etwas falsch gelaufen sein—in gutem Ton reklamiert.

- Worauf achten Sie, wenn Sie Geschäftskorrespondenz schreiben oder erhalten?
- Wer ist zuständig für die Außenhandelskorrespondenz einer Firma?
- Welche Probleme oder Schwierigkeiten könnten sich ergeben, wenn Sie einen Geschäftsbrief an eine Firma in einem anderen Land schreiben?
- Welche besonderen Fähigkeiten braucht man, um erfolgreiche Außenhandelskorrespondenz zu führen?

Der Geschäftsbrief

Vor dem Lesen

Inwiefern *(to what degree)* sieht Geschäftskorrespondenz anders aus als Privatkorrespondenz? Besprechen Sie folgende Punkte.

BEISPIEL: Größe des Briefpapiers →
In der Geschäftskorrespondenz hat der Briefbogen eine Standardgröße.
In der Privatkorrespondenz kann der Briefbogen jede Größe haben.

Wortschatz

Substantive

der Absatz, ¨e	paragraph
die Abteilung, -en	department
das Aktenzeichen, -	file number, reference number
die Anlage, -n	enclosure
die Anrede, -n	salutation
die Anredemöglichkeit, -en	possible way of addressing people
das Ausrufezeichen, -	exclamation point
der Bestandteil, -e	part, element
die Bezugszeichenzeile	line of reference
das Einwohnermeldeamt	residents' registration office
der Fernschreiber, -	telex
der Fernsprecher, -	telephone
der Firmenkopf	letterhead, name and identification specific to a company
die Geschäftszeiten (*Pl.*)	business hours
der Großbetrieb, -e	large-scale enterprise
die Grußformel, -n	complimentary closing
die Hervorhebung, -en	stress, emphasis
die Leerzeile, -n	empty space
die Nachricht, -en	message
der Postbezirk, -e	postal zone or district
der Punkt, -e	period
der Rand, ¨er	edge, margin
das Standardblatt, ¨er	standard-size sheet of paper
die Unterstreichung, -en	underlining
das Verhältnis, -se	relation(ship)

Verben

auslassen	to leave out
sich befinden	to be located
sich beziehen auf (+ *Akk.*)	to refer to
sich durchsetzen	to be generally accepted
einrücken	to indent
falten	to fold
kleinschreiben	to use lowercase letters
normen	to standardize
schalten	to shift (*typewriter*); to return (*word-processor*)
wegfallen	to be omitted

Adjektive und Adverbien

gebräuchlich	common
nochmalig	additional; repeated(ly)
peinlich	embarrassing
verantwortlich	responsible
wesentlich	essential
zuständig	appropriate

Ausdrücke

auf Grad zehn	on the tenth space
Betreff (+ *Gen.*)	in regard to
in Maschinenschrift	typewritten

as Format: Der deutsche Geschäftsbrief wird auf einem Standardblatt in der Größe DIN[1] A4 (210 mm × 297 mm) geschrieben. Das ist etwas länger und schmaler als das amerikanische Format.

Briefumschläge: Der Geschäftsbrief wird gefaltet und in den genormten Briefumschlag gesteckt; Fensterbriefumschläge ersparen das nochmalige Schreiben der Anschrift.

Der Firmenkopf: Name und Adresse der Firma stehen gewöhnlich ganz oben auf dem Briefbogen.

Die Anschrift: Links oben befindet sich[2] die Anschrift des Briefempfängers. Sie ist gewöhnlich vier Zeilen lang und paßt in das Fenster eines Briefumschlags. „Herrn" oder „Frau" stehen auf einer Zeile („Fräulein" ist nicht mehr gebräuchlich),[3] dahinter die Berufs- oder Amtsbezeichnung.[4] Zum Beispiel:

Herrn Generaldirektor
Kurt Hansen

Akademische Titel stehen in der nächsten Zeile, vor dem Namen. Sie dürfen im Deutschen nicht ausgelassen werden.

Frau
Dr. Christa Junghans

Herrn Direktor
Dr. Rolf Knutsen

Wenn man an Firmen schreibt, läßt man das Wort „Firma" in der Anschrift weg.

Modehaus Dietz
Herrn Abteilungsleiter
Paul Tonscheidt

Die Adresse wird entweder als Post(schließ)fach oder als Straße angegeben.

Postfach 4378 *oder* Gartenstraße 10

Die Postleitzahl steht vor dem Namen der Stadt.

50968 Köln

Die Bezugszeichenzeile: In einer Zeile steht die Information, mit der man den Brief leicht in die Geschäftskorrespondenz einordnen kann. Für diese Bezugszeichenzeile gibt es kein Standardformat; man kann aber meistens die folgenden Informationen daraus erfahren (gewöhnlich auf einer Zeile).

Ihre Zeichen (Aktenzeichen des Briefempfängers)
Ihre Nachricht vom (Datum des Briefes, der beantwortet wird)
Unsere Zeichen (Aktenzeichen des Briefschreibers)
Unsere Nachricht vom (Datum einer Nachricht des Briefschreibers, auf die dieser Brief sich bezieht)
Hausruf[5] (Telefonnummer der zuständigen Abteilung oder des Sachbearbeiters in Großbetrieben)
Ort und/oder Datum des Briefes (das Datum muß immer angegeben werden; dabei bezieht sich die erste Zahl auf den Tag, die zweite auf den Monat und die dritte auf das Jahr: 16.03.95, 16.03.1995 oder 16. März 1995).

Betreff: Auf dieser Zeile steht der wesentliche Inhalt des Briefes, ohne Punkt am Ende und ohne Unterstreichung. Diese Information kann auch ohne das Wort „Betreff" da stehen.

Betreff: Zimmerbestellung
Betr.: Lieferung von Spielwaren

Die Anrede: Zwischen Betreff und Anrede läßt man zwei Zeilen frei. Nach der Anrede

---

[1]Deutsches Institut für Normung *German Institute for Standardization* [2]befindet sich *is located* [3]*common* [4]*title of job/position* [5]*extension, phone number within the firm*

steht heute ein Komma (früher war es meist ein Ausrufezeichen), und danach schreibt man klein weiter. Anrede am Anfang und Gruß am Ende des Briefes müssen zueinander passen. Titel sind ein wichtiger Bestandteil des Namens, und die Nichtbeachtung[6] eines Titels kann peinlich sein oder sogar einen Kunden verärgern. Im Geschäftsleben kann man Titel und akademische Grade ohne Hinzufügen des Namens als Anrede gebrauchen.

Herr Direktor
Frau Oberstudiendirektorin
Frau Doktor

Akademische Grade werden in der Briefanschrift abgekürzt:

Dr. (Doktor)
Dipl.-Ing. (Diplomingenieur)

Allgemein übliche Anredemöglichkeiten sind: „Sehr geehrte(r) . . ." oder „Sehr verehrte(r) . . .".

Sehr geehrter Herr von Steuben
Sehr verehrte Frau Dr. Wenzel

Bei amtlichen Stellen gebraucht man gar keine Anrede.

Einwohnermeldeamt
Abt. Ausländerangelegenheiten

Dann folgt der Text des Briefes.

Bei Briefen an Firmen und Behörden kann die Anrede auch ausgelassen werden. Aber um dem Ganzen eine etwas persönlichere Note zu geben, kann man schreiben: „Sehr geehrte Damen und Herren".

Weitere Beispiele zur Anrede:

Sehr geehrter Herr Doktor
Sehr geehrte Damen
Sehr geehrte Frau Doktor
Sehr geehrter Herr Bentlage
Sehr geehrte Frau Tobias
Verehrte Frau von Ebbinghaus
Sehr geehrte Frau Professor
Sehr geehrte Frau Doktor Steinbeck
Sehr geehrte Herren

Der Text: Alle Zeilen des Briefes beginnen auf Grad zehn der Schreibmaschine; Absätze werden nicht eingerückt.

Hervorhebungen—damit sollte man sparsam sein. Einige Möglichkeiten sind:

unterstreichen,
s p e r r e n,
einrücken
oder mit einer anderen Farbe schreiben.

Die Grußformel oder Schlußformel: Sie beginnt auch auf Grad zehn der Schreibmaschine. Nach der Grußformel steht kein Komma. Unter der Grußformel ist eine Leerzeile und darunter der Name der Firma. Unter dem Firmennamen unterzeichnet der verantwortliche Mitarbeiter / die Mitarbeiterin. Unter seiner / ihrer Unterschrift sollte der Name nochmal in Maschinenschrift stehen.

Mit freundlichen Grüßen

MASCHINENFABRIK ALTHOFF

Martin Wagner

[3 Zeilen frei lassen]

Anlagen : 2

Es ist möglich, daß ein Geschäftsbrief von zwei Personen unterzeichnet ist. Das bedeutet dann, daß beide Personen für den Inhalt des Briefes verantwortlich sind. Es kommt auch vor, daß der Name des Briefschreibers nicht erwähnt wird oder daß die Unterschrift völlig unlesbar ist. In solchen Fällen gibt man nur die Abteilung und das Aktenzeichen an, wenn man zurückschreibt.

Aus der Grußformel erkennt man das Verhältnis, in dem das Geschäft zum Kunden steht. Mehrere Grußformeln sind gebräuchlich:

Hochachtungsvoll
Mit freundlichen Grüßen
Mit besten Empfehlungen
Mit freundlichem Gruß
Mit bestem Gruß

---

[6] *disregard*

Die letzten beiden Formeln sind die üblichsten.

Anlagevermerke: Unter der maschinengeschriebenen Unterschrift läßt man drei Zeilen frei, und darunter steht das Wort „Anlage(n)". Es wird unterstrichen, und bei mehreren Anlagen muß die Zahl angegeben werden.

Geschäftsangaben: Auf dem unteren Rand, in einer Zeile, stehen verschiedene Angaben, die für die Korrespondenz wichtig sind, wie Drahtwort[7] (Telegrammadresse), Fernschreiber, Fernsprecher, Fax, Bank- und Postgirokonten und vielleicht auch die Geschäftszeiten.

[7] *cable address*

Das folgende Briefmuster zeigt Ihnen genau, an welchen Stellen welche Angaben stehen können. Nicht alle Geschäftsbriefe sind in ihrer Form identisch, aber im großen und ganzen halten sie sich an die vorgeschriebene Norm.

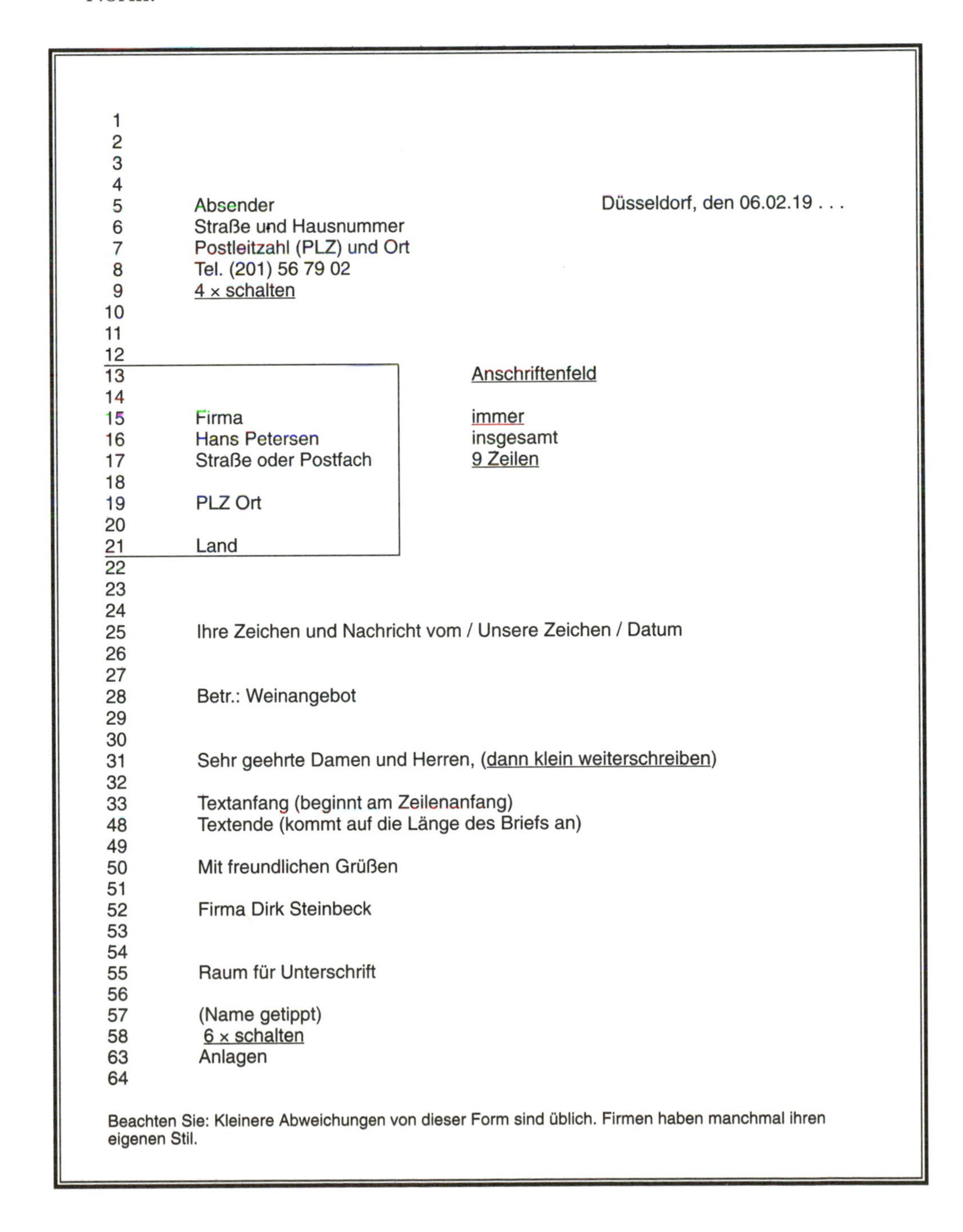

1
2
3
4
5 Absender — Düsseldorf, den 06.02.19 . . .
6 Straße und Hausnummer
7 Postleitzahl (PLZ) und Ort
8 Tel. (201) 56 79 02
9 4 × schalten
10
11
12
13 — Anschriftenfeld
14
15 Firma — immer
16 Hans Petersen — insgesamt
17 Straße oder Postfach — 9 Zeilen
18
19 PLZ Ort
20
21 Land
22
23
24
25 Ihre Zeichen und Nachricht vom / Unsere Zeichen / Datum
26
27
28 Betr.: Weinangebot
29
30
31 Sehr geehrte Damen und Herren, (dann klein weiterschreiben)
32
33 Textanfang (beginnt am Zeilenanfang)
48 Textende (kommt auf die Länge des Briefs an)
49
50 Mit freundlichen Grüßen
51
52 Firma Dirk Steinbeck
53
54
55 Raum für Unterschrift
56
57 (Name getippt)
58 6 × schalten
63 Anlagen
64

Beachten Sie: Kleinere Abweichungen von dieser Form sind üblich. Firmen haben manchmal ihren eigenen Stil.

Übungen zum Verständnis

Beantworten Sie bitte die folgenden Fragen.

1. Welche Vorteile hat die Normung von Geschäftsbriefen?
2. Welche Größe hat ein deutscher Standardbriefbogen im Vergleich zu einem amerikanischen?
3. Wo auf dem Briefbogen steht die Adresse der Person, an die man den Brief schreibt?
4. Adressieren Sie einen Brief an Helmut Mendel, Abteilungsleiter der Baufirma Klettermann.
5. Schreiben Sie die folgenden Daten auf deutsch: April 24, 1995 und November 12, 1997.
6. Was weiß man sofort, wenn man die Betreff-Zeile liest?
7. Manchmal sind Titel sehr lang und klingen steif. Würde man durch Weglassen eines Titels eine persönlichere Atmosphäre schaffen?
8. Sie haben eine Frage an das Finanzamt. Mit welcher Anrede beginnen Sie Ihren Brief?
9. Welche Anrede gebraucht man, wenn man nicht weiß, ob man mit einer Dame, einem Herrn oder einer Gruppe korrespondiert?
10. Sie wollen in Ihrem Brief betonen, daß 24 Kisten (und nicht 48) unterwegs sind. Wie machen Sie das?

B Welche Anrede an die folgenden Personen und Ämter gebrauchen Sie in Ihrem Brief?

1. Direktor Schmidt ____________________
2. Dr. med. Inge Lorenzen ____________________
3. Deutsche Bank ____________________
4. Einen Professor, dessen Namen Sie nicht wissen ____________________
____
5. An die Direktion einer Firma, die aus sechs Herren und zwei Damen besteht
____
6. Deutsche Bundespost ____________________
7. An den Vorstand eines Modegeschäfts, der nur aus Damen besteht
____

Übung zum Wortschatz

Folgende besondere Hinweise können auf einem Umschlag stehen. Was bedeuten sie? Ordnen Sie jedem Hinweis die richtige Bedeutung zu.

1. _______ Zerbrechlich
2. _______ Eilig
3. _______ Postlagernd
4. _______ Drucksache
5. _______ Luftpost
6. _______ Gebührenfrei
7. _______ Persönlich
8. _______ Einschreiben
9. _______ Eilbrief
10. _______ Muster
11. _______ Bitte nachsenden
12. _______ Vertraulich

a. Air mail
b. Personal
c. Printed matter
d. Express
e. Postage paid
f. Registered
g. To be called for
h. Sample
i. Urgent
j. Please forward
k. Fragile
l. Confidential

Grammatiknotizen

Rechtschreibung, Grammatik im Geschäftsbrief

In der deutschen Geschäftskorrespondenz sind es oft die kleinen, scheinbar unbedeutenden Rechtschreib- und Grammatikfehler, die einem auffallen. Bemühen Sie sich, diese zu vermeiden.

1. Die unterordnende Konjunktion **daß** schreibt man mit „ß". Sie kennzeichnet eine Folge oder Absicht.

   Er arbeitete so schnell, **daß** er schon in zwei Stunden fertig war.

2. Verben und Adjektive, die als Substantive gebraucht werden, schreibt man groß. Dazu gehören alle Adjektive, die nach den Pronomen **etwas, nichts, viel** und **wenig** (neutrum, mit starker Endung) stehen und dem Pronomen **alles** (neutrum mit schwacher Endung).

   Das Faxen von Geschäftsbriefen wird heutzutage immer beliebter.

   Kaufen Sie **etwas** Preiswertes!
   Sie haben **alles** Brauchbare mitgenommen.

3. Adjektive, die sich auf Orte beziehen, schreibt man groß.

   die **Leipziger** Messe

4. Der Apostroph wird im Geschäftsbrief vermieden. Beim Genitiv darf er nicht stehen.

   Unserem Personalchef **geht es** (*nicht:* geht's) jetzt gesundheitlich etwas besser.
   Frau **Buddes** (*nicht:* Budde's) Schreibtisch steht gleich hier links.

5. **Wieder** bedeutet „noch einmal", **wider** bedeutet „gegen".

   Widerwillig hat er die Ware **wieder** in den Korb gelegt.

6. Eine Gruppe maskuliner Substantive hat die Endung **-(e)n** in allen Fällen außer im Nominativ. Zu dieser Gruppe gehört das Wort „Herr".

   Bitte, richten Sie Herr**n** Koslowski meine besten Wünsche aus.

Übungen zur Grammatik

Das oder *daß*? *Herr* oder *Herrn*?

Wir bitten Sie, ______________ Einschreiben sofort ______________ Schreiner zu geben. Sie wissen doch, ______________ die Drucksache eilig ist? Der Brief darf nur von ______________ Lawson persönlich in Empfang genommen werden. ______________ der Titel beim Namen stehen muß, ist doch selbstverständlich. Ich wußte nicht, ______________ ______________ Muster im Brief lag. Haben Sie ______________ Jacobsen darüber informiert? Wir haben ______________ Einzelzimmer für ______________ Hagedorn reserviert. ______________ zu tun, ist keine einfache Sache. ______________ ein Hotelzimmer in Deutschland eine Klimaanlage hat, ist ganz ungewöhnlich. ______________ Sonthausen und ______________ König wären Ihnen dankbar, wenn Sie im Oktober kommen könnten. ____________ ist nicht das Zimmer, ____________ wir bestellt haben.

B Adjektivierte Substantive

1. Was haben Sie gefunden? (*nothing interesting*) ____________
2. Was wurde ausgestellt? (*everything possible*) ____________
3. Was gibt es da zu sehen? (*nothing special*) ____________
4. Was können wir von ihm lernen? (*something new*) ____________

C Adjektive, die sich auf Orte beziehen.

BEISPIEL: die Börse von Frankfurt → die Frankfurter Börse

1. der Dom zu Köln ____________
2. der Flughafen von Düsseldorf ____________
3. der Hafen von Hamburg ____________
4. die Würstchen aus Wien ____________

D Wie schreibt man das?

1. ______ (das/daß) wir ______ vergessen haben, tut uns schrecklich leid. (das/daß)
2. Haben Sie auf der Messe ____________ (*something interesting*) gesehen?
3. Die ____________ (*opera in Duisburg*) ist doch bekannt.
4. ____________ (*that which was ordered*) ist eben eingetroffen.
5. Haben Sie schon ____________ (*the newest*) gehört?
6. Unser Vertreter hat wirklich ____________ (*everything possible*) versucht.
7. ____________ (*the best*) wäre, Sie kämen mal vorbei.
8. Dieses ____________ (*blue*) eignet sich nicht für unser Briefpapier.

E *Wieder* oder *wider?*

1. Wir müssen uns ____________ mehr um unsere ausländischen Kunden kümmern.
2. Immer ____________ kommen solche dummen Dinge vor.
3. Der ____________ verkäufer ist ____________ rechtlich mit der Ware umgegangen.
4. Der Lack glänzt so sehr, daß sich alles darin ____________ spiegelt.
5. Im ____________ holungsfall muß er mit einer Geldstrafe rechnen.

6. Das Für und ______________ muß sorgfältig überlegt werden.
7. Wissen Sie, was ein ______________ sacher ist? Das ist ein Gegner, ein Antagonist, ein Opponent, jemand, der immer ______________ sprechen muß.
8. Das kann ich nicht tun, das ______________ strebt mir ganz und gar.
9. Ein ______________ holungskurs in Deutsch wäre eine gute Idee.
10. Seit der ______________ vereinigung Deutschlands gibt es ______________ mehrere Firmen, die im Osten und im Westen ihren Standort haben.
11. Ein Kunde kann seine Bestellung ______________ rufen, d.h. er nimmt sie zurück.

Grammatiknotizen

1. Fremdwörter werden im Geschäftsleben viel benutzt und lassen sich oft nur ungeschickt ins Deutsche übersetzen. Aber Vorsicht mit der übertriebenen Anwendung von Fremdwörtern! Für viele gibt es einen ebenso guten deutschen Ausdruck, den viele Geschäftsleute vorziehen.
2. Gute Stilistik schafft Klarheit. Jeder hat eine gewisse Freiheit in seinem Sprech- und Schreibstil, aber manchmal klingen bestimmte Ausdrucksweisen einfach besser als andere, obwohl Sie das Verständnis nicht beeinträchtigen.

F Wissen Sie, wie man das auf deutsch sagen kann? Ordnen Sie jedem Fremdwort das passende deutsche Wort zu.

1. _______ generell
2. _______ akkurat
3. _______ modifizieren
4. _______ extrem
5. _______ akut
6. _______ limitieren
7. _______ Kondition
8. _______ retournieren
9. _______ Zertifikat
10. _______ Printer
11. _______ total
12. _______ reklamieren
13. _______ Novität
14. _______ analog
15. _______ Kooperation

a. entscheidend, wichtig, dringend
b. Drucker
c. Mitarbeit
d. ändern, abändern
e. beschränken
f. Bescheinigung
g. beanstanden
h. genau
i. äußerst
j. zurückschicken, -geben
k. sinngemäß, entsprechend
l. im allgemeinen
m. Bedingung
n. ganz und gar
o. Neuheit, Neuerscheinung

Manche Fremdwörter, vor allem Fachausdrücke, haben sich so eingebürgert, daß sie am besten nicht übersetzt werden. Erklären Sie, was die folgenden Ausdrücke bedeuten, oder geben Sie ein Beispiel.

1. die Konferenz ______________________
2. der Computer ______________________
3. die Tratte ______________________
4. die Hypothek ______________________
5. der Diskont ______________________
6. der Rabatt ______________________
7. brutto ______________________
8. netto ______________________
9. der Konkurs ______________________
10. die Konkurrenz ______________________
11. die Diagonale ______________________
12. der Dialog ______________________

Setzen Sie die folgenden Satzfragmente zu einem vollständigen Satz mit guter Wortstellung zusammen.

BEISPIEL: in Kürze / wir werden Sie / informieren / über unsere Preise →
Wir werden Sie in Kürze über unsere Preise informieren.

1. wir sind Wiederverkäufer von Staubsaugern / um Preisangebote / und bitten / für folgende Modelle
2. letzten Herbst / auch bei Schöning & Co. / die Artikel bestellt / wir haben
3. lassen Sie uns bitte wissen, / die Wagen / ob wir / Ihnen / reservieren dürfen
4. leider hat Frau Schneider / pünktlich / ihre Rechnungen / nie bezahlt
5. wir bedauern, daß wir / noch keine Antwort / auf Ihre Anfrage / Ihnen / geben können
6. wenn nichts dazwischen kommt, / werden wir uns / sehen / auf der Messe
7. wir haben im Sonderangebot / für 98,00 DM / Kaffeemaschinen / bei Ihnen / gesehen

Angebot und Nachfrage

Vor dem Lesen

1. Sie wollen sich eine sehr gute Tischsäge kaufen, die grobe und ganz feine Holzarbeiten ausführen kann. Wie informieren Sie sich über die verschiedenen Modelle?
2. Waren Sie schon einmal von einer Ware enttäuscht, die Sie bei einem Versandhaus bestellt hatten? Was war geschehen?
3. Empfinden Sie es als angenehm, wenn eine Firma, die Ihnen auf Ihren Wunsch hin ein Angebot geschickt hat, sich nach einiger Zeit bei Ihnen telefonisch informiert, ob Sie noch Interesse an dem Angebot hätten? Warum (nicht)?
4. Was würden Sie machen, wenn die Firma, bei der Sie bestellt haben, ihren Liefertermin nicht einhielte?
5. Sie haben bei einer respektablen Firma einen sehr teuren Wasserhahn für Ihre neue Badewanne gekauft. Aber er tropft. Was machen Sie nun?

Wortschatz

Substantive

die Besonderheit, -en	special feature
die Fachkenntnis, -se	specialized knowledge
die Fachleute (*Pl.*)	experts
der Gegenstand, ¨-e	item
die Haftung	liability
die Lieferzeit, -en	delivery time
die Mängelrüge, -n	complaint
das Mißverständnis, -se	misunderstanding
die Preisermäßigung, -en	price reduction
der Rabatt, -e	discount
die Unterstützung, -en	help, support
der Werbebrief, -e	advertising flyer
die Zahlungskondition, -en	payment terms
die Zahlungsweise, -n	mode or methods of payment

Verben

anbieten	to offer
sich beschweren über (+ *Akk.*)	to complain about
ersparen	to save, prevent
reklamieren	to complain; to make a complaint
rückgängig machen	to undo

Adjektive und Adverbien

verbindlich	binding
einwandfrei	perfect
formgebunden	having a prescribed form
rechtlich	legally
sachlich	matter-of-fact
verbindlich	binding

Ausdrücke

ab Werk	direct from the factory

Lesetext

ANFRAGE, ANGEBOT, BESTELLUNG, MÄNGELRÜGE

Wer sich über die Lieferung einer Ware oder Dienstleistung informieren will, kann das telefonisch, im persönlichen Gespräch oder schriftlich tun. Die schriftliche Anfrage mit der Bitte um ein schriftliches Angebot kann spätere Mißverständnisse ersparen. Um genaue Auskunft zu erhalten, sollten Sie natürlich so detailliert wie möglich angeben, wofür Sie sich interessieren. Da uns in vielen Fällen die nötige Fachkenntis fehlt (z.B. beim Kauf eines Computers, bei der Wahl einer Autoversicherung oder bei einem Hausanbau), müssen wir die Fachleute um Unterstützung bitten. Manchmal tun sie das als kostenlosen Kundendienst,[1] und manchmal kostet es etwas.

Wer etwas verkaufen will, muß es anbieten. Ein Werbebrief ist ein unverlangtes[2] Angebot, und ein Informationsbrief ist ein verlangtes Angebot. Eigentlich wird aber jeder Geschäftsbrief, der etwas erreichen will, zu einem werbenden Text. Da wir heutzutage,[3] dank der modernen Technologie, mit wunderschön illustrierten Werbeschriften überflutet werden, kommt es immer mehr darauf an, daß der Kunde mit dem bestmöglichen Text angesprochen wird–mit einem besseren Text als die Konkurrenz verschickt.

Ein guter Informationsbrief sollte folgende Punkte berücksichtigen[4]:

- für die Anfrage danken
- das Angebot genau angeben
- Besonderheiten erwähnen
- den Preis und die Zahlungskonditionen angeben
- einen freundlichen Schluß finden und auf eine erneute Kontaktaufnahme vorbereiten

Sie haben ein Angebot bekommen und möchten nun aufgrund dieses Angebots etwas bestellen. Ihre Bestellung ist nicht

[1] *customer service* [2] *unsolicited* [3] *nowadays* [4] *take into consideration*

formgebunden, aber eine schriftliche Bestellung (immer schriftlich, damit später keine unangenehmen Überraschungen passieren) ist ein Vertrag. Sie ist verbindlich. Ihre Bestellung muß klar formuliert sein und die folgenden Angaben enthalten:

- Gegenstand (Typ, Modell, Farbe usw.)
- Menge (Stückzahl)
- Preis
- Liefertermin
- Zahlungsweise

Da Menschen und Maschinen Fehler machen, kommt es vor, daß Sie eine defekte[5] Ware erhalten. Natürlich ärgern Sie sich, da Sie jetzt Zeit, Energie und eventuell Kosten aufbringen müssen, um die Sache zu reklamieren. In Ihrem Ärger möchten Sie sofort anrufen, um sich zu beschweren. Eine bessere Lösung wäre es jedoch, eine Mängelrüge zu schreiben, höflich-sachlich und bestimmt. Je ruhiger Ihr Ton, desto besser. Die Reklamation ist rechtlich meistens unbedeutend, und ein unfreund-licher Ton verärgert Ihren Vertragspartner nur. Falls Sie Mängel feststellen, reklamieren Sie sie sofort. Nach einem Jahr können Sie nur noch Mängel anzeigen, wenn der Verkäufer (Ihr Vertragspartner) Haftung auf längere Zeit übernommen hat. Halten Sie sich an folgende Punkte:

- Erwähnen Sie Versand- und Empfangsdatum.
- Beschreiben Sie die Mängel sachlich, verständlich und ausführlich.
- Erwähnen Sie, wie Sie sich die Behebung[6] der Mängel vorstellen:
  a. Kauf rückgängig[7] machen
  b. Preisermäßigung der Ware verlangen
  c. Reparatur oder Ersatz von einwandfreier Ware fordern.
- Setzen Sie Termine.

[5]*defective* [6]*rectification, putting right* [7]*reverse*

Übungen zum Verständnis

A Steht das im Lesetext? *Ja* oder *Nein.*

1. ______ Anfragen können schriftlich oder mündlich gemacht werden.
2. ______ Fachliche Beratung kostet etwas.
3. ______ Ein verlangter Informationsbrief ist meistens schön illustriert.
4. ______ In einem Informationsbrief brauchen die Zahlungskonditionen noch nicht angegeben zu werden.
5. ______ Bei der Bestellung muß man sich an eine bestimmte Form halten.
6. ______ Eine schriftliche Bestellung ist verbindlich.
7. ______ Eine Bestellung kann nicht rückgängig gemacht werden.
8. ______ Ein Verkäufer reagiert positiver, wenn Sie ihm Ihren Zorn über Mängel zeigen.
9. ______ Wenn man eine Ware reklamieren will, soll man sofort anrufen.
10. ______ Nach einem Jahr können Sie rechtlich nicht mehr reklamieren.

B Beenden Sie die Sätze mit passenden Informationen aus dem Lesetext.

1. Beim Einkauf eines teuren Gegenstands oder einer wichtigen Dienstleistung bittet man am besten um ein *schriftliches* Angebot, damit

   ____

   ____

2. Eine fachliche Beratung (eine Beratung von Fachleuten) ist manchmal nötig, da

   ____

   ____

3. Viele Leute werfen die vielen Werbebriefe, die fast täglich ins Haus kommen, sofort weg, weil

   ____

   ____

4. Eine Bestellung ist verbindlich, weil

   ____

   ____

5. Schreiben Sie eine Mängelrüge, wenn

   ____

   ____

6. Reklamieren Sie so bald wie möglich, weil

   ____

   ____

Übungen zum Wortschatz

A Ergänzen Sie jeden Satz mit einem passenden Ausdruck aus dem Lesetext.

1. Etwas Charakteristisches, was andere Waren nicht haben, ist ______________

   ______________________________.

2. Die ______________ bestimmt, ob man sofort den gesamten Betrag zahlen muß oder ob man ihn monatlich abbezahlen kann.

3. Ihr Verkäufer hat nicht genau verstanden, bis wann Sie die Ware haben mußten. Deshalb ist dieses ______________ entstanden.

4. Die meisten ______________ wandern sofort in den Papierkorb, weil man gar nicht vorhat, diese Dinge zu kaufen.

5. Ich habe mich anders entschlossen. Kann ich den Vertrag ______________

   ______________ machen?

6. Wenn man eine falsche oder fehlerhafte Ware bekommen hat, soll man sich bei dem Verkäufer ______________. Aber bitte, ohne zornig zu werden!

7. Da die Ware nicht Ihren Vorstellungen entspricht, versuchen Sie, sie billiger zu bekommen. Sie bitten den Verkäufer um ______________.

8. Wenn Sie einmal einen Kaufvertrag unterschrieben haben, dann ist er

____.

Definieren Sie die folgenden Begriffe. Am einfachsten geht das durch ein Beispiel.

1. die Fachkenntnis ______________________________
2. die Mängelrüge ______________________________
3. einwandfrei ______________________________
4. das Mißverständnis ______________________________
5. sich beschweren ______________________________

Aktivitäten

1. Lesen Sie den Gesprächsauszug. Es handelt sich hier um ein Telefongespräch zwischen Herrn Arend, Verkaufsleiter der Firma Olympia-Fahrräder, und Herrn Schneider, Einkäufer einer großen Warenhauskette.*

SCHNEIDER: . . . ich habe gestern Ihren Katalog erhalten, und ich glaube, wir könnten einige Ihrer neuen Modelle absetzen.[1]

AREND: An welche Modelle haben Sie denn gedacht, Herr Schneider?

SCHNEIDER: . . . ich glaube, das Olympia „Orion“, das Leichtsportrad mit der 3-Gang-Rücktrittbremsnabe und den 30-Zoll-Reifen, dann ist da das Modell Olympia „Saturn“, das Leichtsportrad mit der 6-Gang-Kettenschaltung und den 20-Zoll-Reifen . . . und dann noch das Modell „Olympia ATB 24“, das All-Terrain-Bike für Kinder mit der 12-Gang-Kettenschaltung und den 24er Reifen. Diese Modelle ließen sich sicherlich gut verkaufen, denke ich.

AREND: . . . an welche Stückzahlen dachten Sie denn?

SCHNEIDER: Also, für den Anfang dachte ich an eine Stückzahl von 100.

AREND: 100 Räder?

SCHNEIDER: Nein, nein, 100 Stück pro Modell . . . . Was für ein Preisangebot können Sie mir für diese Mengen machen?

AREND: Nun, das Modell „Orion“ bieten wir für 350 DM plus Mehrwertsteuer[2] an. Das „Saturn“ kostet 480 DM plus Mehrwertsteuer und das ATB 24 300 DM plus Mehrwertsteuer. Auf diese Preise könnten wir Ihnen einen Rabatt von 5% einräumen.

SCHNEIDER: 5%? Da wäre doch bestimmt noch etwas mehr drin. Ich glaube sicher, daß es zu Anschlußaufträgen[3] kommen wird.

AREND: Gut. Sagen wir mal, 5% für die ersten 100 Stück pro Modell und 10% Rabatt für Mengen darüber hinaus.

SCHNEIDER: Na, das hört sich gut an. Wie verstehen sich die Preise denn?

AREND: Wie immer, ab Werk.

SCHNEIDER: Mit dem Rechnungsbetrag belasten[4] Sie bitte unser Konto . . . . Und wie steht's mit der Lieferzeit?

AREND: . . . Vier Wochen nach Eingang der schriftlichen Bestellung . . . .

[1] *sell* [2] *value added tax* [3] *additional orders* [4] *debit*

*Aus „Prüfung Wirtschaftsdeutsch International“

2. Um Mißverständnisse zu vermeiden, hat sich Herr Arend entschlossen, das Angebot schriftlich zu machen. Ergänzen Sie den Text mit Informationen aus dem Gesprächsauszug.

Sehr geehrter Herr Schneider,
in bezug auf unser Telefongespräch gestern machen wir Ihnen hiermit das folgende Angebot:

1. Modell: ______________________________,

   DM ______________ pro Stück (+ Mwst.)

2. Modell: ______________________________,

   DM ______________ pro Stück (+ Mwst.)

3. Modell: ______________________________,

   DM ______________ pro Stück (+ Mwst.)

Die Preise verstehen sich ______________________________

Rabatt: _______ % für Mengen bis zu 100 Stück pro Modell

_______ % für Mengen über 100 Stück pro Modell

Lieferzeit: ______________________ nach Eingang der schriftlichen Bestellung

Zahlungsbedingungen: ______________________________.

Wir bedanken uns im voraus für Ihren Auftrag.

Mit freundlichem Gruß

3. Setzen Sie die schriftliche Bestellung für Herrn Schneider auf, und halten Sie sich an die Standardform des deutschen Geschäftsbriefs. Nehmen Sie die Eingangsformeln und Schlußworte für bestimmte Geschäftsbriefe auf Seite 76 zu Hilfe. Benutzen Sie die folgenden Briefteile.

- Briefkopf der Firma
- Adresse
- Bezugszeichen
- Datum
- Betreff
- Anrede
- Brieftext
- Grußformel

Folgende Informationen sollten im Brieftext stehen:

- Bezugnahme auf das telefonische und schriftliche Angebot
- Daten des Angebots
- Details über die Bestellung, einschließlich Modell, Farbe usw.; Menge, Preis, Liefertermin, Zahlungsweise

Eingangsformeln und Schlußworte für bestimmte Geschäftsbriefe

Anfrage:

- Könnten Sie uns bitte so bald wie möglich . . .
- Ich interessiere mich für . . . und möchte Sie bitten, mir . . .
- Bitte teilen Sie uns mit, . . .
- Wir wären Ihnen sehr dankbar, wenn . . .
- Bitte senden Sie uns Ihre neueste Preisliste . . .

Angebot:

- Auf Ihre Anfrage vom . . . müssen wir Ihnen mitteilen, daß . . .
- Unter Bezugnahme auf Ihr Schreiben vom . . .
- Wir danken Ihnen für Ihre Anfrage vom . . . und übersenden Ihnen . . .
- Wir freuen uns über Ihre Anfrage und . . .
- Wir ersehen aus Ihrer Anfrage vom . . . , daß Sie beabsichtigen, . . .

Bestellung:

- Wir haben Ihre Preisliste/Muster/Proben erhalten und . . .
- Unter Bezugnahme auf Ihre Preisangabe vom / unsere Unterredung vom . . .
- Aufgrund der Preise und Bedingungen in Ihrem Katalog/Schreiben vom . . .
  a. möchten wir hiermit . . . bestellen.
  b. freut es uns sehr, Ihnen einen Auftrag über . . . zu erteilen.
  c. bitten wir Sie, uns . . .

Mängelrüge:

- Die am . . . abgeschickte Sendung traf heute bei uns ein.
- Beim Öffnen der Kartons . . .
- Beim Prüfen der Waren . . .
- Beim Vergleichen der Waren mit der Rechnung waren wir erstaunt festzustellen, daß
  a. Sie unsere Vorschriften nicht beachtet haben.
  b. die Qualität der Ware unseren Erwartungen nicht entspricht.
  c. der Artikel bei weitem nicht so gut ist wie die Probe, nach der Sie ihn verkauften.
  d. die Sendung mehrere Artikel enthält, die wir nicht bestellt haben.

Schlußworte:

- Für Ihr Verständnis danken wir.
- Wir danken für Ihre Bemühungen.
- Für eine schnelle Lösung sind wir Ihnen dankbar.
- Bitte teilen Sie uns Ihre Entscheidung bald mit.
- Wir würden uns freuen, Ihren Auftrag ausführen zu dürfen.

Lesetext

FLOTHMANN

Büro – und Datentechnik

Flothmann GmbH, Postfach 100349, 5620 Velbert 1

Computer - Systeme - Software
Büromaschinen - Textsysteme
Kopiergeräte - Fernkopierer
Büroeinrichtungen - Sitzmöbel
Bürobedarf - EDV - Zubehör
Planungsgeräte - Planungstafeln
Technischer Kundendienst

Hermann Mohn
GmbH & Co KG
Baubeschlagfabrik
Langenberger Str. 50

42551 Velbert

FKF/Ma 30. Juni 1993

Sehr geehrte Damen und Herren,

zum 1. Juli 1993 werden wir unser Warenwirtschafts- und Abrechnungssystem umstellen, um Ihnen eine schnellere und auch kostengünstigere Bezugsmöglichkeit Ihres Bürobedarfes zu bieten.

Parallel zu diesem neuen Abrechnungssystem werden wir unser Kernsortiment in der Lagerhaltung aufstocken, um weitestgehend eine permanente Lieferbereitschaft der Standardartikel zu garantieren.
Artikel, die nicht in unserem Kernsortiment vorhanden sind, besorgen wir in Packungseinheiten schnell und unkompliziert.

Auf unsere Angebots- und Rechnungspreise erhalten Sie auf Grund Ihres Gesamtbezuges einen von uns festgelegten Nachlaß.
Darüberhinaus räumen wir Ihnen auf Ihre Bestellungen einen sogenannten Auftragswertrabatt ein.
Bitte sind Sie bemüht, die Aufträge zu sammeln, um einen möglichst hohen Auftragswert zu erreichen.
Wir honorieren Ihre Bemühungen mit einem entsprechenden Nachlaß.

Mit freundlicher Empfehlung

F L O T H M A N N GmbH
Büro- und Datentechnik

Anlage

Flothmann GmbH
Büro-und Datentechnik
Friedrichstraße 114
5620 Velbert 1
Fernruf (02051) 4141

Bahnhofstraße 27
5800 Hagen 1
Fernruf (02331) 26383
Telefax (02051) 54191

Handelsregister Velbert HRB 771
Geschäftsführer:
Dipl.-Kfm. F. K. Flothmann
H. J. Flothmann

Sparkasse Velbert (BLZ 33450000) 221101
Deutsche Bank AG (BLZ 33070090) 448/0372
Commerzbank AG (BLZ 33440035) 2000511/00
Dresdner Bank AG (BLZ 33480030) 592112000
Postgiro Essen (BLZ 36010043) 11663-439

Würzburger Straßenbahn GmbH
z.H. Herrn Dipl.-Ing. P. Lehmann
Postfach 10 05 25

8700 Würzburg 1 VK/Kl/Fg -201 15.03.1993

Public Transport Leipzig vom 31.03. - 02.04.1993

Sehr geehrter Herr Lehmann,

als Hersteller von automatischen Türsystemen für Hochleistungszüge, Reisezugwagen, Stadtbahnwagen, Straßenbahnwagen und Busse sind wir auch auf dieser Messe als Aussteller vertreten.

Da viele Städte derzeit in den Ausbau des öffentlichen Nahverkehrs investieren, stellen wir aus aktuellem Anlaß aus:

- **elektrische Schwenkschiebetür, Typ Frankfurt, 2flügelig, mit Mikroprozessor-Steuerung**
- **elektrische Außenschwingtüre, 2flügelig, Typ München, mit Mikroprozessor-Steuerung und intelligentem Einklemmschutz (I.E.S.).**

Beiliegend finden Sie außerdem eine Referenzliste, wo diese Türanlagen zum Einsatz kommen.

Wir würden uns freuen, wenn Sie uns auf unserem Messestand B06 in Halle 1 besuchen.

Mit freundlichen Grüßen

Kiekert-Automatiktüren GmbH
Geschäftsleitung

P. Meier R. Thiel

Anlage

Kiekert-Automatiktüren GmbH
Postfach 10 05 25 · D-42505 Velbert

Stahlstr. 25 · D-42551 Velbert
(Industriegebiet Röbbeck)

Telefon (0 20 51) 2 97-0
Telefax EK (0 20 51) 2 97-111
Telefax VK (0 20 51) 2 97-112
Telefax Dispo (0 20 51) 2 97-311

National-Bank Velbert
BLZ 360 200 30, Kto.-Nr. 685569
Deutsche Bank Düsseldorf
BLZ 300 700 10, Kto.-Nr. 5635511

AG Velbert HRB 1502
Geschäftsführung:
Peter Meier, Reinhold Thiel

BALLAUF INTERNATIONAL INC.

New York Branch
JFK Airport
c/o Allfreight Intl.
177-09, 150th Ave
Jamaica, NY 11434
Tel. 718-656-4313
Fax 718-656-5139

Mr. Thomas Dzimian
GACC Educational Services
40 West 57th Street, 31st floor
New York, NY, 10019-4092

June 21, 1993

Praktikum für Herrn A. Paulke

Sehr geehrter Herr Dzimian,

bestätige den Erhalt Ihres Schreibens vom 18. Juni 1993.

Die beigelegte Rechnung habe ich bereits zur Zahlung angewiesen und es wird Ihnen in den nächsten Tagen ein Scheck direkt von meiner Steuerkanzlei zugehen.

Für die weiteren Informationen soweit meinen herzlichen Dank. Wir sind sehr glücklich darüber, dass es nun doch geklappt hat und Hr. Paulke wie gewünscht sein Praktikum antreten kann.

Sollte Ihrerseits noch irgendwelche Unterstützung seitens Ballauf Intl. notwendig sein, so lassen Sie mich es bitte wissen.

Ich möchte bei dieser Gelegenheit es nicht versäumen nochmals unseren ganz herzlichen Dank für Ihre persönlichen Bemühungen zum Ausdruck zu bringen, auch in Vertretung für unsere Gruppe in Deutschland, deren Anliegen diese Vermittlung gewesen ist.

Weiteren Kontakten sehe ich gerne entgegen.

Meine besten Grüße für heute,

freundlichst,

BALLAUF Intl.Inc.
New York, NY

Robert P.Gerstner

INTER AIR SERVICE
INTER FASHION SERVICE
INTER CONTAINER SERVICE

Subsidiary of Ballauf International GmbH & Co., Munich – International Freight Forwarders

Übung zum Verständnis

Sehen Sie sich die Geschäftsbriefe der Firmen Flothmann, Kiekert und Ballauf International an, und beantworten Sie die folgenden Fragen.

1. Wo befindet sich der Name des Absenders oder der Firma?
2. Wo befindet sich der Name des Empfängers?
3. Gibt es eine Bezugszeichenzeile in allen Briefen?
4. Wie lauten die Betreff-Zeilen?
5. Wie lautet die Anrede in den Briefen?
6. Wo steht die Grußformel, und wie lautet sie in den drei Briefen?
7. Welche Briefe haben eine Anlage? Warum?
8. Welcher Brief ist im Ton am persönlichsten?
9. Welcher Brief ist mehr ein Informationsbrief, und welcher ist mehr ein Werbebrief?
10. Aus welchem Brief ist nicht erkennbar, ob Absender und Empfänger schon frühere Geschäftskontakte hatten?
11. Warum hat wohl die Firma Flothmann nicht „Sehr geehrter Herr Mohn" geschrieben?
12. Wo finden Sie in den Briefen einen Hinweis, daß der Schreiber des Briefes in Zukunft gern mit dem Empfänger des Briefes in Kontakt bleiben (oder kommen) möchte? Wie heißt es da?

Aktivität

Schriftliches

1. Schreiben Sie eine Reklamation. Lesen Sie als ersten Schritt die folgenden Informationen zum „Fall" Firma Schneidgut.* Ihr Ton kann dabei sehr bestimmt sein, besonders beim Androhen der Konsequenzen.

FALL

Sie sind Einkäufer der Warenhauskette Intercom, die ihren Hauptsitz in London hat. Sie haben bei der Firma Schneidgut GmbH 200 Rasenmäher zu 150,000 DM plus MwSt. 200 Heckenscheren zu 50,00 DM plus MwSt. und 250 Kantenschneider zu 45,00 DM plus MwSt. bestellt. Stattdessen haben Sie aber 250 Rasenmäher, 300 Heckenscheren und 200 Kantenschneider erhalten. Die Rechnung bezieht sich auf die tatsächlich gelieferten Stückzahlen.

Darüber hinaus haben Kontrollen ergeben, daß 30% der Rasenmäher schadhafte Klingen haben.

Ein ähnlicher Fall ist bei einer der letzten Lieferungen schon einmal vorgekommen.

AUFGABE

Reklamieren Sie die falsche Lieferung. Fordern Sie die kostenlose Rücknahme der überzähligen Rasenmäher sowie die kostenlose Lieferung der Ersatzklingen und der fehlenden Kantenschneider. Fordern Sie einen beträchtlichen Rabatt ein, weil Ihnen für den Einbau der Ersatzklingen erhebliche Personalkosten entstehen werden. Verlangen Sie eine entsprechend korrigierte Rechnung. Weisen Sie auf den vorangegangenen Fall hin, und drohen Sie Konsequenzen an, wenn Ihren Forderungen nicht entsprochen wird.

ADRESSEN

Intercom plc, 36 Mayfair Place, London W1X 3RB, Großbritannien

Schneidgut GmbH, Hohenstauffenring 28, 50968 Köln

---

*Aus „Prüfung Wirtschaftsdeutsch International"

2. Sie möchten neue Gartenstühle kaufen. Schreiben Sie eine Anfrage an die Firma Flora.

ADRESSE:	Flora GmbH Münzenbergerstraße 29 80335 München

- Geben Sie an, wie viele Gartenstühle Sie kaufen wollen.
- Geben Sie an, aus welchem Material sie sein sollen.
- Geben Sie an, welche Farbe sie haben sollen.
- Fragen Sie, wie lang die Lieferfrist ist.
- Fragen Sie, wie hoch die Transportkosten sind oder ob frei Haus geliefert wird.
- Bitten Sie um ein Angebot mit Zahlungsbedingungen und eventuellem Preisnachlaß.
- Danken Sie für die Bemühungen.

3. Sie haben von der Firma Flora ein Angebot erhalten und wollen jetzt bestellen. Schreiben Sie Ihre Bestellung.

- Danken Sie für das Angebot / den Katalog / die Prospekte.
- Schreiben Sie, wie viele Gartenstühle Sie bestellen wollen.
- Nennen Sie noch einmal den Preis pro Stück und mit eventuellem Mengenrabatt.
- Setzen Sie den Liefertermin fest.

Hörverständnis

Sprache

Neue Wörter und Ausdrücke

förmlich	formal
vertraulich	friendly; familiar
das Institut für Demoskopie	opinion research institute
das Bildungsniveau	level of education
die Zurückhaltung	restraint, reserve
die Tugend, -en	virtue
der Bildungsstand	level of education
die Amtssprache	official language
der Beitritt	joining
die Verkehrssprache	lingua franca *(language of commerce between different nations or groups of people)*

Beantworten Sie die folgenden Fragen.

1. In welchem Bereich wird das vertrauliche Du immer mehr akzeptiert?

____

2. Was bestimmt die Unterschiede in bezug auf die praktizierte Anredeform?

____

3. Wer tendiert schon nach relativ kurzer Bekanntschaft eher zum Du: Die Menschen im Osten oder im Westen Deutschlands?

____

4. Wie erklärt sich und wie unterscheidet sich die Zurückhaltung und das Zögern bei der Verwendung des Du in beiden Regionen?

____

5. Welche Gruppen in beiden Regionen gehen schneller zum Du über?

____

6. Aus welchem Grund schlug der Bundeskanzler Deutsch als Amtssprache neben Englisch und Französisch im Europarat vor?

____

7. Welche Rolle spielt Deutsch in den Nachbarländern der deutschsprachigen Länder?

____

Schlußgedanken

Sie haben jetzt mehrere Geschäftsbriefe an deutsche Firmen geschrieben. Worauf mußten Sie besonders achten, und welche kulturellen Unterschiede sind Ihnen im schriftlichen Umgang mit Deutschen aufgefallen?

Wußten Sie das schon?

- Ein Geschäftsbrief hat gegenüber einem Telefonat Vorteile: Er wird für bestimmte Zeit aufbewahrt und kann später bei Mißverständnissen als Beweismittel dienen.
- Übertriebener Gebrauch von Fremdwörtern kann als Angeberei *(show off)* angesehen werden. Gebrauchen Sie Fremdwörter nur dann, wenn diese allgemein verständlich sind.
- Wenn Sie das Angebot eines Verkäufers schriftlich annehmen, dann ist das ein rechtlich verbindlicher Vertrag.
- Höflichkeit und Freundlichkeit am Telefon und im Geschäftsbrief kann nur zum Vorteil beider Seiten sein.
- Wenn Sie eine Frist für den Widerruf Ihrer Bestellung haben, denken Sie daran, daß sich das Datum Ihres Widerrufs nach dem Eintreffen beim Empfänger richtet, *nicht* nach dem Poststempel.
- Bei Nicht-Bezahlung erhält der Schuldner meistens zwei Mahnungen. Bei der dritten und letzten Mahnung werden gewöhnlich Zinsen erhoben und der Fall einem Inkassobüro *(collection agency)* übergeben.
- Nicht jeder Geschäftsbrief erfordert einen neuen, selbständigen Text. Um ein Schreiben zu beantworten, kann man den Originaltext nehmen und das Wort „Blitzantwort" darauf stempeln. Dazu schreibt man eine ganz kurze Mitteilung und schickt das Original zurück.
- Der heutige Konkurrenzkampf ist groß! Sollten Sie einmal für Ihren Betrieb einen Werbebrief schreiben, seien Sie originell! Das psychologische Vorgehen ist wichtig, denn Sie wollen zukünftige Kunden davon überzeugen, daß Ihr Angebot das beste ist (ohne dabei Ihren Konkurrenten schlecht zu machen, was in Deutschland strafbar ist). Ausdrucksweise mit treffenden Wörtern, Rechtschreibung und Stil können in einem Werbetext ebenso wichtig sein wie die Qualität Ihres Produkts.

5 Bewerbung

- Bewerbung
- Lebenslauf
- Interview und Stellenangebot

Beim Interview

LERNZIELE

In diesem Kapitel lernen Sie, wie man sich schriftlich um eine Stelle bewirbt, wie man verschiedene Arten von Lebensläufen schreibt und wie man sich auf ein Interview vorbereitet. Hinweise auf die deutsche Geschäftskultur können Ihnen diesen wichtigen Schritt in die Arbeitswelt sehr erleichtern.

- Was für Karrierepläne haben Sie?
- Wollen Sie Ihr Leben lang in Ihrem jetzigen Beruf bleiben?
- Wie bereiten Sie sich auf die Jobsuche vor?
- Wo finden Sie die besten Informationen über Stellenangebote?
- Haben Sie sich schon einmal erfolgreich oder erfolglos für einen Job beworben?

Bewerbung

Vor dem Lesen

Ihre Muttersprache ist Englisch, und Sie haben als Hauptfächer Deutsch und Französisch studiert. Jetzt suchen Sie eine Stelle, in der Sie Ihre Sprachkenntnisse anwenden können. Welche Möglichkeiten, eine passende Arbeitsstelle zu finden, sind Ihrer Meinung nach am wirksamsten? Ordnen Sie von 1 (die beste) bis 10.

_______ Sie sehen ein Inserat in einer Zeitung.

_______ Sie geben eine Anzeige in einer Zeitung auf.

_______ Sie sehen im Branchenverzeichnis *(Yellow pages directory)* nach.

_______ Sie suchen in Fachzeitschriften nach Inseraten.

_______ Sie sehen eine Annonce von der Berufsberatung Ihrer Universität.

_______ Sie gehen zum Arbeitsamt.

_______ Sie sehen im Schaufenster das Schild „Wir suchen Arbeitskräfte".

_______ Sie gehen zu einem Stellenvermittlungsbüro (*job referral office*).

_______ Sie haben persönliche Beziehungen.

_______ Andere Möglichkeiten.

B Besprechen Sie folgendes mit einem Partner / einer Partnerin: Sie haben ein Stellenangebot gefunden, für das Sie sich sehr interessieren. Sie schreiben an die Firma und bitten um ein Vorstellungsgespräch. Sollten Sie in diesem Brief folgende Informationen geben? Tragen Sie **Ja** oder **Nein** in die Liste. Wenn Sie sich nicht einigen können, geben Sie bitte beide Ihre Gründe für Ihre Meinungen an.

_______ wie Sie heißen

_______ wie Ihre Eltern heißen

_______ wo Sie wohnen

_______ was Sie gelernt haben, was Ihre Fähigkeiten sind

_______ wieviel Sie verdienen wollen

_______ wie Sie von dieser Stelle erfahren haben

_______ wo Sie jetzt arbeiten

_______ warum Sie Ihre jetzige Tätigkeit aufgeben wollen

_______ ob Sie verheiratet sind

_______ ob Sie ganztags oder halbtags arbeiten können

_______ wie alt Sie sind

_______ daß Sie alle gewünschten Unterlagen schicken oder bringen können

_______ daß Sie im nächsten Sommer ihre Spanischkenntnisse verbessern wollen

Sie haben sich als Chefsekretär/Chefsekretärin in einem großen internationalen Unternehmen beworben. Der Personalchef bittet Sie, sich selbst zu beschreiben. Wählen Sie aus den folgenden Eigenschaften fünf, die auf Sie passen und für diese Stelle optimal wären. Begründen Sie Ihre Wahl.

anpassungsfähig
mit Auslandserfahrung
charmant
erfolgreich
fleißig
flexibel
fließend in zwei Fremdsprachen
freundlich
hilfsbereit
jung
kollegial
kreativ
mit Organisationstalent
selbständig arbeitend
mit erstklassigen Umgangsformen
verschwiegen
vielseitig interessiert
zukunftsorientiert
zuverlässig

Wortschatz

Substantive

die Bewerbung, -en application
der Dolmetscher, -/die Dolmetscherin, -innen interpreter
das Einheitsschreiben, - form letter
die Gegenwartsform, -en present tense
die Rechenmaschine, -n calculator
das Selbstlob self-praise
das Stichwort, -e key word
die Umgangsformen (*Pl.*) manners
die Voraussetzung, -en prerequisite
der Werdegang career; development

Adjektive

einheitlich uniform(ly)
einseitig *here:* on one side
erforderlich necessary

Ausdrücke

Briefverkehr führen to handle correspondence

Lesetext

Jede Bewerbung muß einen persönlichen Charakter haben; Einheitsschreiben werden leicht zur Seite gelegt. Der Empfänger soll schon bei den ersten Zeilen aufmerksam werden und denken: Diesen Bewerber / Diese Bewerberin müssen wir uns näher ansehen.

Der Briefbogen

Format DIN A4, weiß (Standardblatt)
Name rechts oben
eigene Adresse und Telefonnummer rechts oben, unter dem Namen
Datum unter der Adresse
Firmenanschrift links, 5 cm vom oberen Rand
Bezugszeile
Anrede
Brieftext
Gruß
Unterschrift
Anlagen

Briefbögen und alle anderen Blätter sollen nur einseitig beschrieben werden. Einheitlich breiten Rand lassen! Nach der

Anrede und nach jedem Absatz eine Zeile frei lassen. Die erste Zeile des neuen Absatzes nicht einrücken, im Text nichts unterstreichen, keine Ausrufezeichen und keine Kontrastfarben—nichts, was das einheitliche Bild stört.

Der Stil

Gegenwartsform
kurze, klare Ausdrucksweise
Adjektive nur, wenn unbedingt nötig
keine Superlative
kurze Sätze
öfter einen Absatz machen
Interessen und Fähigkeiten erwähnen, aber ohne Selbstlob

Gerhard Schauber

Bernentalstraße 9
Tel.: 07394/2582
89601 Schelklingen, 26.12.93

German American Chamber of Commerce, Inc.
40 West 57th Street
New York, NY 10019
USA
Attn: Mr. Thomas Dzimian

Betr.: Praktikantenstelle für 2. Praxissemester

Sehr geehrter Herr Dzimian,

auf eine Anfrage bei der *German American Chamber of Commerce* in Los Angeles wegen einer Praktikantenstelle in den USA wurde ich auf Sie verwiesen. Mir wurde mitgeteilt, daß Ihre Institution 2 Praktikantenprogramme anbietet. Da ich zur Zeit im 4.Semester den **Studiengang Technische Informatik** an der Fachhochschule Ulm studiere, interessiere ich mich für das Praktikantenprogramm B.

Ich stehe zur Zeit kurz vor den Prüfungen zum Vordiplom, mein 2. Praxissemester dauert für mich also **von September 1994 bis Februar 1995**. Für diesen Zeitraum suche ich eine Praktikantenstelle bei einer Firma in den Vereinigten Staaten. Da Sie seit letztem Jahr Praktika in den USA vermitteln, sende ich Ihnen beiligend meine Bewerbungsunterlagen zu.

Mit freundlichen Grüßen

Gerhard Schauber

Anlagen.

Florian H. Krebs
Ravensburg, den 1.Feb. 1994
Max-Reger-Straße 19
88214 Ravensburg-Berg
Tel. (0751) 400210

Deutsch-Amerikanische
Industrie- und Handelskammer
40 W. 57th St.
New York, N.Y. 10019
U.S.A.

Bewerbung für eine achtmonatige Praktikantenstelle ab 1. August 1994

Sehr geehrte Damen und Herren,

im Rahmen meines Studiums an der verwaltungswissenschaftlichen Fakultät an der Universität Konstanz benötige ich nach dem Grundstudium ein achtmonatiges Arbeitspraktikum. Meine Schwerpunkte sind: Internationale Beziehungen sowie Arbeit-/ Sozialpolitik.

Ich glaube, daß ich gerade in der Industrie- und Handelskammer sehr nützliche Erfahrungen für mein Studium und meine berufliche Zukunft sammeln könnte. Ich lege alle notwendigen Bewerbungsunterlagen bei und würde mich freuen, bald eine Antwort von Ihnen zu bekommen.

Mit freundlichen Grüßen

Florian Krebs

Anlagen:
* Lebenslauf
* Lichtbild
* Studiengangbeschreibung
* Zeugnis

Corinna Feuerborn
Elsenheimer Str. 3
80687 München
Tel.: 089/ 5704389

München, den 30.04.1994

German American Chamber of Commerce, Inc.
40 West 57th Street
New York, N.Y. 10019

Praktikum in den USA

Sehr geehrter Herr Walbröl,

im Rahmen meines Studiums Betriebswirtschaft, mit Studienrichtung Tourismus, an der Fachhochschule München ist für das Sommersemester 1994 ein Auslandspraktikum vorgesehen.

Dieses Praktikum würde ich gerne in den USA absolvieren. Besonders interessiere ich mich für ein Praktikum in einem der Convention Center oder bei einer Fluggesellschaft.

Ihre Anschrift habe ich vom Deutschen Industrie- und Handelstag erhalten und würde mich sehr freuen, wenn Sie mir nähere Informationen über die Möglichkeit eines Praktikums in den USA sowie Adressen zukommen lassen könnten.

Vielen Dank und

mit freundlichen Grüßen

Essen, 16.03.1994

Katrin Obermeier
Frohnhauser Landstraße 26
45127 Essen
Tel. (021) 78 96 24

Inter-Modina
Am Grünen Grund

01109 Dresden
Kennziffer: 284

Ihre Anzeige „Sekretärin gesucht"

in der Leipziger Volkszeitung vom 02.07.1994

Sehr geehrte Damen und Herren,

in Ihrem Stellenangebot suchen Sie eine Sekretärin mit erstklassigen Umgangsformen und Organisationstalent, die anpassungsfähig ist und selbständig arbeiten kann.

Diese Voraussetzungen kann ich erfüllen. Ich bin fähig, Diktate fehlerfrei auf Englisch und Deutsch aufzunehmen und Korrespondenz in beiden Sprachen selbständig zu erledigen. Außerdem kann ich als Dolmetscherin eingesetzt werden, denn ich besitze das Dolmetscherdiplom in Englisch. Ich habe Erfahrung in der Buchhaltung und mit Rechenmaschinen.

Seit vier Jahren bin ich bei einem Mode-Import-Geschäft in Essen tätig und habe mir eine gute Warenkenntnis und Fachausdrücke angeeignet, die wohl auch in Ihrem Geschäft erforderlich sind.

Meinen beruflichen Werdegang entnehmen Sie bitte dem beigefügten Lebenslauf.

Darf ich mich bei Ihnen vorstellen?

Mit freundlichem Gruß

Anlagen
Lebenslauf mit Lichtbild
4 Zeugnisabschriften

Übung zum Verständnis

1. Was für eine Stelle suchen die vier Bewerber?
2. Wo finden Sie die Antwort auf Frage 1 auf den ersten Blick?
3. Wie stellt Gerhard Schauber die Verbindung zu Herrn Dzimian her?
4. Warum glaubt Florian Krebs, daß ein Praktikum an der Industrie- und Handelskammer vorteilhaft für sein Studium und seine berufliche Zukunft sein könnte?
5. Für welchen Industriezweig interessiert sich Corinna Feuerborn besonders?
6. Welche Informationen sucht Corinna Feuerborn?
7. Welche besonderen Fähigkeiten hat Katrin Obermeier?

Grammatiknotiz

Relativsätze / Relativpronomen

Wenn Sie beim Sprechen und Schreiben Relativsätze verwenden, hört sich Ihr Deutsch nicht nur eleganter an, sondern Sie beweisen dadurch auch eine gute Beherrschung der Sprache. Sehen Sie sich eine deutsche Zeitung an; Sie werden ständig auf Relativsätze stoßen.

Ein Satz und sein folgender Relativsatz haben eine enge Beziehung zueinander. Das Relativpronomen leitet eine Aussage ein, die sich auf ein Substantiv des vorhergehenden Satzes bezieht.

Unsere Firma sucht **Mitarbeiter, die** Auslandserfahrungen haben. (Ohne den Relativsatz gibt uns der Satz nicht die Information, die wir brauchen.)

Im Englischen darf das Relativpronomen wegfallen, aber im Deutschen nie.

Die Firma, **die** ich meine, heißt Bayer AG. *The firm I mean is Bayer AG.*

Nach einem Substantiv muß eine Form des Artikels als Relativpronomen stehen.

Die Stelle, **die** Sie wollen, ist schon besetzt.

Nach einem substantivierten Adjektiv heißt das Relativpronomen „was".

Das ist das Beste, **was** es gibt.
Aber: Das ist das beste Auto, das ich je gefahren habe.

Was steht auch nach **alles, nichts, etwas, wenig(es), viel(es), manches, einiges** und nach den Demonstrativpronomen **das** und **dasselbe.**

Das ist das Beste, **was** ich für Sie tun kann.
Sie können nicht alles bekommen, **was** sie fordern.
In Ihrem Bewerbungsschreiben steht nicht **dasselbe, was** Sie mir eben erzählt haben.

Was kann sich auch auf den gesamten Inhalt des vorhergehenden Satzes beziehen.

Im Osten Deutschlands wird viel für Umweltschutz getan, **was** wirklich nötig ist.

Was und **wer (wen, wem, wessen)** sind unbestimmte Relativpronomen, die sich auf nichts Vorhergehendes beziehen.

> **Was** Sie wünschen, kann ich Ihnen leider nicht bieten.
> Uns ist es ganz egal, **wem** Sie den Auftrag geben wollen.

Ein Relativsatz besteht aus zwei selbständigen Sätzen, die durch ein Relativpronomen verbunden sind.

> ZWEI SÄTZE: Herr Hansen studiert in Heidelberg. Er möchte dort sein Dolmetscher-Diplom machen.
> EIN SATZ MIT RELATIVPRONOMEN: Herr Hansen, der in Heidelberg studiert, möchte dort sein Dolmetscher-Diplom machen. (**Der** ist das Relativpronomen, das sich auf Herrn Hansen bezieht.)

Relativpronomen sehen aus wie Artikel, aber im Genitiv heißen sie **dessen** *(mask./neutr.)* und **deren** *(fem./pl.)* und im *Dativ pl.* **denen.**

> Die Bewerber, **deren** Bewerbungen ausgezeichnet waren, wurden zu einem Vorstellungsgespräch eingeladen.
> Die Bewerber, **denen** man eine Absage geschickt hatte, suchten in Fachzeitschriften neue Inserate.

Präpositionen behalten ihre Funktion.

> Der Streik ist ein Mittel, **zu dem** die Deutschen nicht gern greifen.
> Das Stellenvermittlungsbüro hatte mehrere Stellen, **für die** es noch keine Bewerber gab.

Wer *(he who; she who)* ist auch ein Relativpronomen und leitet meistens den Satz ein.

> **Wer** eine Stelle sucht, kann zum Arbeitsamt gehen.

Übungen zur Grammatik

Verbinden Sie jedes Satzpaar zu einem Relativsatz.

BEISPIEL: Die Firma sucht Mitarbeiter. Sie können Fremdsprachen. →
Die Firma sucht Mitarbeiter, die Fremdsprachen können.

1. Das Arbeitsamt ist ein öffentliches Amt. Es verschafft Arbeit.
2. Arbeitnehmer sind Arbeiter und Angestellte. Sie arbeiten für einen Lohn oder ein Gehalt.
3. Zeitungen haben oft einen Wirtschaftsteil. Man kann in ihm Stellenangebote finden.
4. Die Bewerber wollen wir zu einem Vorstellungsgespräch einladen. Ihre Bewerbungen haben einen persönlichen Charakter.
5. Hier ist eine Bewerbung. Für die Bewerbung interessiere ich mich sehr.
6. Hier sind zwei Bewerber. Ich empfehle ihnen ein Auslandsstudium.
7. Deutsche Geschäftskultur ist etwas ganz Wichtiges. Man muß sie kennen, wenn man in Deutschland erfolgreich arbeiten will.
8. Ein Auslandskorrespondent hat bei uns keine Chance. Er hat nie im Ausland gelebt.

Gebrauchen Sie statt der zwei Sätze einen Relativsatz.

1. In Los Angeles gibt es eine Praktikantenstelle. Ich habe von der Praktikantenstelle gehört.

2. Hier sind meine Bewerbungsunterlagen. Sie haben mich um die Bewerbungsunterlagen gebeten.
3. In der Industrie- und Handelskammer kann ich nützliche Erfahrungen sammeln. Die Erfahrungen sind für meine berufliche Zukunft wichtig.
4. In unserer Firma haben wir mehrere Praktikanten. Ihre Fremdsprachenkenntnisse sind ausgezeichnet.
5. In Ihrem Stellenangebot suchen Sie eine Sekretärin. Sie kann selbständig arbeiten.
6. Ich habe in Essen eine Stelle gefunden. Das freut mich außerordentlich.

C Welches Relativpronomen fehlt hier?

1. _________ Sie hier sagen, finde ich hoch interessant.
2. _________ nicht rechtzeitig zu einem Vorstellungsgespräch erscheint, macht einen schlechten Eindruck.
3. Dieser junge Mann hat schon drei Jahre im Ausland Erfahrungen gesammelt, _________ für unsere Firma sehr nützlich sein kann.
4. Gute Umgangsformen sind eine Voraussetzung, auf _________ wir sehr achten.
5. Hier sind drei Bewerber, _________ Bewerbungsschreiben mich interessieren.

Aktivitäten

Partnergespräch

1. Lesen Sie das Bewerbungsschreiben von Katrin Obermeier, und besprechen Sie den unvollständigen Dialog. Spielen Sie die Rolle des Personalchefs, und berichten Sie Herrn Hoffmann über die Qualifikationen der Bewerberin.

SIE: Wir haben hier die Bewerbung einer Katrin Obermeier.
HOFFMANN: Hat die Dame Arbeitserfahrung? Wenn ja, wie viele Jahre?

SIE: ____

HOFFMANN: Und wo hat sie gearbeitet?

SIE: ____

HOFFMANN: Woher kennt sie eigentlich unser Geschäft?

SIE: ____

HOFFMANN: Und sie kann auch mit Rechenmaschinen umgehen und kennt sich in der Buchhaltung aus.

SIE: ____

HOFFMANN: Das hört sich ja gut an. Wie ist es denn mit Diktat aufnehmen und Briefeschreiben? Hat sie darüber etwas gesagt?

SIE: ____

HOFFMANN: Hm. Hoffentlich kann sie mein fehlerhaftes Englisch im Diktat aufnehmen. Sie wissen ja, unsere Lieferanten in den USA wollen unsere Aufträge auf Englisch haben.

SIE: Keine Sorge, ______________________________________

HOFFMANN: Gut. Laden Sie sie zu einem Vorstellungsgespräch ein.

SIE: ___

2. Überlegen Sie sich, welche drei Eigenschaften von Katrin Obermeyer dem Chef wohl am meisten imponieren. Begründen Sie Ihre Wahl.

a. ___

b. ___

c. ___

Lebenslauf

Vor dem Lesen

Der Lebenslauf enthält Angaben über den Bewerber / die Bewerberin, die für den Leser wichtig sind. Was gehört Ihrer Meinung nach in einen Lebenslauf?

Wortschatz

Substantive

die Aufsatzform, -en composition style
der Datenbogen, ¨ data sheet
der Lebenslauf, ¨e C.V., resumé, autobiographical statement
der Personalchef, -s / die Personalchefin, -nen personnel director
das Schriftbild, -er style of handwriting
die Tabelle, -n table, chart
die Übersichtlichkeit clarity

Verben

ankommen auf (+ *Akk.*) to depend on

Adjektive und Adverbien

eindrucksvoll impressive
entsprechend corresponding
maschinengeschrieben typewritten
tabellarisch in tabular form
vorgedruckt (pre)printed

Ausdrücke

sich ein Bild machen von to get an impression of

Lesetext

Der Lebenslauf beschreibt Ihren Werdegang. Viele Personalchefs glauben, daß sie daraus Wichtiges über Ihre Person erfahren können. Es kann vorkommen, daß Sie Ihren Lebenslauf handgeschrieben einreichen müssen, da er in manchen Firmen graphologisch begutachtet wird. Besonders wichtig ist die Übersichtlichkeit, denn der/die Angesprochene soll sich in ganz kurzer Zeit ein Bild von Ihnen machen können. Wenn er/sie einen Punkt noch einmal lesen will, dann soll er/sie mit einem Blick die entsprechende Stelle finden können.

Und noch etwas: Denken Sie daran, daß der Lebenslauf kein Bewerbungsschreiben ist. Benutzen Sie daher (in der Langform) keine direkte Anrede, wie z.B. „Sie werden sehen, daß . . . “ Sie können aber sagen „Meine Zeugnisse bestätigen, daß . . . “

Erkundigen Sie sich vor Ihrer Bewerbung,

a. ob der Lebenslauf in handgeschriebener oder maschinengeschriebener Langform gewünscht wird,

b. ob der Lebenslauf in handgeschriebener oder maschinengeschriebener Kurzform gewünscht wird,

c. ob der Arbeitgeber ein vorgedrucktes Formular hat.

Lebenslauf

Name:	Tanja Möhle
Geburtsdatum:	21. Mai 1969
Geburtsort:	74321 Bietigheim–Bissingen
Familienstand:	ledig
Staatsangehörigkeit:	deutsch
Eltern:	Eckhard Möhle, Versicherungskaufmann Theresia Möhle, geb. Amon, Hausfrau
Schulausbildung:	1975–1979 Grundschule Löchgau 1979–1988 Gymnasium Besigheim Abschluß: 04.05.1988 Allgemeine Hochschulreife Note: 2,5
Berufsausbildung:	01.08.1988–28.01.1991 Bankkauffrau, Kreissparkasse Heilbronn Abschluß: 28.01.1991 Bankkauffrau Note: gut
Berufstätigkeiten:	29.01.1991–30.06.1991 Bankkauffrau, Kreissparkasse Heilbronn
Ferienbeschäftigungen:	wiederholte Male als Bankkauffrau bei der Kreissparkasse Heilbronn
Studium:	ab 01.10.1991 Universität Konstanz Fachrichtung: Politik- und Verwaltungswissenschaft
Besondere Kenntnisse:	Englisch, Französisch, EDV–Kenntnisse

Konstanz, den 29.01.1994

Tanja Möhle

Persönliche Daten

Vorname:	Familienname:
Geboren am:	in:
Straße:	PLZ/Wohnort:
Telefon:	Staatsangehörigkeit:

Adresse des Erziehungsberechtigten,[1] falls die Adresse nicht mit der des Bewerbers übereinstimmt:[2]

Folgende Schulen habe ich besucht:

Von	bis	Schule	in

☐ Abschlußzeugnis liegt bei ☐ Zeugnis der ________ Klasse liegt bei

Angaben über Berufsvorbereitungsjahr[3]/Betriebspraktikum bzw. Grundausbildungsjahr[4]

Kenntnisse und Fähigkeiten, die ich außerhalb der Schule — beim Schüleraustausch, in Ferienjobs, im elterlichen Betrieb, in Seminaren und Arbeitsgemeinschaften[5] erworben habe:

Angaben über Wehr- / Zivildienst:

Ärztliche Bescheinigung über die Untersuchung nach dem Jugendschutzgesetz[6] ☐ liegt vor ☐ liegt noch nicht vor

[1] *parent or guardian*
[2] *coincides*
[3] *year of preprofessional training*
[4] *year of basic training*
[5] *study groups*
[6] *Children and Young Persons Act*

Aktivitäten

A Füllen Sie das folgende Formular mit Ihren persönlichen Daten aus.

B Schreiben Sie auf ein extra Blatt Papier einen tabellarischen Lebenslauf. Folgen Sie dem vorgedruckten Beispiel. Erwähnen Sie unter „Besondere Fähigkeiten" das, was für Ihren zukünftigen Chef interessant sein könnte. Vergessen Sie nicht zu unterschreiben!

Lebenslauf

Name:	Anita Meyer
Geburtstag:	24. März 1976
Geburtsort:	Augsburg
Eltern/Geschwister:	Vater: Hans Meyer, Maurer
	Mutter: Elisabeth Meyer, geb. Beck
	Geschwister: Thomas und Frank
Anschrift:	Basaltweg 29 85748 Garching
Schulbesuch:	1983 - 1987 Grundschule in Garching
	1987 - 1993 Realschule in Garching
	Fremdsprache: Englisch
	Abschluß: Mittlere Reife
	Lieblingsfächer: Deutsch, Sport
Hobbys:	Sport, Lesen und Handarbeiten
Besondere Fähigkeiten:	Maschinenschreiben, Stenografie

Garching, 2. Februar 1993 *Anita Meyer*

Schreiben Sie auf ein extra Blatt Papier einen Lebenslauf in Aufsatzform. Schreiben Sie kurz und klar. Erwähnen Sie die folgenden Punkte:

- Vor- und Zuname
- Ort und Datum
- die Bezeichnung „Lebenslauf"
- Geburtsdatum und -ort
- besuchte Schulen, Universitäten und Studienabschlüsse (Diplome, Zertifikate)
- besuchte Kurse außerhalb der Schule oder Universität
- Hobbys
- Informationsquellen, Vorbereitung auf die Berufswahl
- Unterschrift

Sie haben das folgende kurze Inserat gelesen:

> Das Importgeschäft Hansel & Co. in Wuppertal sucht für seine Geschenkartikel-Abteilung einen amerikanischen Einkäufer / eine amerikanische Einkäuferin, die auf dem nordamerikanischen Kontinent Einkäufe erledigen kann.

Jeder/Jede in der Klasse bewirbt sich um dieselbe Stelle. Die drei besten Bewerber/Bewerberinnen werden zu einem Interview gebeten. Erwähnen Sie in Ihrer Bewerbung die folgenden Punkte.

- die eigene vollständige Postanschrift
- das Datum
- die vollständige Anschrift des Geschäfts
- der Grund des Schreibens
- die Anrede (Da Sie nicht wissen, ob Ihr Schreiben einer Frau oder einem Mann vorgelegt wird, schreiben Sie am besten „Sehr geehrte Damen und Herren".)
- der Grund, warum Sie sich gerade für dieses Geschäft interessieren
- die Bezeichnung *(description)* des Berufs, für den Sie sich bewerben
- welchen Beruf Sie jetzt ausüben
- Ihre Qualifikationen für diesen Beruf
- Hinweis auf die beigefügten Unterlagen (keine Originale, mit Ausnahme des Lebenslaufs, nur Fotokopien)
- Grußformel
- eigene Unterschrift (Vor- und Familienname)
- am Ende des Briefes das Wort „Anlagen" und dahinter die Zahl der beigefügten Anlagen

Interview und Stellenangebot

Vor dem Lesen

Denken Sie über die folgenden Situationen, die sich im Zusammenhang mit einem Interview ergeben, nach. Treffen Sie in jeder Situation zusammen mit einem Partner / einer Partnerin eine Entscheidung, und berichten Sie im Plenum darüber.

1. Ich bin zu einem Vorstellungsgespräch eingeladen worden. Die Firma bezahlt sogar die Reisekosten. Die Stelle ist mir ganz bestimmt / noch gar nicht sicher.
2. Ich muß mit dem Zug fahren. Sollte ich mit Verspätung zu meinem Termin kommen, hat der Chef sicher Verständnis / kein Verständnis dafür.
3. Das Wetter ist scheußlich, und die Bahnfahrt dauert viele Stunden. Ich ziehe trotzdem einen guten Anzug an. / Ich ziehe etwas Warmes und Bequemes an.
4. Als Frau darf ich mich etwas auffallend kleiden / kleide ich mich dezent.
5. Da / Obwohl die Firma sehr konservativ ist, darf ich auf keinen Fall / darf ich etwas Make-up tragen.
6. Ich hasse Krawatten und trage deshalb keine / aber trage trotzdem eine zum Vorstellungsgespräch.
7. Im Vorzimmer muß ich eine Weile warten und benutze die Gelegenheit dazu, den Sekretär / die Sekretärin über den Chef auszufragen, damit ich informiert bin. Oder soll ich das lieber nicht tun?
8. Ich bitte die Sekretärin um eine Tasse Kaffee / um nichts.
9. Ich sitze im Vorzimmer und konzentriere mich auf das bevorstehende Gespräch. Oder soll ich mich ablenken und z.B. die Zeitung lesen?
10. Ich lasse meinen Mantel an / lege meinen Mantel ab.
11. Der Chef kommt, um mich zu begrüßen. Ich bleibe sitzen / stehe auf.
12. Ich nehme die mir angebotene Zigarette an / nicht an.
13. Der Chef hat einen Doktortitel. Ich rede ihn mit „Herr Doktor Siebels" / „Herr Doktor" an.
14. Der Chef beginnt das Gespräch. / Ich beginne das Gespräch.
15. Ich kann ruhig zugeben, daß ich Schwächen habe. / Es wäre besser, als Supermensch aufzutreten.

16. Beim ersten Vorstellungsgespräch frage ich / frage ich noch nicht nach meinen Aufstiegsmöglichkeiten.
17. Ich frage / frage nicht nach meinem Gehalt.
18. Beim Abschied sollte der Chef mir sagen / noch nicht sagen, ob ich angenommen bin.

Wortschatz

Substantive

der Anstellungsvertrag, ¨e	contract of employment
die Ausbildung	training, education
die Ausbildungsvergütung	training pay
der/die Auszubildende (der/die Azubi, -s)	trainee
die Beförderung, -en	promotion
der Chef, -s / die Chefin, -nen	boss
der Essenszuschuß, Essenszuschüsse	meal allowance
der Fachmann, (*Pl.*) die Fachleute	expert
das Gehalt, ¨er	salary
die Gehaltserhöhung, -en	raise
der Geschäftsführer, - / die Geschäftsführerin, -nen	manager
die Gleitzeit	flexible working hours
die Kantine, -n	firm's cafeteria
die Kündigungsfrist, -en	mandatory period of notice
der Personalleiter, - / die Personalleiterin, -nen	personnel manager
die Probezeit, -en	trial period, probation
die Referenz, -en	references
die Schichtarbeit	shift work
die Sozialleistungen (*Pl.*)	social benefits
die Unternehmensleitung, -en	management
das Vorstellungsgespräch, -e	interview
der Werdegang, ¨e	career

Verben

weiterbilden	to further educate

Adjektive und Adverbien

gegenseitig	mutual
gleitend	flex time

Lesetext

Wenn Ihr Bewerbungsschreiben erfolgreich gewesen ist, wird man Sie zu einem Vorstellungsgespräch einladen. Dieser erste persönliche Kontakt ist außerordentlich wichtig, und Sie sollten sich über einige Fragen klar sein, die man Ihnen mit Sicherheit stellen wird.

Da das Vorstellungsgespräch der gegenseitigen Information dient, sollten auch Sie nach allem fragen, was Ihnen wichtig erscheint.

Übungen zum Verständnis

Bereiten Sie sich auf ein Vorstellungsgespräch vor, indem Sie die folgenden Aufgaben machen.

Die folgenden Fragen können Ihnen in einem Interview gestellt werden. Beantworten Sie sie.

1. Warum interessieren Sie sich gerade für diesen Beruf?
2. Warum interessieren Sie sich für unsere Firma?
3. Welches Gehalt erwarten Sie?
4. Wie stellen Sie sich Ihren beruflichen Weg in den nächsten fünf Jahren vor?

5. Haben Sie schon mal eine Ausbildung abgebrochen? Wenn ja, warum?
6. Warum wollen Sie Ihre jetzige Stelle aufgeben?
7. Wann können Sie beginnen?

Überlegen Sie sich, welche Fragen Sie zu den folgenden Themen formulieren könnten.

BEISPIEL: Weiterbildung →
Welche Möglichkeiten habe ich, mich bei Ihnen weiterzubilden?

1. Ausbildungsvergütung:
2. gleitende Arbeitszeit:
3. Sozialleistungen:
4. Karrierechancen:
5. Probezeit:
6. Kündigungsfrist:
7. Urlaub:

Übungen zum Wortschatz

Definieren Sie die folgenden Begriffe.

BEISPIEL: die Gleitzeit →
Wenn man um 8 Uhr beginnt, ist der Arbeitstag um 17 Uhr zu Ende. Wenn man um 9 Uhr beginnt, ist er um 18 Uhr zu Ende.

1. der Anstellungsvertrag
2. die Ausbildung
3. die Gehaltserhöhung
4. die Kantine
5. der Personalleiter
6. die Schichtarbeit
7. die Unternehmensleitung
8. der Werdegang

B Ergänzen Sie die Sätze mit einem passenden Wort.

1. Mein Bewerbungsschreiben war erfolgreich. Man hat mich zu einem ______________________ eingeladen.
2. Bevor Sie entlassen werden, gibt die Firma Ihnen eine vierwöchige ______________________.
3. Es fällt mir schwer, schon um 8 Uhr am Arbeitsplatz zu sein. Gibt es bei Ihnen ______________________ Arbeitszeit?
4. Wann weiß ich genau, daß ich fest angestellt bin? Mit anderen Worten, wie lange ist Ihre ______________________?
5. Herr Schurike weiß wirklich alles. Er ist ______________________ auf seinem Gebiet.
6. Der ______________________ der Firma hat mir alles über meine Sozialleistungen erklärt.
7. Nach drei Jahren kann ich mit einer ______________________ rechnen. Damit ist dann auch eine Gehaltserhöhung verbunden.
8. Ich habe zwei meiner Professoren und meinen früheren Chef um ______________________ gebeten. Ich hoffe, sie werden mich positiv beurteilen.

Lesetext

Der OTTO VERSAND gehört mit einem Umsatz von rund 12 Mrd. DM und weltweit über 28 000 Mitarbeitern zu den führenden Anbietern des Kaufs per Katalog.[1] Verkaufen Sie eine erfolgreiche Idee! Verstärken Sie unser Team; werden Sie

Führungsnachwuchs[2] im Verkaufs-Außendienst

Lernen Sie zuerst die Idee kennen:

Als künftige Führungskraft[3] lernen Sie »on the job« zunächst die Aufgaben der Mitarbeiter im Außendienst[4] kennen. Sie betreuen für ca. 6 Monate einen festen Kundenkreis[5] im persönlichen Kontakt und erweitern diesen durch die Gewinnung neuer Kunden. Das notwendige Handwerkszeug erhalten Sie in Zusammenarbeit mit dem Verkaufgebietsleiter, der Sie vor Ort[6] betreut.

Lernen Sie unsere Organisation kennen:

Innerhalb eines Jahres erhalten Sie durch zeitlich begrenzte Projekte einen Einblick in die gesamte Verkaufsorganisation in Hamburg. Wir zeigen Ihnen ein modernes Unternehmen, in dem Raum für die Kreativität unserer Mitarbeiter ist. Gleichzeitig vertiefen Sie Ihre Erfahrungen als Bezirksleiter im Außendienst. Zusätzliche Seminare und Tagungen bereiten Sie auf Ihre Führungsaufgabe vor.

Die Führungsposition, die auf Sie wartet:

Nach Ihrem erfolgreichen Einstieg[7] werden Sie Ihre Karriere als Verkaufsgebietsleiter fortsetzen. Mehr als 1500 Mitarbeiter unserer Verkaufsorganisation arbeiten unmittelbar[8] für einen motivierten und aktiven Kundenstamm.[9] Moderne Kommunikationstechnologie und gezielte[10] Maßnahmen der Verkaufsförderung unterstützen die erfolgreiche Entwicklung Ihres Teams und des Unternehmens. Dabei gilt est, den optimalen Weg zwischen Kostenmanagement und Spitzenservice immer wieder zu finden.

Die Voraussetzungen,[11] die Sie mitbringen sollten:

In erster Linie betriebswirtschaftliche Kenntnisse[12] und die für den Außendienst notwendige Mobilität. Erste Berufserfahrungen erleichtern Ihnen den Einstieg. Mit Ihrem verkäuferischen Talent und einem guten Gespür[13] für die Wünsche unserer Kunden überzeugen Sie nicht nur Ihre Mitarbeiter.

Wenn Sie mehr über Ihre Chancen in unserem Unternehmen wissen möchten, dann überzeugen Sie uns mit Ihrer Bewerbung. Bitte schreiben Sie an den
OTTO VERSAND, Personalabteilung 1—300, Wandsbeker Straße 3–7, 22179 Hamburg.

Otto... find' ich gut.

[1]des . . . *of mail-order purchase* [2]*management trainee(s)* [3]*manager* [4]*traveling sales staff* [5]*clientele* [6]*locally* [7]*entry* [8]*directly* [9]*clientele* [10]*specific* [11]*prerequisites, requirements* [12]betriebswirtschaftliche . . . *knowledge of business management* [13]*intuition*

Übungen zum Verständnis

Machen Sie sich Notizen zum Stellenangebot des Otto Versands.

1. Was für eine Art von Unternehmen ist der Otto Versand?
2. Ist das ein nationales oder internationales Unternehmen?
3. Was für eine Stelle wird angeboten?
4. In welcher Stadt hat der Otto Versand seinen Standort?
5. Bekommt man eine Einführung in den Betrieb, ein Training?
6. Was muß man gelernt oder studiert haben?
7. Man muß sicher viel reisen. Wie heißt das hier?
8. Soll man den Otto Versand erst anrufen, oder soll man die Bewerbung direkt dorthin schicken?

Schriftliches

1. Bewerben Sie sich schriftlich beim Otto Versand um die Stelle als Führungsnachwuchs im Verkaufs-Außendienst. Nehmen Sie Ihr Bewerbungsschreiben an die Firma Hansel & Co. in Wuppertal als Beispiel (siehe Übung D, Seite 94).
2. Sie haben das folgende Inserat gelesen und sofort im Personalbüro angerufen. Frau Markowitz, die Personalchefin, wünscht, daß Sie sich schriftlich bewerben. Setzen Sie ein Bewerbungsschreiben und einen Lebenslauf in Langform auf.

Für unsere ständig wachsende Ingenieurabteilung suchen wir eine(n)

Maschinenbauingenieur(in) für den Außendienst[1]

Aufgabenbereich:[2]

- CAD/CAM Design
- Montagebau[3]
- Internationale Kundenbetreuung
- Geräteinstallationen im In- und Ausland

Anforderungen:

- Diplom Maschinenbau oder gleichwertige Ausbildung
- Gute schriftliche und mündliche Englisch- und Spanischkenntnisse

Wir bieten:

- ein freundliches Team
- eine abwechslungsreiche[4] Tätigkeit
- leistungsbezogene Gehaltserhöhungen

Weitere Auskünfte erteilt Frau Markowitz in unserem Personalbüro.

Pneumotech AG
Worringstraße 78
45321 Essen
Tel. 021/56 48 06

[1] *field engineer* [2] *area of responsibility* [3] *assembly, installation* [4] *according to performance*

Aktivitäten

Partnergespräch. Vorstellungsgespräch beim Otto Versand oder Pneumotech AG: Sie spielen die Rolle des Bewerbers / der Bewerberin. Ihr Partner / Ihre Partnerin spielt die Rolle des Personalchefs / der Personalchefin.

1. Stellen Sie sich vor, und bedanken Sie sich für die Einladung zum Vorstellungsgespräch. Beantworten Sie alle Fragen, und stellen Sie selbst auch Fragen. Nehmen Sie das Stellenangebot zu Hilfe.
2. Begrüßen Sie den Bewerber / die Bewerberin, und bitten Sie ihn/sie, Platz zu nehmen. Erfragen Sie die folgenden Informationen:
   - Ausbildung
   - Arbeitserfahrung: Wo? Wie lange? Aufgaben?
   - besondere Fähigkeiten

- Interessen und Hobbys
- Grund, warum die Firma von Interesse ist
- Gehaltserwartungen
- wann der Bewerber / die Bewerberin die Stelle antreten kann

Beenden Sie das Gespräch mit dem Versprechen, innerhalb der nächsten Tage mit einer Entscheidung anzurufen.

Sie glauben, daß das Interview gut verlaufen ist, und daß man Ihnen die Stelle anbieten wird. Das würde aber bedeuten, daß Sie Ihren Wohnsitz wechseln müßten.

a. Sprechen Sie über die Firma, den neuen Aufgabenbereich, die neuen Verdienstmöglichkeiten usw. Drücken Sie auch Ihre Bedenken darüber aus, daß Sie eventuell folgendes machen müßten: Ihren Freundeskreis aufgeben, ein neues Heim für die Katze suchen, neue Kleidung kaufen usw.
b. Geben Sie Ihrem Partner / Ihrer Partnerin gute Ratschläge, wie er/sie die neue Situation meistern kann.

Sie haben schon mehrere Jahre Berufserfahrung gesammelt. Ein jüngerer Kollege / eine jüngere Kollegin sucht Ihren Rat für die Jobsuche. Geben Sie Informationen über:

- Format des Bewerbungsschreibens
- Lebenslauf
- Vorstellungsgespräch

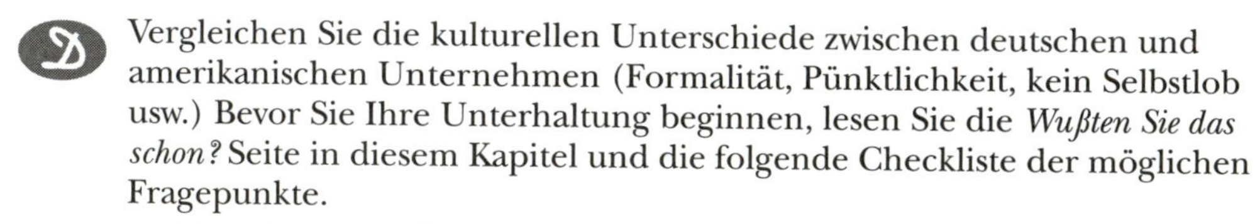

Vergleichen Sie die kulturellen Unterschiede zwischen deutschen und amerikanischen Unternehmen (Formalität, Pünktlichkeit, kein Selbstlob usw.) Bevor Sie Ihre Unterhaltung beginnen, lesen Sie die *Wußten Sie das schon?* Seite in diesem Kapitel und die folgende Checkliste der möglichen Fragepunkte.

- Hier eine Checkliste der möglichen Fragepunkte in einem persönlichen Gespräch.* Diese und ähnliche Fragen werden tatsächlich in Interviews in Deutschland gestellt. Überlegen Sie sich, wie Sie darauf antworten und reagieren würden. Welche Fragen kämen vielleicht in einem nordamerikanischen Vorstellungsgespräch vor? Welche nicht?

1. Welchen Hobbys gehen Sie nach?
2. Haben Sie einen Führerschein?
3. Haben Sie Ihre Bewerbung selbständig verfaßt?
4. Gehen Sie regelmäßig zur Kirche?
5. Haben Sie einen Freund oder eine Freundin?
6. Nehmen Sie die Pille?
7. Welchen Beruf üben Ihre Eltern aus – welche Schulbildung haben sie?
8. Gehen Sie in Diskotheken?
9. Was wäre Ihr Lieblingsberuf?
10. Trinken Sie Alkohol?
11. Wie feiern Sie Ihren Geburtstag?
12. Wie viele Kilometer beträgt Ihre Anfahrt zu uns?
13. Sind Sie gerne in der Natur?
14. Können Sie mir die sechzehn Bundesländer nennen?
15. Welche Konfession haben Sie?
16. Befinden Sie sich in anderen Umständen?
17. Möchten Sie später Kinder haben?

---

*Auszug aus A. W. Wuth: *Erfolgreiche Bewerbung*

18. Für welchen Bereich interessieren Sie sich in unserer Firma?
19. Welche Sprachen sprechen Sie?
20. Hatten Sie in der Schule ein Lieblingsfach?
21. Haben Sie eine eigene Wohnung?

Hörverständnis

Bildungsweg und Berufsziele

Neue Wörter und Ausdrücke

das Abendgymnasium	evening school preparing students for the university entrance qualification
der Betriebswirt, -e / die Betriebswirtin, -nen	management expert
der Bildungsweg	educational track
die Buchhaltung	bookkeeping
das Personalwesen	human resource system
das Teilzeitstudium	part-time studies at a university
der zweite Bildungsweg	education through night school

Beantworten Sie die folgenden Fragen.

1. Was für eine Schule besucht Brigitte?

____

2. Warum hat sie diesen Bildungsweg gewählt?

____

3. Was sind ihre beruflichen Ziele?

____

4. Welchen Stellenwert haben Geldverdienen und Selbständigkeit für sie?

____

5. Warum?

____

6. Was erfordert der zweite Bildungsweg von Menschen, die diesen Weg eingehen?

____

7. Glauben Sie, daß Brigitte nach abgeschlossener Berufsausbildung eine gute Kandidatin für eine Stelle in der Industrie wäre? Begründen Sie Ihre Antwort.

____

8. Welchen Rat würden Sie Brigitte geben?

____

Schlußgedanken

- Welche Unterschiede zwischen amerikanischen und deutschen Bewerbungen sind Ihnen aufgefallen? Welche allgemeinen Schlüsse können Sie daraus in bezug auf die Geschäftswelt ziehen?

- Wenn man zu einem Interview eingeladen wird, muß man unbedingt pünktlich erscheinen. Sollte etwas dazwischen kommen, muß man von unterwegs anrufen. Pünktlichkeit ist sowohl im gesellschaftlichen als auch im geschäftlichen Leben sehr wichtig. Unpünktlichkeit wird oft als Unzuverlässigkeit angesehen.

- Geschäftskorrespondenz wird meistens auf weißem Papier mit der Schreibmaschine oder dem Textverarbeiter geschrieben.

- Manchmal wird ein handgeschriebener Lebenslauf verlangt, weil die Geschäftsführung an der Handschrift des Bewerbers interessiert ist.

- Sie werden nie vorher wissen, was für Fragen Ihnen bei einem Vorstellungsgespräch gestellt werden. Ihr zukünftiger Arbeitgeber ist nicht nur an Ihren sachlichen Kenntnissen interessiert, sondern will auch herausfinden, ob Sie sich seinem Arbeitsteam anpassen können. Gewisse persönliche Fragen, die das Arbeitsgesetz in den USA verbietet (z.B. Sind Sie verheiratet? usw.) dürfen in Deutschland gefragt werden. Sollte Ihnen eine Frage peinlich sein, antworten Sie am besten so knapp und kurz wie möglich, ohne Ihre Entrüstung zu zeigen.

- Zu einem Interview zieht man sich am besten konservativ an. Schlichte Eleganz macht immer einen guten Eindruck.

- Reden Sie den Personalchef / die Personalchefin, d.h. die Person, die Sie interviewt, auf keinen Fall mit dem Vornamen an, auch wenn sich diese Person mit Vor- und Nachnamen vorstellt.

- Sagen Sie bei der Begrüßung nicht „Wie geht es Ihnen?" Diese Begrüßung benutzt man nur, wenn man eine Person gut kennt.

- Es macht immer einen guten Eindruck, wenn Sie Fragen stellen, die zeigen, daß Sie sich schon etwas über die Firma informiert haben.

- Die durchschnittliche Länge eines Interviews ist dreißig Minuten, es sei denn, man hat sich zu einem Gruppengespräch entschlossen, das länger dauern kann.

- Manche Angestellten in Deutschland dürfen ihre Arbeitszeiten selbst bestimmen.

6 Tourismus

- Tourismus
- Urlaub und Ausflüge
- Reisen in Deutschland

Winzerfest

Lernziele

Sie werden etwas über die Reiselust der Deutschen erfahren, über die wichtige Rolle, die der Tourismus für die deutsche Industrie spielt und über das Reisen in den neuen Bundesländern. Sie werden eine Urlaubsreise planen und Ihre Hotelreservierungen vornehmen. Außerdem werden Sie das lernen, was jeder Geschäftsreisende und jeder Tourist, der in Deutschland Auto fährt, wissen sollte.

- Der deutsche Dichter Theodor Fontane (1819–1898) sagte einmal über das Reisen: „Man soll den guten Willen haben, das Gute zu finden, anstatt es durch kritische Vergleiche totzumachen." Wie interpretieren Sie diese Aussage?

Tourismus

Vor dem Lesen

Die folgenden Wörter haben mit dem Thema Urlaub zu tun. Was fällt Ihnen zu diesen Stichwörtern ein? Machen Sie sich Notizen.

Wetter: ______________________

Verkehrsmittel: ______________________

Geographie: ______________________

Ausgaben/Geld: ______________________

Reiseziele: ______________________

Unterkunft: ______________________

Zeit: ______________________

Gepäck: ______________________

Wortschatz

Substantive

die Bundesstraße, -n federal highway
der Gegenpol, -e counter balance
die Konjunktur, -en economic situation
die Pauschalreise, -n all-inclusive travel package
die Sachkenntnis, -se factual knowledge
die Winzerei, -en vineyard and winery
die Zollstraße, -n toll road

Verben

beitragen to contribute
pflegen to foster, cultivate
übersetzen to cross over
werben um to advertise for

Ausdrücke

der Kurs steht günstig the exchange rate is good
rund approximately
zur Verfügung stellen to make available

Lesetext 1

Auch bei nachlassender Konjunktur verlieren die Deutschen ihre Reiselust nicht. Von Jahr zu Jahr geben Deutsche mehr Geld im Ausland aus. Einen wahren Boom gibt es manchmal bei USA-Reisen, wenn der Dollar-Kurs günstig steht.

Pauschalreisen per Charterjet werden von über sieben Millionen Bundesbürgern pro Jahr gebucht, wobei die Sonnenstrände Europas und exotische Touristenparadiese an der Spitze liegen. Die beliebtesten Reiseziele sind schon seit langem Spanien und seine Inseln Mallorca, Ibiza und Menorca sowie die Kanarischen Inseln La Palma, Teneriffa, Fuerteventura, Lanzarote und Gran Canaria. Griechenland ist ebenfalls als Reiseland sehr beliebt. Aber exotische Fernziele ziehen immer mehr Deutsche an, wie z.B. die Dominikanische Republik in der Karibik.

Der Industriezweig Tourismus beschäftigt 1,5 Mio. Menschen, stellt 2,5 Mio. Betten zur Verfügung und registriert jährlich ca. 256 Mio. Übernachtungen. 34,8 Mio. Übernachtungen werden von ausländischen Besuchern gebucht. Für Amerikaner, egal ob auf Geschäfts- oder Ferienreise, ist Deutschland eines der beliebtesten Reiseziele im Ausland.

31% aller Besucher wählen Deutschland, um Urlaub zu machen, 25% sind dort auf Geschäftsreise, und weitere 10% verbinden ihre Geschäftsreise mit einem Urlaub, 31% besuchen ihre Familie und andere Verwandte, und die meisten unter ihnen verbinden diese Besuche auch mit einem Urlaub.

Lesetext 2

Die Deutsche Zentrale für Tourismus (DZT)

Der Partner im Auslandsmarketing

Die Aufgaben der DZT

Die Deutsche Zentrale für Tourismus (DZT) e.V. ist die von der Bundesregierung mit der Förderung des Ausländerreiseverkehrs nach Deutschland beauftragte[1] offizielle Fremdenverkehrsorganisation.

Die DZT als nationale Marketingorganisation wirbt im Ausland für den Reiseverkehr in die Bundesrepublik Deutschland, pflegt dabei die Zusammenarbeit mit den maßgeblichen[2] nationalen und internationalen Stellen und stellt der Bundesregierung und anderen für Tourismusfragen zuständigen Stellen[3] ihre Erfahrungen und Sachkenntnis zur Verfügung. Durch ihre Tätigkeit soll die DZT zur Pflege des gegenseitigen Verständnisses der Völker beitragen.

Die DZT wurde 1948 gegründet. Vorgängerin[4] war die 1920 eingerichtete "Reichszentrale für Deutsche Verkehrswerbung", aus der 1928 die "Reichsbahnzentrale für den Deutschen Reiseverkehr (RDV)" mit 1939 rund 40 Auskunftsbüros in aller Welt hervorging.[5]

Die DZT hat einen Jahresetat[6] von 50 Mio. DM; dieser wird zu 85% aus einer Zuwendung[7] des Bundes über den Bundesminister für Wirtschaft und zu 15% aus Eigeneinnahmen finanziert. Eigeneinnahmen sind Beiträge, Zuschüsse[8] und Kostenerstattungen[9] für Werbekosten von Mitgliedern und Partnern der DZT.

Der volkswirtschaftliche Stellenwert[10] des Ausländerreiseverkehrs

Mit dem touristischen Marketing für das Reiseland Deutschland erfüllt die DZT eine wichtige öffentliche Aufgabe: Vom ausländischen Tourismus sind Hunderttausende von Arbeitsplätzen abhängig, und die Reiseverkehrseinnahmen tragen 1990 mit mehr als 17 Mrd. DM zur deutschen Wirtschaft bei und bilden einen Gegenpol zu den rund 45 Mrd. DM, die deutsche Reisende im Ausland ausgeben.

Gemessen am Umsatz liegt Deutschland weltweit an 7. Stelle der Zielländer; nach den USA, Italien, Frankreich, Spanien, Großbritannien und Österreich.

[1]*commissioned* [2]*appropriate* [3]für . . . *departments in charge of tourism* [4]*predecessor* [5]*evolved* [6]*annual budget* [7]*(financial) contribution* [8]*grant, contribution* [9]*reimbursements of expenses* [10]Der . . . *the economic importance*

Übung zum Verständnis

Welche Aussagen werden in den beiden Texten zu den folgenden Fragen gemacht?

1. Was für einen Einfluß hat die wirtschaftliche Lage Deutschlands auf das Reisen der Deutschen?
2. Wohin reisen die Deutschen am liebsten?

3. Inwiefern ist der Tourismus ein sehr wichtiger deutscher Wirtschaftszweig?
4. Aus welchen Gründen kommen Ausländer nach Deutschland?
5. Was ist die Aufgabe der DZT?
6. Seit wann gibt es so etwas wie die DZT in Deutschland?
7. Wie wird die DZT finanziert?
8. In welchen Ländern geben ausländische Touristen mehr Geld aus als in Deutschland?

Übungen zum Wortschatz

A Bilden Sie mit allen Wörtern des Schüttelkastens zusammengesetzte Wörter, die entweder mit **Reise-** anfangen oder mit **-reise** aufhören. Schreiben Sie den Artikel zu den Substantiven, und geben Sie die englische Bedeutung an.

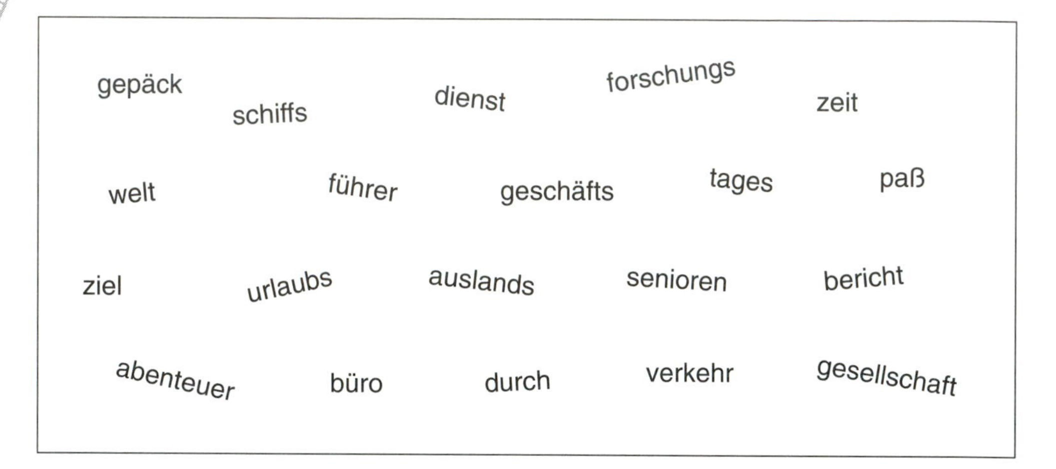

B Folgende Komposita aus Lesetext 2 können Sie erraten. Zerlegen Sie jedes Wort in seine Bestandteile, und geben Sie die Bedeutung der Bestandteile sowie die Bedeutung des Kompositums an.

BEISPIEL: das Auskunftsbüro →
die Auskunft *(information)*, das Büro *(office)* = *information office*

1. die Bundesregierung: ____________________
2. der Ausländerreiseverkehr: ____________________
3. die Fremdenverkehrsorganisation: ____________________
4. die Zusammenarbeit: ____________________
5. die Sachkenntnis: ____________________
6. die Verkehrswerbung: ____________________
7. die Eigeneinnahmen: ____________________
8. die Kostenerstattungen: ____________________
9. die Reiseverkehrseinnahmen: ____________________
10. das Zielland: ____________________

Aktivitäten

A **Schriftliches.** Schreiben Sie für eine amerikanische Reisefachschrift eine Zusammenfassung des Artikels. Die Zusammenfassung soll ein Drittel der Originallänge nicht überschreiten.

B **Partnergespräch.** Ihr Partner / Ihre Partnerin hat letztes Jahr Urlaub in Deutschland gemacht. Er/Sie hat auch die neuen Bundesländer besucht. Sprechen Sie über dieses Erlebnis, und stellen Sie Fragen zu den folgenden Punkten.

- beliebte Reiseziele
- Unterkunft und Verpflegung
- Sehenswürdigkeiten und Naturschönheiten
- Kultur und Geschichte

C **Mündlicher Bericht.** Wählen Sie eine der folgenden Aufgaben.

1. Berichten Sie über die Geldausgaben der verschiedenen Europäer bei Auslandsreisen.
2. Fassen Sie zusammen! Was ist die Rolle der Deutschen Zentrale für Tourismus? Wie fördert die Zentrale den Tourismus?

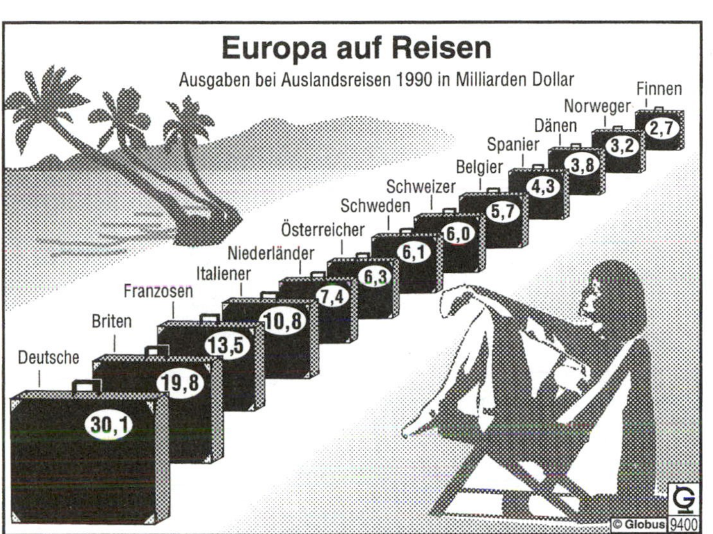

Urlaub und Ausflüge

Vor dem Lesen

Was ist für Sie im Urlaub wichtig, und was ist unwichtig?

0 = unwichtig 1 = ziemlich wichtig 2 = sehr wichtig

_______ Preiswerte Unterkünfte aller Art, inklusive Camping und Jugendherbergen

_______ Schöne geographische Lage

_______ Freundliche Leute im Gastland

_______ Keine Schwierigkeiten mit der Sprache des Gastlandes

_______ Gute Verkehrsverbindungen zum und am Reiseziel

_______ Niedrige Reisekosten

_______ Gute, wenn auch teure Küche

_______ Preiswerte Küche und niedrige Lebensmittelpreise

_______ Sportmöglichkeiten

_______ Stabile politische Lage des Gastlandes

_______ Kulturelle Sehenswürdigkeiten

_______ Wetter im Gastland

Lesetext 1

REISEKISTE

SÜDSEE-SEGELN

Land in Sicht

Ein Südseetraum, der nicht so superteuer ist. Der Dreimastschoner[1] „Pippilotta“ segelt mit 20 Gästen durch den Pazifik. Wer auf diese Weise Samoa, Tonga, Fidschi oder Neukaledonien entdecken will, kann an Bord mithelfen, Segelkenntnisse werden nicht vorausgesetzt. Preisbeispiel: 14 Tage von Samoa nach Tonga für 1375 DM. Flüge werden in Spezialreisebüros ab etwa 2500 DM angeboten. Alligator Promotion, Barmstedter Str. 10, 2358 Kaltenkirchen, Tel. 04191/77811, Fax 77512.

ITALIEN

Jetzt viel billiger

Italien war lange als ein teures Urlaubspflaster[2] bekannt, ganz besonders Rom, Florenz und Venedig. Durch die Abwertung[3] der Lira ist es nicht mehr ganz so schlimm. Zwar kostet der Cappuccino im römischen Café della Pace (Via della Pace 3–7) nach wie vor 5000 Lire. Aber das sind jetzt für deutsche Urlauber nur noch rund 5,– DM und nicht 8,– DM wie vorher. Gelato-Fans bezahlen beim „Giolitte“, dem König der Eismacher in der Via uffico del Vicario 40, für zwei Kugeln knapp 2,– DM–statt 3,50 DM. In einer Bar muß man für einen Campari Soda umgerechnet[4] nur noch ca. 3,– DM (statt ca. 5,– DM) auf den Tresen[5] legen. Auch das Essen ist billiger geworden: Ein Menü mit Pasta, Fleisch, Salat und Espresso kostet jetzt um die 33 DM (früher rund 50 DM). Auch Taxifahrten sind nun günstiger: z. B. vom Bahnhof Termini bis ins In-Viertel Trastevere etwa 14 DM, sonst um 20-DM.

FRANKREICH

Einfach prickelnd[6]

Ein Champagner-Wochenende in Reims mit einem Besuch der weltbekannten Domäne Pommery. Durch die Weinberge fahren, zu den besten Lagen dieser Region. Das klingt nach Luxus. Stimmt – fürs Auge, aber nicht fürs Portemonnaie.[7] Zwei Tage in der Champagne kosten ab 148 DM pro Person für Hotel, Frühstück und Führung. Eigene Anreise[8] (NUR, in Reisebüros).

„Greeters“ zeigen New York

Die heißesten Tips für das neue In-Viertel Tribeca in Manhattan oder die sehenswerteste Galerie in Lower East Side: New York ist so atemlos, daß die frischesten Reisebücher schnell alt aussehen. Ein neuer, kostenloser Service im Big Apple bleibt up to date – einige hundert New Yorker zeigen als „Greeter“ den Besuchern ihre Stadt. Mindestens drei Tage vorher bestellen beim: Big Apple Greeter, 1 Centre Street, 19th Floor, New York, NY 10007, USA, Telefon 001/212/6698300, Fax 6694900.

[1] *three-mast-schooner* [2] *vacation spot* [3] *devaluation* [4] *converted* [5] *counter* [6] *tingling* [7] *wallet* [8] *tourist is responsible for getting to the destination*

Übungen zum Verständnis

A Welches der Angebote würde Sie am meisten interessieren? Geben Sie mindestens zwei Gründe an.

B Womit will jedes Inserat am meisten locken?

Südsee-Segeln: ______________________

Italien: ______________________

Frankreich: ______________________

New York: ______________________

C Erkundigen Sie sich bei der Bank oder im Wirtschaftsteil Ihrer Zeitung nach dem heutigen Wechselkurs, und berichten Sie, was die folgenden Dinge kosten.

1. Vierzehn Tage von Samoa nach Tonga $ ____________
2. Flugpreis nach Samoa $ ____________
3. Ein Cappuccino in Italien $ ____________
4. Ein italienisches Essen inklusive Salat und Espresso $ ____________
5. Zwei Tage in der französischen Champagne, exklusive Reisekosten $ ____________
6. Der „Greeter"-Service in New York $ ____________

Lesetext 2

Tagesfahrten, von ortsansässigen[1] Busunternehmern veranstaltet, sind bei Deutschen sehr beliebt. Selbstverständlich können Sie sich auch mit einer ausländischen Gruppe anmelden. Sie bekommen dann sogar höchstwahrscheinlich[2] einen Sonderpreis.[3] Während Sie auf der Busreise natürlich zusammen sind, können Sie sich am Zielort trennen und auf eigene Faust[4] etwas unternehmen.

Die Busabfahrt findet innerhalb der Stadt an verschiedenen Plätzen statt (daher wird der Broschüre ein Abfahrtsplan beigelegt). Man kann das Busunternehmen auch darum bitten, daß man in einer anderen Stadt, die auf der Fahrtstrecke[5] liegt, zusteigen darf.

Bürger der EU-Mitgliedsstaaten brauchen für den Grenzübertritt[6] nur einen gültigen Personalausweis bei sich zu haben; Ausländer nehmen ihren Reisepaß mit.

Die hier angebotenen Reisen starten und enden in Velbert bei Düsseldorf.

[1]local [2]most probably [3]special discount [4]auf. . . independently [5]route [6]border crossing

April

Fahrt Nr.	Reisetag	April	Fahrpreis/DM
28	Samstag **17.4.**	**Zum Vogelpark Walsrode »3« und Steinhuder Meer** Einer der größten und schönsten Vogelparks der Welt. Ein Park wie kein anderer. Wuppertal - Autobahn - Raststätte Vellern (Kaffeepause) - Bielefeld - Hannover - Walsrode zum Vogelpark (ca. 3 Std. Aufenthalt). Auf einer Fläche von 22 ha finden Natur-, Garten- und Vogelfreunde ein Paradies, das ihr Herz höher schlagen läßt. In dieser Parklandschaft leben mehr als 5000 Vögel aus allen Kontinenten und Klimazonen. Damit gehört der Park zu den 10 artenreichsten Zoos der Welt und besitzt nebenbei die größte Papageiensammlung der Welt. Weiter geht die Fahrt über Schwarmstedt - Neustadt - Steinhude am Steinhuder Meer (Aufenthalt) - Wunstorf Autobahn - Heimatort. Der Eintrittspreis zum Vogelpark ist nicht im Fahrpreis enthalten. weitere Termine 22.7., 16.8., 19.9.	Abfahrtsplan Nr. 1 **Erwachsene** 34,00 **Kinder** 22,00

Beachten Sie bitte unser Winterprogramm. Herrliche Reisen zum Jahreswechsel. Schon jetzt vormerken.

September

Fahrt Nr.	Reisetag	September	Fahrpreis/DM
240	Samstag **25.9.**	**Antwerpen – »2« "Kulturhauptstadt Europa '93"** Die schöne Stadt an der Schelde wird in diesem Jahr mit Sicherheit einer der Anziehungspunkte in Europa sein. Sie sollen es nicht versäumen, mit dabei zu sein. Fahrtbeschreibung siehe Fahrt Nr. 17 weitere Termine 15.10.	Abfahrtsplan Nr. 2 **Erwachsene** 35,00 **Kinder** 25,00
241	Samstag **25.9.**	**Boppard »3« Wein- und Winzerfest** Autobahn - Köln - Bonn - Remagen - Koblenz - Boppard. Wie eine Perle in der Muschel schmiegt sich Boppard in die größte Rheinschleife, umgeben von Weinbergen und weiten Wäldern. Ob alt, ob jung, in Boppard fühlt sich jeder wohl. Spezialitätenrestaurants und lauschige Cafés pflegen rheinische Gastlichkeit. Lernen Sie die berühmten Weine bei einer der regelmäßigen Weinproben kennen. Rückfahrt ab Boppard 24.00 Uhr über Autobahn. weitere Termine 2.10.	Abfahrtsplan Nr. 11 **Erwachsene** 28,00
244	Sonntag **26.9.**	**Gelbachtal - Weinähr »2« Nassau - Bad Ems** Fahrtbeschreibung siehe Fahrt Nr. 47	Abfahrtsplan Nr. 9 **Erwachsene** 28,00 **Kinder** 22,00
245	Montag **27.9.**	**Seestadt Bremerhaven »2«** „Stadt der deutschen Schiffahrt". Abwechslungsreiches Besichtigungsprogramm. Stadtführung. Fahrtbeschreibung siehe Fahrt Nr. 75	Abfahrtsplan Nr. 8 **Montagspreis** **Erwachsene** 39,00 **Kinder** 29,00 incl. Stadtrundfahrt
246	Dienstag **28.9.**	**Zur Modenschau im »3« "Adler Modezentrum" Neuss** Fahrtbeschreibung siehe Fahrt Nr. 10 (Besichtigung der Firma Teekanne) weitere Termine 9.12.	Abfahrtsplan Nr. 3 **Erwachsene** 22,00 incl. Frühstück

September/Oktober

Fahrt Nr.	Reisetag	September/Oktober	Fahrpreis/DM
247	Mittwoch **29.9.**	**Magdeburg – »2« Landeshauptstadt Sachsen-Anhalt** 1000 Jahre deutsche Geschichte. Magdeburg - Kaiserstadt an der Elbe. Fahrtbeschreibung siehe Fahrt Nr. 5	Abfahrtsplan Nr. 8 **Erwachsene** 35,00 **Kinder** 27,00 incl. Stadtrundfahrt
248	Mittwoch **29.9.**	**Zum Einkaufsbummel nach »3« Venlo / Holland** Fahrtbeschreibung siehe Fahrt Nr. 7 weitere Termine 27.10., 24.11, 8.12, 15.12.	Abfahrtsplan Nr. 5 **Erwachsene** 14,00 **Kinder** 11,00
249	Mittwoch **29.9.**	**Mit dem Kurexpress nach »1« Bad Salzuflen und Bad Meinberg** Spazieren, bummeln, erholen. Fahrtbeschreibung, Programm, Abfahrtzeiten siehe Fahrt Nr. 12. Wir fahren jeden Mittwoch bis 13. Oktober.	**Erwachsene** 32,00
252	Montag **4.10.**	**Butterfahrt nach Eemshaven »3« Holland – Montagsknüller –** Fahrtbeschreibung siehe Fahrt Nr. 38 weitere Termine 23.10.	Abfahrtsplan Nr. 2 **Montagspreis** **Erwachsene** 10,00 **Kinder** 10,00
253	Mittwoch **6.10.**	**Mit dem Kurexpress nach »1« Bad Salzuflen und Bad Meinberg** Spazieren, bummeln, erholen. Fahrtbeschreibung, Programm, Abfahrtzeiten siehe Fahrt Nr. 12. Wir fahren jeden Mittwoch bis 13. Oktober.	**Erwachsene** 32,00

April

Fahrt Nr.	Reisetag	April	Fahrpreis/DM
23	Mittwoch **14.4.**	**Hafenstadt Rotterdam »3«** Autobahn Emmerich - Elten (Grenze) - Zevenaar (Kaffeepause) - Arnheim - Rotterdam. Wir fahren direkt zum Hafen. Gelegenheit zu einer Hafenrundfahrt durch den größten Hafen der Welt. Anschließend bringen wir Sie ins Zentrum zum Mittagessen. Hier können Sie einen Stadtbummel durch die moderne Innenstadt machen. Rückfahrt ca. 17.00 Uhr. Gültiger Personalausweis erforderlich. weitere Termine 4.6., 27.8.	Abfahrtsplan Nr. 2 **Erwachsene** 28,00 **Kinder** 22,00
26	Donnerstag **15.4.**	**Bad Sassendorf »3«** Gepflegter und moderner Kurort mit einem herrlich angelegten Kurpark. Auf ebenen Wegen können Sie stundenlang spazieren gehen, um immer etwas Neues und Interessantes zu sehen. Mitten im Kurpark steht auch heute noch das Gradierwerk als nostalgischer Beweis für die gesundheitsfördernde Sole neben neuzeitlich und großzügig angelegten Thermalbädern. Aufenthalt in Bad Sassendorf ca. 7 Stunden. weitere Termine 29.5., 25.6., 12.7., 29.7., 12.8., 26.8., 9.9., 12.10., 17.11.	Abfahrt 9.00 Uhr Velbert **Erwachsene** 19,00 **Kinder** 12,00

Zu allen Reisezielen Gruppen und Vereine zu Sonderpreisen

Mai

Fahrt Nr.	Reisetag	Mai	Fahrpreis/DM
51	Freitag **14.5.**	**Aktive Erholung in Bad Breisig »3«** Prickelnde Therme. Vitale Erholung. Aktives Wohlbefinden. Setzen Sie ihre persönlichen Vorstellungen von Lebensfreude, Fitneß, Entspannung und Gesundheit in die Tat um. In den Römer-Thermen wurde aus Wasser ein Erlebnis gemacht. Zwischen Eifeler Bergwelt und Rheinufer ist im Laufe der Jahrhunderte ein behaglicher Ort gewachsen. An keiner anderen Stelle des Rheins hat die Natur so vielfältige Vorzüge miteinander in Verbindung gebracht: Das romantische Flußtal, die waldreichen Höhen der Eifel, das fruchtbare Mündungsdelta der Ahr und die heilenden Quellen aus den Tiefen vulkanischen Gesteins machen den Tag in Bad Breisig zu einem einzigartigen Erlebnis. Velbert - Autobahn - Köln - Bonn - Bad Breisig. Ankunft ca. 11.30 Uhr (Aufenthalt ca. 5,5 Std.) Rückfahrt Velbert. weitere Termine 8.6., 30.9., 29.10.	Abfahrt: 9.00 Uhr **Erwachsene** 19,00 **Kinder** 12,00

53 Sonntag **16.5.**

Holland auf neuen Wegen »3« — Abfahrtsplan Nr. 2

Autobahn Emmerich - Elten (Grenze) - Zevenaar (Kaffeepause) - Giethoorn. Unsere Fahrt führt uns ins Wasserdorf Giethoorn. Die eigentliche Topographie des Dorfes hat sich aus der Versumpfung des Landes ergeben. Ursache hierfür war die ungeordnete Abbauweise der Torfstecher; es entstanden Kuhlen und Löcher, die zu kleinen Seen und großen Wasserflächen auswuchsen, verbunden durch ein Netz von Gräben und Rinnen. Die einzelnen Häuser stehen auf kleinen Inseln, die man nur über gebogene Brückchen erreichen kann. Deshalb nennt man Giethoorn auch das kleine Venedig. Weiterfahrt durch das Polderland, dem Meer abgerungenes Land - Noordostpolder - Emmeloord - Flevoland - Harderwijk (Aufenthalt) - Apeldoorn - Arnheim - Autobahn - Emmerich - Heimatort.
Gültiger Personalausweis erforderlich.

weitere Termine: 2.7, 2.8., 12.9. — Erwachsene 28,00 / Kinder 22,00

54 Sonntag **16.5.**

Magdeburg - Landeshauptstadt Sachsen - Anhalt »2« — Abfahrtsplan Nr. 8

100 Jahre deutsche Geschichte.
Magdeburg - Kaiserstadt an der Elbe.
Fahrtbeschreibung siehe Fahrt Nr. 5

weitere Termine 22.7., 11.8., 27.9. — Erwachsene 35,00 / Kinder 27,00 / incl. Stadtrundfahrt

Fahrt Nr.	Reisetag	August	Fahrpreis/DM

200 Mittwoch **25.8.**

Käsemarkt Edam und Harderwijk am Veluwemeer »5« — Abfahrtsplan Nr. 2

Anfahrt über die Autobahn Oberhausen - Emmerich/Elten - Zevenaar (Kaffeepause) - Utrecht - Amsterdam - Edam. Am frühen Nachmittag Weiterfahrt nach Enkhuizen. Über den langen Ijsselmeer-Damm geht es nach Lelystad und weiter nach Harderwijk am Veluwemeer. Aufenthalt mit Möglichkeit zum Besuch des bekannten Meeresaquariums. Rückfahrt über Ermelo - Apeldoorn - Arnheim - Oberhausen - Heimatort.

Erwachsene 28,00 / Kinder 22,00

202 Mittwoch **25.8.**

Blühende Lüneburger Heide Naturpark Wilseder Berge »2« — Abfahrtsplan Nr. 8

Fahrtbeschreibung siehe Fahrt Nr. 151

Erwachsene 35,00 / Kinder 28,00

Modern reisen — Busreisen

Fahrt Nr.	Reisetag	August	Fahrpreis/DM

205 Freitag **27.8.**

Tagesfahrt nach Willingen / Hochsauerland »Henk-Reisen«

Ca. 5 Std. Aufenthalt.
Abfahrten jeweils: 8.15 Uhr Velbert
8.30 Uhr Werden
9.00 Uhr Essen
Fahrtbeschreibung siehe Fahrt Nr. 62

Erwachsene 29,00 / Kinder 23,00

206 Samstag **28.8.**

Zur Dr. Eisenbarth-Stadt Hann. Münden - Bad Karlshafen »3« — Abfahrtsplan Nr. 8

Fahrtbeschreibung siehe Fahrt Nr. 40

weitere Termine 8.10. — Erwachsene 34,00 / Kinder 22,00

207 Sonntag **29.8.**

Bade- und Erholungsfahrt nach Holland - Noordwijk und Katwijk »3« — Abfahrt: 6.30 Uhr Thomasstraße

Fahrtbeschreibung siehe Fahrt Nr. 68

weitere Termine 5.9. — Erwachsene 26,00 / Kinder 20,00

208 Sonntag **29.8.**

Zum internationalen Blumenkorso Bad Ems »3« — Abfahrtsplan Nr. 3

Wir fahren schon seit vielen Jahren zu diesem Festival der Blumenfreunde. Rund eine Millionen Blumen schmücken die Festwagen, wenn um 14.00 Uhr der große Blumenkorso beginnt.
Der viele Kilometer lange Zug, einer der größten Europas, wird von vielen Kapellen aus dem In- und Ausland begleitet.
Auch der Bartholomäusmarkt mit seinen vielen Verkaufs- und Weinständen bietet viel Abwechslung.

Erwachsene 26,00 / Kinder 20,00

211 Dienstag **31.8.**

Schloßgärten Arcen – der schönste Blumenpark der Niederlande »3« — Abfahrt: 9.00 Uhr

Fahrtbeschreibung siehe Fahrt Nr. 32

weitere Termine 21.9. — Erwachsene 22,00 / Kinder 15,00 / ohne Eintritt

Fahrt Nr.	Reisetag	Mai	Fahrpreis/DM

46 Samstag **8.5.**

Zur Römerstadt Trier »3« — Abfahrtsplan Nr. 2

Durch die Eifel in die älteste Stadt Deutschlands mit ihrer 2000-jährigen Geschichte.
Trier gehört mit den vielen historischen Baudenkmälern außerdem zu den interessantesten Städten in Deutschland.
Autobahn - Köln - Euskirchen - Blankenheim (Kaffeepause) - Eifel - Prüm - Bitburg - Trier. Ankunft ca. 11.00 Uhr. Anschließend ca. 2 Std. Stadtrundfahrt bzw. Rundgang unter sachkundiger Führung. Anschließend zur freien Verfügung bis ca. 17.00 Uhr. Heimreise - Autobahn - Heimatort.
Im Reisepreis ist die Stadtrundfahrt mit örtlicher Reiseleitung enthalten.

weitere Termine 18.6., 30.8., 7.10. — Erwachsene 38,00 / Kinder 26,00

48 Sonntag **9.5.**

Tulpenblüte Keukenhof »3« — Abfahrtsplan Nr. 2

Fahrtbeschreibung siehe Fahrt Nr. 9

Erwachsene 28,00 / Kinder 22,00

50 Donnerstag **13.5.**

Große Eifelrundfahrt »3« — Abfahrtsplan Nr. 8

Fahrtbeschreibung siehe Fahrt Nr. 13

weitere Termine 8.7., 14.9. — Erwachsene 28,00 / Kinder 22,00

Übungen zum Verständnis

Welche Reisen haben ihren Zielort in Deutschland und welche außerhalb?

Für welche Tagesfahrt würden sich diese Menschen interessieren?

1. Der Naturliebhaber: ____________________
2. Wer etwas für seine Gesundheit tun will: ____________________
3. Wer sich für Hafenstädte interessiert: ____________________
4. Der kulturell Interessierte: ____________________
5. Der Weinliebhaber: ____________________
6. Wer gern in einer Großstadt einkaufen möchte: ____________________
7. Wer ein neues Bundesland sehen möchte: ____________________
8. Der Blumenfreund: ____________________
9. Wer in der Nordsee schwimmen will: ____________________

Partnergespräch

1. Sie und Ihr Partner / Ihre Partnerin planen eine Reise in ein fernes Land. Besprechen Sie folgendes:
   - wohin Sie reisen wollen
   - wann Sie fahren wollen
   - wieviel Zeit Sie haben
   - welche Reisepapiere Sie brauchen (Paß, Visum usw.)
   - wieviel der Urlaub kosten darf
   - was Sie im Urlaub machen wollen (Aktiv-Urlaub, Erholungsurlaub, Bildungsurlaub usw.)

   Berichten Sie anschließend über Ihre Pläne im Klassenforum.

2. Sie und Ihr Partner / Ihre Partnerin verbringen mehrere Wochen in Deutschland. Sie haben sich entschlossen, einen Ausflug mit dem Bus zu machen. Berichten Sie:
   - wohin der Ausflug gehen soll
   - was Sie sehen möchten
   - was Sie tun möchten
   - was der Ausflug kostet
   - warum Sie diesen Ausflug gewählt haben

Reisen in Deutschland

Vor dem Lesen

Was Sie wissen sollten. Ordnen Sie die Piktogramme den Begriffen zu, und geben Sie dann die englischen Bedeutungen.

PIKTOGRAMM

1. ______ 

2. ______ 

3. ______    

4. ______  

5. ______ 

6. ______ 

7. ______  

8. ______

9. ______ 

10. ______ 

11. ______ 

12. ______ 

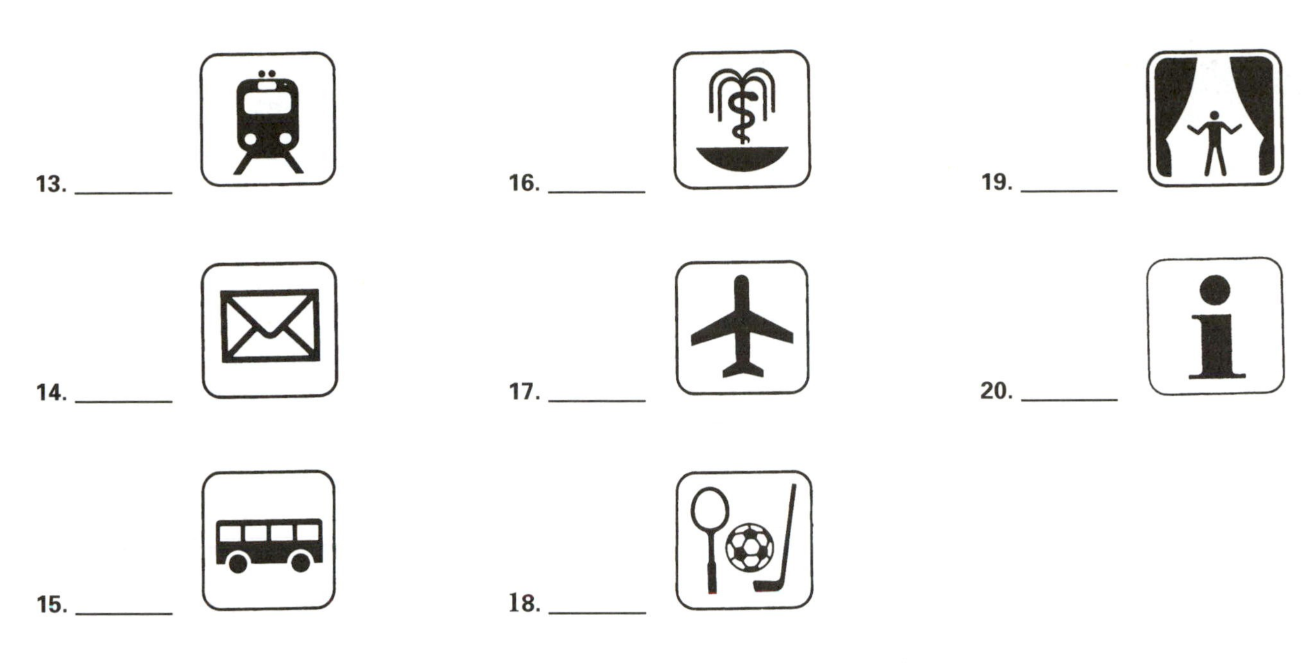

DEUTSCHE BEDEUTUNG

a. Information
b. Flugverkehr
c. Einreisebestimmungen, Ausweispapiere
d. Eisenbahnverkehr
e. Zollbestimmungen
f. Taxis
g. Währungseinheit
h. Straßenbahnen und städtische Omnibusse
i. Postgebühren
j. Busverkehr
k. Telefon
l. Schiffsverkehr
m. Öffnungszeiten
n. Unterkunft und Verpflegung
o. Messen, Kongresse
p. Heilbäder und Kurorte, Ausstellungen
q. Veranstaltungen
r. Spielbanken
s. Autoverkehr
t. Hobby und Sport

Wortschatz

Substantive

das Abblendlicht, -er	low beam
die Einmündung, -en	junction
die Geschwindigkeitsbegrenzung, -en	speed limit
die Haftpflichtversicherung, -en	liability insurance
die Richtgeschwindigkeit, -en	suggested speed limit
das Rückhaltesystem, -e	restraining seat belt
der Sicherheitsgurt, -e	seat belt
die Sperrlinie, -n	road block, barricade
das Standlicht, -er	parking lights
der Zulassungsschein, -e	registration

Verben

abschleppen	to tow
anpassen (+ *Dat.*)	to bring into line with
einrichten	to install
erwerben	to acquire
gelten	to be in force; to be valid
verfügen über (+ *Akk.*)	to have; to possess

Adjektive und Adverbien

bauartbedingt	due to construction
gebührenfrei	free of charge
leistungsfähig	efficient
mühelos	easy(ly), without problems
umfangreich	ample

Ausdrücke

es bedarf (+ *Gen.*)	it is necessary
in deutscher Sprache abgefaßt	written in German

Lesetext

Wichtige Hinweise für Touristen in Deutschland

Autoreisen—es gibt keine gebührenpflichtigen Straßen in Deutschland. Es gibt Autobahnen, Bundesstraßen und Landstraßen, die in alle Ortschaften führen.

Führerschein—der US-Führerschein gilt ein Jahr lang.

Benzin—ist teuer. Europäische Autos verbrauchen relativ wenig.

Geschwindigkeitsbegrenzungen—sind auf der Autobahn empfohlen (100–130 km/h = 81 (mph), aber gesetzlich vorgeschrieben auf Bundesstraßen(80–100km/h=62mph) und in Ortschaften (50 km/h = 31 mph).

Überholen—nur links.

Autovermietungen—Fast alle großen Autovermietungen haben ihre Niederlassungen in Deutschland. Man spart, wenn man in den USA vorbestellt und bezahlt.

Informationen—Autobahnen werden von der Polizei und dem ADAC (Allgemeiner Deutscher Automobil Club, ähnlich dem AAA) überwacht. Verkehrsinformationen (auf deutsch) gibt das Radio durch Drükken des ARI Knopfes. An allen Grenzübergängen der Autobahn gibt es Informationshäuschen.

Camping und Motels—es gibt über 2 500 Campingplätze mit modernen Einrichtungen. An den Autobahnen entlang befinden sich viele Motels.

Busreisen—Tagestouren und Reisen von zwei bis sechzehn Tagen werden von vielen Busunternehmen veranstaltet. Informationen gibt jedes deutsche Reisebüro.

Schiffsreisen—minuten- oder tagelang. Man kann „mal eben übersetzen" oder mit der KD Deutsche Schiffahrtsgesellschaft eine längere Reise auf dem Rhein, der Mosel oder Elbe buchen. An der Nord- und Ostseeküste gibt es Exkursionsreisen, und man kann per Schiff oder Fähre zu den verschiedenen Inseln übersetzen.

Bahnreisen—über 20 000 Abfahrten hat die Bahn täglich in alle Teile Deutschlands. Das InterCity System hat täglich von 6–24 Uhr stündliche Direktverbindungen zu sechzig deutschen Städten.

Unterkunft—De Luxe und First Class Hotels, 65 Schloßhotels, 50 Romantikhotels, einfachere Hotels, 850 Jugendherbergen, 400 Pensionen (Privatzimmer mit Frühstück), Ferienhäuser und Apartments, Ferien auf dem Bauernhof oder in einer Winzerei—für jeden Geschmack ist etwas dabei.

Autoverkehr

Die Bundesrepublik Deutschland verfügt über ein hochmodernes, leistungsfähiges Autobahnnetz von rund 10 500 km. Seine Benutzung ist gebührenfrei. 169 Raststätten und 268 Tankstellen haben ein umfangreiches Serviceangebot im 24-Stundendienst. Tafeln mit touristischen Informationen sind bei jedem Betrieb eingerichtet. In Verbindung mit einem hervorragend ausgebauten dichten Netz von Bundes- und Landstrassen kann jedes Reiseziel mühelos vom Autotouristen erreicht werden.

Verkehrszeichen:
Die Verkehrszeichen sind den internationalen Zeichen angepaßt.

Höchstgeschwindigkeit
Für Pkw ohne Anhänger und andere Kfz bis 2,8 t Gesamtgewicht ausserhalb geschlossener Ortschaften 100 km/h. Die Richtgeschwindigkeit von 130 km/h gilt auf Autobahnen und für autobahnähnlich ausgebaute Schnellstrassen. In geschlossenen Ortschaften 50 km/h. Die Grenzen geschlossener Ortschaften werden durch die Ortschilder angezeigt.
Für Pkw mit Anhänger gilt auf Strassen und Autobahnen eine Geschwindigkeitsbegrenzung von 80 km/h.

Kraftfahrzeuge mit Anhängern und Kraftfahrzeuge, denen die Sicht nach rückwärts durch Innen-Spiegel nicht oder nur bei unbeladenem Fahrzeug möglich ist, müssen 2 Aussenspiegel haben.
Vorhandene Sicherheitsgurte an Vorder- und Rücksitzen müssen während der Fahrt angelegt werden. Für Fahrer und Beifahrer von motorisierten Zweirädern mit einer bauartbedingten Höchstgeschwindigkeit von mehr als 25 km/h sind Schutzhelme vorgeschrieben.
Promillegrenze: 0,8.
Kinder unter 12 Jahren dürfen in Kraftfahrzeugen, die auch hintere Sitze haben, nicht auf den Vordersitzen mitgenommen werden (ausgenommen bei vorhandenen Rückhaltesystemen für Kinder).

Spikesreifen sind verboten.
Abblendlicht ist vorgeschrieben bei Dunkelheit, Nebel, starkem Regen und Schneefall. Fahren mit Standlicht ist grundsätzlich verboten. Motorräder müssen generell mit Abblendlicht fahren.
Für die Bundesländer Sachsen, Thüringen, Sachsen-Anhalt, Brandenburg, Mecklenburg-Vorpommern gelten z. Zt. noch folgende Regelungen:

- Höchstgeschwindigkeit für Pkws auf Autobahnen 100 km/h, ausserhalb geschlossener Ortschaften 80 km/h.
- Abschleppen auf der Autobahn ist nur mit 70 km/h erlaubt.
- Ab 80 m vor einem Bahnübergang beträgt die Höchstgeschwindigkeit 50 km/h.

- Halten ist untersagt jeweils 10 m vor oder hinter Sperrlinien, Fussgängerüberwegen, Kreuzungen und Einmündungen.
- Auf Fahrbahnen und Fernverkehrsstrassen ist das Parken verboten.
- In diesen Bundesländern gilt absolutes Alkoholverbot.
- Bei Verkehrsregelung durch die Polizei bedeutet das Ausstrecken des Rechten Armes nach vorn die Dreiseitensperrung. Nur die links vom Verkehrsposten ankommenden Fahrzeuge dürfen weiterfahren.

Kraftfahrzeugpapiere
Ausländische Reisende können mit einem nationalen oder internationalen Führerschein und einer nationalen oder internationalen Zulassung in der Bundesrepublik Deutschland ein Jahr lang ein Kraftfahrzeug führen. Ist der ausländische Führerschein nicht in deutscher Sprache abgefasst, muss er mit einer Übersetzung verbunden sein. Sie kann von einem AIT- oder FIA-Automobilclub im Ausstellerstaat oder in der Bundesrepublik Deutschland (ADAC, AvD, DTC) ausgefertigt werden.

Kraftfahrzeug-Haftpflicht-Versicherung
In der Bundesrepublik Deutschland ist eine Haftpflichtversicherung gesetzlich vorgeschrieben. Wer länger als 1 Jahr in Deutschland bleibt, muss einen deutschen Führerschein haben. Für die Ausfertigung der deutschen Fahrerlaubnis genügt oft die Vorlage des ausländischen Führerscheins.
Für Mopeds wird kein Führerschein verlangt, wenn das Herkunftsland für diese Fahrzeuge keine Fahrerlaubnis vorschreibt.
Der internationale Zulassungsschein wird empfohlen, damit bei Kontrollen Zeitverlust und Ärger als Folge von Verständigungsschwierigkeiten vermieden werden.
Ausländische Kraftfahrzeuge müssen an der Rückseite das Nationalitätszeichen ihres Heimatstaates führen.
Ausländische Kraftfahrer müssen bei der Einreise die internationale Grüne Versicherungskarte vorweisen oder eine kurzfristige Haftpflichtversicherung an der Grenze abschliessen. Ausnahmen: Auf einen Versicherungsnachweis wird verzichtet bei der Einreise von Fahrzeugen mit vorgeschriebenen Kennzeichen aus Belgien, Dänemark, Finnland, Frankreich, Grönland, Grossbritannien, Irland, Italien, Liechtenstein, Luxemburg, Monaco, den Niederlanden, Norwegen, Österreich, San Marino, Schweden, der Schweiz, Tschechoslowakei, Ungarn, Vatikan. Die Befreiung von der Vorlage eines Versicherungsnachweises erstreckt sich nicht auf Fahrzeuge mit Zollnummer.
Die Grenzversicherung kann für 15 Tage oder 1 Monat abgeschlossen werden.
Bei Ablauf der Versicherungsfrist kann bei den Geschäftsstellen der Automobilclubs eine Anschlusspolice erworben werden, auch bei Ablauf der Gültigkeit einer Internationalen Grünen Versicherungskarte.

Stadtpannendienste des ADAC in Grossstädten leisten technische Hilfe.
In den Bundesländern Sachsen, Thüringen, Sachsen-Anhalt, Brandenburg, Mecklenburg-Vorpommern bietet der Auto Club Europa rund um die Uhr Pannen- und Abschleppdienste.

Polizeinotruf und Unfallrettung:
110

Benzinsorten:
- Normalbenzin (bleifrei)
- Super bleifrei
- Super verbleit
- Diesel

Autoverleih:
Die Firmen Autohansa, Avis, Europa Service, Hertz, Sixt-Budget, Severin & Co., SU InterRent und andere verleihen Autos verschiedenster Wagentypen für 24 Stunden und 7 Tage. Buchungsbüros auf allen Flughäfen, auf den grossen Bahnhöfen und in den Städten.

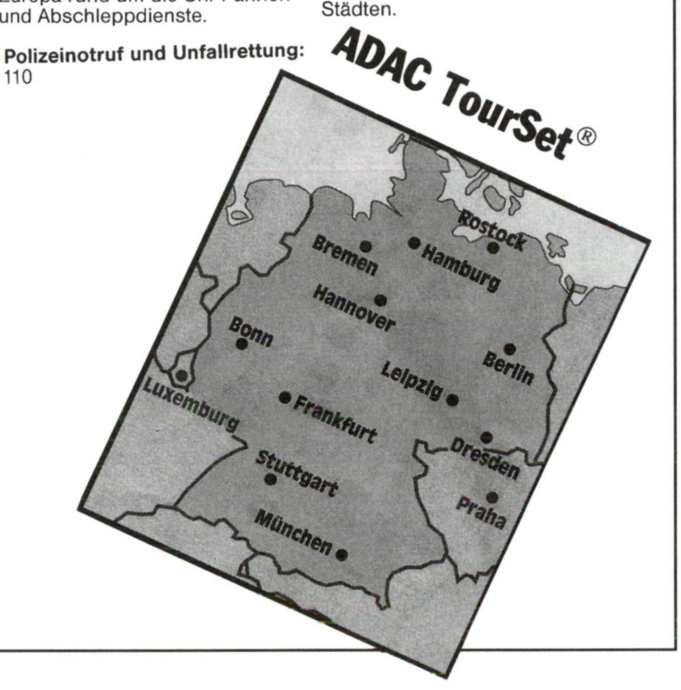

Übungen zum Verständnis

A Stimmen diese Aussagen nach den Informationen im Lesetext? Ja oder Nein?

1. ______ Mit einem Führerschein der USA kann man zwölf Monate lang in Deutschland fahren.
2. ______ Auf deutschen Straßen gibt es keine Geschwindigkeitsbegrenzung.
3. ______ Deutschland hat keine Straßen, deren Benutzung gebührenpflichtig ist.
4. ______ Man darf rechts und links überholen.
5. ______ Ein Mietauto muß man in den USA vorbestellen und bezahlen.
6. ______ Der deutsche Autohilfsdienst heißt ADAC.
7. ______ Im deutschen Rundfunk gibt es einen Sender für Verkehrsinformationen.
8. ______ Jedes deutsche Verkehrsbüro hat Informationen über deutsche Reisebusunternehmen.
9. ______ Bis Mitternacht bekommt man stündliche IC-Verbindungen in sechzig deutsche Städte.
10. ______ Eine Anzahl von deutschen Schlössern sind in Hotels umgebaut worden.

B Steht das im Text? Wenn nicht, wie heißt es denn da?

1. ________ Ich kann in Deutschland an den Raststätten der Autobahn jederzeit etwas zu essen und zu trinken bekommen.
2. ________ Die Verkehrszeichen sind in ganz Europa ziemlich ähnlich.
3. ________ Auf der Autobahn darf ich nicht schneller als 130 km/h fahren.
4. ________ In der ganzen Bundesrepublik wird man bestraft, wenn man mehr als 0,8 Promille Alkohol im Blut hat.
5. ________ Kinder unter zwölf Jahren dürfen im Auto nur dann vorn sitzen, wenn sie in einem Rückhaltesystem sitzen.
6. ________ Bei Eis und Schnee auf den Straßen sind Spikesreifen erlaubt.
7. ________ In den neuen Bundesländern sind einige Verkehrsvorschriften anders als in den alten Bundesländern.
8. ________ Alle Autofahrer in Deutschland müssen eine Haftpflichtversicherung haben.
9. ________ Ich kann in Europa an vielen Grenzen eine kurzfristige Haftpflichtversicherung kaufen.
10. ________ Straßenwachthilfe ist kostenlos.

Übung zum Wortschatz

Suchen Sie in jedem Substantiv das verwandte Verb. Wie heißt es auf englisch?

BEISPIEL: die Versicherung → versichern, *to insure*

1. die Benutzung ________________
2. das Serviceangebot ________________
3. der Stundendienst ________________
4. die Information ________________
5. die Geschwindigkeitsbegrenzung ________________
6. das Rückhaltesystem ________________
7. die Regelung ________________
8. der Bahnübergang ________________
9. die Kreuzung ________________
10. die Einmündung ________________
11. die Fernverkehrsstraße ________________
12. das Alkoholverbot ________________

Aktivitäten

Partnergespräch. Besprechen Sie mit einem Partner / einer Partnerin, ob sich die folgenden Bedingungen von denen in Ihrem Bundesstaat unterscheiden. Vergleichen Sie dann Ihre Ergebnisse im Plenum.

1. Die Benutzung der deutschen Autobahnen ist gebührenfrei.
2. Die Verkehrszeichen passen sich den internationalen Verkehrszeichen an.
3. Es gibt Richtgeschwindigkeiten und erlaubte Höchstgeschwindigkeiten.

4. Es gibt unterschiedliche Geschwindigkeitsbegrenzungen innerhalb und ausserhalb geschlossener Ortschaften.
5. Wenn der Wagen Sicherheitsgurte hat, müssen sie angelegt werden.
6. Bei Nebel darf man nur mit Abblendlicht fahren.
7. Mit Standlicht darf man nicht fahren.
8. Motorräder müssen generell mit Abblendlicht fahren.
9. Fünf Bundesländer haben einige Verkehrsvorschriften, die sich vom Rest der Bundesrepublik unterscheiden.
10. Ausländische Kraftfahrzeuge müssen das Nationalitätszeichen ihres Landes führen.
11. In Deutschland ist eine Haftpflichtversicherung gesetzlich vorgeschrieben.
12. Der ADAC (etwa so wie AAA in den USA) hilft Motoristen auf Autobahnen und Bundesstraßen.
13. Man kann Leihwagen am Flughafen bekommen, auf großen Bahnhöfen und in den Städten.

Zimmersuche. Sie sind Vertreter/Vertreterin der Firma Aquarest, die wellenlose Wasserbettmatratzen für Krankenhäuser herstellt. Sie werden Ihre Firma auf der Leipziger Messe vertreten und benötigen ein Hotelzimmer. Da in Leipzig schon alles ausgebucht ist, schreiben Sie an das Hotel Sachs am Stadtrand von Leipzig und an das Hotel Duesmann im Vorort Rötha. Sie sind sich sicher, daß es von Vorteil ist, auf deutsch zu schreiben.

- Hotel Sachs, Elisabethstraße 28, 04315 Leipzig
- Hotel Duesmann, Poststraße 73, 04571 Rötha

Der Inhalt Ihres Briefes. Wählen Sie die Redewendung, die Sie gebrauchen können. Bitten Sie um ein Zimmer:

- Ich möchte . . . reservieren.
- Ich wäre daran interessiert, . . . zu reservieren.
- Ich suche ein ruhiges Hotel in Autobahnnähe.
- Ich benötige . . .
- Ich wäre Ihnen dankbar, wenn Sie . . . könnten.
- Könnten Sie mir . . . besorgen?

Geben Sie die Dauer Ihres Aufenthalts an:

- für die Woche vom 16. bis 23. März
- für drei Nächte, vom 4. bis zum 7. Mai
- für zwei Wochen, ab 8. Februar

Beschreiben Sie das Zimmer:

- ein Zimmer nicht zur Straße hinaus
- ein Zimmer mit Dusche und Bad
- ein Zimmer, das möglichst ruhig (hell) ist
- ein Zimmer mit Klimaanlage *(Note: this is most probably neither available nor necessary).*

Bitten Sie um eine baldige Bestätigung:

- Ich wäre Ihnen dankbar, wenn Sie (mir) . . . so bald wie möglich bestätigen könnten.
- Ich wäre Ihnen dankbar, wenn Sie meine Reservierung umgehend bestätigen könnten.

Erkundigen Sie sich nach dem Preis:

- Ich wäre Ihnen dankbar, wenn Sie mir Ihre Preise mitteilen könnten.
- Bitte teilen Sie mir Ihre Preise pro Tag/Woche/Monat mit.

Briefkopf (zwischen 27 mm und 45 mm)

(Jeder Punkt ist eine Leerzeile.)

■

Anschrift (höchstens 9 Zeilen)

■

■

Bezugszeichen

■

■

Betreff

■

■

Anrede (danach ein Komma)

■

Brieftext

■

Grußformel

■

(Ihr Firmenname)

■

(Ihre Unterschrift)

■

(Ihr gedruckter Name)

Falls kein Zimmer mehr frei ist:

- Wenn Sie keine Zimmer mehr frei haben, . . .
- Sollten Sie keine Zimmer mehr frei haben, . . .
- Wenn Sie ausgebucht sind, . . .
- Sollten Sie ausgebucht sein, . . .
- Wenn bei Ihnen alles belegt ist, . . .
- Sollte bei Ihnen alles belegt sein, . . .
- Wenn Sie keine Unterbringungsmöglichkeiten mehr haben, . . .
- Sollten Sie keine Unterbringungsmöglichkeiten mehr haben, . . .

Beide Hotels schreiben umgehend zurück. Das Hotel Sachs in Leipzig ist für den Monat Mai voll ausgebucht. Der Inhaber schlägt vor, daß Sie sich an das Hotel Sonnenschein wenden, weil es noch Zimmer frei hat. Das Hotel Duesmann in Rötha kann Ihnen das gewünschte Zimmer reservieren und bestätigt die Buchung der Unterkunft. Der Inhaber bedauert, daß die Zimmer im Hotel Duesmann keine Klimaanlage haben.

Vervollständigen Sie die nachstehenden Lückentexte.

Der Brief aus Leipzig:

Sehr geehrter Herr . . . / Sehr geehrte Frau . . .

Vielen Dank für ________________ vom ________________, in dem Sie uns bitten, Ihnen ________________.

Wir bedauern, Ihnen ________________, daß wir im ________________ sind.

Wir ________________ Ihnen ________________, sich an das Hotel Sonnenschein ________________. Z.Z. hat es noch einige Zimmer ________________.

Mit freundlichen Grüßen

Friedrich Sachs

Der Brief aus Rötha:

Sehr geehrter Herr . . . / Sehr geehrte Frau . . .

Hiermit ________________ wir Ihren Brief vom ________________. Wir haben die von Ihnen benannte ________________ gebucht. Ein Einzelzimmer mit ________________. Wir ________________ allerdings, daß unsere Zimmer keine ________________ haben. Wir erwarten Sie am ________________ und wünschen Ihnen eine gute Reise.

Mit freundlichem Gruß

Andreas Duesmann

Informationsmaterial und Prospekte. Suchen Sie sich ein Bundesland aus, das Sie gern besuchen möchten. Schreiben Sie an die Deutsche Zentrale für Tourismus (Adresse siehe Anhang), und bitten Sie um Informationsmaterial und um den Prospekt „Autobahn-Service".

Arbeit mit den Informationen in der Sammelmappe. Am Anfang des Semesters haben Sie eine Sammelmappe angelegt. Schreiben Sie jetzt anhand der Informationen, die Sie gesammelt haben, einen Bericht über das Thema, das für Sie am interessantesten ist.

Hörverständnis

Wandern in den Alpen

Neue Wörter und Ausdrücke

ablegen	to discard; to take off	**der Erholungseffekt**	relaxing/relaxation effect
Ausrüstungsgegenstände (*Pl.*)	pieces of equipment	**Klamotten** (*Pl.*)	*slang:* clothes
auf sich gestellt sein	to be on one's own	**der Kocher**	(camping) stove
begeistert sein von	to be excited about	**mitschleppen**	*slang:* to carry with you
beim ersten Hahnenschrei	at cockcrow	**die Verpflegung**	*here:* food
sich beschränken	to limit oneself	**die Wildnis**	wilderness
das ist die Sache wert	it's worth it	**der Zivilisationsstreß**	stress produced by living in civilization
einsam	lonely		

Beantworten Sie die folgenden Fragen.

1. Woran denkt der Interviewer, wenn er das Wort „Ferienzeit" oder „Urlaubszeit" hört?

____

2. Was für einen Urlaub haben Kalle und seine Freunde gemacht? Wo waren sie, und wie lange hat der Urlaub gedauert?

____

3. Wie sind sie auf die Idee für diesen Urlaub gekommen?

____

4. Was sind die besonderen Reize für Kalle, so hoch oben in den Bergen zu sein?

____

5. Welche besonderen Ansprüche stellt so ein Urlaub in der Wildnis?

____

6. Wie unterscheiden sich Ausrüstungsgegenstände für eine Bergwanderung von einer normalen Campingausrüstung?

____

7. Eine Bergwanderung kann sehr anstrengend sein, aber man erlebt etwas, was das normale Leben nicht bietet. Was?

____

8. Wie steht es mit dem Erholungseffekt?

____

Schlußgedanken

- Waren Sie schon mal in Deutschland? Aus welchem Grund?
- Welche kulturellen Unterschiede sind Ihnen aufgefallen?
- Was war angenehm, und was war unangenehm?
- Waren Sie manchmal kritisch?
- In welchen Situationen haben Sie Deutschland mit Ihrem Land verglichen?
- Waren die Deutschen manchmal Fremden gegenüber kritisch?
- Wie haben sich Ihre Reisen innerhalb Deutschlands von denen in Ihrem Land unterschieden?
- Haben Sie einmal in einem deutschen Reisebüro nach Informationen gefragt? Wie war der Service dort?
- Wo haben Sie in Deutschland übernachtet oder gewohnt? War das anders als in Ihrer Heimat?
- Sind Sie einmal in Deutschland Auto gefahren? Was können Sie darüber berichten?
- Was hat Ihnen in Deutschland gut gefallen, das Sie gern zu Hause auch hätten?

Wußten Sie das schon?

🌐 In einem deutschen Zug werden Sie häufig sehen, daß die Fahrgäste ein Butterbrot und etwas zu trinken mitgebracht haben.

🌐 In einfacheren Hotels und in Pensionen haben die Gäste oft kein Privatbad. Es gibt eins, das man sich mit anderen Gästen teilen muß.

🌐 Wenn Sie ein Zimmer mit eigenem Bad wünschen und wenn das möglich ist, müssen Sie extra dafür bezahlen.

🌐 Die Post und Wechselstuben verkaufen Telefonkarten, mit denen man von Telefonzellen aus im Inland und ins Ausland telefonieren kann.

🌐 In der Regel sind Banken montags bis freitags von 8:30–12:30 Uhr und von 13:45–15:45 Uhr geöffnet, donnerstags bis 17:45 Uhr. Samstags sind sie geschlossen.

🌐 Deutscher Strom hat 220 Volt und 50 Hertz. Zwischenstecker sind nötig.

🌐 Es gibt 430 deutschsprachige Zeitungen. Ausländische Zeitungen sind an allen Flughäfen und fast jedem Bahnhof in größeren Städten erhältlich (z.B. USA Today).

🌐 Der telefonische Notruf für die Polizei ist 110, für die Feuerwehr und den Rettungsdienst 112.

🌐 Trinkgeld ist inklusive. Man soll aber mindestens zur nächsten Mark aufrunden und lieber noch ein paar Mark dazutun, wenn der Service wirklich gut war.

🌐 Man soll beim Reisen in Europa genügend Bargeld bei sich haben, da längst nicht alle Geschäfte, Restaurants und Hotels Kreditkarten annehmen. Reiseschecks müssen zuerst bei der Bank in Bargeld eingelöst werden.

7 Verbraucher

- Steuern
- Verbraucherschutz
- Konsumgesellschaft

In einem Supermarkt

Lernziele

Dieses Kapitel informiert über die verschiedenen Arten von Steuern, die auf den Verbraucher entfallen, und darüber, wie der Verbraucher sich vor unnötigen Geldausgaben sowie vor schädlichen Stoffen in den Verbrauchsgütern schützen kann. Das Kapitel vermittelt weiterhin einen Einblick in das Kaufverhalten der Jugendlichen und zeigt, worauf Kunden im allgemeinen beim Einkauf achten.

- Was kaufen Sie jede Woche ein?
- Welche größeren Anschaffungen haben Sie in den letzten zwölf Monaten gemacht?
- Worauf achten Sie, wenn Sie etwas Neues kaufen?
- Wie informieren Sie sich über Preise und Qualität?
- Wer oder was schützt den Verbraucher in Ihrem Land?

Steuern

Vor dem Lesen

Jeder/Jede Arbeitende, der/die einen Lohn oder ein Gehalt bezieht, muß Steuern zahlen. Was für Steuern kennen Sie? Ergänzen Sie die Sätze mit passenden Begriffen aus dem Schüttelkasten.

Grundsteuer	Erbschaftssteuer
Kraftfahrzeugsteuer	Mehrwertsteuer
Kirchensteuer	
Vermögenssteuer	Tabaksteuer
Einkommensteuer	Luxussteuer
Branntweinsteuer	

1. Auf meinem Gehalt oder Lohn liegt eine ______________________.
2. Wenn ich etwas kaufe, bezahle ich eine ______________________, auch wenn sie im Preis mit einbegriffen ist.
3. Auf meinem Haus liegt eine ______________________.
4. Auf Artikel, die man nicht unbedingt zum Leben braucht oder die extravagant sind, zahlt man eine ______________________.
5. Die meisten Deutschen, die einer Kirche angehören, zahlen eine ______________________.
6. Wenn ich ein Auto besitze, muß ich eine ______________________ bezahlen.
7. Auf größere Zinsbeträge, die ich für mein Sparguthaben bekomme, zahle ich eine ______________________.
8. Auf dem Whisky, den ich trinke, liegt eine ______________________.

9. Eine ______________________________ muß gezahlt werden, wenn man eine größere Summe Geld erbt.

10. Auch auf der Zigarre, die Opa raucht, liegt eine Steuer: die ______________________________.

Wortschatz

Substantive

der Antrag, ¨e	application
der Branntwein	brandy
die Branntweinsteuer	tax on alcohol
die Einkommensteuer	income tax
die Entwicklungshilfe	aid for developing countries
der Freibetrag, ¨e	tax-free amount
das Gesundheitswesen	public health system
die Gewerbesteuer	trade tax
die Körperschaftssteuer	corporation tax
die Lehrmittel (*Pl.*)	instructional aid
die Lohnsteuer	income tax
die Mehrwertsteuer	value added tax
die Steuer, -n	tax
die Steuerklasse, -n	tax category
die Verbrauchssteuer	consumer tax
das Verkehrswesen	public transportation
die Verpflichtung, -en	obligation
die Verteidigung	defense
die Wirtschaftsförderung, -en	economic support
die Wissenschaft, -en	science

Verben

abziehen	to deduct
angehören (+ *Dat.*)	to belong to
auszeichnen	to label
bewilligen	to grant
eintragen in (+ *Akk.*)	to enter (on a document)
schätzen auf (+ *Akk.*)	to estimate (at)

Adjektive und Adverbien

gesundheitsschädlich	detrimental to one's health
in etwas (*Dat.*) **einbegriffen sein**	to be included in something

Ausdrücke

von etwas Gebrauch machen	to make use of something
von Fall zu Fall	from case to case

Lesetext

Wie eine Familie hat auch der Staat seinen Haushalt zu führen. Wenn die Einnahmen nicht ausreichen, allen Verpflichtungen nachzukommen, dann kann der Staat einen Kredit aufnehmen. Wenn ein Staat von Kreditfinanzierungen häufig Gebrauch macht, nimmt die Staatsverschuldung[1] immer mehr zu.

Die wichtigsten Einnahmequellen für den Staat sind Steuern. Mit diesen Einnahmen finanziert er öffentliche Ausgaben wie Verteidigung, Straßenbau, Verkehrswesen, Ausbildung, Wissenschaft und Forschung, Energie und Wirtschaftsförderung, Landwirtschaft, Wohnungs- und Städtebau, Gesundheitswesen, Umweltschutz, Entwicklungshilfe und anderes.

Der Staat benötigt außerdem Gelder für soziale Zwecke. In einem Wohlfahrtsstaat wie der Bundesrepublik wachsen diese Sozialausgaben. Es kommen immer wieder neue Ausgaben dazu, und was einmal bewilligt worden ist, können die Gesetzgeber schlecht wieder wegnehmen. Die Finanzwissenschaft[2] spricht dann von einer „Tendenz der wachsenden Staatsausgaben".

[1] *federal debt* [2] *public finance*

Über die Hälfte aller staatlichen Sozialausgaben entfallen auf drei große Sozialversicherungen: Rentenversicherung, Krankenversicherung, Knappschaftsversicherung.[3] Die Gelder, die der Staat einzieht, pumpt er also wieder in den Kreislauf der Wirtschaft zurück.

Drei Viertel aller Steuergelder kommen aus vier verschiedenen Quellen: Lohn- und Einkommensteuer, Umsatzsteuer, Mehrwertsteuer,* Gewerbesteuer und Körperschaftssteuer. Dazu gibt es noch ca. 35 andere Steuerarten. Eine relativ hohe Verbrauchssteuer liegt auf Tabak und Branntwein,[4] weil der Staat die Steuern für gesundheitsschädliche Erzeugnisse am leichtesten erhöhen kann.

Wie beteiligt sich der Durchschnittsbürger an diesen Steuerzahlungen? Die „direkten" Steuern spürt man sehr, denn die werden direkt vom Einkommen abgezogen und richten sich nach der Höhe des Einkommens. Die „indirekten" Steuern liegen im Preis einer Ware wie z.B. einer Flasche Wein oder einem Pfund Kaffee. Wie hoch diese Steuern sind, weiß man nicht; man bezahlt sie, unabhängig von der Höhe des Einkommens. Diese Steuern sind immer im Preis einer Ware einbegriffen. Man bezahlt genau den Preis, mit dem die Ware ausgezeichnet ist. Das ist anders als in den Vereinigten Staaten, wo der Käufer selten ganz sicher ist, wieviel er an der Kasse des Supermarkts nun wirklich bezahlen muß.

Wenn die Deutschen sich über Steuern unterhalten und ärgern, hört man immer wieder Beschwerden über die Lohnsteuer. Lohnsteuer bezahlen alle, die für Lohn oder Gehalt arbeiten. Man bekommt von der Gemeinde eine Lohnsteuerkarte für eine bestimmte Lohnsteuerklasse: Steuerklasse I, II, III, IV, V oder VI. Diese Klassen richten sich nach Verdienst, Familienstand,[5] Alter, Zahl der Kinder, außerordentlichen Belastungen[6] usw., so wie die Verhältnisse am 1. Januar des Steuerjahres waren. Wenn sich etwas geändert hat, muß die Gemeinde das in die Lohnsteuerkarte eintragen. Hat ein Arbeitnehmer / eine Arbeitnehmerin zuviel Steuern bezahlt, kann er/sie sich beim Finanzamt einen Antrag auf Lohnsteuer-Jahresausgleich[7] holen und bekommt dann eine Lohnsteuerrückerstattung.[8] Das kann man bis zum 30. September des folgenden Jahres beantragen. Also, nicht jeder, der Geld verdient, muß jährlich einen Lohnsteuer-Jahresausgleich ausfüllen.

Was kann von der Steuer abgesetzt[9] werden? Es gibt Freibeträge für Flüchtlinge, für Kinderbetreuung, für Jugendliche in

[3]miners' insurance [4]brandy, here: alcohol in general [5]marital status [6]burdens, obligations [7]income tax adjustment [8]income tax refund [9]deducted

*Mehrwertsteuer is a value added tax (a tax imposed on the increments of value added at each stage from producer to consumer). The amount varies between 15% in Germany and 25% in Denmark.

der Ausbildung, für Haushaltshilfe, Fahrkosten zur Arbeit, für eigene Ausbildung sowie Lehrmittel und Berufskleidung und vieles andere.

Die meisten Deutschen gehören der evangelischen oder katholischen Kirche an. Da Kirchen vom Staat unterstützt werden, muß man Kirchensteuer bezahlen. Wenn man keiner Kirche angehört, kann man das allerdings auf der Lohnsteuerkarte eintragen lassen und bezahlt dann keine Kirchensteuer.

Wie hoch ist die Einkommensteuer? Das ist natürlich von Fall zu Fall verschieden. Man kann aber schätzen, daß sie je nach Höhe des Einkommens zwischen 19% und 53% beträgt. Das ist ungefähr der Durchschnitt in Europa; die Schweiz hat die niedrigsten und Schweden die höchsten Einkommensteuern.

Übungen zum Verständnis

Sind die folgenden Aussagen nach der Information im Lesetext richtig oder falsch? Wenn falsch, dann geben Sie bitte die richtige Antwort.

1. _______ Wenn der Staat mehr Geld ausgeben muß, als er besitzt, kann er sich Geld leihen.
2. _______ Die wichtigsten Einnahmen für den Staat kommen aus der Verteidigung.
3. _______ Der Haushaltsplan der Bundesregierung bewilligt immer mehr Geld für soziale Zwecke.
4. _______ Die Knappschaftsversicherung für Bergleute verursacht dem Staat große finanzielle Belastungen.
5. _______ Die direkten Steuern sind leichter zu erkennen als die indirekten.
6. _______ Wenn die Deutschen ein Pfund Butter kaufen, wissen sie genau, wieviel Steuern darauf liegen.
7. _______ Jeder, der einen Arbeitsverdienst hat, braucht eine Lohnsteuerkarte.
8. _______ Das Finanzamt schickt den Lohnsteuerjahresausgleich automatisch ins Haus.
9. _______ Deutsche können Fahrkosten zur Arbeit von der Steuer absetzen.
10. _______ Weil Kirchen vom Staat unterstützt werden, muß jeder Bürger, ob er zur Kirche gehört oder nicht, Kirchensteuer zahlen.
11. _______ Die Höhe der deutschen Einkommensteuer liegt auf dem europäischen Durchschnitt.
12. _______ Wenn der Käufer ein Paar Schuhe im Schaufenster sieht, die für 62,00 DM angeboten werden, dann bezahlt er im Laden genau 62,00 DM, weil die Mehrwertsteuer schon im Preis einbegriffen ist.

B Beantworten Sie die folgenden Fragen.

1. Welche Ausgaben finanziert der Staat mit Steuereinnahmen? Geben Sie einige Beispiele.
2. Auf welche drei Versicherungen entfallen die meisten Sozialausgaben?
3. Aus welchem Grund ist die Steuer auf Alkohol und Tabak hoch?
4. Über welche Steuern beschweren sich die Deutschen am meisten?
5. Unter welchen Bedingungen sollte man einen Lohnsteuer-Jahresausgleich ausfüllen?

6. Welche Dinge kann man in Deutschland von der Steuer absetzen, aber nicht in Amerika?
7. Wieviel Lohnsteuer muß ein Deutscher / eine Deutsche ungefähr bezahlen?

Übung zum Wortschatz

Ergänzen Sie die Sätze mit einem passenden Wort aus dem Lesetext.

1. Der Staat finanziert öffentliche Ausgaben mit ____________________.
2. Indirekte Steuern sind im Preis der Ware ____________________.
3. Die direkten Steuern werden vom Einkommen ____________________.
4. Jeder, der für Lohn arbeitet, bezahlt ____________________.
5. Änderungen im Familienstand läßt man auf der Lohnsteuerkarte ____________________.
6. Kirchen werden vom Staat ____________________.
7. Die Einkommensteuer ____________________ zwischen 19% und 53%.
8. Die indirekten Steuern ____________________ im Preis einer Ware.
9. Auf Tabak und Alkohol liegt eine hohe ____________________.
10. Für Kinderbetreuung, Ausbildung usw. gibt es ____________________.

Grammatiknotiz

KONJUNKTIONEN

Konjunktionen sind Verbindungswörter. Sie verbinden zwei Sätze miteinander. Häufige „koordinierende" Konjunktionen sind: **und, aber, oder, sondern, denn.** Sie ändern nichts an der Wortstellung.

> Mein Vater zahlt nie bar, **sondern** er benutzt immer seine Kreditkarte.

Häufige „subordinierende" Konjunktionen sind: **daß, weil, als, wenn, wann, ob, damit.** Sie schicken das konjugierte Verb ans Satzende.

> Ich bin zum Finanzamt gegangen, **als** ich in der Stadt war.
> **Als** ich in der Stadt war, bin ich zum Finanzamt gegangen.

Übungen zur Grammatik

Verbinden Sie die Sätze mit einer passenden Konjunktion.

1. Der Staat macht einen Haushaltsplan am Anfang des Jahres. Er macht eine Haushaltsrechnung am Ende des Jahres.
2. Der Staat muß einen Kredit aufnehmen. Seine Einnahmen reichen nicht aus.
3. Die Staatsverschuldung nimmt zu. Die Bundesregierung macht von Kreditfinanzierung Gebrauch.
4. Der Staat nimmt Steuern ein. Er kann für öffentliche Ausgaben bezahlen.
5. Die indirekten Steuern sehen die Deutschen nicht. Sie sind im Preis der Ware einbegriffen.
6. Die Staatsverschuldung nimmt immer mehr zu. Der Staat nimmt Kredite auf.

Grammatiknotiz

KONJUNKTIV IN DER INDIREKTEN REDE

Die Presse und Medien gebrauchen in der indirekten Rede den Konjunktiv I, der vom Präsens abgeleitet wird. In der Unterhaltung gebraucht man aber meistens den Konjunktiv II, der vom Imperfekt abgeleitet wird.

Direkte Rede:
„Ich **habe** meine Steuern bezahlt."
„Die Post **kommt** um sieben."
„Über 60% der deutschen Frauen **sind** berufstätig."

Indirekte Rede (Presse/Medien):
Er sagt, er **habe** seine Steuern bezahlt.
Man hat uns gesagt, die Post **komme** um sieben.
In der Zeitung steht, daß über 60% der deutschen Frauen berufstätig **seien.**

Indirekte Rede (Unterhaltung):
Er sagt, er **hätte** seine Steuern bezahlt.
Man hat uns gesagt, die Post **käme** um sieben.
In der Zeitung steht, daß über 60% der deutschen Frauen berufsätig **wären.**

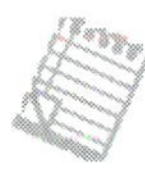

Gebrauchen Sie Konjunktiv II. Beginnen Sie jeden Satz mit: „Mir wurde gesagt, daß . . . "

1. Es gibt Freibeträge für Flüchtlinge.
2. Ich kann die Ausgaben für meine Haushaltshilfe von der Steuer absetzen.
3. Die Steuerklasse richtet sich nach den Familienverhältnissen am 1. Januar.
4. Man muß in Deutschland Kirchensteuer bezahlen.
5. Eine hohe Verbrauchssteuer liegt auf Tabak und Branntwein.
6. Der Staat gibt fast ein Drittel seines Geldes für Sozialausgaben aus.

Aktivitäten

Partnerarbeit. Stellen Sie eine Liste auf, in der Sie das deutsche Steuersystem mit dem Steuersystem in Ihrem Land vergleichen. Welche Steuern zahlt man in Deutschland? Gibt es diese Steuern auch in Ihrem Land?

Interview. Sie haben Gelegenheit, mit deutschen Studenten über das Steuersystem in Deutschland zu sprechen. Bilden Sie mehrere Gruppen. In jeder Gruppe übernimmt ein Student / eine Studentin die Rolle des Interviewers. Stellen Sie Fragen zu den folgenden Themen.

- Staatsverschuldung
- Wachsende Sozialausgaben
- Einstellung zu Steuerzahlungen
- Freibeträge

Diskussion

1. Welches System, Waren zu besteuern, finden Sie angenehmer, das System in Ihrem Land oder das deutsche? Warum?

2. Finden Sie es gerecht, daß Tabak, Branntwein und andere Luxusartikel höher besteuert werden als Brot, Butter und Milch? Begründen Sie Ihre Antwort.

Mündlicher Bericht. Wählen Sie eins der folgenden Themen, und entwickeln Sie Ihre Ansichten, Ideen und Erfahrungen.

- Die Tendenz der wachsenden Staatsausgaben
- Beschwerden über steigende Steuern

Verbraucherschutz

Vor dem Lesen

Das Bundespresseamt in Bonn gibt eine Broschüre heraus mit dem Titel „Wegweiser für Vebraucher". Was für Informationen findet man wohl darin?

Wortschatz

Substantive

das Qualitätssiegel, - seal of quality
die Verbraucherberatungsstelle, -n office for consumer advisory service
der Verbraucherschutzverband, ¨-e consumer protection agency
die Verbrauchsgüter (*Pl.*) consumer goods
die Werbung, -en advertisement
das Wohl / das Wohlergehen welfare

Verben

achten auf (+ *Akk.*) to pay attention to
sich beklagen über (+ *Akk.*) to complain about
herausgeben to publish
subventionieren to subsidize; to support financially
sich zurückziehen to withdraw

Adjektive und Adverbien

beeindruckt impressed
vorurteilslos without prejudice

Lesetext

In einer *sozialen Marktwirtschaft*[1] muß auf das Wohl des Verbrauchers geachtet werden. Er muß vor unnötigen Geldausgaben und vor schädlichen Stoffen in den Verbrauchsgütern bewahrt werden. Verschiedene private und staatlich subventionierte Organisationen achten deshalb auf das finanzielle und gesundheitliche Wohlergehen der Deutschen.

Man glaubt in Deutschland, daß die Verbraucher über die angebotenen Waren nicht genug informiert werden. Werbung ist eine schlechte Informationsquelle, weil sie nur die Interessen des Erzeugers im Sinn hat. Deshalb wurde 1964 zum Schutz des Verbrauchers die „Stiftung Warentest" gegründet, die die Monatsschrift „Test" herausgibt. Qualitätseigenschaften[2] und Preise der verschiedensten Waren werden hier ähnlich wie in dem amerikanischen Magazin „Consumer Reports" besprochen. Die „Stiftung Warentest" handelt vorurteilslos. Sie be-

[1] *social market economy* [2] *qualitative characteristics*

spricht die Schwächen und die Stärken verschiedener Produkte – sicher nicht immer zur Freude der Erzeuger. Die Hersteller beklagen sich oft. Viele Deutsche sind aber gerade von dieser Vorurteilslosigkeit beeindruckt und würden keine kostspielige Anschaffung machen, ohne sich vorher in „Test" darüber informiert zu haben.

In der Redaktion von „Test"

Außer der staatlichen „Stiftung Warentest" gibt es Hausfrauenbünde[3] und einige private Verbraucherschutzverbände, deren bekannteste die „Arbeitsgemeinschaft der Verbraucher" ist. Sie leitet 150 Verbraucherberatungsstellen und wird vom Staat unterstützt. Bei diesen Stellen kann der Verbraucher sich kostenlos über alles informieren, was ihn beim Kauf einer bestimmten Ware interessiert. Man kann diese Verbraucherschutzverbände überall hören: im Rundfunk, Fernsehen und sogar im Parlament.

In Deutschland gibt es Gesetze zum Schutz des Verbrauchers:

- Waren in Schaufenstern sowie Dienstleistungen (z.B. Friseur) müssen mit Preisen ausgezeichnet sein.
- Technische Qualität und Sicherheit vieler Waren werden durch strenge Tests und Qualitätssiegel garantiert.
- Der Käufer hat eine Woche lang Zeit, sich aus einem Kaufvertrag zurückzuziehen.
- Seit 1975 sind Zigarettenreklamen im Rundfunk und Fernsehen verboten, weil das Rauchen gesundheitsschädlich ist.

Außerdem informieren Verbraucherschutzverbände den Käufer darüber, welche Waren gut und preiswert sind.

[3] *homemakers' associations*

Übungen zum Verständnis

A Welche Antworten zu den folgenden Fragen findet man im Lesetext?

1. Wer achtet darauf, daß der Verbraucher vor schädlichen Produkten geschützt wird?
2. Warum kann der Verbraucher sich nicht auf die Werbung verlassen?
3. Was für Informationen kann man in der Monatsschrift „Test" finden?
4. Warum sind die Hersteller mit der Monatsschrift „Test" nicht immer zufrieden?
5. Wozu sind Verbraucherberatungsstellen gut?
6. Kann man in der Bundesrepublik einen Kaufvertrag rückgängig machen?

B Nach der Information im Lesetext, sind die folgenden Aussagen richtig oder falsch? Wenn falsch, dann geben Sie bitte die richtige Antwort.

1. _______ Die Bundesregierung sieht es als eine ihrer Aufgaben an, Organisationen zu unterstützen, die den Verbraucher über Vor- und Nachteile von Konsumgütern aufklären.
2. _______ Eine gute Informationsquelle für Warenqualität ist die Werbung.

3. _______ In den USA gibt es eine Zeitschrift, die wie „Test" die Verbraucher über Warenqualität informiert.

4. _______ Die „Stiftung Warentest" informiert in ihrer Zeitschrift „Test" über gute und schlechte Eigenschaften von Verbrauchsgütern.

5. _______ Sowohl Hersteller als auch Verbraucher mögen die Zeitschrift „Test" sehr.

6. _______ Die „Arbeitsgemeinschaft der Verbraucher" ist eine private Organisation, die vom Staat unterstützt wird.

7. _______ Verbraucher können sich kostenlos über Verbrauchsgüter beraten lassen.

8. _______ Verbraucherschutzverbände informieren die Verbraucher auch im Fernsehen und Radio.

9. _______ Wenn ein Käufer / eine Käuferin in der Bundesrepublik einen Kaufvertrag unterschrieben hat, dann kann er/sie den Kaufvertrag innerhalb von sieben Tagen kündigen.

10. _______ Zigarettenhersteller dürfen im deutschen Fernsehen keine Reklame machen.

Übungen zum Wortschatz

Bilden Sie Gegensatzpaare.

1. Erzeuger _Verbraucher_
2. Stärke _______________
3. preiswert _______________
4. harmlos _______________
5. privat _______________
6. Verkauf _______________
7. Ärger _______________
8. gesundheitsfördernd _______________

Definieren Sie die folgenden Begriffe oder geben Sie Beispiele.

BEISPIEL: Geldausgaben → Geld, das man ausgibt

1. die Verbrauchsgüter
2. die Anschaffung
3. gesundheitsschädlich
4. der Verbraucherschutzverband
5. der Kaufvertrag

Grammatiknotiz

DAS PASSIV

Die Passivkonstruktion ist im Deutschen beliebt und gilt nicht als steif. Sie wird gebraucht, wenn man die Handlung oder den Empfänger einer Handlung betonen will und nicht den Agenten d.h. denjenigen, der die Handlung ausübt. Manchmal weiß man auch nicht, wer oder was etwas verursacht hat.

Die Qualität der Waren **wird** durch strenge Tests **garantiert.**
Waschmaschinen **wurden** in der letzten „Test"-Ausgabe **besprochen.**

Der Agent einer Handlung kann auch genannt werden, als Person oder anderes Lebewesen mit der Präposition **von,** als Ursache mit **durch** und als Instrument mit **mit.**

> Die Monatsschrift „Test" wird **von** vielen Deutschen gelesen.
> Der Briefträger ist **von** einem Hund gebissen worden.
> Man kann **durch** Werbung informiert werden.
> Waren im Schaufenster werden **mit** Preisen ausgezeichnet.

Wenn man einen aktiven Satz im Passiv ausdrückt, dann

a. ändert sich die Verb form.
b. *wird das direkte Objekt zum Subjekt.*
c. steht vor dem Agenten die Präposition **von, durch** oder **mit.**

> AKTIV: Der Käufer macht den Kaufvertrag rückgängig.
> PASSIV: *Der Kaufvertrag* **wird von** dem Käufer **rückgängig gemacht.**

Übungen zur Grammatik

▪ ▪ ▪

Suchen Sie die folgenden Aussagen im Text, die dort im Passiv stehen.

1. Man muß die Verbraucher vor unnötigen Geldausgaben bewahren.
2. Man informiert die Verbraucher nicht genug über die angebotenen Waren.
3. 1964 gründete man die „Stiftung Warentest".
4. Hier bespricht man Qualitätseigenschaften und Preise.
5. Strenge Tests und Qualitätssiegel garantieren technische Qualität und Sicherheit.

B Gebrauchen Sie die gegebenen Verben in den folgenden Passivsätzen.

achten	herausgeben	rückgängig machen
auszeichnen	hören	subventionieren
beraten	leiten	zeigen
besprechen		

1. Auf das Wohl des Verbrauchers muß ______________________ ______________________.
2. Verschiedene Organisationen ______________________ staatlich ______________________.
3. Die Preise und Qualitätseigenschaften der Waren ______________________ hier ______________________.
4. Die Monatsschrift „Test" ______________________ von der „Stiftung Warentest" ______________________.
5. Verbraucherberatungsstellen ______________________ von der „Arbeitsgemeinschaft der Verbraucher" ______________________.
6. Im Rundfunk und im Parlament können diese Verbraucherschutzverbände ______________________ ______________________.
7. Alle Waren ______________________ mit Preisen ______________________.
8. Ein Kauf kann innerhalb von sieben Tagen ______________________ ______________________ ______________________.

9. Zigarettenreklamen ______________________ im Fernsehen nicht mehr ______________________.

10. Verbraucher können kostenlos über Verbrauchsgüter ______________________ ______________________.

Aktivitäten

A **Partnerarbeit.** Sammeln Sie mit Ihrem Partner / Ihrer Partnerin Ideen, wie man sich in Ihrem Land über Qualitätseigenschaften bestimmter Produkte informieren kann. Besprechen Sie Ihre Ideen anschließend im Plenum.

B **Schriftliches.** Schreiben Sie eine Zusammenfassung des Lesetextes. Stellen Sie zuerst eine Liste mit Stichpunkten zusammen, und ordnen Sie Ihre Gedanken danach.

C **Mündlicher Bericht.** Haben Sie schon mal etwas gekauft, womit Sie sehr unzufrieden waren? Geben Sie einen kurzen Bericht (drei bis fünf Minuten), und beschreiben Sie folgendes:

- was Sie gekauft haben
- was Sie erwartet hatten (aufgrund der Reklame, Versprechungen des Verkäufers usw.)
- was passiert ist
- was Sie getan haben

D **Diskussion.** Vergleichen Sie die Verbraucherschutzmaßnahmen in Deutschland mit denen in Ihrem Land. Geben Sie Ihre persönliche Meinung, und begründen Sie sie.

Konsumgesellschaft

Vor dem Lesen

A Worauf würden **Sie** beim Kauf eines Elektrogerätes am meisten achten und worauf am wenigsten? Ordnen Sie die Zahlen 1 (am meisten) bis 10 (am wenigsten) zu. Begründen Sie Ihre Antwort.

Elektrogeräte: Worauf die Kunden achten

Von je 100 Befragten nannten als besonders wichtig:

Energieverbrauch 77
Zuverlässigkeit, Lebensdauer 73
Verbrauch von Wasser, Wasch- oder Spülmitteln 65
Umweltfreundlichkeit 56
Bedienungsfreundlichkeit 54
Kundendienst 48
Preis 44
Markenqualität 42
Testergebnisse 42
Design 11

Mehrfachnennungen möglich

Quelle: VDEW © Globus 1074

_______ Energieverbrauch
_______ Design
_______ Zuverlässigkeit und Lebensdauer
_______ Testergebnisse
_______ Garantiedauer
_______ Markenqualität, Markenname
_______ Umweltfreundlichkeit
_______ Preis
_______ Bedienungsfreundlichkeit
_______ Kundendienst vor und nach dem Kauf

 Berichten Sie kurz über folgende Fragen.

a. Wofür geben Sie das meiste Geld aus?
b. Worauf achten Sie besonders, wenn Sie eine größere Anschaffung machen?
c. Welche Industrie stellt sich besonders stark auf junge Leute ein?
d. Woher bekommen Jugendliche ihr Geld?
e. Wovon werden Jugendliche beim Einkaufen beeinflußt?

Wortschatz

Substantive

der Abwärtstrend downward trend
der Aushilfsjob, -s temporary job
das Bedürfnis, -se need, necessity
die Befriedigung satisfaction
die Gesamtbevölkerung total population
das Gruppenverhalten group behavior
die Kaufkraft purchasing power
die Konsumgüter (*Pl.*) consumer goods
die Markenartikelindustrie brand name industry
das Pro-Kopf-Einkommen per capita income
der Wachstumsmarkt, ¨-e growth market

Verben

einräumen to allow, grant
mit etwas umgehen to handle s.th.
sich wandeln to change

Adjektive und Adverbien

bergab downhill
beträchtlich substantial
folgendermaßen as follows
glänzend brilliant
immerhin anyhow, at any rate
überwiegend predominantly
voraussichtlich in all probability
wohlhabend wealthy
zusätzlich additional

Ausdrücke

im Schnitt on average
in den alten Ländern in West Germany, before unification
von Kindesbeinen from childhood on
zu Beginn at the beginning
zur Verfügung stehen to be at one's disposal

Lesetext

Teens und Twens mit vollen Taschen: Jugendliche als selbstbewußte Käufer

Neben den wohlhabenden Senioren hat die Werbewirtschaft vor allem die junge Generation entdeckt. Die Kaufkraft der 12- bis 21jährigen wächst zunehmend.

Nicht nur die ältere Generation ist wegen ihrer enormen Kaufkraft ein interessanter Wachstumsmarkt in Deutschland. Auch dem Nachwuchs[1] geht es finanziell glänzend. Unaufhörlich[2] wächst das Kaufkraftpotential der Jugendlichen. Den rund acht Millionen 12- bis 21jährigen hierzulande stehen 1993 über 30 Milliarden Mark zur Verfügung. Zum Vergleich: Anfang 1980 waren es noch 22,5 Milliarden Mark. Ein lukrativer Markt vor allem für die werbetreibende[3] Konsumgüter- und Markenartikelindustrie.

Und die wirtschaftliche Bedeutung der Jugendlichen wird weiter zunehmen. Dies ist das Ergebnis einer Untersuchung der Verlagsgruppe Bauer in Hamburg („Die Jugend als Verbraucher"). Im nächsten Jahr-

[1] *children* [2] *constantly, non-stop* [3] *advertising*

zehnt wird die Zahl der Teens und Twens auf 8,3 Millionen anwachsen. Ihr Anteil an der Gesamtbevölkerung wird dann 10,3 Prozent betragen. Danach geht es aber steil bergab. Bis zum Jahr 2030 schrumpft[4] die Zahl in Deutschland voraussichtlich auf 5,3 Millionen. Läßt der demographische Abwärtstrend also bald die Kaufkraft schwinden? Mitnichten,[5] die Aussichten sind insgesamt vielversprechend.[6] Denn gleichzeitig wächst das Einkommen und Vermögen in den Familien und sorgt für ein enormes Taschengeld-Plus. Immer weniger Verbraucher haben in Zukunft immer mehr Geld zur Verfügung.

Obwohl das Geld bei vielen Jugendlichen ziemlich locker sitzt,[7] werfen sie es doch nicht aus dem Fenster. Die Bauer-Studie räumt mit dem Vorurteil auf,[8] wonach Jugendliche keinen Konsumverzicht[9] leisten können. Sie sparen auch: Bereits[10] die 13- bis 15jährigen in den alten Ländern haben im Durchschnitt 1 479 Mark gespart, 1 301 Mark sind es in den neuen Ländern. Jeder sechste hat über 2 000 Mark auf der hohen Kante.[11] Und etwa jeder zweite hat eine Lebensversicherung abgeschlossen.

Was macht die jungen Kunden so interessant für die Industrie? Die Gründe liegen vor allem in ihrem Konsumverhalten.[12] Es hat sich in den vergangenen Jahren entscheidend gewandelt. Immer früher wird den Kindern vom Elternhaus ein großer Spielraum[13] bei Kaufwünschen und Entscheidungen eingeräumt. Immer früher setzt das Anspruchsdenken[14] ein, verstärkt durch das steigende Pro-Kopf-Einkommen in den Familien. Die Jugendlichen der neunziger Jahre treten als selbstbewußte, gutinformierte Käufer auf. Sie leben von Kindesbeinen an in einer glitzernden Konsumwelt, haben es gelernt, mit ihr umzugehen. Ihre Einkäufe, auch größeren Stils, planen sie selbst. Selten lassen sie sich dreinreden;[15] Ratschläge der Eltern werden häufig in den Wind geschlagen.[16]

Den Jungen und Mädchen stehen für die Befriedigung ihrer Bedürfnisse beträchtliche Geldmittel zur Verfügung (siehe Grafik). Als Geldquellen sprudeln für die Jüngeren vor allem das Taschengeld, für die Älteren die ersten Lehrlingsgehälter

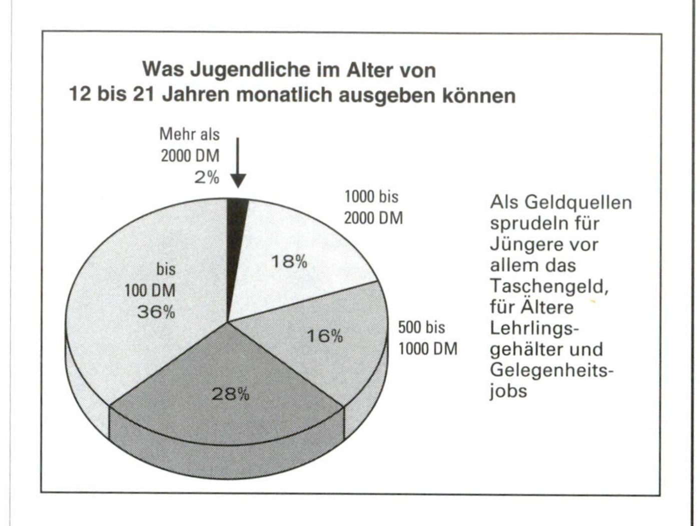

oder Einnahmen aus Aushilfs- und Ferienjobs. Ihre „Kohle"[17] geben Teens und Twens hauptsächlich für persönliche Dinge aus. Für Wohnung, Verpflegung und Kleidung kommen überwiegend die Eltern auf. Nach den Ergebnissen der „Schüler-Mediaanalyse 1992" erhalten bereits die 13- bis 15jährigen in den alten Ländern ein monatliches Taschengeld von durchschnittlich 45 Mark. In Ostdeutschland sind es 30 Mark. Zusätzliche Geldzuwendungen,[18] etwa von den Großeltern, erhält jeder zweite. Im Westen sind es 78, im Osten immerhin 49 Mark pro Monat. Dazu kommen für die genannte Altersgruppe jährliche Geldgeschenke von im Schnitt[19] 271 Mark im Westen und 175 Mark im Osten.

Zu Beginn der neunziger Jahre zeigt sich die junge Generation folgendermaßen: Die Jugendlichen werden immer früher erleb-

---

[4]*decreases* [5]*not at all* [6]*promising* [7]das Geld . . . *money is spent easily* [8]räumt . . . *does away with the prejudice* [9]*refrain from purchasing consumer goods* [10]*already* [11]hat . . . *has saved more than 2,000 Marks* [12]*way to spend money* [13]*freedom* [14]*high expectations* [15]Selten . . . *Rarely do they accept any advice* [16]Ratschläge . . . *A well-meant advice is rarely followed* [17]slang: *money* [18]*gifts of money* [19]im . . . *on the average*

nis- und genußorientiert.[20] Der zunehmende Einfluß der Medien, der Bildungsboom, der freizügige[21] Erziehungsstil und nicht zuletzt die steigende Kaufkraft der Jugend spielen dabei eine entscheidende Rolle. Auffallend ist das ausgeprägte[22] Gruppenverhalten. Die Kinder orientieren sich danach, was im Freundeskreis gerade „in" ist. Das bedeutet, sie möchten unbedingt auch die Produkte oder Marken haben, die ihre Clique bevorzugt. Diese wird zur obersten Instanz[23] in Fragen des Geschmacks (zum Beispiel Kleidung, Musik) oder bei den Hobbys und Freizeitinteressen.

RHEINISCHER MERKUR

[20] *pleasure seeking* [21] *not strict at all, liberal* [22] *distinct* [23] oberstenen . . . *highest authority*

Übungen zum Verständnis

A Denken Sie sich für jeden der sechs Absätze eine zusammenfassende Überschrift aus.

B Stehen die folgenden Aussagen im Lesetext? Ja oder Nein?

1. _______ 50% der 13- bis 15jährigen haben eine Lebensversicherung abgeschlossen.
2. _______ Das Kaufkraftpotential der Jugendlichen wird immer größer.
3. _______ Die Zahl der Jugendlichen wird im nächsten Jahrzehnt steigen.
4. _______ In den USA haben die Jugendlichen im Durchschnitt mehr Taschengeld.
5. _______ Die Jugendlichen der neunziger Jahre sind meistens gut informiert.
6. _______ Den deutschen Jugendlichen geht es finanziell besser als den Jugendlichen in anderen Ländern der EU.
7. _______ Deutsche Kinder werden heute weniger streng erzogen als früher.
8. _______ Jugendliche wollen sich ihren Freunden anpassen.
9. _______ Ostdeutsche Jugendliche bekommen nicht so viel Taschengeld wie westdeutsche.
10. _______ Die weltweite Rezession erlaubt es den Jugendlichen nicht, ihre Konsumbedürfnisse zu befriedigen.

Übungen zum Wortschatz

A Im Lesetext stehen die folgenden Ausdrücke. Wie heißt das Gegenteil?

gut informiert _______________

auffallend _______________

entscheidend _______________

freizügig _______________

zunehmend _______________

steigend _______________

bergab ______________________

anwachsen ______________________

schrumpfen ______________________

enorm ______________________

B Ordnen Sie die Begriffe in der rechten Spalte der richtigen Definition in der linken Spalte zu.

1. _______ die Kaufkraft
2. _______ die Konsumgüter (*Pl.*)
3. _______ der Abwärtstrend
4. _______ der Spielraum
5. _______ von Kindesbeinen an
6. _______ das Bedürfnis
7. _______ zur Verfügung stehen
8. _______ zusätzlich
9. _______ im Schnitt
10. _______ zu Beginn
11. _______ das Gruppenverhalten
12. _______ der Geschmack

a. durchschnittlich
b. am Anfang
c. Tendenz, nach unten
d. die Möglichkeit, Dinge mit Geld zu erwerben
e. was einem gefällt oder nicht gefällt
f. von klein auf
g. das, was man braucht oder haben möchte
h. wie sich eine Gruppe benimmt oder verhält
i. freies Feld; Platz; Bewegungsfreiheit
j. Notwendigkeit
k. vorhanden sein, da sein, vorrätig sein
l. außerdem, extra

Grammatiknotiz

Komparativ

Der Komparativ wird zum Vergleich gebraucht.

Ostdeutsche Jugendliche sparen **genauso wie** westdeutsche Jugendliche.
Jugendliche haben heute **mehr** Geld **als** früher.
Je mehr Geld sie haben, **desto** mehr geben sie aus.
Je mehr Geld sie haben, **um so** mehr geben sie aus.
Markenartikel werden **immer teurer.**
Die Verbraucher haben in Zukunft **immer höhere** Erwartungen.
Ein **größerer** Umsatz. (Der Umsatz ist nicht klein.)
Bessere Chancen. (Die Chancen sind nicht schlecht.)

Übungen zur Grammatik

Bilden Sie Sätze mit **immer** + Komparativ.

BEISPIEL: Teens—wohlhabend werden →
Teens werden immer wohlhabender.

1. Steuern—hoch steigen

____.

2. Staatsverschuldung—stark zunehmen

____.

3. Anschaffungen—kostspielig werden

____.

4. Die Jugendlichen—viel Geld zur Verfügung haben

____.

5. Die Käufer—gut informiert sein

____.

6. Kinder—oft selbst planen

____.

7. Testergebnisse—gut ausfallen

____.

8. Das Fernsehen—oft Reklame zeigen

____.

9. Der Umsatz—groß werden

____.

10. Die Jugendlichen—viele Geldgeschencke bekommen

____.

B Bilden Sie Sätze mit je . . . desto / um so.

BEISPIEL: Sie haben Geld. Sie können Geld ausgeben. →
Je mehr Geld Sie haben, um so mehr können Sie ausgeben.

1. Das Angebot ist günstig. Der Verbraucher spart.

____

2. Man ist gut informiert. Man hat Vorteile beim Einkaufen.

____

3. Ein Angebot findet Zustimmung. Der Umsatz wird groß.

____

4. Man liest „Test“. Man ist gut informiert.

____

5. Preise sinken. Verbraucher können kaufen.

____

6. Die Nachfrage ist groß. Die Preise steigen hoch.

____

7. Man vergleicht Preis und Qualität. Man kann preisgünstig einkaufen.

____

Schreiben Sie Sätze mit dem Komparativ ohne Vergleich.

BEISPIEL: Junge Menschen haben heute *keine geringe* Kaufkraft. →
Junge Menschen haben heute *eine größere* Kaufkraft.

1. Da gibt es *keine schlechten* Absatzmöglichkeiten.
2. Ich meine *nicht die südlichen* Länder.
3. Jugendliche haben heute *nicht wenig* Geld.
4. Sogar Kinder haben *keine kleinen* Sparkonten.
5. Sie sparen für Zeiten, die *nicht gut* sind.
6. Jugendliche, die *nicht mehr so ganz jung* sind, ...

Aktivitäten

Schriftliches. Das Schaubild „Worauf die Kunden achten" sagt Ihnen, wie kritisch die Deutschen beim Kaufen sind. Schreiben Sie einen kurzen Bericht an Ihren Chef in Seattle, der Sie damit beauftragt hat, in Deutschland Marktforschung zu betreiben. Ihr Chef hat nämlich vor, eine kleine, platzsparende Waschmaschine mit Trockner in Deutschland auf den Markt zu bringen.

Partnerarbeit. Besprechen Sie mit Ihrem Partner / Ihrer Partnerin, wo Sie sich vor dem Kauf der folgenden Produkte über die Waren informieren. Markieren Sie Ihre Wahl im Raster. Berichten Sie dann im Plenum, welche Informationsquellen Sie benutzen.

Informationsquellen	Produkte		
	Tennisschuhe	CD-Spieler	Rucksack
Fernsehwerbung			
Rundfunkwerbung			
Zeitungsannonce			
Schaufensterangebot			
Warenhauskatalog			
Werbeanzeige in einer Illustrierten			
Beratung eines Verkäufers			
Freunde			
Bericht in einer Fachzeitschrift			
Testergebnisse in einer Verbraucherzeitschrift			
Informationen auf einer Messe oder Ausstellung			

Mündlicher Bericht

1. Wo oder wie kaufen Sie am liebsten ein (z.B. Einkaufszentrum, Spezialgeschäft, Katalog usw.)? Welche Vor- oder Nachteile gibt es dabei?
2. Wie hat sich das Konsumverhalten in Ihrem Land in den letzten Jahren geändert? Worauf achten die Käufer? (Preis, Qualität, Lebensdauer usw).

Hörverständnis

Ladenöffnungszeiten

Neue Wörter und Ausdrücke

die Aufhebung	abolition
das Ladenschlußgesetz	law governing closing hours of stores
der Schichtarbeiter, / die Schichtarbeiterin, -nen	shift worker
die Spätverkaufsstelle, -n	store with long opening hours
die Theke, -n	counter
unangefochten	undisputed
verkaufsstark	high turnover
der Wochenumsatz	weekly turnover (sales)

Beantworten Sie die folgenden Fragen.

1. An welchem Tag im Monat verzeichnet der Einzelhandel den größten Umsatz?

   ____

2. Wodurch erhöhte sich die Besucherzahl in den Innenstädten um mehr als ein Drittel?

   ____

3. Welcher Prozentsatz des wöchentlichen Umsatzes wird an den restlichen Wochentagen erarbeitet?

   ____

4. Welcher Werktag verzeichnet einen größeren Umsatz als die anderen?

   ____

5. Unter welchen Umständen dürfen Einzelhandelsgeschäfte nach der Initiative des Bundesrates auch außerhalb der gesetzlichen Öffnungszeiten geöffnet sein?

   ____

   ____

6. Woher kommt die Idee von den längeren Öffnungszeiten?

   ____

   ____

7. Wie würde sich das Leben in den Innenstädten verändern, wenn die Initiative Gesetz würde?

   ____

   ____

8. Wie steht der Einzelhandel zu der Initiative?

Schlußgedanken

- Welche Unterschiede existieren zwischen den Verbrauchern in Ihrem Land und denen in Deutschland?
- Wie würden Sie die Kaufkraft und das Konsumverhalten der deutschen Jugendlichen mit denen in Ihrem Land vergleichen?

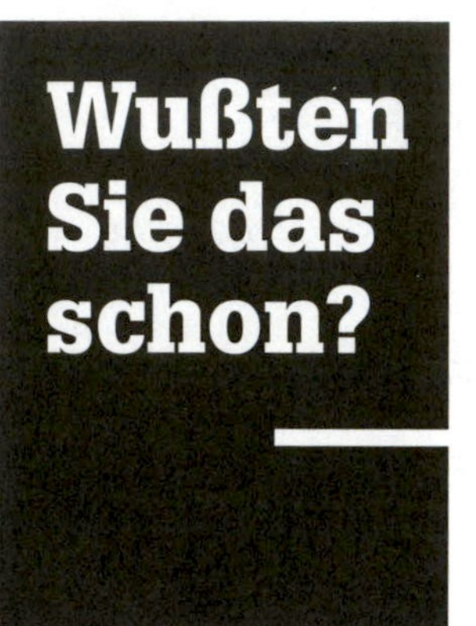

Von deutschen Waren wird erwartet, daß sie solide sind. „Solide" bedeutet mehr als *solid* im Englischen. Der Käufer erwartet Qualität, Präzisionsarbeit, Haltbarkeit und Zuverlässigkeit.

Deutsche Sparsamkeit ist bekannt. Verschwendung ist beinahe eine Sünde. Man wirft nichts weg, ohne vorher versucht zu haben, es zu reparieren.

Das Lieblingsgetränk der Deutschen ist Kaffee.

8 Sozialwesen

- **Soziale Sicherheit**
- **Abgaben und Leistungen**
- **Sozialhilfe**

Andrang vor dem Arbeitsamt

Lernziele

Dieses Kapitel informiert Sie über die sozialen Rechte und Pflichten der Deutschen. Es bespricht die Leistungen der Versicherungen (z.B. Krankenversicherung), der Versorgung (z.B. Kriegsopferversorgung) und der Fürsorge (z.B. Sozialhilfe). Das Kapitel veranschaulicht, wie Deutschlands umfassendes soziales Netz alle Bürger vor finanziellen Katastrophen bewahrt.

Einführende Gedanken

Während das Versicherungsprinzip zum großen Teil auf der solidarischen Selbsthilfe der Versicherten beruht (durch Beiträge, die sich nach ihrem Einkommen richten), werden die Versorgungs- und Fürsorgeleistungen nur durch Steuermittel finanziert. Versorgung erhalten bestimmte Bevölkerungsgruppen, wenn sie besondere Opfer oder Leistungen für die Gemeinschaft erbracht haben. Sozialhilfe bekommen alle Bürger, wenn sie bedürftig sind.

Die Länder der industrialisierten Welt stöhnen über die Last der wachsenden sozialen Abgaben. Welche Rolle sollte der Staat Ihrer Meinung nach bei der Versorgung der Bevölkerung spielen?

Soziale Sicherheit

Vor dem Lesen

1. Was verstehen Sie unter sozialer Sicherheit?
2. Kennen Sie private Firmen oder staatliche Ämter, die Sie gegen Unfälle, Krankheit und Arbeitslosigkeit versichern?
3. Haben Sie schon einmal von sozialen Hilfen in Deutschland gehört, die es in Ihrem Land nicht gibt oder die ganz anders sind?

Wortschatz

Substantive

die Arbeitsförderung employment promotion
die Arbeitslosenversicherung, -en unemployment insurance
die Ausbildungsförderung education promotion
die Gerechtigkeit justice
das Grundgesetz basic law (Germany's constitution)
der Jugendarbeitsschutz child labor law
das Kindergeld child subsidy
die Krankenversicherung, -en health insurance
die Kriegsopferversorgung war victim assistance
der Mutterschutz legal protection of pregnant women and mothers of infants
die Rentenversicherung, -en pension plan (insurance)
das Sozialgesetzbuch legal code of social welfare
die Sozialhilfe welfare aid
die Sozialleistungen (*Pl.*) mandatory insurance covering health, accident, unemployment, and pension plan
die Sozialversicherung, -en social security
die Unfallversicherung, -en accident insurance
die Unsicherheit, -en insecurity
die Verpflichtung, -en duty, obligation
die Verwirklichung realization
das Wohngeld rent assistance, housing allowance

Verben

dazukommen to be added
sich einsetzen für to support, show commitment to
erweitern to expand
genießen to enjoy
gewähren to grant

Adjektive und Adverbien

erforderlich necessary
fortschrittlich progressive
verpflichtet sein to be obligated

4. Wann hat Deutschland seine ersten Sozialgesetze bekommen?
5. Wenn Jugendliche unter 15 Jahren arbeiten, spricht man von ______________________, und die ist in Deutschland im allgemeinen verboten.
6. Im ______________________ der Bundesrepublik steht, welche sozialen Dienste und Einrichtungen der Staat den Bürgern zur Verfügung stellen muß.

Übungen zum Wortschatz

A Suchen Sie für jeden Begriff die richtige englische Übersetzung.

1. _______ die Arbeitsförderung
2. _______ das Wohngeld
3. _______ das Kinder- und Erziehungsgeld
4. _______ die Unfallversicherung
5. _______ die soziale Entschädigung/ Kriegsopferversorgung
6. _______ die Arbeitslosenversicherung
7. _______ die Krankenversicherung
8. _______ die Rentenversicherung
9. _______ die Ausbildungsförderung
10. _______ der Mutterschutz
11. _______ der Jugendarbeitsschutz

a. *education promotion*
b. *employment promotion*
c. *protection of pregnant women and mothers of infants*
d. *social compensation / war victim assistance*
e. *unemployment insurance*
f. *rent assistance / housing allowance*
g. *child labor law*
h. *child subsidy*
i. *pension plan (insurance)*
j. *health insurance*
k. *accident insurance*

B Welche sozialen Leistungen passen zu den folgenden Fällen?

1. Dieses Geld hilft den Eltern, für den Unterhalt der Kinder zu sorgen: ______________________.
2. Ein Elektrotechniker muß noch mehr lernen, um nicht arbeitslos zu werden. Er hat Anspruch auf ______________________.
3. Michael will studieren. In der Universitätsstadt sind die Lebenshaltungskosten zu hoch. Seine Eltern können ihm finanziell nicht helfen. Er bekommt ______________________.
4. Frau Ohrner erwartet ein Baby. Sie wird einige Monate nicht arbeiten, aber ihren Arbeitsplatz verliert sie nicht, denn sie genießt ______________________.
5. Peter ist Bauarbeiter. Er hat sich bei der Arbeit verletzt und muß ins Krankenhaus. Sechs Wochen lang bekommt er seinen Lohn vom Arbeitgeber weiter. Die Arztkosten werden bezahlt sowie ein Verletztengeld, bis Peter wieder arbeiten kann. Das macht die ______________________.

6. Frau Meister muß operiert werden und längere Zeit im Krankenhaus bleiben. Um die Kosten braucht sie sich nicht zu sorgen, und die Familie bekommt unter Umständen eine Haushaltshilfe. Das bezahlt die

   ________________________________.

7. Herr Stader ist 65 Jahre alt. Er braucht nicht mehr zu arbeiten, denn er hat eine gute ________________________________.

8. Uwe wurde während seiner Zeit bei der Bundeswehr durch einen Gewehrschuß verletzt und kann seine rechte Hand kaum bewegen. Er bekommt für den Rest seines Lebens ________________________________.

9. Das Einkommen der Familie Naumann, mit vier Kindern, reicht nicht für den Kauf eines kleinen Eigenheims. Sie haben aber einen Rechtsanspruch auf ________________________________.

10. Elke ist 17 Jahre alt. Sie darf nicht mehr als 40 Stunden pro Woche arbeiten, darf nachts nicht arbeiten und braucht keine Arbeit zu machen, die ein Risiko für ihre Gesundheit sein könnte. Dafür sorgt das

    ________________________________.

11. Herr Schneider hat seine Arbeitsstelle verloren, da der Betrieb schließen mußte. Er ist aber versichert durch die ________________________________.

Aktivitäten

Partnerarbeit. Arbeiten Sie zusammen mit einem Partner / einer Partnerin die Unterschiede zwischen dem amerikanischen und dem deutschen Wohlfahrtssystem heraus, und berichten Sie anschließend im Klassenforum. Nehmen Sie auch Stellung dazu, was Sie positiv/negativ an den beiden Systemen finden.

Abgaben und Leistungen

Vor dem Lesen

1. Wer versichert Sie gegen Unfall, Arbeitslosigkeit, Krankheit usw.?
2. Bekommt man in Ihrem Land für die Betreuung seiner Kinder finanzielle Hilfe vom Staat?
3. Kann eine werdende Mutter in Ihrem Land einige Wochen vor der Geburt ihres Kindes Urlaub nehmen und dabei ihr Gehalt weiterbekommen?
4. Haben die Ausländer, die legal in Ihrem Land sind, dieselben sozialen Rechte und Ansprüche wie Sie?
5. Kann Ihr Arbeitgeber Sie wegen Krankheit entlassen?

Wortschatz

Substantive

die Abgaben (*Pl.*)	contributions	**die Einkommensteuer, -n**	income tax
der Anspruch, ¨-e	claim, right	**die Mindestzeit, -en**	minimal time
die Belastung, -en	burden	**das Nettogehalt, ¨-er**	net income, income after taxes
der Betrieb, -e	company		
der Bruttoverdienst	gross income, income before taxes	**die Pflichtversicherung, -en**	compulsory insurance
		der Vertrag, ¨-e	contract

Verben

ausbeuten to exploit
einschränken to reduce; to limit
entlassen to let go; to lay off
etwas in Anspruch nehmen to make use of something
kündigen to give somebody his/her notice
staunen to be amazed
sich zurechtfinden to find one's way around

Adjektive und Adverbien

genügend sufficient
wahnsinnig *here:* immense
zuständig sein für to be responsible for

Lesetext

Beim Personalchef

JOAN: Guten Morgen, Herr Mietzke.

PERSONALCHEF: Guten Morgen, Frau Osborn.

JOAN: Ich finde es sehr nett von Ihnen, daß Sie sich die Zeit nehmen wollen, mir einige Fragen zu beantworten.

PERSONALCHEF: Aber natürlich. Ich habe ja mal ein Jahr in den USA gearbeitet und weiß, daß es gar nicht so leicht ist, sich in einem neuen System zurechtzufinden. Also, schießen Sie los![1]

JOAN: Ich verstehe, daß ich Einkommensteuer bezahlen muß, aber können Sie mir die Abgaben erklären?

PERSONALCHEF: Sicher. Es gibt drei Pflichtversicherungen. Die Krankenversicherung, und die beträgt 12,3% des Bruttoverdienstes, die Rentenversicherung 17,7%, die Arbeitslosenversicherung 4% und die Unfallversicherung, aber die bezahlt der Arbeitgeber.

JOAN: Wie schrecklich, da gehen ja gleich 34% meines Gehaltes weg!

PERSONALCHEF: Nein, nein, so schlimm ist das gar nicht. Sie bezahlen nur die Hälfte der Beiträge; wir bezahlen die andere Hälfte.

JOAN: Sie wissen, ich bin Amerikanerin. Gelten für mich die deutschen Gesetze auch?

PERSONALCHEF: O ja. Alle in Deutschland lebenden Ausländer haben dieselben Rechte und sozialen Ansprüche wie die Deutschen.

JOAN: Was passiert, wenn man Hilfe braucht, für die man nicht oder nicht mehr versichert ist?

PERSONALCHEF: In dem Fall bekommt man Sozialhilfe.

JOAN: Das ist wohl so etwas wie unser „welfare"?

PERSONALCHEF: Mag sein, aber in Deutschland sind die Hilfen weit großzügiger.[2] Man nennt uns nicht umsonst einen „Wohlfahrtsstaat".

JOAN: Interessant. Nun möchte ich aber noch wissen, was ich von der Krankenversicherung erwarten kann.

PERSONALCHEF: Ihre Krankenversicherung ist für so viele verschiedene Ausgaben zuständig. Für Sie am wichtigsten ist natürlich die Frage: Was passiert, wenn ich auf längere Zeit krank werde? Während der ersten sechs Wochen zahlen wir Ihnen Ihr Gehalt weiter. Danach zahlt die Krankenkasse 78 Wochen lang 80% Ihres Bruttogehalts weiter, und das kann soviel sein wie Ihr Nettogehalt.

JOAN: Meine Güte, das sind ja anderthalb Jahre! Ich glaube, in dem Fall würden Sie mir kündigen.

PERSONALCHEF: Bestimmt nicht. Im Gesetz steht, daß Krankheit kein Kündigungsgrund ist. Wir haben überhaupt[3] ganz

[1] schießen . . . *shoot!* [2] *more generous* [3] *anyway*

strenge Kündigungsgesetze. Bei Ihnen in Amerika kann es vorkommen, daß ein Arbeitgeber seinem Arbeitnehmer am Freitag erklärt, daß er nicht mehr genügend Arbeit für ihn hat und ihn entlassen muß. Das wäre hier einfach unmöglich, schon aus ethischen Gründen.[4]

JOAN: Ich habe doch erst letzte Woche bei Ihnen angefangen.Wenn ich nun diese Woche schon krank werde, was dann?

PERSONALCHEF: In unserem Vertrag steht, daß Sie keine Mindestzeit bei uns zu sein brauchen, um die Vergütungen[5] der Versicherungen in Anspruch nehmen zu können.

JOAN: Na, für so viel Sicherheit zahle ich gern meine Beiträge. Jetzt habe ich noch eine letzte Frage, die nicht mit mir persönlich zu tun hat. Haben Sie noch einen Moment Zeit für mich?

PERSONALCHEF: Aber sicher. Als Personalchef macht es mir ja Spaß, Ihnen diese Dinge zu erklären.

JOAN: Also, die Dame, die bei mir im Büro arbeitet, erwartet offensichtlich ein Baby. Wie ist das dann mit ihrem Arbeitsausfall?[6]

PERSONALCHEF: Sie meinen Frau Reger. Ja, die Regers brauchen sich keine Sorgen zu machen. Da sie Zwillinge erwarten, hört Frau Reger am 20. April auf zu arbeiten und braucht erst am 24. August wieder zurückzukommen. Wir bezahlen ihr das volle Gehalt während dieser Zeit, und sie kann Ihren Arbeitsplatz bei uns nicht verlieren. So schreibt es das Mutterschutzgesetz vor. Wenn sie nach dieser Frist[7] ihren Mutterschaftsurlaub antreten[8] möchte, um bei den Kleinen zu sein, dann kann sie noch bis zu 24 Monaten zu Hause bleiben. Während dieser Zeit bekommt sie in den ersten sieben Monaten aber nur 600 Mark im Monat vom Staat, nicht von uns. Danach richtet sich das Geld nach ihrem Einkommen. Die Krankenkasse bezahlt übrigens[9] alle Arzt- und Krankenhauskosten.

JOAN: Und Kindergeld bekommen die Regers dann auch?

PERSONALCHEF: Ja, für das erste Kind 70 DM und für das zweite 130 DM. Und nicht nur das, sondern sie haben dann auch bei der Einkommensteuer einen Kinderfreibetrag von 4 104 Mark pro Kind.

JOAN: Bei uns in Amerika ist es oft eine große finanzielle Belastung, wenn man ein Baby bekommt. Aber hier scheint für alle und alles gesorgt zu sein.

PERSONALCHEF: Sie haben recht. Unser Versicherungssystem ist eins der besten in der Welt. Grundsätzlich profitieren die Versicherten; die Versicherungen selbst werden dabei nicht reich. Aber unsere Sozialgesetze werden auch von vielen ausgebeutet. Es ist z.B. viel zu einfach, sich krankschreiben zu lassen,[10] ohne wirklich krank zu sein. Man nennt das „krank feiern", und viele Arbeitgeber sähen es gerne, wenn die Regierung einige Sozialleistungen einschränken würde. Die Ausgaben sind einfach zu hoch geworden. Aber jetzt spreche ich über Spekulationen.

JOAN: Und hochinteressante. Herr Mietzke, ich danke Ihnen ganz herzlich für Ihre Auskünfte. Ich bin sicher, daß ich mich bei Ihnen im Betrieb wohlfühlen werde.

PERSONALCHEF: Das freut mich, Frau Osborn. Auf Wiedersehen.

[4]aus . . . *for ethical reasons* [5]*benefits* [6]*lost work* [7]*period of time* [8]*begin* [9]*by the way* [10]sich . . . *to obtain a note from a physician stating that one is unable to work owing to illness*

Übungen zum Verständnis

Schreiben Sie **R** oder **F** neben die Aussagen. Korrigieren Sie die falschen Aussagen.

1. _______ Der Personalchef nimmt sich gern die Zeit, Joans Fragen zu beantworten.
2. _______ Herr Mietzke möchte gern einmal in den USA arbeiten.
3. _______ Joan muß 34% ihres Gehalts für Pflichtversicherungen ausgeben.
4. _______ Joan ist eine alleinstehende Mutter und möchte Informationen über Kindergeld haben.
5. _______ Wenn Joan länger als 78 Wochen krank ist, kann der Personalchef ihr kündigen.
6. _______ Die US-amerikanische Sozialhilfe tut mehr für die Hilflosen als die deutsche.
7. _______ Zu Anfang ist Joan ärgerlich, daß ihre Sozialabgaben so hoch sind.
8. _______ Frau Reger kann vor und nach der Geburt ihrer Zwillinge im ganzen ungefähr siebeneinhalb Monate zu Hause bleiben, ohne Angst zu haben, ihre Arbeitsstelle zu verlieren. Während dieser ganzen Zeit bekommt sie Geld.
9. _______ Wenn Joan im Betrieb einen Unfall hat, dann wird ihr Gehalt anderthalb Jahre weiter bezahlt, obwohl sie nicht arbeitet.
10. _______ Viele Arbeitgeber würden sich freuen, wenn die Regierung mit den Sozialleistungen nicht so großzügig wäre.

Sehen Sie sich das Schaubild an. Was erfahren Sie hier?

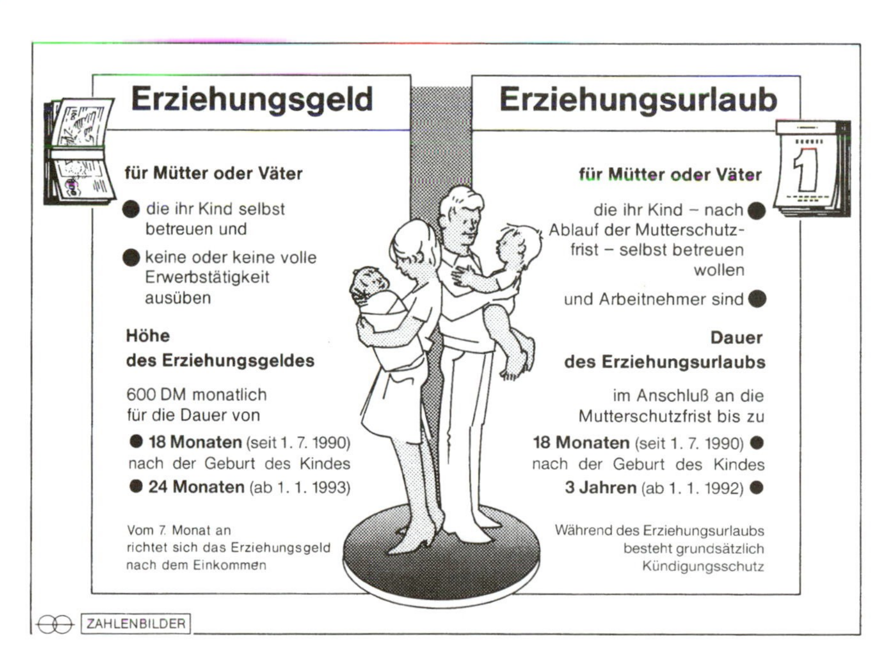

1. Wem gewährt das Gesetz Erziehungsgeld und Erziehungsurlaub?
2. Ist der Erziehungsurlaub ein Teil der Mutterschutzfrist?
3. Kann man Erziehungsgeld beantragen, wenn man erwerbstätig ist?
4. Wie hoch ist der Betrag des Erziehungsgeldes monatlich, und für welche Dauer kann man ihn erhalten?

5. Für welche Dauer kann man Erziehungsurlaub beantragen?
6. Kann man sicher sein, daß man während des Erziehungsurlaubs seine Stelle nicht verliert?

Referieren Sie über den Inhalt des Schaubildes, und berücksichtigen Sie dabei die folgenden Punkte.

- Welche Tendenz läßt sich im Bereich Erziehungsgeld und -urlaub zwischen 1990–1993 feststellen?
- Wer kann Erziehungsgeld und -urlaub bekommen?
- Wie wirkt sich der Erziehungsurlaub auf die Berufstätigkeit aus?

Übung zum Wortschatz

Welche Ausdrücke gebraucht das Schaubild?

SIE KÖNNTEN SAGEN:	IM SCHAUBILD HEISST ES:
1. Die Zeit, die ich brauche, mein Kind zu erziehen	____________
2. Für mein Kind sorgen	____________
3. Nachdem die Mutterschutzfrist zu Ende ist	____________
4. Eine Arbeitsstelle haben	____________
5. 24 Monate lang	____________
6. 600 DM im Monat	____________
7. Wieviel Erziehungsgeld ich erhalte, kommt auf mein Einkommen an	____________
8. Während ich auf Erziehungsurlaub bin, darf mein Arbeitgeber mir nicht kündigen	____________

Grammatiknotiz

KONJUNKTIV II

Der Konjunktiv II, auch „Irrealis" genannt, wird bei weitem öfter benutzt als der Konjunktiv I, den man in der indirekten Rede gebraucht. Wenn die Verbform dieses Konjunktivs I mit der Verbform des Indikativs identisch ist **(ich komme / ich komme),** benutzt man auch in der indirekten Rede die Verbform des Konjunktivs II **(ich käme).** Der Konjunktiv II wird immer dann benutzt, wenn man eine Unmöglichkeit ausdrückt wie z.B. bei Wünschen, die unerfüllbar sind **(wenn die Abgaben doch nicht so hoch wären!** —Sie sind aber so hoch). Meist beginnen diese Wunschsätze mit **wollen** oder **wünschen,** die auch im Konjunktiv II stehen müssen **(Ich wollte/wünschte, ich bekäme einen längeren Urlaub!)**

Übung zur Grammatik

Drücken Sie die folgenden Aussagen als Wünsche aus.

BEISPIEL: Wir haben eine gute Sozialversicherung. →
Ich wünschte, wir hätten eine gute Sozialversicherung!

1. Er kann sich etwas Zeit für mich nehmen.
2. Ich habe einmal in den USA gearbeitet.
3. Sie können mir die Abgaben erklären.
4. Der Arbeitgeber bezahlt alle Abgaben.
5. Für mich gelten die Gesetze auch.
6. Alle sind versichert.
7. Sie bekommen Sozialhilfe.
8. Ich weiß jetzt alles.
9. Mein Gehalt in den USA wird weiterbezahlt.
10. Sie kündigen dem jungen Mann nicht.
11. Krankheit ist kein Kündigungsgrund.
12. Er muß ihn nicht entlassen.
13. Die Arbeit macht mir Spaß.
14. Wir bekommen auch Kindergeld.

Aktivität

Diskussion

1. Was halten Sie von den sozialen Einrichtungen der Bundesrepublik? Glauben Sie, der Staat tut zu viel für seine Bürger? Zu wenig? Was gefällt Ihnen besonders und was gar nicht?
2. Diskutieren Sie Vor- und Nachteile des Mutterschutzgesetzes.
3. Die Leistungen der Krankenversicherung sind ziemlich großzügig. Viele Deutsche sagen, daß man diese Großzügigkeit ausnützen kann. Wie kann man das tun?
4. Deutsche zahlen viele Beiträge für Sozialleistungen, die Amerikaner nicht bezahlen müssen. Sehen Sie Vorteile im deutschen oder im amerikanischen System?
5. Sollte Ihrer Meinung nach die gesamte Krankenversicherung vom Staat geregelt und geleitet werden unter Ausschluß privater Versicherungen und privater Krankenhäuser? Was spräche dafür und was dagegen?

Sozialhilfe

Vor dem Lesen

Erweitern Sie die Liste. Mögliche Gründe für Sozialhilfe sind:

1. Arbeitslosigkeit
2. unzureichende Rente
3. mangelhafte Ausbildung

d. ______________________

e. ______________________

f. ______________________

Wortschatz

Substantive

das Almosen, -	alms
der Antrag, ¨-e	application
die Beantragung, -en	application
die Beihilfe, -n	financial assistance
die Erholungskur, -en	rest cure (in a health resort)
die Lebenslage, -n	situation in life
der Lebensunterhalt	cost of living
die Unterstützung, -en	support

Verben

bewältigen	to master
verdoppeln	to double

Ausdrücke

fällig sein	to be due
angewiesen sein auf (+ *Akk.*)	to be dependent on
Anspruch haben auf (+ *Akk.*)	to be entitled to
in Anspruch nehmen	to make use of

Lesetext

Das Gespräch findet zwischen einer jungen Frau mit einem dreijährigen Kind und dem zuständigen Berater auf dem Sozialamt statt.

FRAU B.: . . . ich bin in einer ganz schwierigen Situation. Vor drei Wochen ist mein Mann bei einem Verkehrsunfall ums Leben gekommen, und nun stehe ich mit meinem kleinen Sohn allein da. Ich kann nicht genug arbeiten, um unseren Lebensunterhalt zu finanzieren.

BEAMTER: Wir haben Ihren Antrag überprüft. Sie haben Anspruch auf den vollen Regelsatz[1] an Sozialhilfe. Das sind monatlich 711 DM für Sie und 279 DM für Ihren Sohn. Außerdem werden die Kosten für Miete und Heizung übernommen[2] . . .

FRAU B.: Da fällt mir ein Stein vom Herzen! Ich hab' aber noch eine Frage. Es ist so kalt geworden, und mein Sohn paßt nicht mehr in die Wintersachen vom letzten Jahr . . .

BEAMTER: Ja . . . denken Sie daran, daß Sie – aber nicht monatlich – zusätzliches Geld für Kleidung, Hausrat und Weihnachtsbeihilfe bekommen.

FRAU B.: Ich glaube schon, daß in der nächsten Zeit für Matthias und mich gesorgt ist, und ich hoffe, daß ich in Zukunft, wenn ich den Kleinen vielleicht halbtags im Kindergarten lassen kann, ja, daß ich dann eine Arbeit finde, um nicht mehr auf Sozialhilfe angewiesen zu sein. Da ist aber noch etwas, was mir Sorgen macht: Ich habe die letzte Miete nicht zahlen können, und die nächste ist bald fällig. Aber so viel . . .

BEAMTER: Wie gesagt, die Kosten für Miete und Heizung übernehmen wir, und die vorhandenen Mietschulden

[1] vollen . . . *full entitlement* [2] *picked up*

übernehmen wir in Form einer Beihilfe. Lesen Sie sich diese Broschüre nochmal durch. Unter dem Titel „Hilfe in besonderen Lebenslagen" finden Sie zusätzliche Auskünfte—besonders auf Seite 74—über Arztkosten, Medikamente, ärztlich verordnete Erholungskuren für Kinder und Mütter . . .

Übungen zum Verständnis

Unterstreichen Sie in dem Gespräch alle Hilfen, die Frau B. vom Sozialamt erwarten kann. Listen Sie sie dann auf, angefangen mit dem, was Sie am nötigsten finden.

1. ______________________
2. ______________________
3. ______________________
4. ______________________
5. ______________________
6. ______________________
7. ______________________
8. ______________________
9. ______________________
10. ______________________

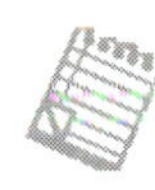

Die Redaktion einer Gewerkschaftszeitschrift beauftragt Sie, ihr für Informationszwecke dieses Gespräch in Ihrer Landessprache zusammenzufassen. Hierfür stehen Ihnen höchstens 150 Wörter zur Verfügung.

Aktivitäten

Mündlicher Bericht

1. Sehen Sie sich das Schaubild auf S. 154 an, und sprechen Sie über Sozialhilfeempfänger in Deutschland.
   - **a.** Welche Tendenz im Bereich der wachsenden Sozialhilfe läßt sich feststellen?
   - **b.** Vergleichen Sie die Zahl der deutschen und ausländischen Sozialhilfeempfänger. Gebrauchen Sie einige der folgenden sprachlichen Möglichkeiten:

     —steigen, sich erhöhen
     —eine Steigerung läßt sich feststellen / ist feststellbar
     —eine Erhöhung findet statt
     —Es ist anzunehmen, daß . . .
     —Es läßt sich voraussehen, daß . . . / Es ist vorauszusehen, daß . . .
2. Spekulieren Sie: Wie erklärt sich der rapide Anstieg der Sozialhilfeempfänger in der Bundesrepublik?

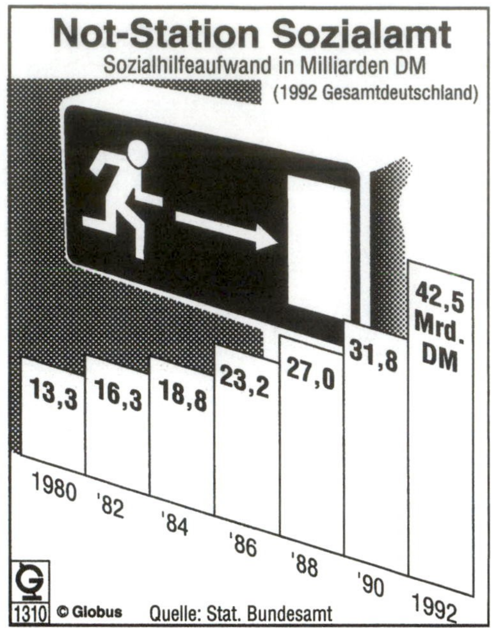

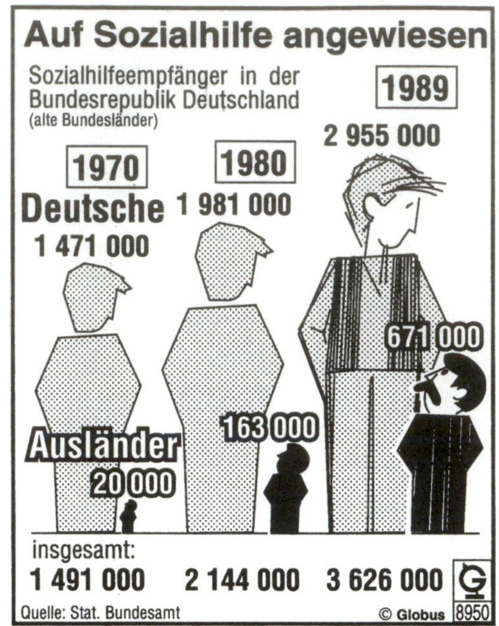

Diskussion. Was wissen Sie über die Sozialhilfe in Ihrem Land? Bilden Sie zwei Gruppen. Gruppe A ist für eine langfristige Sozialhilfe, und Gruppe B ist dagegen. Jede Gruppe muß mindestens ein Beispiel und zwei Gründe für ihre Position angeben. Können Sie zu einem Kompromiß kommen?

PROBLEM
LANGFRISTIGE SOZIALHILFE
JA ODER NEIN?

GRUPPE A		GRUPPE B	
Beispiel		Beispiel	
Grund	Grund	Grund	Grund
Konsequenz		Konsequenz	

Kompromiß

Hörverständnis

Arbeitsämter in der Bundesrepublik

Neue Wörter und Ausdrücke

der/die Arbeitsuchende	job seeker
die Bereitschaft	willingness
die Betreuung	care
erforderlich	necessary
die Fortbildung	additional training
das Hemmnis, -se	impediment
der Konkurs	bankruptcy
der Konkursausfall	loss of wages and salaries due to bankruptcy
die Kurzarbeit	short time, reduced hours due to lack of work
die Leistungsabteilung	department responsible for disbursing benefits
die Neigung, -en	talent
der Unterhalt	support
die Vermittlung	finding of work, jobs
die Voraussetzung, -en	prerequisite

Beantworten Sie die folgenden Fragen.

1. In welchem Jahr und aus welchem Grund entstanden Arbeitsämter in Deutschland?

   ____

   ____

2. Was sind die Aufgaben des Arbeitsamtes?

   ____

   ____

3. In welchen Situationen könnte eine Person finanzielle Unterstützung vom Arbeitsamt erhalten?

   ____

   ____

4. Was sind die Aufgaben der Berufsberater/Berufsberaterinnen?

   ____

   ____

5. Welche besonderen Fähigkeiten erwartet man von einem Berufsberater / einer Berufsberaterin?

   ____

   ____

6. Wie informieren sich besonders junge Menschen über die Berufs- und Ausbildungswelt?

   ____

   ____

7. Welche Fragen klärt die Berufsberatung zuerst bei der Vermittlung von Arbeitsstellen?

____

____

8. Unter welchen Voraussetzungen kann ein Nicht-Deutscher in der Bundesrepublik arbeiten?

____

____

Schlußgedanken

Diskutieren Sie im Klassenforum: Ständig wachsende Sozialausgaben verzehren mehr und mehr vom Bruttosozialprodukt. Welche Probleme sehen Sie für den Staatshaushalt, die Wirtschaft, die Bevölkerung usw.?

Wußten Sie das schon?

Sozialleistungen

- Arbeitsbedingungen und zusätzliche Sozialleistungen des Arbeitgebers in Deutschland sind großzügiger als in den USA.
- Bis zu sechs Wochen und länger Ferien, ein extra Monatsgehalt zu Weihnachten und häufig noch andere Gratifikationen sind in Deutschland die Regel.
- Familien mit Kindern bekommen nicht nur Kindergeld für jedes Kind, sondern auch Kinderfreibeträge bei der Steuer und sind in einer niedrigeren Steuerklasse als Ehepaare ohne Kinder.
- Von allen Sozialleistungen schlucken Renten- und Krankenversicherung das meiste Geld. Das Sozialbudget kann diese Ausgaben nicht mehr lange verkraften, so daß eine Umstrukturierung unbedingt nötig ist.
- Das Gesundheitswesen wird reformiert. Mehr Geld soll für häusliche Pflege der Kranken und Invaliden gezahlt werden, aber andere, weniger wichtige Dinge sollen nicht mehr bezahlt werden. Die medizinische Versorgung soll dabei nicht leiden.
- Der Anspruch auf Arbeitslosenhilfe ist zeitlich nicht beschränkt.
- Renten sind dynamisch – sie steigen, wenn der Durchschnittsverdienst aller Arbeitnehmer steigt.

9 Industrie und Arbeitswelt

- **Industrieland Deutschland**
- **Arbeitswelt**
- **Ausländische Arbeitnehmer**

Kokerei im Ruhrgebiet

Lernziele

In diesem Kapitel lernen Sie die wichtigsten deutschen Industriezweige kennen. Sie lesen, wie sich die Industrie durch Investitionen im Ausland und durch Forschung und Entwicklung auf dem Weltmarkt behauptet. Sie lernen, sich in der Arbeitswelt zurechtzufinden, und gewinnen Einblick in die Integrationsschwierigkeiten ausländischer Arbeitnehmer.

Einführende Fragen

Was wissen Sie über die deutsche Wirtschaft?

- Erfolge
- Probleme
- Ansehen im Ausland
- Gastarbeiter
- Ladenschlußzeiten
- Privatisierung ostdeutscher Betriebe
- Bekannte Industriezweige
- Arbeits- und Urlaubstage

Industrieland Deutschland

Vor dem Lesen

Was ist Ihrer Meinung nach für ein Industrieland wie Deutschland am wichtigsten und was am wenigsten wichtig? Ordnen Sie die nachstehende Liste von 1 (am wichtigsten) bis 10, und vergleichen Sie die Resultate im Plenum.

_____ Geographische Lage
_____ Eigene Rohstoffe
_____ Technologisches Know-how
_____ Mehrsprachigkeit
_____ Klima
_____ Boden
_____ Qualifizierte Arbeitskräfte
_____ Stabile politische Lage
_____ Stabile Währung
_____ Transportwege

Wortschatz

Substantive

der Anteil, -e	share
die Bekleidung	clothing
die Bierbrauerei, -en	beer brewery
das Chemiewerk, -e	chemical factory
der Dienstleistungsbereich	service industry
der Einsatz, ¨-e	use
die Energieversorgung	energy supply
die Entwicklung, -en	development
die Ernährungsmittelindustrie	food industry
die Feinmechanik	precision mechanics
die Gastronomie	catering trade
die Genußmittelindustrie	coffee, tea, chocolate and tobacco industry
das Industriegebiet, -e	industrial area
der Industriezweig, -e	industrial branch
der Luftfahrzeugbau	aircraft industry
die Molkerei, -en	dairy
die Nahrungsmittelindustrie	food industry
der Schiffbau	shipbuilding
der Strom	electricity
der Umsatz, ¨-e	turnover, sales
die Verbrauchsgüterindustrie	consumer products industry

Verben

achten auf (+ *Akk.*)	to pay attention to
ausarbeiten	to work out (a plan)
herstellen	to produce
unterstützen	to support; to subsidize
verwenden für	to use for

Adjektive und Adverbien

beachtlich	considerable
bemüht sein, etwas zu tun	to try hard to do something
ehemalig	former
entscheidend	decisive
ersetzbar	replaceable
lebenswichtig	vital
preiswert	at a reasonable price
ständig	continual, constant

Ausdrücke

an dritter Stelle	in third place
Anforderungen stellen an (+ *Akk.*)	to put demands on

Lesetext

Die Bundesrepublik ist ein Industrieland, aber nur etwa 2% aller Industriebetriebe sind Großunternehmen mit über 1 000 Beschäftigten. Unternehmen, die von ihrer Größe her zwischen den Großunternehmen und den kleinen Handels- und Handwerksbetrieben liegen, nennt man Mittelstandsunternehmen. Das sind Unternehmen mit weniger als 50 Mitarbeitern. Etwa 50% aller Unternehmen in Deutschland zählen zu diesen Mittelstandsunternehmen.

Durch den Einsatz der modernen Technik versucht die Industrie, die Produktivität zu erhöhen. Dadurch gehen Arbeitsplätze verloren. Aber in gewissen Bereichen, wie dem Dienstleistungsbereich (Handel, Touristik, Gastronomie, Banken, Post, Versicherungen), ist der Mensch nicht ersetzbar. In den letzten Jahren ist die Zahl der Beschäftigten in diesen Bereichen gestiegen.

Die gesamte Industrie Deutschlands ist bemüht, umweltgerecht[1] zu produzieren. Die Forderungen des Umweltschutzes sind beachtlich, und nach der Vereinigung kamen zu den Umweltproblemen der alten Bundesländer die der neuen hinzu, denn dort hatte man auf Umweltschutz kaum geachtet.

Deutschlands wichtigste Industriegebiete sind:

- das Ruhrgebiet (Nordrhein-Westfalen)
- das Rhein-Main-Gebiet (um Frankfurt und Mannheim)
- Sachsen-Anhalt (um Halle und Leipzig)
- das Saarland
- Berlin, Hamburg, Bremen, Rostock, Hannover, Dresden, Stuttgart, München, Nürnberg

Die wichtigsten Industriezweige sind heute die chemische Industrie, Maschinen- und Fahrzeugbau und die elektrotechnische Industrie.

- In der chemischen Industrie arbeiten 80% aller Angestellten und Arbeiter bei den drei größten Chemiewerken BASF, Bayer und Hoechst. Diese drei Werke gehören zu den acht größten Industrieunternehmen Deutschlands.
- Über eine Million Menschen arbeiten im Maschinenbau.
- Der Straßenfahrzeugbau stellt Personenkraftwagen[2] Autobusse, Lastkraftwagen,[3] Motorräder und Fahrräder her. Die Bundesrepublik steht nach den USA und Japan an dritter Stelle als wichtigster Automobilproduzent der Welt.
- Auch der Luftfahrzeugbau ist für Deutschland von Bedeutung. Dieser Industriezweig ist selbst nicht sehr groß, aber da er höchste technische Anforderungen an Zulieferer und Mitarbeiter stellt, ist er auf technologischem Gebiet führend. Deutsche Flugzeugfirmen sollen in Zukunft immer enger mit anderen europäischen Unternehmen zusammenarbeiten.
- Im Schiffbau steht heute Japan an erster Stelle. Im Gesamtumsatz der westdeutschen Industrie spielt der Schiffbau eine minimale Rolle (weniger als 1%), aber für die Nordseegebiete Hamburg, Bremen und das Bundesland Schleswig-Holstein ist er ein lebenswichtiger wirtschaftlicher Zweig.
- Die elektronische Industrie ist der Industriezweig, der am schnellsten wächst. Die Bundesregierung ist besonders an der Entwicklung der EDV[4] interessiert, die sie auch

[1] *environmentally sound* [2] *passenger cars* [3] *trucks* [4] (Elektronische Datenverarbeitung) *electronic data processing*

Hamburger Hafen

finanziell stark unterstützt. Ständige Neuerungen[5] auf diesem Gebiet sind für das Export-orientierte Deutschland sehr wichtig, damit es auf dem Weltmarkt konkurrenzfähig bleiben und den Import reduzieren kann.

In der Verbrauchsgüterindustrie bringt die Textil- und Bekleidungsindustrie den größten Umsatz und beschäftigt über eine halbe Million Menschen. Nahrungs- und Genußmittelindustrien folgen im dichten Abstand. Den größten Anteil hat dabei die Ernährungsindustrie, zu der z.B. Molkereien und Bierbrauereien zählen.

Eisen und Stahl, NE[6]-Metalle, Optik und Feinmechanik, Kohle, Kunststofferzeugnisse[7] und Büromaschinen spielen für die deutsche Industrie auch eine entscheidende Rolle.

Schon vor der Ölkrise 1973–74 hatte die Bundesrepublik ein nationales Energieprogramm ausgearbeitet mit dem Ziel, die westdeutsche Energieversorgung sicher, preiswert und umweltverträglich[8] zu machen. Heute versorgen die folgenden Energiequellen das Land:

Öl, Steinkohle,[9] Erdgas,
Braunkohle,[10] Kernenergie, Wasserkraft.

1973 hatte das Öl einen Anteil von 55% an der deutschen Primärenergie;[11] 1983 waren es nur noch 43%. In Zukunft wird die Kernenergie einen immer größeren Anteil an der Energieversorgung haben. 1985 kam die Stromversorgung zu 36% von Kernenergie; 1984 waren es nur 27,6%.

[5] *innovations* [6] *nonferrous (without iron)* [7] *synthetic products* [8] *environmentally sound* [9] *hard bituminous coal* [10] *soft lignite coal* [11] *primary energy source*

Übung zum Verständnis

Beantworten Sie die folgenden Fragen.

1. Welche drei Industriezweige sind für die Bundesrepublik am wichtigsten?
2. Zu welchem Industriezweig gehört die BASF?
3. Wer sind die drei wichtigsten Automobilproduzenten der Welt?
4. Warum ist die Bundesrepublik daran interessiert, den Luftfahrzeugbau zu unterstützen, obwohl er für das Bruttosozialprodukt keine große Rolle spielt?
5. Könnte die Bundesrepublik auf den Schiffbau verzichten, da er nur einen verhältnismäßig geringen Anteil des Gesamtumsatzes der deutschen Industrie darstellt?
6. An welchem Zweig der elektronischen Industrie ist die Bundesrepublik besonders interessiert? Warum?
7. Nennen Sie drei Industriezweige der Verbrauchsgüterindustrie.
8. Welches Ziel hat die deutsche Energieversorgung?
9. Scheint die Abhängigkeit vom Öl in der Bundesrepublik zu wachsen oder sich zu verringern?
10. Welche Art der Stromversorgung wird in der Zukunft eine immer größere Rolle spielen?

Übungen zum Wortschatz

■ ■ ■

Sehen Sie sich die folgende Liste der Industriebranchen an, und ordnen Sie dann jeder deutschen Branche die englische zu.

1. _______ Versicherungen
2. _______ Post
3. _______ Spielwarenindustrie
4. _______ Speditionsunternehmen
5. _______ Elektrotechnik
6. _______ Brauereien und Getränkeindustrie
7. _______ Holzbearbeitung und -verarbeitung
8. _______ Bauindustrie
9. _______ Ledererzeugung und -verarbeitung
10. _______ Gummi- und Asbestindustrie
11. _______ Feinmechanik und Optik
12. _______ Gaststätten und Beherberungswesen
13. _______ Bahn
14. _______ Außenhandel
15. _______ Energiewirtschaft
16. _______ Chemische Industrie
17. _______ Nahrungsmittelindustrie
18. _______ Schmuckindustrie
19. _______ Land- und Forstwirtschaft
20. _______ Eisen- und Stahlindustrie

a. electronics
b. rubber and asbestos
c. energy
d. iron and steel
e. toys
f. breweries and beverage industry
g. leather production and processing
h. hotels and restaurants
i. chemicals
j. jewelry
k. shipping agencies
l. construction and civil engineering
m. railroad
n. food products
o. postal services
p. insurance companies
q. agriculture and forestry
r. foreign trade
s. precision instruments and optics
t. woodworking and wood processing

B

Die folgenden Aussagen beziehen sich auf den Text. Sind sie richtig **(R)**, falsch **(F)**, oder gibt der Text keine Auskunft **(K)**?

1. _______ In allen Industriebereichen wird der Mensch durch Maschinen ersetzt.
2. _______ Vor der Vereinigung hatte man im Osten Deutschlands an Umweltschutz kaum gedacht.
3. _______ Eins der produktionsreichsten Industriegebiete liegt im Osten Deutschlands.
4. _______ Die Bundesrepublik produziert nach den USA die meisten Autos der Welt.
5. _______ In den neuen Bundesländern werden keine Schiffe gebaut.
6. _______ In der Energieversorgung spielt das Öl eine immer wichtigere Rolle.

7. _______ Die Hälfte aller deutschen Industrieunternehmen sind Großbetriebe.

8. _______ Dienstleistungsunternehmen tragen mit 20% zur wirtschaftlichen Gesamtleistung bei.

9. _______ Thyssen stellt Maschinen her.

10. _______ Von allen deutschen Industrieunternehmen hat die Daimler-Benz AG die meisten Beschäftigten.

Lesetext

Die deutsche Chemieindustrie

FRANKFURT – Die chemische Industrie in Deutschland, das sind im wesentlichen[1] die 1 650 Mitgliedsfirmen des Verbandes der Chemischen Industrie (VCI).[2]

Beschäftigte: 655 000

Umsatz: 171 Milliarden Mark im vergangenen Jahr. Daran gemessen liegt die deutsche Chemieindustrie weltweit[3] hinter den USA, Japan und der alten UdSSR auf Platz vier.

Exportquote:[4] Beim Exportieren sind die deutschen Hersteller mit einer Exportquote von mehr als der Hälfte des Umsatzes die Nummer eins auf der Welt.

Investitionen: Seit Jahren investieren die Unternehmen besonders stark in den USA, wo sie ein chemiefreundlicheres Klima sehen. Das schmälert[5] auf Dauer den Exportbeitrag.

Arbeitsplätze: Die Branche rangiert zusammengenommen als Arbeitgeber in Deutschland an vierter Stelle.[6] 1990 arbeiten acht Prozent aller Beschäftigten im verarbeitenden Gewerbe[7] in der Chemie.

Forschung und Entwicklung: Zwischen acht und neun Prozent ihres Umsatzes geben die Chemieunternehmen für Forschung und Entwicklung aus.

DIE WELT
16.3.1993

[1]*essentially* [2]Verbandes . . . *chemical industry association* [3]*in the world* [4]*Export rate* [5]*decreases, reduces* [6]rangiert . . . *occupies the fourth place* [7]im . . . *in the processing industries*

Übung zum Verständnis

Schreiben Sie in jeweils einem Satz in Ihren eigenen Worten, wovon jeder Absatz spricht.

1. Absatz: ______________________________

____

Umsatz: ______________________________

____

Exportquote: ______________________________

____

Investitionen: ______________________________

____

Arbeitsplätze: ______________________________

____

Forschung und Entwicklung: ______________________________

____

Grammatiknotiz

Relativsätze

Ein Satz und sein folgender Relativsatz haben eine enge Beziehung zueinander. Das Relativpronomen leitet eine Aussage ein, die sich auf ein Substantiv des vorhergehenden Satzes bezieht:

Die Bayer AG ist **eine Firma, die** Medikamente herstellt. (Ohne den Relativsatz gibt uns der Satz nicht die Information, die wir brauchen.)

Im Englischen darf das Relativpronomen wegfallen, aber nie im Deutschen:

Die Firma, **die** ich meine, heißt Bayer AG.
The firm I mean is Bayer AG.

Nach einem Substantiv muß eine Form des Artikels als Relativpronomen stehen:

Das Werk, **das** Sie meinen, ist die VEBA AG in Düsseldorf.

Nach einem substantivierten Adjektiv heißt das Relativpronomen **was:**

Das Beste, **was** es gibt.
aber: Das beste Auto, das ich je gefahren habe.

Was steht auch nach **alles, nichts, etwas, wenig(es), viel(es), manches, einiges** und nach den Demonstrativpronomen **das** und **dasselbe:**

In diesem Artikel steht **dasselbe, was** Sie mir eben erzählt haben.

Was kann sich auch auf den gesamten Inhalt des vorhergehenden Satzes beziehen:

Im Osten Deutschlands wird viel für den Umweltschutz getan, **was** wirklich nötig ist.

Was und **wer (wen, wem, wessen)** sind unbestimmte Relativpronomen, die sich auf nichts Vorhergehendes beziehen:

Was Sie bestellt haben, ist noch nicht angekommen.
Uns ist es ganz egal, **wem** Sie den Auftrag geben wollen.

Übungen zur Grammatik

Beim Sprechen und beim Schreiben haben Relativsätze eine wichtige Funktion. Sie beweisen, daß der Sprecher sich wortgewandt ausdrücken kann. Gebrauchen Sie statt der zwei kurzen Sätze einen Relativsatz.

1. Die chemische Industrie in Deutschland hat 1 650 Mitgliedsfirmen.
   Sie ist der größte Exporteur der Welt für chemische Erzeugnisse.

   ____

   ____

2. Die deutsche Chemieindustrie investiert immer mehr in den Vereinigten Staaten. Sie sieht ein chemiefreundliches Klima in den USA.

____

____

3. Die Branche setzt sich aus allen verarbeitenden Gewerben in der Chemie zusammen. Als Arbeitgeber rangiert sie an vierter Stelle.

____

____

4. Deutsche Hersteller von Chemieprodukten sind die Nummer eins im Weltexport. Sie exportieren mehr als die Hälfte ihres Umsatzes.

____

____

B Welches Relativpronomen fehlt hier?

1. __________ die chemische Industrie für Forschung und Entwicklung tut, ist beachtenswert.
2. __________ nicht vom Öl abhängig sein will, muß andere Energiequellen suchen.
3. Deutsche Flugzeugfirmen arbeiten mit anderen europäischen Unternehmen zusammen, __________ für die deutsche Wirtschaft wichtig ist.
4. Die EDV ist ein Industriezweig, __________ die Bundesregierung finanziell stark unterstützt.
5. Kleinbetriebe, in __________ weniger als 50 Beschäftigte arbeiten, machen die Hälfte aller deutschen Industrieunternehmen aus.

Industrie in den neuen Bundesländern

Wortschatz

Substantive

die Betriebsstätte, -n	production site
der Industriestandort, -e	industrial location
die Privatisierung	turning (state-owned) property into private property
der Unternehmergeist	entrepreneurial spirit
der Verkehrsbetrieb, -e	traffic enterprise
der Warenabsatz, ¨-e	sale of goods
die Wende	turning point; *here:* period of unrest in East Germany directly before unification

Verben

sanieren	to restore
sichern	to secure
stillegen	to close down

Adjektive und Adverbien

ehemalig	former
staatseigen	state-owned
wettbewerbsunfähig	not competitive

Lesetext

Nach der Wiedervereinigung bekam die Treuhandanstalt[1] die Aufgabe, die staatseigenen Betriebe der ehemaligen Deutschen Demokratischen Republik an Privatunternehmer zu verkaufen. Das waren ca. 45 000 Betriebsstätten. Die Betriebe, die weder verkauft noch saniert werden konnten, mußten stillgelegt werden.

Die Privatisierung ist nicht leicht in solchen Branchen, die in der Marktwirtschaft wettbewerbsunfähig sind, wie Unternehmen der Textil- und Bekleidungsindustrie, der Leder- und Schuhindustrie und der Landwirtschaft. Die meisten Unternehmer interessierten sich für Betriebe in der Bauindustrie.

Investoren aus dem In- und Ausland investieren seit der Wende in den neuen Bundesländern. Damit werden Arbeitsplätze geschaffen. Zu den größten Investoren gehören deutsche und internationale Industrieunternehmen, Verkehrsbetriebe, die Post und Unternehmen der Wohnungswirtschaft.

Ostdeutschland ist auf dem Weg, zu einem attraktiven Industriestandort zu werden. Die Finanzierung aus dem Westen zeigt eine deutliche Wirkung. Große Fortschritte zeigen sich im Bausektor, im Verkehrswesen und in der Telekommunikation. Die Landwirtschaft wird modernisiert, und die neuesten Marketingstrategien sichern den Warenabsatz im In- und Ausland. Ein gesundes Zeichen ist es immer, wenn der Unternehmergeist wächst. Und das geschieht im Osten. In einem einzigen Jahr (1990) wurden zwischen Rostock und Dresden, zwischen Leipzig und Frankfurt an der Oder 280 000 neue Firmen gegründet.

Staatlich finanzierte Umschulungskurse[2] erleichtern das Umlernen[3] auf einen anderen Beruf und garantieren eine bessere berufliche Qualifizierung.

Ein Geschäftsfall

Herr Sondhausen, ein Lieferant für Autobestandteile, kommt von einer Reise in die neuen Bundesländer zurück. Herr Wiel, ein Bauunternehmer, hätte gern Auskunft, ob er es wagen soll, sich im Osten Deutschlands niederzulassen.

HERR WIEL: Sie waren also vierzehn Tage in Sachsen und haben sich über mögliche Geschäftsbeziehungen informiert.

HERR SONDHAUSEN: Ja, ich habe mit Privatunternehmern gesprochen und mir mehrere Industriestandorte angesehen.

HERR WIEL: Ich mache mir schon seit einiger Zeit Gedanken darüber, ob ich dort eine Anlage kaufen soll, die schon produziert hat.

HERR SONDHAUSEN: Wenden Sie sich doch mal an die Treuhand in Berlin, die hat noch einige Betriebe zu verkaufen. Manche sind spottbillig, aber ich muß Sie warnen; Sie müssen eine Menge Geld hineinstecken, um solche Betriebe arbeitsfähig zu machen. Viele sind total veraltet und entsprechen nicht den Umweltanforderungen.

HERR WIEL: Hm, spottbillig braucht so eine Anlage nicht zu sein. Wie Sie wissen, geht es unserem Unternehmen hier sehr gut, und wir können schon kräftig investieren. Es muß sich aber lohnen. Am Unternehmergeist fehlt's mir ganz bestimmt nicht, aber ich will auch kein allzu großes Risiko eingehen. Das größte

---

[1] *Trust Agency* [2] *retraining courses* [3] *retraining*

	Interesse hätte ich an einem Betrieb in der Bauindustrie. Was halten Sie davon?
HERR SONDHAUSEN:	Oh ja, dafür interessieren sich die meisten Unternehmer. In Osten wird es noch jahrelang Arbeit im Bauwesen geben. Wenn man an all die Sanierungen, Renovierungen und Stillegungen denkt, . . . da wird unheimlich viel abgerissen und neu gebaut. Und die Sozialwohnbauten müssen auch modernisiert werden.
HERR WIEL:	Ich glaube, ich werde mich mal an die Treuhand wenden.
HERR SONDHAUSEN:	Nehmen Sie sich aber nicht zu lange Zeit damit. Die Arbeit der Treuhand geht schneller voran, als man dachte, und bald wird dieses Amt nicht mehr bestehen. Dann müssen Sie sich direkt an das Wirtschaftsministerium des Bundeslandes wenden, wo Sie sich niederlassen wollen.
HERR WIEL:	Gut, ich werde mich bald um die Sache kümmern. Und vielen Dank für Ihre Auskünfte.
HERR SONDHAUSEN:	Nichts zu danken.

Übung zum Verständnis

■ ■ ■

Beantworten Sie die folgenden Fragen zum vorhergehenden Text.

1. Was geschieht mit Betrieben in den neuen Bundesländern, die so veraltet und vernachlässigt sind, daß man sie nicht mehr renovieren kann?
2. Welche Industriebranchen in den neuen Bundesländern sind wettbewerbsunfähig?
3. Welche Investoren sind besonders stark vertreten?
4. Woran kann man erkennen, daß der Unternehmergeist im Osten wächst?
5. Was ist wohl der Hauptgrund dafür, daß Herr Wiel in einem der neuen Bundesländer investieren will?
6. Was sind Vor- und Nachteile beim Kauf eines Betriebes durch die Treuhand?
7. Für welche Industriebranche interessiert sich Herr Wiel besonders?

Übung zum Wortschatz

■ ■ ■

Folgende Ausdrücke sind hilfreich, wenn Sie über die wirtschaftliche Lage in den neuen Bundesländern sprechen. Was steht imText?

1. ______________________ the organization charged with the task to sell the formerly state-owned enterprises to private persons or businesses
2. ______________________ an entrepreneur
3. ______________________ to restore and renovate an enterprise
4. ______________________ to shut down a facility
5. ______________________ the process of selling to a private person or corporation

6. ______________________________ cannot compete any more

7. ______________________________ construction industry

8. ______________________________ the persons who invest money

9. ______________________________ period of unrest in East Germany right before unification

10. ______________________________ transport services

11. ______________________________ the location where industry has settled

12. ______________________________ financial investments

13. ______________________________ the industrial branch dealing with telephones

14. ______________________________ the sale of products

15. ______________________________ the ambition to start a business

16. ______________________________ courses to retrain a person for a different job

17. ______________________________ courses to improve one's professional knowledge

18. ______________________________ professional qualification

Aktivitäten

Mündliches. Suchen Sie sich Informationsmaterial in Ihrer Bibliothek, in der Zeitung, in Zeitschriften wie „Wirtschaftswoche" oder „Spiegel", und bereiten Sie einen fünf Minuten langen mündlichen Bericht über eins der folgenden Themen vor.

- Der Wirtschaftszweig, der mich am meisten interessiert.
- Investitionen in den neuen Bundesländern.
- Große deutsche Industriefirmen auf dem Weltmarkt.

Gruppenarbeit. Ihre Firma interessiert sich dafür, eine Niederlassung in einem der neuen Bundesländer zu gründen. Erstellen Sie in Gruppenarbeit eine Liste von Fragen, die für eine Entscheidung wichtig sind. Berücksichtigen Sie folgende Punkte.

- Standort
- Infrastruktur
- Personal
- Wohnungen
- Produkte
- Aufgaben (z.B. Marketing)
- Vorbereitung auf den Deutschlandaufenthalt (Sprache, Kultur usw.)

Partnergespräch. Ihr Partner / Ihre Partnerin wird von seiner/ihrer Firma für ein Jahr nach Deutschland versetzt. Stellen Sie ihm/ihr über folgende Punkte Fragen.

- Industriezweig
- Größe der Firma

Keine Samstagsarbeit

Arbeitswelt

Vor dem Lesen

Sehen Sie sich das Bild an, und beantworten Sie die Fragen.

- Was ist der Grund für diese Demonstration?
- Wie würde eine kürzere Arbeitswoche den Arbeitsmarkt verändern?
- Wie beeinflußt ein Boom oder eine Rezession den Arbeitsmarkt?
- Was für einen Einfluß hätte eine kürzere Arbeitswoche auf das Privatleben der Arbeitnehmer?

Wortschatz

Substantive

die Belegschaft, -en	staff
die Entlohnung	salary, wage
der Stand	standard, level

Verben

entwickeln	to develop
mitwirken	to join in working

Adjektive und Adverbien

langfristig	long-term
nächstmöglich	as soon/close as possible
reizvoll	attractive
tätig sein als (+ *Nom.*)	to be working as
tatkräftig	active(ly), enthusiastic(ally)
verantwortungsbewußt	responsible

Lesetext 1

Wer eine Stelle sucht, sei es in der Industrie oder in irgendeinem anderen Bereich, der findet in Zeitungen und Zeitschriften gewöhnlich eine große Auswahl. Besonders informationsreich sind die Wochenend-Ausgaben großer Tageszeitungen. Große Unternehmen, die es sich leisten können, setzen große Annoncen in die Zeitungen, aus denen man viele Details über die Arbeitsstelle erfährt. Kleinere Betriebe geben nur das Wichtigste an; Einzelheiten kann man schriftlich oder per Telefon erfahren.

Übung zum Verständnis

Nachdem Sie die vier Stellenangebote gelesen haben, beantworten Sie die folgenden Fragen.

Stellen-Angebote

Preiswerk

Kantinenbetrieb in Ägypten sucht

**Catering Manager
resp. Küchenmeister**

Aufgabenbereich:

— Allgemeine Führung des Kantinenbetriebes
— Einkauf der Nahrungsmittel
— Lagerbewirtschaftung
— Verhandlungen mit Lieferanten und Behörden
— Verpflegung von ca. 1200 Personen mehrheitlich arabischer Herkunft

Anforderungen:

— Spachen: Deutsch und Englisch
— Ausbildung als Koch
— mindestens 5 Jahre Auslandserfahrung, vorzugsweise im arabischen Sprachraum

Wir bieten:

— den Anforderungen entsprechende Entlohnung
— 6 Wochen Ferien pro Jahr
— jährliche Hin- und Rückreise nach Deutschland inkl. Reisekosten

Bewerbungen und Unterlagen bitte an:

Bauunternehmen Markowitz & Co.
Hohenheimerstraße 17–25
70172 Stuttgart

Ingenieurgesellschaft in Deutschland mit rund 600 Mitarbeitern und Tochtergesellschaften im In- und Ausland sucht für ihr Planungsbüro in Jena mehrere

Architekten/-innen

Mit Interesse am Aufbau Ostdeutschlands.

Wir bieten:

— Arbeitsplätze auf hohem technischen Niveau
— angenehmes Arbeitsklima
— abwechslungsreiches, interessantes Aufgabengebiet
— leistungsgerechte Entlohnung
— finanzielle Hilfe bei Umzug und Wohnungsbeschaffung

Bewerbungsunterlagen senden Sie bitte an das Personalbüro

Carlson, Heinemann & Co.
Saulgauerstraße 14
88400 Biberach, Tel. 06441/73507

SPANIEN

Consulting-Büro sucht zum 1. Juli für Niederlassung in Las Rozas einen einsatzfreudigen, anpassungsfähigen

Diplom-Ingenieur

mit Consulting-Erfahrung im Energiesektor. Verlangt werden gute Spanischkenntnisse; Grundkenntnisse der englischen und französischen Sprache wären von Vorteil.

INTERCON Steinbeck und Goldschmidt • Schönebeckerstr. 84 • 42289 Wuppertal

IRLAND

Sehr erfahrener Drucker

für sofortigen Einsatz in unserer Druckerei in Belfast auf langfristiger Basis gesucht. Lebenslauf und Foto bitte an:

KEITGU PRESS, Velberter Landstraße 228, 57031 Heiligenhaus

1. Für welche Länder wird hier geworben?
2. Welche Berufe werden hier gesucht?
3. Welche Industriezweige machen hier Reklame?
4. Sind Fremdsprachen gefragt? Wenn ja, welche?
5. Was finden Sie in jedem der Angebote attraktiv?
6. Welche Adjektive werden gebraucht, um den Aufgabenbereich zu beschreiben?
7. Welche Adjektive werden gebraucht, um die gesuchte Person zu beschreiben?
8. Welche Stelle würde Sie am meisten interessieren? Warum?

Übung zum Wortschatz

▪ ▪ ▪

Wie heißt es in den Angeboten?

1. **Catering Manager**

   ist für die tägliche Verpflegung von ________________ Personen verantwortlich.

   Die Angestellten sind vorwiegend ________________ Herkunft.

   Er/Sie muß die Nahrungsmittel ________________, das Lager

   ________________ und mit Lieferanten und Behörden ________________.

   Er/Sie soll mindestens 5 Jahre Arbeitserfahrung im ________________ gesammelt haben.

2. **Architekten/-innen**

   werden für ein ________________ büro im ________________ Deutschlands gesucht.

Das Betriebsklima ist ________________, und die Arbeitsplätze haben ein

hohes ________________ Niveau.

Diese Ingenieurgesellschaft hat ________________-gesellschaften im In- und Ausland.

3. **Diplom-Ingenieur**

kann schon am ________________ mit der Arbeit beginnen.

kann in der Stadt ________________ arbeiten.

muß ________________ sprechen und schreiben können.

sollte Grundkenntnisse in ________________ und ________________ haben.

sollte ________________-erfahrung haben.

4. **Drucker**

soll sehr ________________ sein.

soll zum sofortigen ________________ bereit sein.

soll auf ________________ Basis arbeiten wollen.

soll seinen ________________ und Foto an RAMA PRESS senden.

Grammatiknotiz

SOLLEN

Sollen kann eine starke Bitte oder einen Befehl ausdrücken:

> Sie **sollen** morgen früh in Paris sein.
> Herr Wormland **sollte** auf der Messe als Dolmetscher arbeiten.

Sollen kann auch eine Vermutung ausdrücken. Der Sprecher hat etwas gehört, aber er weiß nicht, ob es stimmt:

> Sie **soll** fließend Französisch und Italienisch sprechen.
> Er **soll** in Alaska gearbeitet haben.

In der Konjunktiv II Form (identisch mit der Vergangenheitsform) kann es *ought to* ausdrücken:

> Sie **sollten** wirklich nicht so viel arbeiten.
> Ich **sollte** eigentlich mehr über die Außenwirtschaft wissen.

Sollen kann auch so viel wie *it is said that* bedeuten:

> Ich habe gehört, diese Fabrik **soll** saniert werden.
> Bei der Volkswagen AG **soll** es 266 000 Beschäftigte geben.

Übungen zur Grammatik

Wie würden Sie das auf englisch ausdrücken?

1. Die neue Assistentin soll anpassungsfähig sein.
2. Ich sollte mich eigentlich dort bewerben.

3. Du solltest dein Englisch in einem Lehrgang verbessern.
4. Das Betriebsklima bei Knittel soll sehr angenehm sein.
5. Die Renovierung soll 24 000 DM gekostet haben.
6. Ich soll den Brief ins Polnische übersetzen.
7. Ihre Bewerbungsunterlagen sollten noch diese Woche bei uns sein.
8. Herr Großsteinbeck, Sie sollten aber wirklich ein bißchen flexibler sein.
9. Der Chef sagt, Sie sollen bei den Verhandlungen dabei sein.
10. Ach, ich sollte ja schon gestern unsere Antwort nach Jena faxen!

Gebrauchen Sie beim Beantworten der folgenden Fragen den Konjunktiv.

1. Hätten Sie größeres Interesse an dem Beruf eines Product Managers / einer Product Managerin oder eines Chemikers / einer Chemikerin? Warum?
2. Für welchen Beruf wären Sie qualifizierter? Aus welchem Grund?
3. Welches Unternehmen würden Sie vorziehen und warum?

Übung zum Verständnis

Schriftliches. Bewerben Sie sich um eine dieser Stellen mit Ihrem Lebenslauf (siehe Kapitel 5).

Wortschatz

Substantive

der Fehltag, -e	day of absence from work
der Lohn- und Gehaltstarif, -e	wage or salary agreement
die Mindestbestimmung, -en	minimum requirement
der Rahmen- oder Manteltarif	framework or general agreement
der Tarifvertrag, ¨-e	collective agreement
die Tarifvertragsparteien (*Pl.*)	negotiating parties from labor and management

Verben

betragen	to amount to
entsprechen (+ *Dat.*)	to correspond to
feststellen	to notice

Ausdrücke

mit in den Vergleich ziehen	to include in the comparison

Lesetext 2

Die tarifliche Jahresarbeitszeit für Industriearbeiter ist innerhalb der EU-Länder noch sehr verschieden. Während man in der Bundesrepublik nur 1 648 Stunden pro Jahr arbeiten muß, muß man in Portugal 1 935 Stunden arbeiten. Das sind die beiden Extreme. Zieht man andere Industrieländer, die nicht Mitglied der EU sind, mit in den Vergleich, so kann man ebenfalls längere Arbeitszeiten als in Deutschland feststellen: Die Schweizer arbeiten 1 873 Stunden, US-Amerikaner 1 904 Stunden, und die Japaner arbeiten 2 143 Stunden–das sind 495 Stunden mehr als in Deutschland; das entspricht zweiundsechzig Achtstundentagen oder zwölf Fünf-

tagewochen. Dazu kommt in Deutschland noch eine viel höhere Anzahl an Fehltagen wegen Krankheit und anderer Dinge.

Es gibt im allgemeinen zwei Arten von Tarifverträgen: Der Lohn- und Gehaltstarif regelt die Bezahlung der Arbeiter und Angestellten. Der Rahmen- oder Manteltarif regelt Arbeitszeit, Urlaubszeit, Bezahlung für Überstunden und vieles mehr. Die Tarifvertragsparteien haben ziemlich viel Freiheit bei der Festlegung ihrer Verträge, solange sie sich an gesetzliche Mindestbestimmungen halten.

Die gesetzliche Höchstarbeitszeit pro Woche beträgt achtundvierzig Stunden. Fast alle Arbeiter haben aber eine tarifliche Arbeitszeit von unter vierzig Wochenstunden, teilweise von nur fünfunddreißig Stunden. Ähnlich ist es beim Urlaub. Das Gesetz schreibt mindestens achtzehn Tage vor, aber die tarifliche Urlaubszeit beträgt 6 Wochen und mehr. Fast alle Arbeiter erhalten Urlaubs- und Weihnachtsgeld.

Keine Samstagsarbeit

Übungen zum Verständnis

1. Wie viele Stunden pro Jahr muß man in den USA mehr arbeiten als in der Bundesrepublik?
2. Welche EU-Länder werden hier genannt und warum?
3. Was sind die gesetzlichen Mindesturlaubstage in der Bundesrepublik?
4. Was ist die gesetzliche Höchstarbeitszeit?
5. In welchem Industrieland wird zeitlich am meisten gearbeitet?

Vergleichen Sie die Situation mit der in Ihrem Land. Wenn es keine gesetzlichen Bestimmungen gibt, schreiben Sie, was Sie aus Erfahrung wissen.

	DEUTSCHLAND	IHR LAND
1. Arbeitsstunden pro Tag:	______	______
2. Arbeitsstunden pro Woche:	______	______
3. Arbeitstage pro Woche:	______	______
4. Urlaubstage pro Jahr:	______	______
5. Urlaubsgeld:	______	______
6. Weihnachtsgeld:	______	______
7. Krankentage:	______	______

Was meinen Sie?

1. Soll es gesetzliche Bestimmungen geben, oder sollen alle Arbeitgeber ihre eigenen Bestimmungen haben dürfen?
2. Sollen Arbeitgeber verlangen dürfen, daß der Arbeitnehmer samstags oder sonntags arbeitet?
3. Was halten Sie davon, daß fast alle deutschen Arbeitnehmer Urlaubs- und Weihnachtsgeld erhalten?
4. Bedeutet eine längere Arbeitszeit unbedingt auch eine größere Produktivität?

Aktivitäten

Partnergespräch

1. *Telefongespräch.* Ihr Bewerbungsschreiben mit Lebenslauf hat Erfolg gehabt. Sie werden telefonisch zu einem Vorstellungsgespräch gebeten. Partner/Partnerin A spielt die Rolle des Sekretärs / der Sekretärin, Partner B ist der Kandidat / die Kandidatin. Tauschen Sie folgende Informationen aus:
   - Zeit und Datum des Vorstellungstermins
   - Name der Person, die das Interview durchführen wird
   - mitzubringende Unterlagen
2. *Vorstellungsgespräch.* Herr/Frau X hat Fragen über die folgenden Themen für den Kandidaten / die Kandidatin:
   - Berufserfahrung
   - Ausbildung
   - Fremdsprachen
   - besondere Interessen (fachbezogen)
   - Karrierepläne
3. Der Kandidat / Die Kandidatin hat Fragen über:
   - Beförderungschancen
   - Möglichkeit, im Ausland zu arbeiten
   - Team oder Einzelarbeit
   - Beschreibung des Aufgabenbereichs
   - Gehalt
   - Sozialleistungen
   - Arbeitszeiten
   - Urlaub

Gruppenarbeit. Die Deutsch-Amerikanische Handelskammer hat einige deutsche Firmen gebeten, sich amerikanischen Managern vorzustellen. Bilden Sie Gruppen, und stellen Sie ein Profil Ihrer Firma her, indem Sie folgende Aspekte herausstellen.

- Industriezweig
- Produkte
- Lage
- Absatzgebiet
- Umsatz pro Jahr
- Anzahl der Arbeitnehmer
- Pläne für die nächsten zehn oder zwanzig Jahre (Auslandsinvestitionen, Filialen usw.)

Ausländische Arbeitnehmer

Vor dem Lesen

Sprachunterricht für Ausländerkinder

- Welche Schwierigkeiten gibt es für ausländische Arbeitnehmer und ihre Familien im Gastland?
- Wie ist die Situation der ausländischen Arbeitnehmer in Ihrem Land?
- Vor einiger Zeit wurde Spanisch offiziell zur zweiten Amtssprache in Dade County in Florida. Was halten Sie von dieser Entscheidung?

Wortschatz

Substantive

die Arbeitskraft, ¨-e	worker
das Arbeitslosenproblem, -e	unemployment problem
der/die Familienangehörige, -n	family member
die Feindseligkeit, -en	animosity
der Gastarbeiter, -	guest worker
das Heimatland, ¨-er	native country
der Mangel an (+ *Dat.*)	lack of
der/die Vertriebene, -n	refugee

Verben

abweichen von	to differ from
sich anpassen (+ *Dat.*)	to adjust
integrieren	to integrate
stoßen auf (+ *Akk.*)	to hit upon, bump into; *here:* to encounter

Adjektive und Adverbien

arbeitsfähig	able to work

Lesetext 1

Als die Bundesrepublik Deutschland Mitte der 50er Jahre Arbeitskräfte für ihre schnell wachsende Industrie und Wirtschaft brauchte, kamen die ersten ausländischen Arbeitnehmer aus Italien, dann aus Spanien und Griechenland, aus der Türkei, Portugal und Jugoslawien. Ihre Zahlen wuchsen schnell. Das Leben in der Bundesrepublik gefiel ihnen, und bald kamen ihre Familienangehörigen nach. Da Deutschland aber auch aus den Ostgebieten[1] des ehemaligen Deutschen Reichs 8,5 Mio. Vertriebene aufnahm, dazu 3,5 Mio. Flüchtlinge aus der DDR und Flüchtlinge aus asiatischen Ländern, herrschte bald kein Mangel an Arbeitskräften mehr. Heute sind ca. 5 Mio. Ausländer in Deutschland. Statt Mangel an Arbeitskräften hat die Bundesrepublik ein Arbeitslosenproblem: Jeder zehnte arbeitsfähige Mensch hat keinen Arbeitsplatz.

Heute bezeichnet man mit Gastarbeitern offiziell nur diejenigen, deren Heimatland nicht in der Europäischen Union ist. 30% aller Ausländer in Deutschland sind Türken, 12% Jugoslawen und 10% Italiener. Die Türken haben es besonders schwer, sich anzupassen, weil ihre Kultur so sehr von

[1] Eastern territories (areas east of the Bundesrepublik that were formerly part of the German Reich and include parts of Poland, the former Yugoslavia, Russia, and other countries—but not part of what became the GDR)

der deutschen abweicht. Am schwersten hat es die zweite Generation der Gastarbeiter, die Gastarbeiterkinder, die zwischen zwei Kulturen stehen. Sie können sich nicht in die westdeutsche Gesellschaft integrieren, ohne ihre Identität zu verlieren. Die Erwachsenen stoßen ebenfalls auf Feindseligkeiten im Arbeitsleben, weil ihre Existenz als einer der Gründe für die Arbeitslosigkeit unter den Deutschen angesehen wird.

Übung zum Verständnis

Beantworten Sie folgende Fragen mit Hilfe der Informationen im Text.

1. Wann kamen die ersten ausländischen Arbeitskräfte in großen Zahlen in die Bundesrepublik?
2. Aus welchen Ländern kamen diese Arbeitskräfte?
3. Kamen die Arbeitskräfte allein oder mit Familien?
4. Woher kamen zwölf Millionen Vertriebene und Flüchtlinge, die sich in der Bundesrepublik niederließen?
5. Wie viele Ausländer wohnen jetzt in der Bundesrepublik?
6. Wie viele arbeitsfähige Menschen (in Prozent) in der Bundesrepublik haben keinen Arbeitsplatz?
7. Aus welchem Land kommen die meisten Ausländer, die in der Bundesrepublik wohnen?
8. Warum haben es viele Gastarbeiter und ihre Kinder schwer, sich in die deutsche Gesellschaft zu integrieren?

Wortschatz

Substantive

die Akkordarbeit — piece work
der/die Angestellte, -n — employee
der Anstieg, -e — increase
der Arbeiter, - / die Arbeiterin, -nen — blue collar worker
die Fließbandarbeit, -en — working on the assembly line
die Schichtarbeit, -en — shift work
der Wandel — change

Verben

sich einrichten auf (+ *Akk.*) — to prepare for
meiden — to avoid

Adjektive und Adverbien

von etwas betroffen sein — to be affected by something
erwerbstätig — gainfully employed
rückläufig — decreasing
verarbeitend — processing

Ausdrücke

als Selbständiger/Selbständige tätig sein — to be self-employed
insgesamt — in total

Lesetext 2

Helga Herrmann

Ausländer am Arbeitsplatz

Ausländische Arbeitnehmer

Erwerbstätige Ausländer in Deutschland sind in der Mehrzahl sozialversicherungspflichtig[1] beschäftigte Arbeitnehmer (Juni 1991: 1 898 540). Größtenteils sind es Arbeiter. Allerdings ist gegenüber den ersten Jahren der Ausländerbeschäftigung ein leichter Anstieg des Angestellten-Anteiles zu beobachten:

Jahr	Arbeiter	Angestellte
1977	88,1 %	11,9 %
1984	84,2 %	15,8 %
1991	81,5 %	18,5 %

[1] required to carry social insurances

Unter den hier beschäftigten Ausländern finden sich im Jahr 1990 bezogen auf[2] die Anzahl der Erwerbstätigen die meisten Angestellten bei den Spaniern (20,0 Prozent), die wenigsten bei den Türken (7,2 Prozent). Ausländische Selbständige machen nur einen relativ geringen Prozentsatz aus (siehe Seite 13).

Schwerpunkte[3] der Ausländerbeschäftigung

Beschäftigungsschwerpunkt ist das verarbeitende Gewerbe (beispielsweise Textilverarbeitung, Elektrotechnik, chemische Industrie), wo jeder zweite (50,1 Prozent) ausländische Arbeitnehmer arbeitet. Innerhalb des verarbeitenden Gewerbes ist der Stahl-, Maschinen- und Fahrzeugbau mit 273 000 Ausländern Spitzenreiter.[4] Weitere 21,5 Prozent entfallen auf den Dienstleistungsbereich und jeweils rund 8 Prozent auf Handel und Baugewerbe. An letzter Stelle steht der Wirtschaftsbereich „Kreditinstitute und Versicherungsgewerbe", in dem nur 0,9 Prozent arbeiten. Die Beschäftigungsschwerpunkte unterscheiden sich bei den Nationalitäten. So arbeiten die meisten der

- Portugiesen und Türken im Straßenfahrzeugbau,
- Griechen im Bereich Elektrotechnik,
- Italiener im Gaststätten- und Beherbergungsgewerbe,
- Jugoslawen im Baugewerbe,
- Spanier im Handel.

Zu Beginn der Ausländerbeschäftigung übernahmen Ausländer Arbeiten, für die deutsche Arbeitnehmer nicht zu finden waren. Es waren Arbeiten, die von den Deutschen als gesellschaftlich und wirtschaftlich minderwertig[5] gemieden wurden. Tendenziell[6] gilt dies heute noch. Ihr Anteil an solchen gering geschätzten Tätigkeiten ist nur leicht zurückgegangen. Trotz inzwischen hoher Arbeitslosigkeit unter deutschen Arbeitnehmern sind Ausländer in bestimmten Bereichen der Wirtschaft unverzichtbar:[7] In Betrieben, wo Leder gegerbt,[8] Wolle gesponnen, Baumwolle gezwirnt,[9] Fisch verarbeitet wird, ist jeder dritte Beschäftigte ausländischer Herkunft. Auch in Gießerein, Gaststätten und bei der Gebäudereinigung gehören sie zum gewohnten Erscheinungsbild.[10] In diesen Berufen ist jeder vierte Beschäftigte Ausländer.

An Arbeitsplätzen mit Fließband-, Akkord- oder Schichtarbeit sind sie – des höheren Verdienstes wegen – besonders häufig anzutreffen. Die ausgeübten Tätigkeiten sind überwiegend angelernt[11] oder ungelernt, monoton und erfordern keine formelle Qualifikation, Die Gründe dafür liegen in der unzureichenden Berufsausbildung, in den mangelnden Sprachkenntnissen und in der geringen Schulbildung der Ausländer.

Ausländer als Unternehmer

Im März 1991 waren 150 000 Ausländer als Selbständige tätig. Der Anteil der Selbständigen unter den ausländischen Erwerbstätigen ist ständig gestiegen: von 1,6 Prozent im Jahr 1970 auf 5,1 Prozent 1988. Teilweise waren sie bereits in ihren Herkunftsländern selbständig, teils haben sie sich als ehemalige Arbeitnehmer selbständig gemacht. Bevorzugte Bereiche sind

- Gastronomie,
- Schneiderei- und Schuhmachergewerbe,
- Handel- und Dienstleistungen,
- Transportbereich.

Der Trend zu selbständigem Unternehmertum ist seit den achtziger Jahren vor allem bei den Türken zu beobachten. Damit dokumentieren sie einen Wandel in der eigenen Zukunftsplanung: Nachdem eine eigene unternehmerische Betätigung anfangs erst für die Zeit nach der Rückkehr geplant war, wird dieser Wunsch nunmehr bereits in Deutschland realisiert. Sie richten sich auf eine Zukunft in Deutschland ein.

Regionaler Schwerpunkt türkischen Unternehmertums ist Nordrhein-Westfalen, das Bundesland mit der größten türkischen Wohnbevölkerung. Gegenüber den sechziger und siebziger Jahren ist eine deutliche Ausweitung der Branchenstruktur zu beobachten. Die Nischen-Ökonomie der Reisebüros, Änderungsschneidereien und Lebensmittelgeschäfte überwiegt bei den Neugründungen noch immer, doch insgesamt wird die Palette der Geschäftsbereiche ständig breiter: Eine Untersuchung des Zentrums für Türkeistudien hat ergeben, daß heute türkische Unternehmer in insgesamt 55 verschiedenen Branchen aktiv sind, darunter zum Beispiel Buchhandel und Kfz-Reparaturwerkstätten. Von Bedeutung sind auch die Export- und Importgeschäfte.

Arbeitslose Ausländer

Bis Anfang der siebziger Jahre lebten die ausländischen Arbeitnehmer in einer relativ gesicherten Beschäftigungssituation. Für die von der Industrie angeworbenen Wanderarbeiter standen Arbeitgeber und Arbeitsplatz bereits bei der Einreise in die Bundesrepublik Deutschland fest.

Inzwischen sind sie zunehmend von Arbeitslosigkeit betroffen. Die Arbeitslosenquote für Ausländer lag 1991 bei 10,7 Prozent (deutsche Arbeitnehmer: 6 Prozent). Ausländer arbeiten überwiegend im konjunkturempfindlichen[12] produzierenden Gewerbe und in Berufsgruppen mit generell hoher Arbeitslosigkeit, zum Beispiel als Lager- und Transportarbeiter oder in Reinigungsberufen. Die Zahl der Beschäftigten im produzierenden Gewerbe ist rückläufig, während sie im Dienstleistungssektor steigt. Das bedeutet sinkende Arbeiter- und steigende Angestelltenzahlen.

---

[2]bezogen . . . *in relationship to* [3]*Concentration* [4]*leader* [5]*inferior* [6]*As a rule* [7]*indispensable* [8]*tanned* [9]*made into thread* [10]gehören . . . *are a common sight* [11]*trained on the job* [12]*sensitive to economic factors*

Übungen zum Verständnis

Lesen Sie den ganzen Artikel, und treffen Sie für jede der folgenden Aussagen eine Entscheidung.

+ = So steht es im Text.
– = Das widerspricht dem Text.
0 = Davon steht nichts im Text.

Schreiben Sie neben jede Aussage das entsprechende Symbol.

+	–	0

1. Alle Ausländer sind sozialversicherungspflichtig.
2. Alle Ausländer sind Arbeiter.
3. 1991 gab es genauso viele ausländische Arbeiter wie Angestellte.

	+	–	0
4. Unter den Spaniern gibt es die meisten Angestellten.			
5. Es gibt keine ausländischen Selbständigen.			
6. Pakistaner arbeiten vor allem im verarbeitenden Gewerbe.			
7. Das verarbeitende Gewerbe beschäftigt die meisten ausländischen Arbeitnehmer.			
8. Der Straßenbau beschäftigt die meisten Türken.			
9. Bei Kreditinstituten und Versicherungen arbeiten die wenigsten Ausländer.			
10. Unter den Gaststättenbesitzern gibt es vor allem viele Italiener.			
11. Im Transportbereich gibt es vor allem Polen.			
12. Die Bundespost beschäftigt keine Ausländer.			
13. Bei Akkord- und Schichtarbeit kann man verhältnismäßig viel verdienen.			
14. Den ausländischen Arbeitnehmern fehlt es häufig an Arbeitsqualifikationen.			
15. Ausländer werden immer mehr selbständige Unternehmer.			
16. Manche Ausländer waren schon in ihrem Heimatland selbständige Unternehmer.			
17. Der Wille, selbständig zu sein, ist besonders bei den Italienern stark.			
18. Die meisten Türken wohnen in Nordrhein-Westfalen.			
19. Ausländische Arbeitnehmer können damit rechnen, eine Beschäftigung zu erhalten.			
20. Der Trend zeigt, daß immer mehr Ausländer Angestellte werden.			

B Was sagen die Textabschnitte „Ausländische Arbeitnehmer" und „Schwerpunkte der Ausländerbeschäftigung" über die folgenden Aspekte?

- den Prozentsatz der ausländischen Arbeitnehmer im verarbeitenden Gewerbe
- den Prozentsatz der ausländischen Arbeitnehmer im Dienstleistungsbereich
- die Hauptbeschäftigungen bei den verschiedenen Nationalitäten
- die Arbeitnehmer bei den „Schmutzarbeiten" („minderwertige," unangenehme Arbeiten)
- die Auswirkung schlechter Sprachkenntnisse und Schulbildung bei Ausländern

C Gibt Ihnen der Artikel eine Erklärung für folgende Tatsachen? Wenn ja, welche?

1. Zu Anfang der Ausländerbeschäftigung verrichteten Ausländer Arbeiten, die wirtschaftlich und gesellschaftlich minderwertig waren.
2. Ausländische Arbeiter sind besonders häufig an Arbeitsstellen mit Fließband, Akkord- oder Schichtarbeit anzutreffen.
3. Ausländer verrichten oft Arbeiten, die keine hohen Qualifikationen haben.
4. Besonders Türken werden zu selbständigen Unternehmern.

5. Die meisten selbständigen türkischen Unternehmen findet man in Nordrhein-Westfalen.
6. Die Arbeitslosenquote liegt bei Ausländern höher als bei Deutschen.

Aktivitäten

Zusammenfassung. Fassen Sie die Hauptinformationen dieses Artikels zusammen. Die Zusammenfassung darf nicht länger als ein Drittel des Originals sein.

Partnergespräch.

1. Führen Sie ein Interview mit einem ausländischen Arbeitnehmer / einer ausländischen Arbeitnehmerin in der Bundesrepublik, und erfragen Sie folgende Punkte:
   - Warum in Deutschland
   - Familie
   - Probleme mit der Sprache
   - Probleme am Arbeitsplatz
   - Schule
   - Pläne für die Zukunft
   - Gesetzesänderung/Einbürgerung
2. Führen Sie ein Interview mit einem deutschen Arbeitnehmer / einer deutschen Arbeitnehmerin, und erfragen Sie seine/ihre Meinung zu ausländischen Arbeitnehmern. Stellen Sie Fragen zu den folgenden Punkten.
   - Beitrag der ausländischen Arbeitnehmer zum Bruttosozialprodukt
   - Gesetzesänderung/Einbürgerung
   - Vorschläge zum Arbeitslosenproblem
   - Unternehmertum (Restaurants, Export, Import usw.)

Hörverständnis

Berufsbildung in Betrieb und Schule—das duale System

Neue Wörter und Ausdrücke

die Ausbildungsvergütung	monetary compensation while training	**der Lehrling, -e**	apprentice
der/die Auszubildende, -n	trainee, apprentice	**der Prüfungsausschuß**	board of examiners
die Berufsschule, -n	vocational school	**die Schulpflicht**	compulsory school attendance
die Fundierung	foundation	**verpflichtend**	obligatory
das Handwerk, -e	trade (of a craftsman), skilled work	**das Zunftwesen**	guild system

Beantworten Sie die folgenden Fragen.

1. Was umfaßte die Ausbildung zum Handwerker in alten Zeiten? ______________________
2. Welche Rolle spielte die Industrialisierung im letzten Jahrhundert im Ausbildungswesen? ______________________
3. Wann und wie wurden Ausbildungsstandards vereinheitlicht? ______________________
4. Wie wurde das Ausbildungssystem „dual"? ______________________
5. Welche Funktion hat die Berufsschule? ______________________

6. Wieviel Zeit verbringt ein Auszubildender / eine Auszubildende im Schnitt bei der Arbeit und in der Schule? ______________________________

____

7. Wie beweist ein Auszubildender / eine Auszubildende, daß er/sie die nötigen Fertigkeiten und Kenntnisse für den Beruf hat? ______________________________

____

Schlußgedanken

Diskutieren Sie im Klassenforum die folgenden Themen.

- Die Probleme der Sanierung der Industrie in den neuen Bundesländern.
- Die Arbeitsbedingungen in Ihrem Land im Vergleich zu denen in Deutschland.

Das Institut für Kommunikationsforschung (IfK) in Wuppertal hat eine Liste von Adjektiven zusammengestellt, die den Betriebscharakter eines Unternehmens beschreiben. Für ein positives Unternehmens-Image: aufgeschlossen, aufwärts, dynamisch, zuverlässig, gerecht, gut, sicher, populär, weltbekannt, seriös, familiär, sozial, stabil, vielseitig, freundlich, fleißig, sauber. Für ein negatives Unternehmens-Image: schmutzig, schwach, einseitig, unangenehm, laut, faul, schlecht, unsozial, rückständig, abwärts, unbekannt, unangesehen.

Deutschland wird weniger abhängig vom Öl. Im Jahre 2010 wird der Energiebedarf nur noch 35% Öl verlangen (heute 42%); die Kernenergie wird 14% liefern (heute 11%).

In allen Arten von Betrieben sind die Arbeitsbereiche viel stärker abgegrenzt als in den USA. Man ist für einen bestimmten Bereich zuständig und hütet sich (*guards against*), in den Bereich eines anderen überzugreifen. Das mag erklären, warum Team-Arbeit nicht so beliebt ist.

In Bürohäusern bleiben Türen geschlossen. Man klopft immer an, bevor man eintritt.

Die Geschäftsführerin im Top Management ist noch eine Seltenheit, obwohl in den letzten Jahren die Zahl der Unternehmerinnen und Frauen in hohen Positionen gestiegen ist.

„Gleicher Lohn für gleiche Arbeit" heißt es theoretisch. In der Praxis sieht es anders aus: Frauen verdienen in Deutschland nur 73% von dem, was Männer für die gleiche Arbeit bekommen. Den Skandinavierinnen geht es besser: Sie verdienen zwischen 84% und 90% von dem, was ihre männlichen Kollegen verdienen. Österreicherinnen hingegen bekommen nur 67%.

41% aller Staatsdiener sind Frauen. Für den Staat zu arbeiten ist attraktiv. Es gibt dort „typisch weibliche Berufe" wie Lehrerin, Krankenschwester und Sozialhelferin, mehr Teilzeitbeschäftigungen und Lohngerechtigkeit.

10 Wirtschaft

- **Handel**
- **Arbeitgeber und Arbeitnehmer**
- **Import und Export**

Wirtschaftszentrum Hamburg

LERNZIELE

In diesem Kapitel lernen Sie, wie die soziale Marktwirtschaft funktioniert, wie sich das Verhältnis von Arbeitnehmer und Arbeitgeber von dem in den USA unterscheidet und was für eine Bedeutung der Export für die deutsche Wirtschaft hat.

Einführende Gedanken

In der sozialen Marktwirtschaft (*market economy*) . . .

- soll der Staat nur für Ordnung in der Marktwirtschaft sorgen. Er soll nicht direkt eingreifen, wenn es sich um Preis- und Lohnfragen handelt oder welche und wie viele Güter erzeugt werden sollen. Das soll auf den Märkten selbst entschieden werden.
- ist der freie Wettbewerb (*competition*) eine wichtige Voraussetzung dafür, daß die Marktwirtschaft funktioniert. Es muß Konkurrenz (*competitors*) geben. Unternehmer dürfen den Wettbewerb nicht ausschalten. Dagegen gibt es ein Gesetz: das Kartellgesetz.
- wollen natürlich alle Unternehmer Gewinne erzielen. Es gibt aber auch Unternehmen, die im Allgemeininteresse der Bevölkerung arbeiten und deshalb nicht immer hohe Gewinne abwerfen können. Deshalb sind sie nicht ganz dem marktwirtschaftlichen System unterstellt. Dazu gehören z.B. die Landwirtschaft, die den EG-Agrarmarktordnungen (*EC regulations on agriculture*) unterliegt. Dazu gehören auch staatliche Verkehrsunternehmen und der Postdienst. Verkehrsmittel müssen manchmal Tarife anbieten, die wohl im sozialen Interesse, aber nicht kostendeckend sind. Die Post darf z.B. keine kleinen, entlegenen Ortschaften von ihrem Dienst ausschließen.
- achtet der Staat darauf, daß die Bevölkerung nicht durch Unkenntnis oder Unerfahrenheit in bestimmten Berufszweigen geschädigt wird. Deshalb müssen die Besitzer von handwerklichen Betrieben (*workshops and small business enterprises*) berufliche Fachkenntnis beweisen. Das ist im allgemeinen die Meisterprüfung, die sie am Ende einer mehrjährigen Lehre ablegen müssen.
- handeln die Sozialpartner Arbeitgeber und Arbeitnehmer ihre eigenen Tarifverträge (*agreements on pay, working hours, etc.*) aus. Gewerkschaften und Arbeitgeberverbände arbeiten eng mit ihnen zusammen, so daß für alle Beteiligten günstige Lösungen gefunden werden können. Die Gewerkschaften vertreten immer die Arbeitnehmer eines ganzen Wirtschaftsbereichs, z.B. der Textilindustrie.
- müssen Import und Export ohne Protektionismus möglich sein. Die Bundesrepublik ist ein Exportland und ist auf offene Märkte angewiesen. Sie exportiert ca. ein Drittel ihres Bruttosozialprodukts (*gross national product*) ins Ausland.

Beantworten Sie die folgenden Fragen.

- Wie ist das in Ihrem Land? Regelt der Staat die Wirtschaft?
- Was kann an einer Marktwirtschaft sozial sein?
- Finden Sie Konkurrenz in der Wirtschaft wichtig? Warum? Warum nicht?
- Kann in Ihrem Land jeder, der das Geld dazu hat, ein Geschäft oder eine Werkstatt eröffnen? Finden Sie das richtig?

Handel

Vor dem Lesen

Geschäftsbezeichnungen

- **Die Tochtergesellschaft** (*subsidiary*). In der Regel ist es für ausländische Unternehmen ratsam (*advisable*), die gewerbliche Betätigung (*business*) in der Bundesrepublik als Tochtergesellschaft nach deutschem Recht durchzu führen. Das Kapital der Tochtergesellschaft liegt bei der Muttergesellschaft (*parent company*).

- **Die Einzelfirma** (*business with sole proprietorship*). Der Alleininhaber (*sole proprietor*) der Firma haftet (*is liable for*) mit seinem ganzen Vermögen für sein Unternehmen.
- **Die Offene Handelsgesellschaft (OHG)** (*general commercial partnership*). Eine Gesellschaft (*company*) von zwei oder mehreren Personen. Jede Person haftet mit ihrem gesamten Vermögen für alle Schulden (*debts*) der Firma.
- **Die Kommanditgesellschaft (KG)** (*limited commercial partnership*). Ähnlich der OHG, aber hier können ein oder mehrere Partner (Kommanditisten) mit nur einem bestimmten Teil ihres Vermögens haften; jedoch muß mindestens ein Partner (Komplementär) mit seinem gesamten Vermögen haften.
- **Die Gesellschaft mit beschränkter Haftung (GmbH)** (*limited liability company*). Eine weit verbreitete Gesellschaftsform für mittelgroße Betriebe. Eine GmbH kann von einer oder mehreren Personen gegründet werden, und die Gesellschafter haften nur bis zur Höhe ihrer Einlagen.
- **Die Aktiengesellschaft (AG)** (*joint stock corporation*). Eine typische Gesellschaftsform für Großunternehmen. Gründung durch mindestens fünf Personen. Eine Anzahl anonymer Aktionäre (*shareholders*) vertraut (*entrusts*) ihr Kapital der Geschäftsführung (*management*) an durch den Kauf von Aktien. Sie bekommen dafür Dividenden. Der Mindestnennbetrag (*minimum book value*) einer Aktie ist 50 DM. Das Grundkapital (*capital fund, founding capital*) muß mindestens 100 000 DM betragen.

B Was für ein Unternehmen wird hier gegründet?

1. Ein amerikanischer Hersteller von Skibekleidung möchte seine Waren auch in Süddeutschland verkaufen. Er interessiert sich dafür, in Garmisch-Partenkirchen eine ______________________ zu gründen.
2. Frau Schenck hat vor, ihre kosmetischen Naturpräparate auf den Markt zu bringen. Sie kennt auch noch drei andere Personen, die gerne mit ihr in Geschäftsverbindungen treten würden. Falls das Geschäft aber nicht florieren sollte, wollen die Partner nicht mit ihrem gesamten Vermögen dafür haften. Sie werden wahrscheinlich eine ______________________ gründen.
3. Herr Schuricke ist Tischlermeister. Seine Werkstatt beschäftigt außer ihm nur einen Helfer. Sein Geschäft ist eine ______________________.
4. Vier Deutsche und zwei Inder wollen ein Unternehmen gründen, das indische Handwerksartikel und Textilien in die Bundesrepublik importiert und dort absetzt. Marktforschung (*market research*) hat ergeben, daß die Nachfrage nach solchen Artikeln groß ist, und es haben sich schon mehrere Personen danach erkundigt, wie sie sich an diesem Unternehmen beteiligen können.

   Die Bedingungen scheinen gut zu sein, eine ______________________ zu gründen.
5. Frau Kronberg, Herr Krause und Herr Gummersbach wollen ein kleines Industrieunternehmen gründen. Frau Kronberg und Herr Gummersbach wollen nur mit einem Teil ihres Vermögens für das Unternehmen haften, während Herr Krause mit seinem Gesamtvermögen dafür haften wird. Sie gründen eine ______________________.

C Was meinen Sie?

1. Was bestimmt den Preis einer Ware?
2. Woran ist der Warenhersteller (Produzent) vor allem interessiert?
3. Woran ist der Verbraucher (Konsument) vor allem interessiert?
4. Wie gelangt die Ware vom Hersteller zum Verbraucher?
5. Wie unterscheiden sich die Discountläden von anderen Geschäften?
6. Kaufen Sie gern bei einem Versandgeschäft ein? Was sind die Vor- und Nachteile bei solch einem Einkauf?
7. Kaufen Sie manchmal auf Kredit? Warum? Warum nicht?

Wortschatz

Substantive

der Absatz sales
Angebot und Nachfrage supply and demand
die Anschaffung, -en acquisition
der Bedarf need
die Distributionskette, -n distribution chain
der Einzelhandel retail trade
der Einzelhändler, - retailer
der Erzeuger, - producer
das Fachgeschäft, -e specialty store
die Filiale, -n chain store
die freie Marktwirtschaft market economy
der Großhändler, - wholesaler
der Handelsvertreter, - traveling salesperson
das Kapital capital, money
der Kleinhändler, - retailer
der Konsument, -en consumer
die Kundschaft clientele
der Kundenkreis clientele
der Lagerraum, ¨e storage space/facility
der Lieferer, - supplier
die Lieferzeit, -en delivery time
die Plastiktüte, -n plastic bag
der Produzent, -en producer
der Selbstbedienungsladen, ¨ self-service store
das Sortiment assortment
die Tüte, -n (paper) bag
der Verbraucher, - consumer
die Verkaufsfiliale, -n branch
das Versandgeschäft, -e mail-order house
der Versandhandel mail-order business
die Vordisposition, -en market research, investigation of clients' needs
die Werbung, -en advertisement
der Werkhandel factory-outlet sales
der Wettbewerb competition
der Zwischenhändler, - middleman

Verben

beziehen to get; to receive; to purchase
ermitteln to find out, investigate
konkurrieren to compete
werben um to recruit; to canvass

Adjektive und Adverbien

ab Werk directly from the factory
bar in cash

Ausdrücke

einen Kredit einräumen to give credit
Kredit gewähren to grant credit
Vorauskasse leisten to pay in advance

Lesetext

Der Handel ist die Verbindung zwischen Erzeuger und Verbraucher. Damit diese Verbindung optimal funktioniert, muß der Erzeuger folgendes tun:

- den Bedarf der Kundschaft (Vordisposition) ermitteln;
- sich dort niederlassen, wo es eine große Kundschaft gibt;

- das Gleichgewicht zwischen Angebot und Nachfrage halten;
- den Kunden Kredit gewähren;
- den Absatz durch Werbung verbessern.

In der Bundesrepublik herrscht die freie Marktwirtschaft. Hierbei stehen alle Marktunternehmen in starkem Wettbewerb. Angebot, Nachfrage und Preis stehen in enger Beziehung zueinander und bestimmen den Marktmechanismus. Die drei Faktoren sind voneinander abhängig: Bei großem Angebot und geringer Nachfrage sinkt der Preis. Bei kleinem Angebot und großer Nachfrage steigt der Preis. In der freien Marktwirtschaft ist also der Preis nie eine feste, sondern eine veränderliche Größe, die zwischen Angebot und Nachfrage pendelt.[1]

Die einzelnen Marktpartner haben unterschiedliche Ziele:

- Der Produzent will möglichst teuer verkaufen.
- Der Konsument will möglichst billig einkaufen.
- Der Arbeitgeber will möglichst niedrige Löhne zahlen.
- Der Arbeitnehmer will möglichst viel verdienen.

Der Handel bringt die Güter vom Erzeuger über mehrere Zwischenstufen[2] zum Verbraucher. Man spricht dabei von Distribution. Der Händler untersucht den Bedarf der Kundschaft und läßt sich dort nieder, wo er seine Ware am besten absetzen wird. Er sieht zu, daß[3] seine Kunden die Waren bekommen können, nach denen sie verlangen (Angebot und Nachfrage).

Der Großhändler bezieht seine Ware direkt vom Erzeuger und verkauft sie an den Kleinhändler weiter. Der Großhändler muß ein großes und reichhaltiges[4] Lager haben, um wettbewerbsfähig[5] zu sein, und er muß über ein ziemlich großes Kapital verfügen,[6] weil er seinen Kunden, den Einzelhändlern, gewöhnlich einen Kredit von ein bis drei Monaten einräumen muß. Wenn der Großhändler bei seinem Lieferer, dem Hersteller, einkauft, muß er meistens sofort bezahlen oder sogar Vorauskasse leisten. Handelsvertreter oder Handelsreisende besuchen einen Kundenkreis von Kleinhändlern, denen sie die Waren ihres Großhändlers anbieten.

Eine moderne Form des Großhandels sind die Discountgeschäfte oder Discountläden, die den amerikanischen „buyers' clubs“ oder „discount houses“ gleichen. Besonders beliebt sind diese Geschäfte bei Einzelhändlern mit kleinen Lagerräumen, die manchmal sofort eine Ware für ihr Geschäft brauchen und nicht auf eine Lieferzeit vom Großhändler warten können. Sie finden im Discountladen ein großes Sortiment zu relativ niedrigen Preisen. Da sie aber nicht auf Kredit kaufen können, sondern bar bezahlen müssen, kaufen sie hier keine Riesenmengen[7] ein.

Im allgemeinen sehen Großhändler diese Discountläden nicht als Gefahr für ihre eigene Existenz an, aber es ist ihnen ein Dorn im Auge,[8] daß auch Privatpersonen dort einkaufen können.

Der Kleinhändler wirbt nicht um seine Kundschaft durch Handelsvertreter, sondern er versucht, seine Waren recht verlockend[9] in schönen Schaufenstern auszustellen. Damit konkurriert er mit den anderen Geschäften. Beim Kleinhändler bezahlt man gewöhnlich bar; nur größere Anschaffungen werden auf Kredit gekauft.

In kleinen Gemeinden[10] findet man heute noch das Gemischtwarengeschäft,[11] das ziemlich alles zum Verkauf anbietet. In größeren Orten gibt es die Fachgeschäfte, die sich auf bestimmte Waren spezialisieren, wie Schuhe, Kinderkleidung oder Haushaltswaren. Natürlich hat man hier

---

[1]*swings* [2]*intermediate steps* [3]sieht . . . *sees to it that* [4]*abundant* [5]*competitive* [6]*have, possess* [7]*huge amounts* [8]Dorn . . . *thorn in the flesh* [9]*enticing* [10]*communities* [11]*general store*

Supermarkt der Firma Tengelmann in Köln

größere Auswahl. Größere Orte haben auch häufig ausländische Läden und Restaurants.

Ein Kaufhaus oder Warenhaus wie „Horten" ist ein Gemischtwarenladen im Superformat. Hier gibt es ungefähr alles, was man zum täglichen Leben benötigt, und noch mehr. Die Auswahl ist groß, und die Preise liegen oft niedriger als im Fachgeschäft.

Eine andere Form des Kleinhandels sind die Filialen, die Zweigstellen einer Firma. Jede Filiale wird von ihrer Firma mit den gleichen Waren versorgt.

Selbstbedienungsläden werden immer beliebter, weil die Kunden sich gern Zeit nehmen, um Waren und Preise zu vergleichen. Die größten dieser Art sind die Supermärkte, die den amerikanischen „supermarkets" gleichen. Allerdings ist es nicht die Regel, sondern die Ausnahme, daß eine Hilfskraft[12] die gekauften Waren in Papier- oder Plastiktüten füllt. Gewöhnlich macht der Kunde das selbst. Da viele Geschäfte einen Aufpreis für Plastiktüten verlangen, bringen die Käufer oft ihre eigenen Einkaufstaschen mit. Ein wichtiger Grund dafür ist auch, daß man umweltfreundlich handeln möchte.

Schließlich gibt es noch das Versandgeschäft, das riesige Ausmaße[13] annehmen kann. Die beiden bekanntesten sind Neckermann und Quelle. Sie verschicken an ihre Kunden dicke Farbkataloge, leiten[14] Reisebüros und sogar Versicherungen. Dort kann man fast alles kaufen, vom Bleistift bis zum Fertighaus.[15] Es sind wahre Mega-Läden!

Horten-Haus Essen

[12]*helper, assistant* [13]*dimensions* [14]*run* [15]*prefabricated house*

Übung zum Verständnis

Beantworten Sie die folgenden Fragen mit Hilfe der Informationen im Text.

1. Was bedeutet „Distribution"?
2. Produzent und Konsument wollen nicht denselben Preis einer Ware. Warum nicht?
3. Was passiert mit dem Preis, wenn die Nachfrage groß ist und das Angebot klein?

4. Warum sind viele Verbraucher daran interessiert, direkt ab Werk zu kaufen?
5. Warum muß ein Großhändler über ein ziemlich großes Kapital verfügen? Geben Sie zwei Gründe an.
6. Wie unterscheidet sich ein Fachgeschäft von einem Kaufhaus?
7. Warum bringen deutsche Käufer oft ihre eigenen Einkaufstaschen mit?
8. Welche Geschäfte sind für ihr reichhaltiges Angebot und ihre dicken Farbkataloge bekannt?

Im Gemischtwarengeschäft

Übungen zum Wortschatz

 Ergänzen Sie die folgenden Sätze mit Hilfe der angegebenen Wörter.

der Absatz
auf Kredit
die Distributionskette
der Einzelhändler
der Erzeuger
der Handelsvertreter
Kredit einräumen
Kredit gewähren
die Kundschaft
der Lieferer
die Nachfrage
(sich) niederlassen
der Produzent
der Versandhandel
Vorauskasse leisten
die Vordisposition
der Werkhandel
wettbewerbsfähig

1. Die Leute, die die Waren kaufen, sind ____________________.
2. Wer Waren produziert, ist ____________________.
3. Wenn man direkt vom Werk kauft, dann spricht man von ____________________.
4. Wenn ein Kunde nicht bar bezahlen will, dann kann das Geschäft ihm ____________________.
5. Wenn die Waren direkt ab Werk ins Haus geschickt werden, dann kommen sie durch den ____________________.
6. Zuerst untersucht der Händler, ob und wo es Kundschaft gibt und was die Kundschaft kaufen möchte. Diese Arbeit nennt man ____________________.

7. Wenn ein Händler herausgefunden hat, wo es eine gute Kundschaft für ihn gibt, dann wird er sich dort ______________________.
8. Durch sehr gute Werbung wird ______________________ gewöhnlich größer.
9. Wenn das Angebot groß ist und ______________________ klein, dann sinkt der Preis meistens.
10. Die Waren laufen im allgemeinen vom Produzenten über mehrere Zwischenhändler, bis sie den Verbraucher erreichen. Man nennt das ______________________.
11. ______________________ besucht Kunden und bietet die Ware des Großhändlers an.
12. Wenn man nicht bar bezahlen kann oder will, dann kauft man ______________________.
13. Der Großhändler hat meistens genügend Kapital, so daß er den Kleinhändlern ______________________ kann.
14. Der Großhändler kauft seine Ware vom ______________________.
15. Wenn der Großhändler Waren bestellt, muß er oft ______________________, bevor er die Lieferung bekommt.
16. Großhändler wollen reichhaltige Lager haben, damit sie zu jeder Zeit ______________________ sein können.
17. Der Hersteller ist meistens auch der ______________________ des Großhändlers.
18. ______________________ haben kleine Lagerräume und müssen oft bei „Cash-and-Carry"- Betrieben einkaufen, weil sie nicht auf eine lange Lieferzeit warten können.

Einzelhandelsgeschäfte

Was paßt zusammen? Erklären Sie die Wörter in der linken Spalte mit Ausdrücken aus der rechten Spalte. Schreiben Sie ganze Sätze.

1. das Versandgeschäft
2. werben um
3. die Hilfskraft
4. der Farbkatalog
5. konkurrieren
6. das Kaufhaus
7. das Ausmaß
8. die Plastiktüte
9. der Selbstbedienungsladen
10. das Fachgeschäft

a. die Dimension
b. man sucht sich die Waren selbst aus
c. das Spezialgeschäft
d. Reklame machen
e. bunte Broschüre, die Waren anbietet
f. Helfer oder Helferin
g. im Wettbewerb stehen
h. Waren mit der Post schicken
i. ein Geschäft, das fast alles hat
j. billige Einkaufstasche

Mündliches. Beschreiben Sie,

- wie die Ware vom Hersteller zur Kundschaft gelangt. Welche Stufen muß sie durchlaufen?
- woran Sie sich orientieren würden, wenn Sie Ihre Produkte auf den Markt bringen wollten.
- welche Rolle die Werbung in der Vermarktung eines Produkts spielt.

Partnergespräch. Sie und ein Kollege / eine Kollegin arbeiten seit langem bei einer Firma. Die Arbeit ist inzwischen routinemäßig geworden, und Sie hätten Lust, sich selbständig zu machen. Die Idee, ein amerikanisches Restaurant in Deutschland aufzumachen, wird immer attraktiver. Natürlich haben Sie etwas Geld gespart. Überlegen Sie sich folgendes.

- Unternehmensform
- Kredit
- Vordisposition
- Geographische Lage
- Bedarf
- Werbung

Benutzen Sie den nachstehenden Text „Frau Kaufmann macht sich selbständig", wenn Sie Ideen brauchen.

Frau Kaufmann macht sich selbständig

Ilse Kaufmann, 25 Jahre alt, hat 30 000 DM geerbt. Ihre Arbeit in der Telefonzentrale einer Firma gefällt ihr schon lange nicht mehr. Mit dem Geld will sie sich ihren Traum von einem Bistro in der Fußgängerzone erfüllen. Sie beauftragt einen Makler mit der Suche nach einem geeigneten Gewerberaum. Dabei erfährt sie, daß sie sich auf hohe Mieten gefaßt machen muß. Bei der Industrie und Handelskammer (IHK) hört sie, daß im Gaststättengewerbe zusätzlich zur Anmeldung beim Städtischen Gewerbeamt eine behördliche Erlaubnis verlangt wird. Diese hängt von der Prüfung der persönlichen Zuverlässigkeit und von der Eignung des Gaststättenraums als Bistro ab. Außerdem muß sie bei der IHK an einem Kurs über das Lebensmittelrecht teilnehmen. Ilse Kaufmann ist überrascht. Sie hatte gedacht, die Freiheit der Berufswahl und die Gewerbefreiheit würden vom Staat garantiert. Mit den zahlreichen staatlichen Auflagen, die sie vor der Ausübung ihres Traumberufs erfüllen muß, hat sie nicht gerechnet. Bald fällt es ihr wie Schuppen von den Augen: Das Geld reicht nicht für Miete, Renovierung, Küchengeräte, Geschirr, Besteck, Einrichtung und viele andere Anschaffungen. Ohne Kredit von ihrer Bank kommt sie nicht über die Runden. Außerdem braucht sie Personal. Sie kann nicht gleichzeitig kochen und bedienen.

Allmählich fügt sich eins zum anderen. Mit dem Durchblick kehrt das Selbstvertrauen zurück. Und das braucht sie, denn jetzt muß sie sich in Verträgen binden. In freier Entscheidung setzt sie ihren Namen unter den Mietvertrag, den Kreditvertrag, den Versicherungsvertrag, die vielen Kaufverträge und so weiter.

Ein Jahr später ist es endlich soweit. Mit einer kleinen Feier für Verwandte und Freunde wird das Bistro eröffnet. Ob nun auch andere Gäste kommen? In der Fußgängerzone gibt es eine Menge Restaurants und Imbißstuben. Die Konkurrenz ist groß. Aber—wer nicht wagt, der nicht gewinnt!

Zeitlupe

Diskussion

1. Was passiert, wenn Angebot und Nachfrage sich nicht das Gleichgewicht halten?
2. Sprechen Sie über die Vor- und Nachteile, die man beim Einkauf in einem Discountgeschäft hat.
3. Viele neue Unternehmen machen schon nach einem Jahr Konkurs (*go bankrupt*). Was mag der Grund dafür sein?

Arbeitgeber und Arbeitnehmer

Vor dem Lesen

Beantworten Sie die folgenden Fragen.

1. Was stellen Sie sich unter dem Begriff „Sozialpartner" vor?
2. Wie könnte man das Verhältnis zwischen Arbeitgeber und Arbeitnehmer in Ihrem Land charakterisieren?
3. Welche Rolle spielen die Gewerkschaften in Ihrem Land?
4. Wie stellen Sie sich den Arbeitsmarkt im nächsten Jahrhundert vor?

Wortschatz

Substantive

der Aktionär, -e/die Aktionärin, -nen	stockholder
der Arbeitgeberverband, ¨e	employers' association
der Arbeitskampf, ¨e	*here:* strike
der Aufsichtsrat	board of directors
die Aussperrung, -en	lockout
der Bergbau	mining
der Betriebsrat	workers' council
die Dachorganisation, -en	umbrella organization
die Einmischung, -en	interference
die Fortdauer	continuance, continuation
die Gaststätte	restaurant
die Gewerkschaft, -en	trade union
die Gewerkschaftskasse, -n	union fund
der Jugendausschuß	youth council
die Kündigungsfrist	period of notice for dismissal
der Lohn- und Gehaltstarif, -e	pay agreement
die Maßnahme, -n	action, measure
das Mitbestimmungsrecht	right of codetermination
der Personalrat	personnel council/representatives
der Rahmen- oder Manteltarif	framework of general agreement
die Schlichtungskommission, -en	arbitration commission
die Sozialpartner (*Pl.*)	both sides of industry: union and management
die Tarifpartner (*Pl.*)	parties to collective agreements
die Tarifverhandlung, -en	collective negotiation
der Tarifvertrag, ¨e	collective agreement
die Verhandlung, -en	negotiation
der Wirtschaftszweig, -e	branch of industry

Verben

betonen	to stress
einstellen	to employ
scheitern	to fail; to break down
sich einigen	to agree, come to an agreement

Adjektive und Adverbien

unverändert	unchanged
wettbewerbsfähig	competitive

Ausdrücke

Forderungen stellen	to make demands
niedrig halten	to keep low

Lesetext

Sozialpartner oder Tarifpartner sind Arbeitgeberverbände und Gewerkschaften oder einfach Arbeitgeber und Arbeitnehmer. Arbeitgeber sind diejenigen, die Arbeit verschaffen; das können Privatunternehmen sein, Industriegesellschaften, der Staat, eine Gemeinde, die Post, Bahn oder Kirchen. Arbeitnehmer sind diejenigen, die für ihre geleistete Arbeit einen Lohn oder ein Gehalt bekommen; dazu gehören Arbeiter, Angestellte, Beamte und Auszubildende.[1]

In der Bundesrepublik gibt es mehrere hundert Arbeitgeberverbände, die einzelne Wirtschaftszweige vertreten.[2] Alle zusammen haben eine Dachorganisation, die Bundesvereinigung der Deutschen Arbeitgeberverbände (BDA).[3] Sie vertritt die Arbeitgeber bei ihren Verhandlungen mit den Gewerkschaften. Siebzehn Gewerkschaften, die die verschiedenen Industriezweige vertreten (z.B. Chemie, Bergbau und Energie, Metall, Polizei, Post, Gaststätten usw.) sind im Deutschen Gewerkschaftsbund (DGB)[4] zusammengeschlossen. Er vertritt die Arbeitnehmer. Daneben gibt es noch einige kleinere Gewerkschaftsbünde wie den Deutschen Beamtenbund (DBB),[5] die Deutsche Angestelltengewerkschaft (DAG)[6] und den Christlichen Gewerkschaftsbund Deutschland (CGD).[7]

Was passiert, wenn Arbeitnehmer Forderungen[8] stellen, die die Arbeitgeber nicht akzeptieren wollen? Dann kommt es zu Tarifverhandlungen. Beide Seiten werden von ihren Organisationen (den Tarifpartnern) vertreten, und die Verhandlungen der Tarifrunde beginnen. Solche Verhandlungen gelten immer nur für eine bestimmte Gewerkschaft (z.B. nur für Eisenbahner) und den dazugehörigen Arbeitgeberverband, nicht für alle Gewerkschaften im DGB.

Was für Tarifverträge gibt es?

- Lohn- oder Gefhaltstarif. Er bestimmt die Bezahlung von Arbeitern und Angestellten und gilt gewöhnlich für ein Jahr.
- Rahmen- oder Manteltarif. Er bestimmt Arbeitszeit, Überstunden,[9] Urlaub, Kündigungsfrist, Gratifikationen[10] u.a. Er gilt meistens für mehrere Jahre.

Die Tarifpartner schließen selbständig Tarifverträge ab,[11] d.h. ohne Einmischung der Regierung. Die Gewerkschaften wollen dabei meistens große Vorteile für ihre Arbeitnehmer, während die Arbeitgeber die Löhne niedrig halten wollen, um auf dem Markt wettbewerbsfähig zu bleiben und um einen höheren Gewinn zu erzielen.[12] Wenn die beiden Parteien sich nicht einigen können, dann sind die Tarifverhandlungen gescheitert. Und wie geht es nun weiter? Es gibt drei Alternativen:

- Unveränderte Fortdauer des alten Zustandes
- Einsatz einer Schlichtungskommission
- Arbeitskampf

Wenn die unparteiische Schlichtungskommission auch keine Lösung findet, dann gelten Streik und Aussperrung als die äußersten[13] Maßnahmen. In der Bundesrepublik wird davon nicht viel Gebrauch gemacht.

Wenn drei Viertel der Arbeitnehmer zustimmen, kann die Gewerkschaft zum Streik aufrufen.[14] Die Gewerkschaftsmitglieder bekommen während dieser Zeit Streikgeld aus ihren Gewerkschaftskassen.

Die Arbeitgeber können auch protestieren, ihren Betrieb vorübergehend[15] schließen, die Arbeitnehmer aussperren und ihnen keinen Lohn mehr bezahlen. Nach der Aussperrung müssen aber alle wieder eingestellt werden.

---

[1] *trainees* [2] *represent* [3] BDA *German Employers' Association* [4] DGB *German Trade Union Federation* [5] DBB *German Civil Servants' Federation* [6] DAG *German Union of Salaried Employees* [7] CGD *Christian Trade Union Federation of Germany* [8] *demands* [9] *overtime* [10] *bonuses* [11] schließen . . . ab *work out* [12] *obtain* [13] *most extreme* [14] zum . . . *call a strike* [15] *temporarily*

Da der Staat sich in solche Arbeitskämpfe nicht einmischt, bezahlt er den Streikenden und Ausgesperrten auch kein Arbeitslosengeld. Man muß aber betonen, daß Arbeitgeberverbände und Gewerkschaften sich im allgemeinen nicht als Kampfhähne[16] gegenüberstehen, sondern immer versuchen, auf beste Weise die Interessen beider Seiten zu vertreten. Man überlegt lange und gründlich, bevor man zum letzten Mittel greift.[17] Streik oder Aussperrung. Die Deutschen mögen weder das eine noch das andere, und im Vergleich mit anderen Industrieländern wird in der Bundesrepublik sehr wenig gestreikt.

Ein Blick in die Organisation eines deutschen Betriebes zeigt, daß er sich in vielen Dingen sehr von einem US-amerikanischen Betrieb unterscheidet. Mitbetimungsrecht ist Gesetz! Arbeitgeber und Arbeitnehmer müssen sich über soziale, personelle und Arbeitsprobleme einigen; d.h., der Arbeitgeber kann über solche Dinge nicht selbst entscheiden. Jeder Betrieb mit mindestens fünf Arbeitnehmern muß einen Betriebsrat haben. Dieser Betriebsrat wird von den Arbeitnehmern gewählt, vertritt ihre Interessen und hält regelmäßige Betriebsversammlungen[18] ab — während der Arbeitszeit. Jugendliche unter achtzehn Jahren haben ihren eigenen Betriebsrat; er heißt Jugendausschuß. Beamte, Angestellte und Arbeiter des öffentlichen Dienstes haben statt des Betriebsrats den Personalrat.

In Betrieben mit mehr als hundert Beschäftigten wählt der Betriebsrat einen Wirtschaftsausschuß.[19] Der Arbeitgeber muß diesem Ausschuß regelmäßig die wirtschaftliche Lage des Unternehmens erklären und auch mit ihm Investitions-[20] und Rationalisierungspläne[21] besprechen. Große Gesellschaften mit mehr als 500 Beschäftigten haben einen Aufsichtsrat, der je zur Hälfte[22] aus Vertretern der Arbeitnehmer und der Arbeitgeber (oder Aktionäre) besteht. Damit sind die Arbeitnehmer an den Unternehmensentscheidungen[23] beteiligt.

[16]*fighting cocks* [17]zum . . . *turn to the last resort* [18]*shop meetings* [19]*management codetermination board* [20]*investment* [21]*efficiency plans* [22]je . . . *half and half* [23]*decisions concerning the company*

Mai-Kundgebung in Berlin

Übungen zum Verständnis

Finden Sie im Text die Antworten zu den folgenden Fragen.

1. Wen vertritt die Bundesvereinigung der Deutschen Arbeitgeberverbände?
2. Wen vertritt der Deutsche Gewerkschaftsbund?
3. Welche anderen Gewerkschaftsbünde gibt es sonst noch? Wen vertreten sie?
4. Was kann passieren, wenn die Tarifverhandlungen scheitern?
5. Wie heißen die beiden Arten von Tarifverträgen?
6. Was können Arbeitgeber und Arbeitnehmer als letzte Maßnahme machen, um ihre Forderungen durchzusetzen?
7. Woher bekommen die Arbeitnehmer während eines Streiks ihren Lohn?
8. Verlieren Arbeitnehmer nach einer Aussperrung ihren Arbeitsplatz?
9. Warum können die Streikenden kein Arbeitslosengeld vom Staat bekommen?
10. Wie stehen die Deutschen zum Streik?

Warnstreik in Mülheim an der Ruhr

Übungen zum Wortschatz

A Ordnen Sie die folgenden Begriffe den entsprechenden Definitionen zu.

Arbeitgeberverband	Gewerkschaft
Aussperrung	Schlichtungskommission
Dachorganisation	Streik
Deutsche Angestelltengewerkschaft	Tarifverhandlung
Deutscher Beamtenbund	Tarifvertrag

1. Hierzu gehören diejenigen, die vom Staat angestellt sind.
   ____
2. Arbeitnehmer sind hier vereinigt.
   ____
3. Der Arbeitgeber läßt die Arbeitnehmer nicht arbeiten.
   ____
4. Die Organisation, unter der viele Organisationen zusammengefaßt sind.
   ____
5. Hierdurch versucht man, Probleme zwischen Arbeitgebern und Arbeitnehmern zu lösen.
   ____
6. Die Tarifpartner sind in der Tarifrunde zu diesem Resultat gekommen.
   ____
7. Ein unparteiisches Komitee, das versucht, eine Lösung zu finden, mit der die Tarifpartner zufrieden sind.
   ____
8. Eine Vereinigung, zu der die Angestellten gehören.
   ____
9. Die Arbeitnehmer weigern sich, zur Arbeit zu kommen.
   ____
10. Dieser Verband vertritt die Interessen der Arbeitgeber.
   ____

B Was gehört zusammen?

1. _______ Jugendausschuß
2. _______ Aufsichtsrat
3. _______ Mitbestimmungsrecht
4. _______ Personalrat
5. _______ Betriebsrat
6. _______ Wirtschaftsausschuß

a. vertritt die Interessen der Arbeitnehmer in Betrieben mit mehr als fünf Beschäftigten
b. gilt nur für solche, die vom Staat angestellt sind
c. ist der Betriebsrat für Arbeitnehmer unter achtzehn Jahren
d. wird vom Arbeitgeber regelmäßig über die wirtschaftliche Lage des Unternehmens (mit mehr als hun dert Arbeitnehmern) informiert
e. verlangt, daß Arbeitgeber und Arbeitnehmer sich über alle Arbeitsprobleme einigen
f. gibt es nur in Gesellschaften mit über 500 Beschäftigten

Ordnen Sie den Substantiven in der linken Spalte die richtigen Verben aus der rechten Spalte zu. (Es gibt mehrere Möglichkeiten.)

1. _______ Forderungen	**a.** verschaffen
2. _______ Tarifverhandlungen	**c.** bekommen
3. _______ Interessen	**b.** vertreten
4. _______ Arbeit	**d.** stellen
5. _______ Lohn	**e.** abschließen
6. _______ Tarifverträge	**f.** sich einigen
7. _______ Lösung	**g.** finden
8. _______ Gewinn	**h.** scheitern
9. _______ Betrieb	**i.** erzielen
10. _______ Parteien	**j.** schließen

Aktivitäten

Mündliches. Beschreiben Sie die Spielregeln für den Arbeitskampf anhand des folgenden Schaubildes.

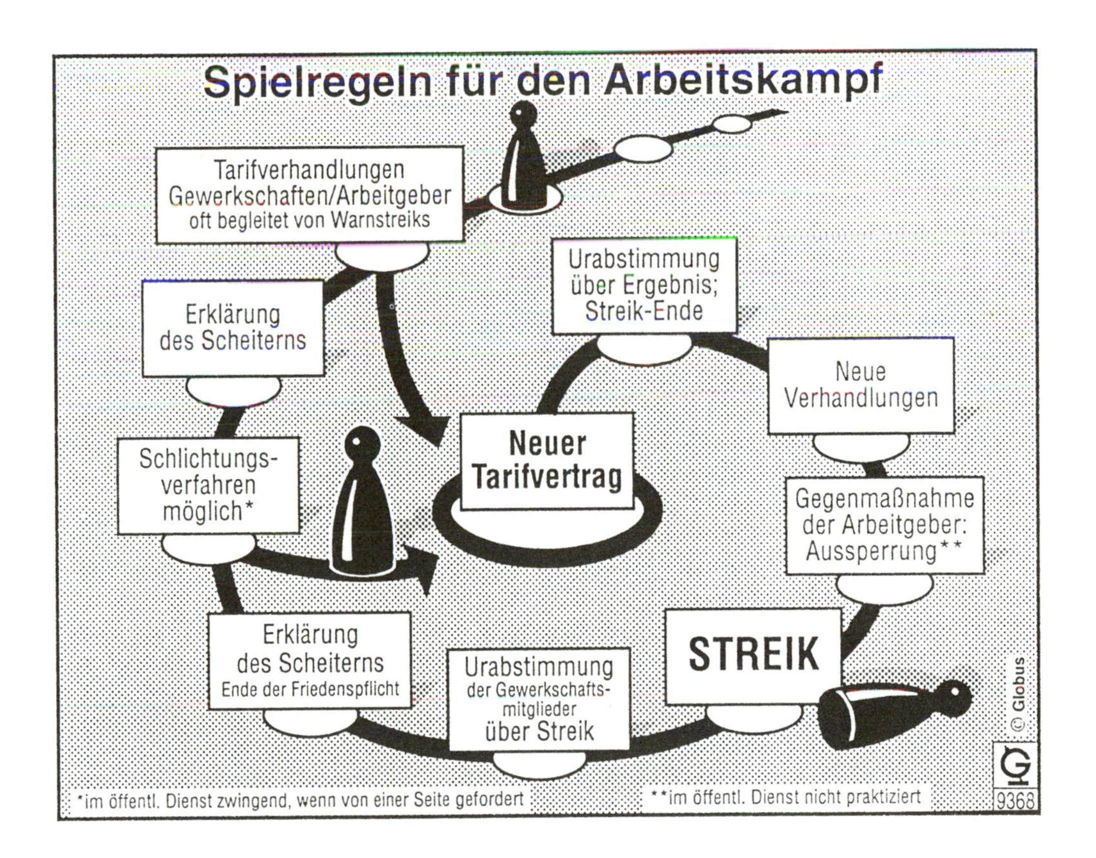

B Partnergespräche

1. Sie und Ihr Partner / Ihre Partnerin sind Angestellte bei einer größeren Elektrofirma in Deutschland. Um die Produktivität zu steigern, hat sich die Firma entschlossen, die Arbeitswoche auf vierzig Stunden zu erhöhen. Bereiten Sie zusammen Argumente gegen den Firmenvorschlag vor. Sie wollen die Argumente später dem Betriebsrat unterbreiten.

2. Ihr Partner / Ihre Partnerin ist Manager/Managerin einer deutschen Firma. Er/Sie ist auf Geschäftsreise in Ihrem Land. Stellen Sie Fragen zu den folgenden Themen, und berichten Sie später was Sie erfahren haben:
   - Häufigkeit von Streiks in der Bundesrepublik
   - Konsequenz für die Wirtschaft
   - Wann wird gestreikt?
   - Wer bezahlt die Löhne während des Streiks?
   - Welche Maßnahmen stehen dem Arbeitgeber offen?

C Diskussion

1. Was für einen Vorteil sehen Sie darin, wenn Arbeitgeberverbände und Gewerkschaften miteinander anstatt gegeneinander arbeiten?
2. Wenn Sie bei einer Firma in der Bundesrepublik arbeiteten, würden Sie dann Mitglied einer Gewerkschaft sein wollen? Warum? Warum nicht?
3. Finden Sie es gut, daß die Tarifpartner ihre Tarifverträge ohne Einmischung der Regierung machen? Warum? Warum nicht?
4. Die Tarifpartner rufen eine Schlichtungskommission zu Hilfe, wenn sie sich nicht einigen können. Was soll diese Kommission tun?
5. In der Bundesrepublik wird verhältnismäßig wenig gestreikt. Was sind wohl die Gründe dafür?

D Mündliche Berichte

1. Vergleichen Sie das Arbeitnehmer-/Arbeitgeber-Verhältnis in Deutschland mit dem in Ihrem Land. Wo bestehen die größten Unterschiede, und wie wirken sich die Unterschiede auf die Volkswirtschaft aus?
2. Was ist Ihre Meinung zu dem deutschen System? Begründen Sie Ihre Antwort, und geben Sie Beispiele aus Ihrer eigenen Arbeitserfahrung.

Import und Export

Vor dem Lesen

Beantworten Sie die folgenden Fragen.

1. NAFTA: Wie stehen Sie dazu? Sehen Sie Vor- oder Nachteile für Ihr eigenes Land?
2. APEC (Asian Pacific Economic Cooperation): Welche Rolle sollte Ihr Land dabei spielen?
3. Welthandel: Offene Märkte? Protektionismus? Was ist Ihre Meinung?

Wortschatz

Substantive

der Absatzmarkt, ¨-e market
die Arbeitskraft, ¨-e worker
der Aufbau construction
die Auslandsinvestition, -en foreign investment
der Berater, - adviser
das Darlehen, - loan
das Entwicklungsland, ¨-er developing country
die Fachkraft, ¨-e expert
das Genußmittel, - consumable luxury item
die Handelsbarriere, -n trade barrier
die Produktionsstätte, -n place of production
der Rohstoff, -e raw material, natural resource
die Steuererleichterung, -en tax allowance, tax relief
das Straßenfahrzeug, -e motor vehicle

Verben

erweitern to expand
gewähren to grant

Lesetext 1

In der Bundesrepublik übersteigt die Ausfuhr gewöhnlich die Einfuhr. Der Handel mit den Entwicklungsländern erscheint prozentmäßig gering,[1] aber er ist für die Bundesrepublik von großer Bedeutung. Diese Länder haben Rohstoffe, die der Bundesrepublik fehlen und oft billige Arbeitskräfte; die Entwicklungsländer brauchen das Know-how der Bundesrepublik beim Aufbau ihrer eigenen Industrie, und sie brauchen Deutschland als Absatzmarkt. Um den Kontakt mit den Entwicklungsländern aufrecht zu erhalten,[2] gewährt die Bundesrepublik ihnen außerordentliche Entwicklungsbeihilfe und Zollvergünstigungen[3] für ihre Ausfuhrartikel. Sie liefert auch kostenlos Fachkräfte und Berater und bietet Ausbildungsplätze in Deutschland an. 28% aller Entwicklungshilfeausgaben aus den zwölf EU-Ländern kommen von der Bundesrepublik.

Die wichtigsten Handelspartner sind die EU-Länder. Die Bundesrepublik führte bis 1987 aus den Niederlanden am meisten ein und nach Frankreich am meisten aus. Heute ist Frankreich das größte Ein- und Ausfuhrland für die Bundesrepublik. Ein Viertel aller deutschen Produkte geht ins Ausland; jeder dritte Erwerbstätige in der Bundesrepublik arbeitet direkt oder indirekt für den Export. Diese Zahlen zeigen deutlich, wie sehr die deutsche Industrie vom Export abhängig ist. Der Export ist für die Bundesrepublik einfach lebensnotwendig. Das Land ist dicht besiedelt und hat nicht genug eigene Rohstoffe. Die Einfuhr von lebenswichtigen Rohstoffen, Nahrungsmitteln und Industriegütern muß gesichert werden, und die Bundesrepublik geht deshalb mit ihren Trümpfen[4] auf den Weltmarkt:

- Sie hat einen hohen Stand der Technologie.
- Sie bietet ausgezeichnete Berufsausbildung an.
- Sie hat leistungsfähige Produktionsstätten.
- Sie liefert Qualitätsware, und sie liefert pünktlich.
- Sie leistet ausgezeichneten Kundendienst.

Die Bundesrepublik exportiert vor allem Straßenfahrzeuge, Maschinen und Maschinenteile, chemische und elektronische Artikel, und sie importiert sehr viele Nahrungsmittel, Genußmittel, Erdöl und Erdgas.

Auslandsinvestitionen gehören auch zum Außenhandel. Investitionen im Ausland können den Exportmarkt erweitern und manchmal Zölle und andere Handelsbarrieren umgehen. 82% der Auslandsinvestitionen gehen in die westlichen Industrieländer und 18% in Entwicklungsländer. Um deutschen Unternehmen solche Investitionen zu erleichtern, erlaubt die Bundesregierung bestimmte Steuererleichterungen, und die Deutsche Entwicklungsgesellschaft (DEG) erteilt Beratung und gibt Darlehen dafür.

Mindestens ebenso wichtig wie Import und Export sind für die deutsche Wirtschaft die Investitionen anderer Länder in der Bundesrepublik. 95% kommen aus Europa und den USA.

[1] *small, minimal* [2] aufrecht . . . *to keep up* [3] *tariff allowances/reductions* [4] *trumps*

Übung zum Verständnis

Unterstreichen Sie im Text die Teile mit den folgenden Informationen.

1. Die Bundesrepublik braucht die Entwicklungsländer als Handelspartner.
2. Die Bundesrepublik erleichtert den Entwicklungsländern ihren Warentransport nach Deutschland.
3. 25% aller westdeutschen Erzeugnisse werden exportiert.
4. Die Deutschen sind im allgemeinen für ihre Arbeit sehr gut ausgebildet.
5. Deutsche Hersteller bemühen sich, ihre Kunden auch nach einem Warenkauf gut zu bedienen.
6. Chemieerzeugnisse sind ein wichtiger Bestandteil des deutschen Exports.
7. Deutsche Investitionen im Ausland können die Wareneinfuhr in die Bundesrepublik erleichtern.
8. Die Bundesregierung sieht es gern, wenn deutsche Firmen im Ausland investieren.

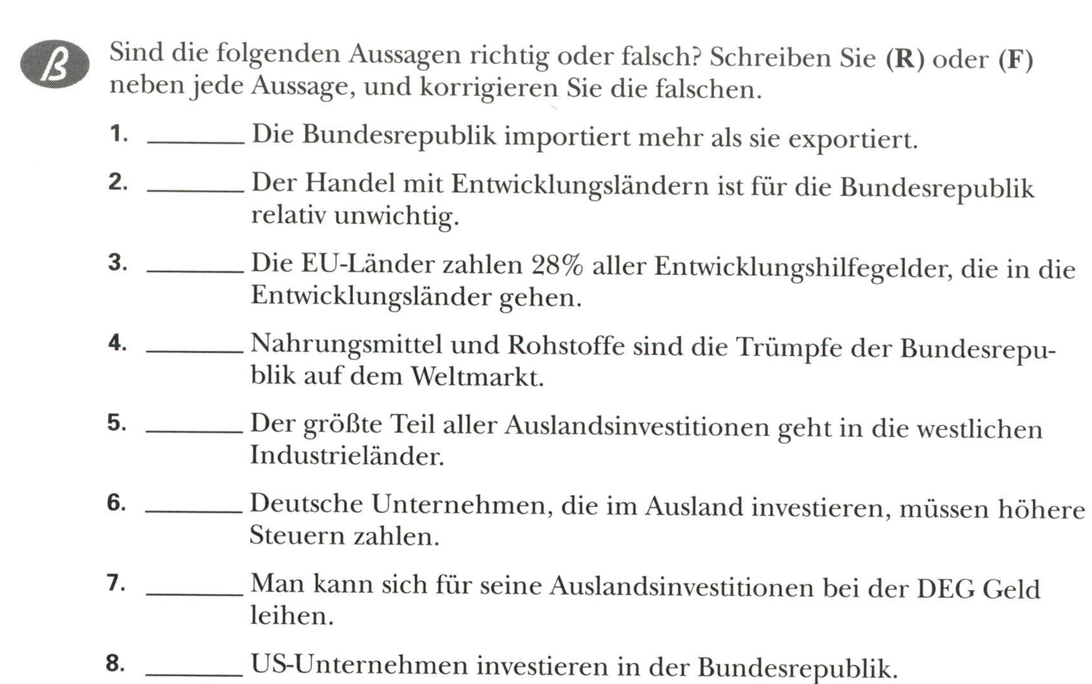

Sind die folgenden Aussagen richtig oder falsch? Schreiben Sie **(R)** oder **(F)** neben jede Aussage, und korrigieren Sie die falschen.

1. _______ Die Bundesrepublik importiert mehr als sie exportiert.
2. _______ Der Handel mit Entwicklungsländern ist für die Bundesrepublik relativ unwichtig.
3. _______ Die EU-Länder zahlen 28% aller Entwicklungshilfegelder, die in die Entwicklungsländer gehen.
4. _______ Nahrungsmittel und Rohstoffe sind die Trümpfe der Bundesrepublik auf dem Weltmarkt.
5. _______ Der größte Teil aller Auslandsinvestitionen geht in die westlichen Industrieländer.
6. _______ Deutsche Unternehmen, die im Ausland investieren, müssen höhere Steuern zahlen.
7. _______ Man kann sich für seine Auslandsinvestitionen bei der DEG Geld leihen.
8. _______ US-Unternehmen investieren in der Bundesrepublik.

Warum ist das so? — Die Gründe finden Sie im Lesetext.

1. Warum ist die Bundesrepublik am Handel mit den Entwicklungsländern interessiert?
2. Warum ist der Export für die Bundesrepublik lebensnotwendig?
3. Warum sieht es die Bundesregierung gern, wenn deutsche Unternehmen im Ausland investieren?
4. Warum bekommen Unternehmen, die im Ausland investieren, von der Bundesregierung Steuererleichterungen?

Übung zur Grammatik

Passivkonstruktionen: Was wird hier getan?

BEISPIEL: Aluminium einführen → Aluminium wird eingeführt

1. Entwicklungsbeihilfe gewähren
2. Fachkräfte liefern
3. Produkte ins Ausland schicken

4. die Einfuhr sichern
5. Berufsausbildung anbieten
6. ausgezeichneten Kundendienst leisten (*Vorsicht!*)
7. Straßenfahrzeuge exportieren
8. Handelsbarrieren umgehen
9. Investitionen erleichtern
10. Darlehen geben

Lesetext 2

MODERNE ZÜGE

ICE interessiert die Amerikaner

Der deutsche Hochgeschwindigkeitszug ICE* wird in den USA getestet/Deutsche Herstellerfirmen erhoffen sich lukrative Exportaufträge

Der Hochgeschwindigkeitszug ICE wird von diesem Sommer an in den Vereinigten Staaten versuchsweise[1] eingesetzt und auch kommerziell genutzt. Auf den Sprung des Schienen-Jets über den großen Teich,[2] wenn auch zunächst nur zur Probe, einigten sich die beiden deutschen Bahnen,[3] die hiesige[4] Industrie und die Amtrak, die staatliche Eisenbahngesellschaft für den Personenverkehr der USA. Die „technische Betreuung“[5] des ICE-Einsatzes vor Ort übernimmt der Münchner Elektrokonzern Siemens, teilen Bundes- und Reichsbahn mit. Der Zug werde im Juni auf dem Seeweg in die Vereinigten Staaten transportiert.

Der als „Gastspiel“[6] bezeichnete Aufenthalt des ICE jenseits des Atlantiks ist nicht zu unterschätzen. Das deutsche Herstellerkonsortium will den Hochgeschwindigkeitszug unbedingt[7] ins Ausland exportieren. Und dabei geht es um Milliarden-Geschäfte. Entsprechend hart ist der Wettbewerb, denn um Bestellungen von draußen buhlen[8] auch die Japaner und nicht zuletzt die Produzenten des französischen Train à Grand Vitesse (TGV). Letztere schienen Mitte 1991 die deutschen Anbieter auf einer geplanten Strecke in Texas bereits aus dem Rennen geschlagen[9] zu haben. Doch seither tauchten immer wieder—auch in den USA—Zweifel an der Seriosität der Offerte der TGV-Leute auf. Derzeit, so heißt es, gelte die Entscheidung für die Texas-Route „wieder als offen“.

Doch nicht nur in den Vereinigten Staaten winken[10] den Herstellern von Hochgeschwindigkeitszügen Riesenaufträge. Auch Südkorea hat an solchen Produkten starkes Interesse. Dort soll in Kürze eine Entscheidung darüber getroffen werden, wer den Zuschlag erhält.[11] Im „Land der Morgenröte“[12] präsentierte sich der ICE vor einiger Zeit bei einer Messe in Seoul.

Nach Bahn-Angaben wird der ICE in den USA zunächst zwei Monate lang Zulassungs-[13] und Testfahrten absolvieren. Von September an beginne dann das auf zehn bis zwölf Monate angelegte eigentliche Gastspiel. Seine Möglichkeiten unter Beweis stellen[14] soll der Zug dabei vorzugsweise[15] auf der bestehenden 320 Kilometer langen Trasse zwischen Washington und New York. Aber auch andere Strecken seien „im Gespräch“.

Die deutschen Bahnen erwarten von dem Einsatz des ICE in Übersee „großes Interesse an ihrem Paradepferd“.[16] Sie wollten ferner den „hohen Standard“ ihres Reiseangebots demonstrieren. Für den Aufenthalt des Zuges wurden Triebfahrzeugführer der Amtrak bei der Bundesbahn ausgebildet. Die hiesige Industrie zeigt sich unterdessen überzeugt, daß ihr Schienen-Spitzenprodukt „den Beweis einer Topleistung“ im Hochgeschwindigkeitsverkehr erbringen werde.

Frankfurter Rundschau

*InterCityExpress

[1] *for test purposes* [2] Sprung . . . *"jump" across the Atlantic Ocean* [3] die . . . *rail systems of former West and East Germany* [4] *from here, German* [5] *support* [6] *guest performance* [7] *by all means* [8] *woo, strive for* [9] aus . . . *eliminated from competition by winning* [10] *here: are possible* [11] den . . . *here: gets the export order* [12] Land . . . *the Far East* [13] Zulassungsfahrt . . . *test drive* [14] seine . . . *to prove its capabilities* [15] *preferably* [16] *here: top, best product*

Übung zum Verständnis

Der Text hat fünf Abschnitte. Ordnen Sie den Abschnitten die folgenden Überschriften zu, indem Sie die Zahlen 1 bis 5 eintragen.

_______ Der ICE wird auf einer Versuchsstrecke in den USA getestet.

_______ Angestellte der amerikanischen Amtrak werden in Deutschland ausgebildet.

_______ Die USA und die Bundesrepublik haben ein Abkommen getroffen, einen deutschen ICE auf begrenzte Zeit in Nordamerika einzusetzen.

_______ Die Bundesrepublik ist nicht der Alleinhersteller von Hochgeschwindigkeitszügen.

_______ Auch in Asien besteht Interesse an dem deutschen ICE.

Übung zum Wortschatz

In diesem Artikel finden Sie mehrere Komposita. Aus welchen zwei Substantiven sind sie zusammengesetzt? Setzen Sie bitte vor jedes Substantiv den Artikel. Übersetzen Sie dann den Ausdruck ins Englische.

KOMPOSITUM	SUBSTANTIV	+ SUBSTANTIV	ÜBERSETZUNG
1. der Hochgeschwindigkeitszug	_______	_______	_______
2. die Eisenbahngesellschaft	_______	_______	_______
3. die Reichsbahn	_______	_______	_______
4. das Herstellerkonsortium	_______	_______	_______
5. der Riesenauftrag	_______	_______	_______
6. die Morgenröte	_______	_______	_______
7. das Spitzenprodukt	_______	_______	_______
8. der Triebfahrzeugführer	_______	_______	_______

Grammatiknotiz

KONJUNKTIV I

1. Diese Konjunktivform lesen Sie in der Zeitung und hören Sie im Radio und Fernsehen z.B. bei den Nachrichten. Man gebraucht sie, wenn man berichten will, was jemand gesagt hat. Sie wird von dem Infinitiv abgeleitet und hat die Endungen **-e, -est, -e, -en, -et, -en.** Das Verb **sein** hat seine eigene Konjugation: **sei, seiest, sei, seien, seiet, seien.**
2. Hauptsächlich findet man diese Konjunktivform in der 3. Pers. Sg. und Pl.
3. Wenn die Form des Konjunktiv I mit dem Indikativ identisch ist, dann gebraucht man grundsätzlich den Konjunktiv II:

   Konjunktiv I und Indikativ: Er sagte, sie **haben** die Lieferung schon im April erwartet.

Konjunktiv II: Er sagte, sie **hätten** die Lieferung schon im April erwartet.

Vergleichen Sie:

Direkte Rede: Der Kanzler sagte: „Deutschland muß mehr investieren".

Indirekte Rede (Konj. II): Der Kanzler sagte, Deutschland **müßte** mehr investieren.

Indirekte Rede (Konj. I): Der Kanzler sagte, Deutschland **müsse** mehr investieren.

Die Hilfsverben **haben** und **sein** werden sehr oft bei der indirekten Rede in der Vergangenheit gebraucht:

Er berichtete, Deutschland **habe** die technische Betreuung übernommen.

Im Bericht aus Washington hieβ es, die Entscheidungen **seien** noch nicht getroffen worden.

(Zur Wiederholung sehen Sie bitte in Ihrem Grammatikbuch nach unter „Subjunctive in indirect discourse". Der Konjunktiv I heißt auch *special* oder *alternate subjunctive.*)

Übung zur Grammatik

Wie würden Sie die folgenden Sätze auf englisch wiedergeben?

1. Man sagt, der Zug werde auf dem Seeweg in die Vereinigten Staaten transportiert.

   ____

2. Derzeit, so heißt es, gelte die Entscheidung für die Texas-Route „wieder als offen".

   ____

3. Es wurde berichtet, von September an beginne das eigentliche Gastspiel.

   ____

4. Der Sprecher sagte, auch andere Strecken seien „im Gespräch".

   ____

5. Die Industrie zeigt sich überzeugt, daß ihr Schienen-Spitzenprodukt „den Beweis einer Topleistung" im Hochgeschwindigkeitsverkehr erbringen werde.

   ____

6. Man sagt, der ICE sei schon in den USA getestet worden.

   ____

7. In der Zeitung steht, die deutschen Bahnen wollten den „hohen Standard" ihres Reiseangebots demonstrieren.

   ____

8. Man sagt, Korea zeige auch ein Interesse an solchen Zügen.

   ____

Aktivitäten

Gruppenarbeit

1. Wie kann sich Deutschland als Ausfuhrland auf dem Weltmarkt behaupten? Vergleichen Sie deutsche Exportstrategien mit denen in Ihrem Land (Produkte, Preis usw.). Berichten Sie der Klasse, was Ihre Gruppe erarbeitet hat.
2. Wie sichert die Bundesrepublik die Versorgung von Rohstoffen? Machen Sie eine Liste, und berichten Sie der Klasse, was Sie dem Text entnommen haben.

Partnergespräch. Sie und Ihr Partner / Ihre Partnerin unterhalten sich über öffentliche Transportmittel in Ihrem Land. Ihr Partner / Ihre Partnerin hatte Gelegenheit, mit dem ICE von New York nach Washington zu fahren. Stellen Sie Fragen zu diesem Erlebnis, z.B.:

- Grund, warum der ICE jetzt in den Vereinigten Staaten ist
- Konkurrenz mit anderen Verkehrsmitteln
- Ausbildung der Fahrzeugführer
- technische Informationen
- persönliche Eindrücke

Hörverständnis

Produktionsverlagerung ins Ausland

Neue Wörter und Ausdrücke

der Absatzmarkt, ¨-e	market
erwägen	to consider
die Fertigung	production
heimisch	local
lohnintensiv	high in labor cost
die Mischkalkulation	mixed calculation (cost and profitability)
der Nachteil, -e	disadvantage
die Produktionsverlagerung	moving of production to a different location
der Standort, -e	location (of a business or factory)
Verbrauchsgüter	(*Pl.*) consumer goods
Vorrang haben	to have priority

Beantworten Sie die folgenden Fragen.

1. Welche Vorteile für Deutschland sieht die Industrie in der Produktionsverlagerung ins Ausland?

____

____

____

2. Aus welchem Grund verlagern Unternehmen in Baden-Württemberg einen Teil ihrer Produktion nach Frankreich?

____

____

3. Warum ist die Tschechien Republik ein vorteilhafter Standort für deutsche Unternehmen?

____

____

4. Welches Bundesland verlegt Teile seiner Fertigungsindustrie nach Polen?

____

5. Welche Güter werden in Zukunft vorrangig in mittel- und osteuropäischen Ländern produziert?

____

6. Welche andere geographische Region ist für Deutschland als Produktionsstandort interessant?

____

7. Was sind Ihrer Meinung nach die Standortnachteile in Deutschland?

____

____

____

Schlußgedanken

- Welche Rolle spielt der Staat in einer sozialen Marktwirtschaft?
- Welche Vorteile sehen Sie im Mitbestimmungsrecht? Sehen Sie hierin einen Grund, warum in der Bundesrepublik verhältnismäßig wenig gestreikt wird?
- Die Welt als Freihandelszone—was meinen Sie?

Wußten Sie das schon?

- Das deutsche Arbeitsgesetz erschwert es, jemanden zu entlassen. Inkompetente Mitarbeiter werden oft dorthin plaziert, wo sie keinen Schaden anrichten können.
- Das Planen dauert in der Bundesrepublik länger als in den USA, und sofortige Profite werden nicht erwartet. Deutsche Firmen planen oft auf zehn und zwanzig Jahre voraus. Sie arbeiten nicht alle Vierteljahre lang einen Finanzbericht aus, da ein Vierteljahr zu kurz ist, um von Bedeutung zu sein.
- Während für das Planen eine längere Zeit angesetzt wird, dauert die Durchführung nicht lange. Ein einmal gefaßter Plan wird nur schwer umgestoßen.
- Deutsche sind Perfektionisten und erwarten dasselbe von anderen. Wenn man ausgezeichnete Arbeit geleistet hat, erwartet man kein Lob, denn man hat nur getan, was von einem erwartet wurde.
- Der Unterschied im Gehalt zwischen dem Top Management und dem niedrigst Verdienenden in der Wirtschaft ist viel geringer als in den USA. In der Bundesrepublik ist das Verhältnis 1:25 und in den USA 1:80 (in Japan ist es 1:7).

🌐 Deutsche Arbeiter haben viel mehr staatlich garantierte Rechte als ihre US-amerikanischen Kollegen.

🌐 Von je hundert Ehepaaren arbeiten bei vierundvierzig beide Ehepartner. In vier von hundert Ehen arbeitet nur die Frau, und der Mann ist Hausmann.

🌐 Ein hohes Einkommen ist den deutschen Arbeitnehmern nicht das Wichtigste. An erster Stelle steht ein sicherer Arbeitsplatz, als zweites wollen sie eigenverantwortliches Handeln, dann folgen Aufstiegsmöglichkeiten, gutes Einkommen, flexible Arbeitszeit und mehr Mitbestimmung.

🌐 Im öffentlichen Dienst gab es noch nie eine Aussperrung.

🌐 Ein deutscher Industriearbeiter arbeitet 1 716 Stunden pro Jahr. In den USA werden 1 912 Stunden gearbeitet und in Japan sogar 2 138. D.h. ein japanischer Industriearbeiter arbeitet 422 Stunden oder 53 Arbeitstage im Jahr mehr als sein deutscher Kollege.

🌐 Vor ca. hundert Jahren arbeitete man in der Industrie ca. 65 Stunden pro Woche. Heute arbeitet man in der deutschen Metallindustrie 35 Wochenstunden. In allen übrigen Industriebranchen sowie beim Staat arbeitet man zwischen 37 und 40 Stunden pro Woche.

🌐 Formelles Benehmen und Höflichkeit wird bei Personen in leitenden Positionen vorausgesetzt. Die formelle Anrede „Sie" gilt für alle Personen: für Übergeordnete und Untergeordnete, für den Chef, den Portier und den Laufjungen. Die Anrede mit dem Vornamen paßt nicht in die Geschäftswelt.

🌐 Kundschaft werben ist ein langer Prozeß. Oft bleiben Kunden einem Geschäft oder einer Firma ihr Leben lang treu.

🌐 Gewerkschaften und Arbeitnehmer sind für die gegenwärtigen Öffnungszeiten, aber viele berufstätige Verbraucher hätten gern längere Ladenöffnungszeiten, damit sie in Ruhe einkaufen können. Manche Politiker glauben, daß längere Öffnungszeiten einen größeren Umsatz und mehr Teilzeit-Arbeitsplätze garantieren.

🌐 Deutsche Geschäftsleute denken daran, daß die Zukunft ihrer Geschäfte sowie die der nationalen Wirtschaft vom Erfolg der Weltwirtschaft abhängt. Sie haben deshalb eine Exportmentalität und bemühen sich, in internationalen Verhandlungen versiert zu sein.

🌐 Jeder dritte Arbeitsplatz ist vom Export abhängig.

11 Geldwirtschaft

- **Banken**
- **Geldverkehr und Service**
- **Kreditkarten**

Filiale der Dresdner Bank in Lüdenscheid

LERNZIELE

In diesem Kapitel werden die verschiedenen Arten von Banken vorgestellt und ihre Aufgaben und ihr Service besprochen: der bargeldlose Zahlungsverkehr mit Kreditkarten, das Electronic Banking, Spar- und Girokonten, Kredite, Zinsen, Daueraufträge, Dispositionskredite und vieles andere, was man wissen sollte, wenn man mit einem deutschen Geldinstitut geschäftlich zu tun hat.

Einführende Gedanken

 Was assoziieren Sie mit dem Begriff „Geld“?

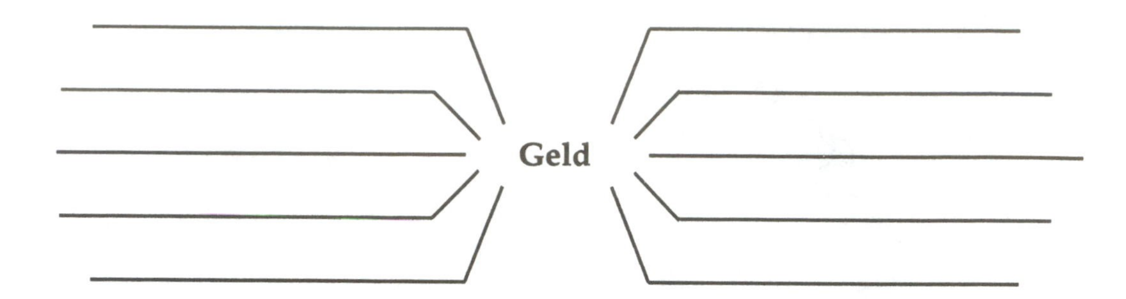

 Beantworten Sie die folgenden Fragen.

- Wie oft und warum gehen Sie zu Ihrer Bank?
- Welche Dienstleistungen können Sie von Ihrer Bank erwarten?
- Muß man bei Ihrer Bank ein bestimmtes Alter haben, bevor man ein Konto eröffnen darf?
- Verteilt Ihre Bank Geschenke, um Kunden anzulocken?
- Gibt es in Ihrer Stadt ausländische Banken?
- Haben alle Banken in Ihrer Stadt gleich hohe Zinssätze für ein Sparkonto?
- Wie oft bekommen Sie Ihren Kontoauszug?

 Geben Sie Ihre Meinung.

- Banken, Geldinstitute oder Kreditinstitute sind aus dem modernen Geschäftsleben und Privatleben nicht wegzudenken.—Was meinen Sie dazu?
- Viele Geldinstitute verkaufen ihren Kunden auch Aktien. Was halten Sie davon?
- Immer mehr ausländische Banken lassen sich in Deutschland nieder. Sie befassen sich hauptsächlich mit Import- und Exportgeschäften und mit Bankgeschäften ausländischer Firmen. Als allgemeine Kreditinstitute dürfen sie in jeder Weise mit den deutschen konkurrieren. Was halten Sie davon?

Banken

Vor dem Lesen

1. Welche Arten von Geldinstituten kennen Sie in Ihrem Land?
2. Bei welchem Geldinstitut haben Sie ein Konto?
3. Kennen Sie ein Geldinstitut, das überall in Ihrem Land Filialen hat?
4. Gibt es Geldinstitute, die von Geschäftsleuten und solche, die von Privatleuten bevorzugt werden?

Wortschatz

Substantive

die Aktie, -n shares, stocks
das Bankgeschäft, -e banking transaction
die Banknote, -n bank note, bill
die Dienstleistung, -en service
das Girokonto, die Girokonten (*Pl.*) checking account
die Girozentrale, -n clearinghouse bank

die Hypothekenbank, -en	mortgage bank
die Landeswährung, -en	currency of a particular country
die Landeszentralbank, -en	central bank
die Niederlassung, -en	branch
die Überweisung, -en	transfer (of money)
die Währungsstabilität	currency stability
der Zahlungsverkehr	payment transactions
die Zinsen (*Pl.*)	interest
der Zinssatz, ⸚e	interest rate
die Zweigstelle, -n	branch

Verben

abheben	to withdraw (money)
anbieten	to offer
(jemanden) anhalten, etwas zu tun	to encourage (sb.) to do s.th.
einteilen in (+ *Akk.*)	to divide into
entsprechen (+ *Dat.*)	to correspond with
unterstehen (+ *Dat.*)	to be under the control of
verbilligen	to lower (in price)
verteuern	to raise (in price)
verwalten	to manage
wachen über (+ *Akk.*)	to watch over

Adjektive und Adverbien

genossenschaftlich	cooperative
öffentlich-rechtlich	public
unentbehrlich	indispensable

Lesetext

Banken sind für Wirtschaft und Privatleben unentbehrlich. In Deutschland sind öffentlich-rechtliche, genossenschaftliche und private Geldinstitute tätig. In vielen Fällen bieten diese Geldinstitute ihren Kunden mehr Dienstleistungen an, als es die amerikanischen tun. Alle deutschen Banken und alle Zweigstellen der ausländischen Banken in Deutschland unterstehen den allgemeinen deutschen Bankgesetzen.

An der Spitze steht die Deutsche Bundesbank in Frankfurt. Sie entspricht der Nationalbank der meisten Länder. Nur sie darf Banknoten ausgeben.[1] Sie wacht über die Währungsstabilität und kann Zinssätze verbilligen oder verteuern. Die Bundesbank hat in den einzelnen Bundesländern Niederlassungen—die Landeszentralbanken (LZB).

Die meisten deutschen Kreditinstitute sind Universalbanken, eine Art Supermarkt für Bankgeschäfte. Zu ihnen zählen[2] alle Sparkassen, Kreditbanken und private Geschäftsbanken. Spezialbanken haben besondere Aufgaben oder einen speziellen Kundenkreis; zu ihnen zählen private Hypothekenbanken, Postbanken und private Bausparkassen.

Die drei Großbanken—Dresdner Bank, Deutsche Bank und Commerzbank—haben Zweigstellen im ganzen Bundesgebiet. Die einzelnen Bundesländer haben ihre Regionalbanken. Diese Banken arbeiten nur in einem bestimmten Gebiet und nicht im ganzen Bundesland. Die einzelnen Orte haben ihre Lokalbanken, die nur für diesen bestimmten Ort zuständig sind. Sparkassen findet man überall. Alle Sparkassen einer Region werden von der Girozentrale dieser Region verwaltet.

Schon von klein auf werden die Kinder zum Sparen angehalten. Am Weltspartag geben die Sparkassen jedem Kind, das Geld auf sein Konto einzahlt, ein Geschenk.

---

[1] *issue* [2] *Zu . . . Among them are . . .*

Die Dienstleistungen der Banken und Sparkassen lassen sich in drei Bereiche einteilen:

- Geldverkehr und Service (Girokonto, Schecks, Überweisungen usw.)
- Sparen und Geldanlage (Wie macht man das Beste aus seinem Geld?)
- Kredite (Man leiht sich Geld und muß dafür Zinsen bezahlen.)

Die Postbank ist in Deutschland das größte Spezialinstitut für Zahlungsverkehr und Sparen. Sie verwaltet auf neunundzwanzig Millionen Spar- und Girokonten rund siebzig Milliarden DM. Wenn man ein Konto bei der Postbank hat, kann man an jeder Post seine Bankgeschäfte abwickeln. Besonders praktisch ist ein Postbank Sparbuch, wenn man auf Reisen ist, denn in neunzehn europäischen Ländern kann man damit Geld in der jeweiligen Landeswährung abheben.

Übungen zum Verständnis

Wovon ist hier die Rede?

1. Diese Bank wacht darüber, daß die Währung stabil bleibt:
2. Diese Bank erledigt praktisch alle Arten von Bankgeschäften:
3. Diese Bank spezialisiert sich auf das Sparen zum Bauen:
4. Diese Bank nimmt man in Anspruch, wenn man sein Haus mit einer Hypothek belasten muß:
5. Diese Bank ist in den meisten kleinen Orten zu finden und ermutigt das Sparen bei Bürgern jeden Alters:

Beantworten Sie die folgenden Fragen.

1. Für welche Banken gelten die deutschen Bankgesetze?
2. Wie heißt die Bank in Deutschland, die der „Federal Reserve Bank" entspricht?
3. Was ist eine Landeszentralbank?
4. Zählen die meisten deutschen Kreditinstitute zu den Universalbanken oder den Spezialbanken?
5. Welches Geldinstitut konzentriert sich auf den Zahlungsverkehr und das Sparen?
6. Bei welcher Bank ist es besonders praktisch, ein Sparkonto zu haben, wenn man in Europa viel auf Reisen ist? Warum?

Übungen zum Wortschatz

Ordnen Sie die Verben den passenden Substantiven und Ausdrücken zu.

anbieten	erledigen	verteuern
ausgeben	unterstehen	zuständig sein
einzahlen		

1. Banknoten ______________________
2. Bankgeschäfte ______________________
3. für einen speziellen Kundenkreis ______________________
4. Dienstleistungen ______________________
5. den deutschen Bankgesetzen ______________________

6. Geld auf ein Konto ______________________
7. Zinssätze ______________________

B Ergänzen Sie die Sätze mit dem Ausdruck, der am besten paßt.

Aktien-Shop	Dienstleistungen	Landeszentral-banken
Bankgeschäfte	einteilen	unentbehrlich
Bankgesetzen	entspricht	verwaltet
Bausparkasse		

MEINUNGEN ZUM SPAREN

»Sparen ist sinnvoll und notwendig.«

Diesem Satz stimmten bei einer Meinungsumfrage fast alle Befragten zu – Jugendliche wie Erwachsene, alte Menschen und junge Leute mit und Leute ohne Geld.

Was halten Sie vom Sparen?

1. Eine ______________ gehört zu den Spezialbanken.
2. An deutschen Banken kann man viel mehr ______________ erledigen als an amerikanischen.
3. Alle Banken bemühen sich, ihren Kunden ausgezeichnete ______________ anzubieten.
4. Die Dienstleistungen der Banken und Sparkassen kann man in drei Bereiche ______________.
5. In- und ausländische Banken in Deutschland unterstehen den deutschen ______________.
6. ______________ sind Branchen der Bundesbank.
7. Ein ______________ gehört auch zu dem Aufgabenbereich vieler Geldinstitute.
8. Die Deutsche Bundesbank ______________ der Nationalbank anderer Länder.
9. Banken sind auch im Privatleben ______________.
10. Die Girozentrale ______________ alle Sparkassen einer Region.

Aktivitäten

A **Mündliches.** Sehen Sie sich die Werbung für den Aktien-Shop an. Wie würden Sie sie beschreiben? Suchen Sie im Text die Formulierungen, die den folgenden Begriffen auf S. 210 entsprechen.

BEI EINER TASSE KAFFEE DIE WELT DER WERTPAPIERE ENTDECKEN

Für viele sind Wertpapiere leider immer noch ein Buch mit sieben Siegeln. Dabei können zum Beispiel Aktien, vor allem langfristig gesehen, eine äußerst interessante Geldanlage sein. Vorausgesetzt, man hat die richtigen Berater.

Deshalb ist unser Aktien-Shop schon längst eine gute Adresse. Hier können Sie ganz einfach, ohne jede Hektik, die Welt der Wertpapiere entdecken. Ungestört bei einer Tasse Kaffee und der Lektüre diverser Fachzeitungen in unserem Aktien-Shop Café. Selbstverständlich steht Ihnen auch unser Experten-Team, allen voran Bernd Grübel, für eine umfassende Beratung jederzeit gern zur Verfügung.

etwas Unverständliches ______________________

auf lange Zeit hin effektiv ______________________

strahlt Ruhe aus ______________________

dort arbeiten Fachleute ______________________

fast immer ______________________

informatives Lesematerial ______________________

Diskussion. Lesen Sie die Werbung der Postbank.

Postbank

Wir müssen im harten Wettbewerb bestehen

Der Wettbewerb auf den Märkten für Finanzdienstleistungen[1] wird härter. Rechtzeitig haben wir die Weichen gestellt:[2] Wir befinden uns auf dem konsequenten Weg zu einem eigenständigen[3] Unternehmen, das ohne fremde Hilfe im Markt besteht.

Mit dem Gemeinsamen Markt verschärft sich[9] 1993 auch europaweit der Wettbewerb um den Kunden. Überleben kann nur, wer schon heute an den Erfolg von morgen denkt.

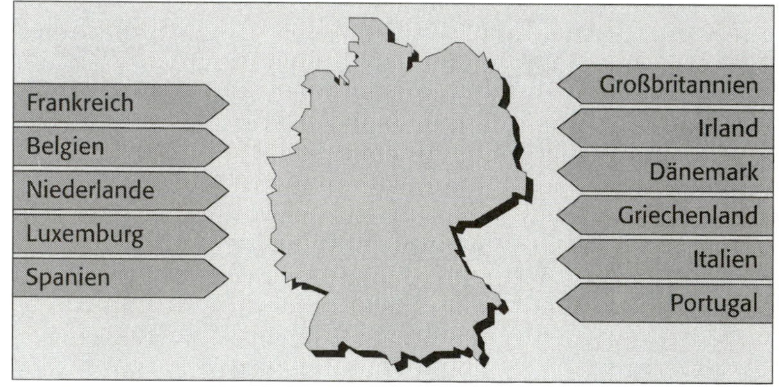

Europa wird den Wettbewerb von Grund auf verändern.

Diese erstrebenswerte Zukunft gestalten[4] wir mit überzeugenden Leistungen für unsere Kunden, mit einem straffen[5] Kostenmanagement und einer modernen inneren Struktur.

Wir wollen Erfolg. Wir brauchen den Erfolg für das Unternehmen und seine Mitarbeiterinnen und Mitarbeiter.

Wir brauchen Ihre Mitarbeit.

Noch kundenorientierter

Uns interessiert vor allem der private Kunde. Er wird „seiner" Bank sicherlich treu bleiben wollen. Aber er wird mehr und mehr umworben.[6] Von der größer werdenden Vielfalt[7] interessanter Angebote wird er nur das akzeptieren, was er tatsächlich gut findet. Die deutschen Geldinstitute sind also gezwungen, noch besser zu werden: noch kundenfreundlicher im Service, noch überzeugender[8] in der Leistung.

Die Postbank wird sich im Gemeinsamen Markt behaupten.[10] Deshalb stellen wir jetzt die Weichen.

Dabei werden wir auch unsere 700.000 Firmenkunden nicht vernachlässigen.

[1] *financial services* [2] die . . . *set the course* [3] *independent* [4] *shape* [5] *tight* [6] wird . . . *is being courted* [7] *variety* [8] *more convincing* [9] *becomes more intense* [10] sich . . . *hold its own*

1. Besprechen Sie in Ihrer Gruppe,
   a. warum die Postbank meint, daß der Wettbewerb um Kunden härter wird.
   b. wie die Postbank um Kunden wirbt.
   c. ob die Werbung sich an private Kunden oder Geschäftsleute richtet.
   d. wie die Werbung betont, daß die Postbank überregional ist.
2. Was finden Sie an dieser Werbung attraktiv?

Geldverkehr und Service

Vor dem Lesen

 Nennen Sie alle Dienstleistungen, die Ihre Bank Ihnen bietet.

Bank

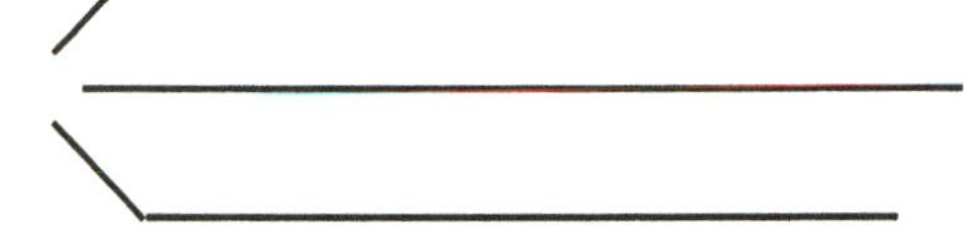

 Beschreiben Sie, was Sie auf der Bank machen.

1. Am Ende des Monats haben Sie noch etwas Bargeld übrig, das Sie sparen wollen. Sie ________________ es auf Ihr Konto ________________.
2. Sie sind beim Einkaufen und brauchen mehr Bargeld. Sie gehen also zu Ihrer Bank und ________________ Geld von Ihrem Konto ________________.

 Erklären Sie Ihrer Gruppe die folgenden Sachverhalte.

1. Was sind in Ihrem Land die Voraussetzungen dafür, ein Girokonto zu eröffnen?
2. Wie zahlt Ihnen Ihr Arbeitgeber Ihren Lohn oder Ihr Gehalt aus?
3. Was passiert, wenn Sie Ihr Konto überziehen?
4. Wie bezahlen Sie Ihre Rechnungen?
5. Wie sparen Sie?
6. Warum haben Sie gerade die Bank gewählt, bei der Sie jetzt Kunde/Kundin sind?

Wortschatz

Substantive

die Abbezahlung installment payments
die Abhebung, -en withdrawal
die Abwicklung carrying out
das Allzweckdarlehen, - general-purpose loan
die Anlagedauer set time of saving
die Auszahlungsanweisung, -en disbursing order

der Barscheck, -s	check which can be cashed (as opposed to check for deposit only)
das Bausparen	saving with the intention of building
die Behörde, -n	office
der Betrag, ¨-e	amount
der Buchungstag, -e	transaction date
der Dauerauftrag, ¨-e	standing order
der Dispositionskredit, -e	available credit in one's overdraft protection
der Eintrag, ¨-e	entry
die Einzahlung, -en	deposit
der Geldberater, -	bank counselor
der Kapitalmarkt	money market
der Kontoauszug, ¨-e	account statement
der Kontostand	account balance
die Kündigungsfrist, -en	period of notice (for withdrawal of funds)
die Lastschrift, -en	debit
das Plus-Sparen	saving of money remaining in checking account at the end of the month
das Prämiensparen	saving with a chance of winning cash premiums
die Rendite, -n	yield, return on capital
die Überweisung, -en	transfer
die Verfügbarkeit	availability
der Verrechnungsscheck, -s	collection-only check
der Zahlungsempfänger, -	recipient of the money
der Zahlungspflichtige, -n	person who has to pay
die Zinsen (*Pl.*)	interest

Verben

abheben	to withdraw
ausführen	to carry out
beauftragen mit	to charge with
belasten	to charge (an account)
bereitstehen	to be available
bestätigen	to confirm
einlösen	to cash in
führen zu	to lead to
gutschreiben (+ *Dat.*)	to credit
mitteilen	to inform
überweisen	to transfer
verfügen über (+ *Akk.*)	to have at one's disposal
vermerken	to record
zweifeln an (+ *Dat.*)	to doubt

Adjektive und Adverbien

bargeldlos	without using cash
gedeckt	covered
getrennt nach	divided by
überzogen	overdrawn
üblich	common
vereinbart	agreed on
wechselnd	changing

Ausdrücke

der bargeldlose Zahlungsverkehr	cashless money exchange
in Anspruch nehmen	to make use of
einen Kredit aufnehmen	to take out a loan

Lesetext 1

Aus Gründen der Rationalisierung zahlen fast alle Unternehmen und Behörden ihren Mitarbeitern Löhne und Gehälter bargeldlos. Das geht schnell, sicher und bequem. Die diversen Zahlungen können mit Scheck, Überweisung, Dauerauftrag, Kreditkarte usw. ausgeführt werden. Diese bequeme Zahlungsart hat zu einem enormen Anwachsen des bargeldlosen Zahlungsverkehrs geführt.

Girokonto. Die Eröffnung eines Girokontos ist die Voraussetzung, um am bargeldlosen Zahlungsverkehr teilnehmen zu können. Der Kontoauszug teilt dem Girokontoinhaber alle Veränderungen seines Kontostandes mit. Die Kontoauszüge werden zu vereinbarten Zeiten zugeschickt, sie können auch jederzeit selbst abgeholt werden. Der Kontoauszug enthält die Kontonummer, das Datum des Buchungstages, den vorherigen

Ein Girokonto braucht heute jeder, der Geld verdient oder Zahlungen leistet. Zahlungsverkehr über das Girokonto bedeutet: Das Geld wird nicht in bar mit Münzen und Scheinen bezahlt, sondern bargeldlos von Konto zu Konto überwiesen.

Kontostand (alter Saldo) und den neuen Kontostand (neuer Saldo). Die Umsätze erscheinen getrennt nach Soll (Belastungen) und Haben (Gutschriften). Wenn Sie von Ihrem Konto Geld abheben oder von Ihrem Konto Geld auf ein anderes überweisen, dann belasten Sie Ihr Konto. Der Betrag steht dann unter Soll. Wenn Sie auf Ihr Konto Geld einzahlen, dann wird es Ihnen gutgeschrieben. Es steht dann unter Haben. Der neue Saldo kann also im Haben stehen, wenn Sie Geld auf Ihrem Konto haben, oder im Soll, wenn Sie Ihr Konto überzogen haben und Kredit in Anspruch genommen haben.

Wenn Sie Bargeld brauchen, schreiben Sie entweder einen Scheck oder eine Auszahlungsanweisung aus und holen sich das Geld an der Kasse der Bank. Sie können auch mit Ihrer Bankkarte an Geldautomaten Geld holen.

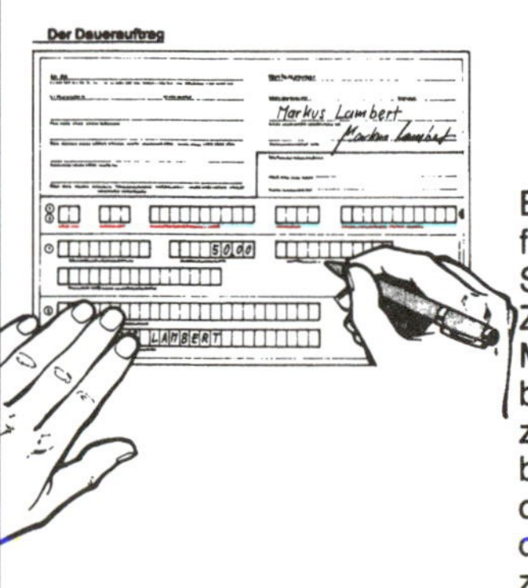

Bei regelmäßigen Zahlungen mit festen Beträgen, z.B. Rate für den Sparvertrag, Miete usw., erteilt der Zahlungspflichtige—in diesem Fall Markus—einen Dauerauftrag. Er beauftragt damit sein Kreditinstitut, zu einem bestimmten Termin einen bestimmten Betrag auf das Konto des Zahlungsempfängers—in diesem Fall auf sein Sparkonto—zu überweisen.

- Der Dauerauftrag ist sehr bequem, weil man den Auftrag nur einmal erteilt.

Bei regelmäßigen Zahlungen mit *festen* Beträgen (Miete, Rundfunkgebühren usw.) können Sie Ihr Geldinstitut damit beauftragen, per Dauerauftrag diese Zahlungen für Sie auszuführen. Die Beträge werden an die Zahlungsempfänger überwiesen, Ihr Konto wird damit belastet, und Ihr Kontoauszug bestätigt diese Überweisungen.

Bei regelmäßigen Zahlungen mit *wechselnden* Beträgen kann Ihr Geldinstitut durch eine Lastschrift Ihre Rechnungen bezahlen. Der Zahlungsempfänger trägt die Änderungen der Beträge ein (wie bei Stromversorgung, Telefongebühren usw.) und erhält den Betrag durch eine Lastschrift vom Konto des Zahlungspflichtigen. Sollte der Zahlungspflichtige an dem Betrag zweifeln, dann wird der Betrag sofort seinem Girokonto wieder gutgeschrieben, bis die Sache geklärt ist.

Um eine Rechnung zu bezahlen, können Sie einen Verrechnungsscheck ausfüllen. Geben Sie ihn bei Ihrer Bank ab, oder werfen Sie ihn in den Bankbriefkasten. Der Betrag wird von Ihrem Konto abgezogen, und Ihr Kontoauszug bestätigt Ihre Zahlung. Sie können Ihre Rechnungen auch mit Barscheck bezahlen. Der Empfänger kann ihn dann bei seiner Bank für Bargeld einlösen. Diese Art zu zahlen ist in Deutschland aber nicht üblich.

Kredite. Es kann vorkommen, daß Sie einen Scheck ausschreiben, aber nicht genug Geld auf Ihrem Konto haben. Dann ist der Scheck nicht gedeckt, und Sie haben Ihr Konto überzogen. Für diese Fälle kann Ihnen ein Dispositionskredit eingeräumt werden. Den Betrag, um den Sie Ihr Konto überzogen haben, plus Zinsen, müssen Sie monatlich an Ihre Bank zurückzahlen. In welchem Zeitraum Sie Ihren Dispositionskredit abbezahlen, hängt davon ab, was Sie mit Ihrer Bank vereinbart haben.

Wenn Sie einen größeren Geldbetrag brauchen, z.B. für den Kauf eines neuen Autos, dann beantragen Sie ein Allzweckdarlehen. Auch diese Abbezahlung vereinbaren Sie mit dem Geldberater Ihrer Bank.

Je länger Sie Kunde bei einer Bank oder Sparkasse sind, desto einfacher ist es, einen Kredit aufzunehmen.

SPARKASSENBRIEFE

Wer einen Geldbetrag für mehrere Jahre zurücklegen möchte, kann einen Sparkassenbrief über einen beliebig hohen Betrag erwerben. Sparkassenbriefe gibt es schon ab 100 DM. Sparkassenbriefe sind Urkunden, die auf den Namen des Kunden ausgestellt werden und Forderungen des Kunden an die Sparkasse verbriefen.

Zinssatz

Sparkassenbriefe bringen meist einen höheren Zins als die Geldanlage auf einem Sparkonto. Im Gegensatz zu diesem steht aber der Zinssatz für die gesamte Laufzeit fest.

Bei der Verzinsung kann man zwischen zwei Möglichkeiten wählen:

(a) Beim »normalverzinslichen« Sparkassenbrief zahlt der Käufer den Nennwert, z.B. 1000 DM, ein und erhält die vereinbarten Zinsen jährlich gutgeschrieben.

(b) Beim »abgezinsten« Sparkassenbrief wird ein Anlagebetrag errechnet und eingezahlt, der bereits um die Zinsen gekürzt ist, die während der Laufzeit anfallen. Am Ende der Laufzeit bekommt der Käufer dann den vollen Nennbetrag ausgezahlt.

Verfügbarkeit

Über den Gegenwert eines Sparkassenbriefes kann nach Ablauf der vereinbarten Laufzeit ohne Kündigung verfügt werden. Die Laufzeit beträgt meistens vier oder fünf Jahre. Braucht der Sparer das Geld einmal früher, so kann er den Sparkassenbrief beleihen lassen und von der Sparkasse einen Kredit in gleicher Höhe erhalten.

Beispiel: normalverzinslicher Sparkassenbrief

Nennwert des Sparkassenbriefes:	1 000,00 DM
Zinssatz: 8%	
Laufzeit: 5 Jahre	
Zinsertrag:	400,00 DM

Sparen und Geldanlage. Sparen geht am einfachsten mit dem Sparbuch. Jede Einzahlung und Abhebung wird im Sparbuch vermerkt, und man bekommt Zinsen auf das gesparte Geld. Es gibt viele Sparmöglichkeiten, wie z.B. das Bausparen oder das Prämiensparen. Die folgenden Gesichtspunkte helfen bei der Entscheidung, wie man sparen soll.

1. Sicherheit. Für viele Deutsche ist Sicherheit der wichtigste Gesichtspunkt beim Sparen.
2. Verfügbarkeit. Die meisten Sparer wollen jederzeit über ihr Geld verfügen können.
3. Rendite (Erträge). Die Zinsen hängen von der Dauer ab, mit der das Geld festgelegt wird.
4. Anlagedauer. Je länger man das Geld fest anlegt (spart), desto höher sind die Zinsen.
5. Art der Abwicklung. Jeder Sparer kann mit einem Sparbuch umgehen. Um Aktien zu erwerben oder zu verkaufen, muß man sich aber gut informieren.

Sparkonto. Die bei den Deutschen beliebteste Art des Sparens ist das Sparkonto. Mit 1,00 DM kann man bei der Sparkasse ein Sparkonto eröffnen. Der Kunde bekommt ein Sparkassenbuch, in das alle Einzahlungen, Auszahlungen und Zinsguthaben eingetragen werden.

Bei einem Sparkonto ohne Kündigungsfrist können sich die Zinsen ändern, da sie von der Entwicklung des Kapitalmarkts abhängig sind. Sie stehen gewöhnlich um 3%.

Verfügbarkeit: Innerhalb von dreißig Tagen können bis zu 2 000 DM abgehoben werden. Größere Beträge müssen drei Monate vorher angekündigt werden.

Bei einem Sparkonto mit vereinbarter Kündigungsfrist (Sparkassenbrief) ist der Zinssatz höher als beim normalen Sparkassenbuch. Je länger die vereinbarte Kündigungsfrist, desto höher die Zinsen.

Übliche Kündigungsfristen sind ein Jahr oder vier Jahre. Mit Zinskürzung kann man auch vorher über sein Geld verfügen.

Es gibt verschiedene Wege, wie man Geldbeträge auf sein Sparkassenbuch einzahlen kann.

1. Bargeld einzahlen.
2. Geld vom Girokonto auf das Sparkonto überweisen.
3. Durch Dauerauftrag. Jeden Monat wird eine vereinbarte Summe, z.B. 100,00 DM, vom Girokonto auf das Sparkonto des Sparers automatisch überwiesen.
4. Das Plus-Sparen. Einmal im Monat überweist die Sparkasse automatisch alles Geld, das noch im Girokonto des Sparers ist, auf das Sparkonto. Man spart also nur, was am Monatsende noch übrig ist.

Wie, wieviel und wo man spart, kommt auf den einzelnen an. Die meisten Deutschen sparen bei der Sparkasse, auf die sich die oben beschriebenen Sparwege beziehen.

Übungen zum Verständnis

Sind die Aussagen aufgrund des vorhergehenden Textes richtig oder falsch? Schreiben Sie **R** oder **F** neben die Aussagen. Korrigieren Sie die falschen Aussagen.

1. _______ Wenn man ein Sparkonto hat, kann man seine Einkäufe mit Schecks bezahlen.
2. _______ Ihr Arbeitgeber kann Ihr Gehalt direkt auf Ihr Girokonto überweisen.
3. _______ Wenn Sie am Ende des Monats noch etwas auf Ihrem Konto haben, dann ist das Ihr Guthaben.
4. _______ Sie können Ihren Kontoauszug einmal im Monat bekommen.
5. _______ Man darf sein Girokonto nie überziehen.
6. _______ Bargeld bekommt man nur an der Kasse der Bank.
7. _______ Mit einem Dauerauftrag kann die Bank Ihre monatlichen Rechnungen für Miete und Telefon bezahlen.
8. _______ Wenn Sie Geld auf Ihr Konto einzahlen, dann belasten Sie Ihr Konto.
9. _______ Mit einer Last bezahlt die Bank Ihre monatlichen Rechnungen, die wechselnde Beträge haben.
10. _______ Die übliche Art zu bezahlen ist mit Barscheck.
11. _______ Ein Allzweckdarlehen ist ein Darlehen, das alle Bankkunden automatisch haben.
12. _______ Je länger das Geld festliegt, desto höher sind die Zinsen.
13. _______ Geld kann nicht von einem Girokonto auf ein Sparkonto überwiesen werden.

Beziehen Sie sich auf den vorhergehenden Lesetext, und beantworten Sie die Fragen mit einem vollständigen Satz.

1. Benutzt man sein Spackonto oder Girokonto für häufige Überweisungen?
2. Was sagt Ihnen der Kontostand?
3. Warum bezahlen Unternehmen ihren Mitarbeitern Löhne und Gehälter gern bargeldlos?
4. Wann ist es praktisch, der Bank einen Dauerauftrag zu geben?
5. Unter welchen Umständen kann man einen Scheck über mehr Geld ausstellen, als man auf seinem Konto hat?
6. Wie heißt der Kredit, den Sie bei Ihrer Bank beantragen, um eine größere Anschaffung zu machen?

Schreiben Sie neben die folgenden fünf Definitionen die Nummern der passenden Vordrucke, die Sie auf den nächsten Seiten finden. Beantworten Sie dann die Fragen, die sich auf diese Vordrucke beziehen.

1. **Definition:** Scheck. Mit diesem Scheck holt man sich Bargeld von seinem Konto. **Nr.** ______
   a. Wer hat den Scheck ausgestellt?
   b. Über wieviel DM ist der Scheck?
   c. Bei welchem Geldinstitut hat der Scheckaussteller ein Konto?
   d. Wem wird das Geld ausgezahlt?
2. **Definition:** Verrechnungsscheck. Mit diesem Scheck bekommt der Empfänger kein Bargeld, sondern der Betrag wird seinem Konto gutgeschrieben. **Nr.** ______
   a. An wen soll er ausgezahlt werden?
   b. Warum kann der Empfänger kein Bargeld damit bekommen?
   c. Wie ist die Kontonummer des Kontoinhabers?
   d. Aus welchem Grund wurde der Scheck ausgestellt?
3. **Definition:** Eurocheque und Eurocheque-Karte. In Verbindung mit der Eurocheque-Karte garantiert das Kreditinstitut, daß der Scheck bis zur Höhe von 400 DM eingelöst wird. **Nr.** ______
   a. Wie heißt der Scheckempfänger?
   b. Wer hat den Scheck ausgestellt?
4. **Definition:** Überweisung. Ein bestimmter Geldbetrag wird mit diesem Formular auf das Konto des Empfängers überwiesen. **Nr.** ______
   a. An wen überweist Markus Lambert diesen Betrag?
   b. In welcher Höhe ist der Betrag?
   c. Bei welchem Geldinstitut hat Markus Lambert sein Konto?
   d. Welche Kontonummer hat Markus Lambert?
5. **Definition:** Kontoauszug. Alle Veränderungen des Kontostandes werden hier vermerkt. **Nr.** ______
   a. Wie lautet die Anschrift des Kontoinhabers?
   b. Ist der neue Saldo höher oder niedriger als der alte Saldo?
   c. Hat Michael Berger ein Guthaben, oder hat er Schulden bei seiner Bank? Woher wissen Sie das?
   d. An welchem Datum wurde dieser Kontoauszug ausgestellt?

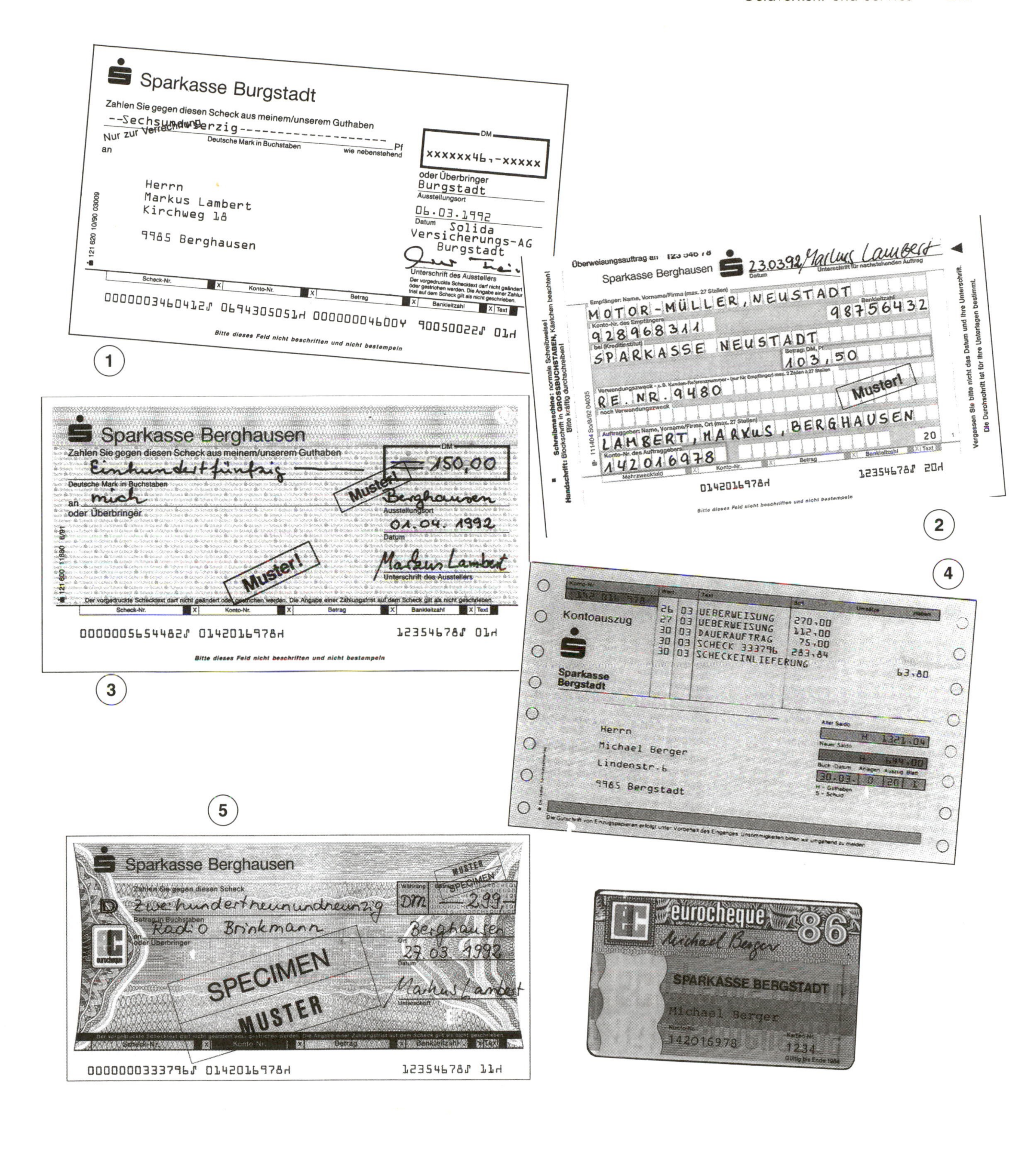

1

Sparkasse Burgstadt
Zahlen Sie gegen diesen Scheck aus meinem/unserem Guthaben
--Sechsundvierzig-------------------- Pf
Nur zur Verrechnung
Deutsche Mark in Buchstaben
DM xxxxxx46,-xxxxx
an wie nebenstehend
oder Überbringer
Herrn
Markus Lambert
Kirchweg 18
9985 Berghausen
Burgstadt
Ausstellungsort
06.03.1992
Datum
Solida
Versicherungs-AG
Burgstadt
Unterschrift des Ausstellers
Der vorgedruckte Schecktext darf nicht geändert oder gestrichen werden. Die Angabe einer Zahlungsfrist auf dem Scheck gilt als nicht geschrieben.
Scheck-Nr. | Konto-Nr. | Betrag | Bankleitzahl | Text
0000003460412⑆ 0694305051⑈ 0000000460O⑇ 900500022⑆ 01⑈
Bitte dieses Feld nicht beschriften und nicht bestempeln

2

Überweisungsauftrag an
Sparkasse Berghausen
23.03.92 Markus Lambert
Datum — Unterschrift für nachstehenden Auftrag
Empfänger: Name, Vorname/Firma (max. 27 Stellen)
MOTOR-MÜLLER, NEUSTADT
Bankleitzahl 98756432
Konto-Nr. des Empfängers
928968311
bei (Kreditinstitut)
SPARKASSE NEUSTADT
Betrag: DM, Pf
103,50
Verwendungszweck
RE. NR. 9480
Muster!
noch Verwendungszweck
Auftraggeber: Name, Vorname/Firma, Ort (max. 27 Stellen)
LAMBERT, MARKUS, BERGHAUSEN
Konto-Nr. des Auftraggebers
1420169 78
Mehrzweckfeld | Konto-Nr. | Betrag | Bankleitzahl | Text
20
0142016978⑈ 12354678⑆ 20⑈
Bitte dieses Feld nicht beschriften und nicht bestempeln
Schreibmaschine: normale Schreibweise! Handschrift: Blockschrift in GROSSBUCHSTABEN, Kästchen beachten! Bitte kräftig durchschreiben!
Vergessen Sie bitte nicht das Datum und Ihre Unterschrift. Die Durchschrift ist für Ihre Unterlagen bestimmt.

3

Sparkasse Berghausen
Zahlen Sie gegen diesen Scheck aus meinem/unserem Guthaben
Einhundertfünfzig
DM 150,00
Deutsche Mark in Buchstaben
an mich
oder Überbringer
Muster!
Berghausen
Ausstellungsort
01.04.1992
Datum
Markus Lambert
Unterschrift des Ausstellers
Muster!
Der vorgedruckte Schecktext darf nicht geändert oder gestrichen werden. Die Angabe einer Zahlungsfrist auf dem Scheck gilt als nicht geschrieben.
Scheck-Nr. | Konto-Nr. | Betrag | Bankleitzahl | Text
0000005654482⑆ 0142016978⑈ 12354678⑆ 01⑈
Bitte dieses Feld nicht beschriften und nicht bestempeln

4

Kontoauszug
Sparkasse Bergstadt

Konto-Nr.	Wert	Text	Soll	Haben
142 016 978				
	26 03	UEBERWEISUNG	270,00	
	27 03	UEBERWEISUNG	112,00	
	30 03	DAUERAUFTRAG	75,00	
	30 03	SCHECK 333796	283,84	
	30 03	SCHECKEINLIEFERUNG		63,80

Herrn
Michael Berger
Lindenstr. 6
9985 Bergstadt

Alter Saldo H 1321,04
Neuer Saldo H 644,00
Buch.-Datum 30.03. | Anlagen 0 | Auszug 20 | Blatt 1
H = Guthaben
S = Schuld

Die Gutschrift von Einzugspapieren erfolgt unter Vorbehalt des Eingangs. Unstimmigkeiten bitten wir umgehend zu melden.

5

Sparkasse Berghausen
Zahlen Sie gegen diesen Scheck
Währung DM — Betrag 299,-
Zweihundertneunundneunzig
Betrag in Buchstaben
an Radio Brinkmann
oder Überbringer
Berghausen
Ort
27.03.1992
Datum
SPECIMEN
MUSTER
Markus Lambert
Unterschrift
Der vorgedruckte Schecktext darf nicht geändert oder gestrichen werden. Die Angabe einer Zahlungsfrist auf dem Scheck gilt als nicht geschrieben.
Scheck-Nr. | Konto-Nr. | Betrag | Bankleitzahl | Text
0000000333796⑆ 0142016978⑈ 12354678⑆ 11⑈

eurocheque 86
Michael Berger
SPARKASSE BERGSTADT
Michael Berger
Konto-Nr. 142016978
Karten-Nr. 1234
Gültig bis Ende 1986

Beim Ausfüllen eines Formulars werden Sie vor allem auf Substantive stoßen, aber auf sehr wenige Verben, da im allgemeinen vollständige Sätze nicht notwendig sind. Was erfahren Sie aus dem folgenden Formular für ein Allzweckdarlehen?

S-Allzweckdarlehen

An die Sparkasse Wiesenhausen

Zuständiger Kundenberater	Darlehenskonto Nr.
Steinkamp	654 321 009

Antragsteller
persönliche Angaben der Verpflichteten

Name, Vorname, Geburtsname, Straße, PLZ, Ort				Telefon
Kerner, Kathrin, Obere Allee 73, 98300 Wiesenhausen				53 17 93
Beruf Industriekauffrau	Geburtstag 16.08.1965	Familienstand ledig	Güterstand	Alter der Kinder u. 18 J.
Ehegatte: Name, Vorname, Geburtsname	Beruf			Geburtstag
Legitimation persönlich bekannt	Bereits Kredit-/Darlehens-Kunde ▶	Kredit-/Darl.-Kto. Nr.	Frühere Wohnung (innerhalb der letzten 6 Monate)	

Darlehensantrag
Betrag, Darlehenskosten, Zahlungsplan

	DM	1. Rate fällig am	DM 1. Rate
Darlehensbetrag	5.000,--	30.10.1994	151,--
Zinssatz pro Monat 0,42 %	756,--	Anzahl mtl. Folgeraten 35	DM Folgeraten 163,--
Anlaufzinsen für Tage	---,--	Letzte Rate fällig am 30.09.1997	DM letzte Rate 163,--
Bearbeitungsprovision 2 %	100,--	Folgeraten fällig am 30.j.M.	Monate Gesamtlaufzeit 36
Gesamtbetrag	5.856,--	Effektiver Jahreszinssatz 11,16 %	darunter Zinsen 9,85 %

Übermittlung von Daten an die SCHUFA

Die Sparkasse ist berechtigt, der Schutzgemeinschaft für allgemeine Kreditsicherung (SCHUFA) Daten des Darlehensnehmers und etwaiger Mitschuldner über die Aufnahme (Darlehensbetrag, Laufzeit, Ratenbeginn) und Abwicklung dieses Darlehens zur Speicherung zu übermitteln. Die Adresse der SCHUFA lautet:

Auslagenersatz bei Mahnung z. Z.	**Kündigungsfrist**
5,-- DM	

Abwicklung des Darlehens ▶	☐ Ratenzahlung bar	Dauerauftrag zu Lasten Konto Nr.	Gutschrift des Darlehensbetrags auf Konto Nr. bei
		987 654 321	876 543 210 Sparkasse Wiesenhausen

Angebotene Sicherheiten

Errechnung des verfügbaren Einkommens in DM pro Monat und zusätzliche Angaben

	DM			
Nettoeinkommen des Antragstellers ▶	1.200,--	Beschäftigt bei (Name und Anschrift des Arbeitgebers des Antragstellers) Industriewerk Wiesenhausen KG		**Beschäftigt seit** 1.10.1981
Nettoeinkommen des Ehegatten ▶	+	Beschäftigt bei (Name und Anschrift des Arbeitgebers des Ehegatten)		**Beschäftigt seit**
Sonstige Einkünfte ▶	+.	Einkünfte aus (z. B. Kindergeld, Unterhalt, Vermietung usw.)		
Ratenzahlungen für bestehende Verpflichtungen ▶	./.	Name(n) und ggf. Anschrift(en) des Gläubigers/der Gläubiger		DM Restschuld
Sonstige laufende Verpflichtungen ▶	./.	Laufende Verpflichtungen für (z. B. Miete, Versicherungsprämien, Unterhaltszahlungen usw.)		
Noch verfügbares Einkommen ▶	1.200,--	Bei Überweisung der Einkünfte an anderes Kreditinstitut ▶	Bankverbindung mit Konto-Nr.	

☐ Es schwebt oder schwebte ein Klage- oder Mahnverfahren/Es hat ein Konkurs- oder Vergleichsverfahren bzw. ein außerger. Vergleich stattgefunden
☐ Es ist ein Antrag auf Einleitung des Verfahrens zur Abnahme der eidesstattlichen Versicherung gestellt worden.
☐ Es ist das Verfahren zur Abnahme der eidesstattlichen Versicherung bereits durchgeführt/der Offenbarungseid bereits geleistet worden.
Datum des Verfahrens

Vermögenswerte

Sparkonten/Wertpapierdepots bei uns ▶	Konto-Nr./Depot-Nr. 123 456 789	ca. DM Guthaben/Kurswert 2.000,--	**Werte bei anderen Kreditinstituten** ▶	Name Kreditinstitut	Konto-Nr./Depot-Nr.	ca. DM Guthaben/Kurswert
Lebensversicherungen ▶	DM Versicherungssumme	Abgeschlossen am	ca. DM Rückkaufswert	**Bausparverträge** ▶	Name Bausparkasse	ca. DM Bausparguth.
Sonstige Vermögenswerte (z. B. Grundbesitz, Kfz usw.)						DM geschätzter Zeitwert

Die Richtigkeit der vorstehenden Angaben wird ausdrücklich versichert. Alle durch die Bearbeitung dieses Antrages entstehenden Kosten gehen zu Lasten des Antragstellers auch für den Fall, daß diesem Antrag aus irgendwelchen Gründen nicht entsprochen werden sollte.
Die Sparkasse ist berechtigt, jederzeit die öffentlichen Register sowie das Grundbuch und die Grundakten einzusehen und auf Rechnung des Antragstellers einfache oder beglaubigte Abschriften und Auszüge zu beantragen, ebenso Auskünfte bei Versicherungen, Behörden und sonstigen Stellen einzuholen, die sie zur Beurteilung des vorstehenden Antrags für erforderlich halten darf.

Wiesenhausen, 20. September 1994 — Kathrin Kerner
Ort, Datum — Unterschrift(en)

Genau ausfüllen; unrichtige oder unvollständige Angaben schließen die Gewährung des Darlehens aus!

Antragsteller *applicant*
Zuständiger Kundenberater *customer service representative (in charge)*
Darlehensbetrag *loan amount*
Zinssatz pro Monat *initial interest percentage, loan points*
Bearbeitungsprovision *processing fee*
30.j.M. *30th of each month*
Auslagenersatz *late payment penalty*
verfügbares *available*
Vermögenswerte *assets*

 Lesen Sie das folgende Gespräch zwischen einem Kunden und einem Bankangestellten, und berichten Sie, was Sie aus dem Dialog erfahren haben.

Lesetext 2

Gespräch zwischen einem Kunden und einem Bankangestellten:

KUNDE: Guten Morgen. Mein Name ist Warner, James Warner. Kann ich bei Ihnen ein Girokonto einrichten?

BANKANGESTELLTER: Ja, natürlich.

KUNDE: Gut. Ich möchte nämlich mein Gehalt auf mein Girokonto überweisen lassen.

BANKANGESTELLTER: Schön. Also, hier ist erst einmal der Vordruck zur Beantragung Ihres Girokontos. Darf ich bitte Ihren Reisepaß oder Personalausweis sehen? Danke. *(Der Kunde füllt den Vordruck aus und gibt ihn dem Bankangestellten.)*

KUNDE: Bitte schön.

BANKANGESTELLTER: Danke schön. Wann sollen wir Ihnen Ihren monatlichen Kontoauszug zuschicken?

KUNDE: Ich hätte ihn gern am ersten jeden Monats. Könnten Sie mir erklären, wie ich meinen Kontoauszug lesen soll?

BANKANGESTELLTER: Ja, gern. Jeder Kontoauszug zeigt den Saldo des vorigen Monats an. Sie finden darin außerdem die Belastungen—wir nennen das auch das Soll—Ihres Kontos, sowie das Guthaben, oder das Haben. Wenn Sie Ihr Konto nicht überzogen haben, dann zeigt der neue Saldo Ihr Guthaben. Wenn Sie aber Ihren Dispositionskredit in Anspruch genommen haben, dann steht der neue Saldo im Soll. Sie müssen diesen Kredit dann der Bank mit Zinsen zurückbezahlen.

KUNDE: Das ist ja sehr schön, daß Sie mir gleich einen Dispositionskredit zur Verfügung stellen.

BANKANGESTELLTER: Das tun wir nicht für jeden. Aber Sie arbeiten ja hier bei der Firma Holzmann und Co., und das ist uns eine Garantie.

KUNDE: Vielen Dank. Und wie ist das mit den Schecks?

BANKANGESTELLTER: Sie bekommen Ihre Schecks lose in einer Hülle. Übrigens können nur Sie diese Schecks ausstellen und niemand anders.

KUNDE: Gut, und wie lange wird es dauern, bis ich mein Girokonto bekomme?

BANKANGESTELLTER: In ca. ein bis zwei Tagen werden wir Ihren Antrag bearbeitet haben. Wir benachrichtigen Sie dann schriftlich.

KUNDE: Vielen Dank. Auf Wiedersehen.

BANKANGESTELLTER: Auf Wiedersehen, Herr Warner.

Übungen zum Wortschatz

 Unterstreichen Sie in jedem Satz den passenden Ausdruck.

1. Meinem Konto sind 96,78 DM (mitgeteilt/gutgeschrieben/abgehoben) worden.
2. Der Name des Zahlungsempfängers wird auf den Verrechnungsscheck (verfügt/eingelöst/geschrieben).
3. Eine Rechnung wird selten mit Barscheck (überzogen/vereinbart/bezahlt).
4. Das Geld kann an der Kasse (abgeholt/gedeckt/ausgeführt) werden.
5. Der Kontoauszug (belastet/überweist/bestätigt) die Bezahlung Ihrer Rechnungen.
6. Sie dürfen Ihr Konto (verbilligen/überziehen/verteuern).

7. Eintragungen und Abhebungen werden ins Sparbuch (verwaltet/angeboten/geschrieben).
8. Beim Spar-Dauerauftrag wird ein Betrag automatisch von Ihrem Girokonto auf Ihr Sparkonto (übertragen/belastet/eingeteilt).
9. Ein Dispositionskredit ist Ihnen (abgehoben/eingeräumt/verwaltet) worden.
10. Allzweckdarlehen können aus vielen verschiedenen Gründen (abgehoben/verrechnet/beantragt) werden.

B Ergänzen Sie die Sätze mit den passenden Ausdrücken.

Auszahlungsanweisung	gutschreiben	überziehen
belasten	Kontoauszug	Verrechnungsscheck
Dauerauftrag	Kontostand	Zinsen
Eurocheques	Scheck	
	überweisen	

1. Wenn Sie kein Bargeld bei sich haben, bezahlen Sie mit einem ________________.
2. Monatlich bekommen Sie Ihren ________________ von der Bank, auf dem genau steht, wieviel Geld auf Ihr Konto eingegangen ist und wieviel abgehoben worden ist.
3. Der ________________ sagt Ihnen, wieviel Geld Sie noch auf Ihrem Konto habe.
4. Wenn man in Europa unterwegs ist, bezahlt man am besten mit ________________.
5. Mit einem ________________ bezahlt die Bank automatisch jeden Monat Ihre Miete und Telefonrechnung.
6. Geld kann man von einem Konto auf ein anderes ________________.
7. Geld vom Konto abheben heißt „das Konto ________________".
8. Wenn man Geld von seinem Konto abheben will, dann muß man zuerst eine ________________ ausfüllen und sich damit das Geld an der Kasse holen.
9. Wenn bei Ihrer Bank Geld für Sie eingeht, dann wird die Bank dieses Geld Ihrem Konto ________________.
10. Wenn Sie eine Rechnung nicht bar bezahlen wollen, können Sie sie mit einem ________________ bezahlen.
11. Sie dürfen Ihr Konto ruhig ________________, denn Sie haben einen Dispositionskredit.
12. Wer bei einer Bank oder Sparkasse spart, erhält ________________.

C Prüfen Sie Ihren Wortschatz, indem Sie die folgenden Sätze vervollständigen.

abhebt	Haben	überweisen
belastet	Kontoauszug	überzieht
Dauerauftrag	Soll	Verrechnungsscheck
Girokonto	Sparkasse	
gutgeschrieben	Sparkonto	

1. Das Geld, das man auf seinem Konto hat, heißt ______________________.
2. Wenn man einen Scheck ausschreibt, ohne genügend Geld auf dem Konto zu haben, dann ______________________ man sein Konto.
3. Die Bank kann monatlich Miete und Rundfunkgebühren per ______________________ bezahlen.
4. Die zwei wichtigsten Kontoarten für eine Privatperson sind das ______________________ und das ______________________.
5. Der ______________________ zeigt den Kontostand an.
6. Um für die neuen Möbel zu bezahlen, schickt man dem Möbelhaus einen ______________________.
7. Geldbeträge, die man auf sein Konto einzahlt, werden dem Konto ______________________.
8. Man kann Geld von einem Konto auf ein anderes ______________________.
9. Die meisten Privatleute haben ein Konto bei der ______________________ ihrer Stadt.
10. Mit jedem Scheck, den man ausschreibt, ______________________ man sein Konto.
11. Wenn man einen Scheck ausstellt, dann erscheint dieser Betrag unter der Rubrik ______________________.
12. Immer, wenn man Geld von seinem Konto ______________________, wird das Guthaben kleiner.

Kreditkarten

Vor dem Lesen

A Was sind die Vor- und Nachteile des bargeldlosen Einkaufs mit Kreditkarte?

VORTEILE	NACHTEILE
______________________	______________________
______________________	______________________
______________________	______________________
______________________	______________________

B Beantworten Sie die folgenden Fragen.

1. Wie viele Kreditkarten haben Sie?
2. Wie oft schicken die Kreditinstitute Ihnen eine Rechnung?
3. Was passiert, wenn Sie Ihr Limit übersteigen?
4. Was für Zahlungsmittel nehmen Sie auf größere Reisen mit?
5. Inwiefern sind Reiseschecks sicherer als Bargeld?
6. Warum würden Sie gern/nicht gern Ihre Bankgeschäfte von zu Hause aus per Computer erledigen?

Wortschatz

Substantive

der Fremdkunde, -n noncustomer
die Gebühr, -en fee
die Provision, -en commission

Verben

ausstellen to issue

Adjektive

angewiesen sein auf (+ *Akk.*) to be dependent on

Lesetext

Eurocard (EC-Karte), Visa, American Express und Diners Club sind die meistgebrauchten Kreditkarten in Deutschland. Einige Kreditkarten, z.B. die der Deutschen Bank, sind auch Telefonkarten. Die EC-Karten sind von allen Kreditkarten die beliebtesten. 1993 wurden in Deutschland 7,4 Mio. Kreditkarten und davon 4,4 Mio. EC-Karten ausgestellt.

Die jährlichen Gebühren für Kreditkarten liegen in Deutschland zwischen 30 DM und 500 DM. Die Händler müssen den Kreditkarten-Gesellschaften (den Geldinstituten) eine Provision von 3–6% des Umsatzes zahlen.

Den Kreditinstituten dient Electronic Banking zur Rationalisierung, und Kunden sind nicht auf die Öffnungszeiten der Banken angewiesen. Folgende Bankgeschäfte können elektronisch erledigt werden:

- Kunden können sich an Geldautomaten täglich bis zu 1 000 DM holen.
- An Bankautomaten können ausländische Währungen gekauft werden.
- Kunden können an elektronischen Kassen im Einzelhandel und an Tankstellen bargeldlos und ohne Scheck mit der EC-Karte bezahlen (Electronic Cash).
- Mit Personalcomputern können Bankkunden ihre Bankgeschäfte von zu Hause aus führen.

Beim Geldautomaten seiner eigenen Bank braucht der Kunde keine Gebühr zu bezahlen. Aber an allen anderen Geldautomaten muß der Kunde eine Gebühr von 1% des abgehobenen Betrags zahlen, mindestens aber 4 DM.

Wenn man einen Scheck bekommt, kann man nicht immer sicher sein, ob er auch gedeckt ist. Bei einem EC-Scheck kann man jedoch sicher sein, denn er ist bis zur Höhe von 400 DM vom Kreditinstitut garantiert. Eurocheques gelten nur in Verbindung mit der EC-Karte und mit Unterschrift auf der Rückseite. In ganz Europa gilt derselbe Scheckvordruck. Beim Ausstellen eines Eurocheques zeigt man die Scheckkarte vor, und auf der Rückseite des Schecks trägt der Verkäufer die Scheckkartennummer ein. Man bekommt Scheckvordrucke und eine Scheckkarte von seinem Geldinstitut und soll—aus Sicherheitsgründen—beide getrennt aufbewahren.

Reiseschecks werden im nationalen und internationalen Reiseverkehr gebraucht. Sparkassen und Banken bieten sie in Kooperation mit der American Express Company oder der Thomas Cook Travellers Cheques Ltd. an. Während die Gültigkeit der EC-Schecks auf überwiegend europäische Reiseländer begrenzt ist, kann der Reisescheck in allen Ländern der Welt in Zahlung gegeben werden.

Übungen zum Verständnis

A Vervollständigen Sie die Sätze, indem Sie sich auf den Lesetext beziehen.

1. Die beliebteste Kreditkarte der Deutschen ist die ______________________.
2. Kreditkarten kosten ______________________ (eine/keine) Gebühr.
3. Wenn die Bank schon geschlossen ist, kann man manche Bankgeschäfte durch ______________________ erledigen.
4. „Electronic Cash" heißt, man bezahlt mit der ______________________.
5. Mit der EC-Karte kann man täglich bis zu ______________________ DM am Geldautomaten bekommen.
6. Jeder EC-Scheck ist für mindestens ______________________ DM garantiert.
7. Ein Eurocheque kann nur zusammen mit der ______________________ benutzt werden.
8. Frankreich und Deutschland haben einen anderen/denselben EC-Scheckvordruck.
9. Zwei beliebte Arten von Reiseschecks sind American Express und ______________________.
10. Mit Personalcomputern erledigen viele Bankkunden ihre Bankgeschäfte von ______________________ aus.

B Was erfahren Sie aus der Unterhaltung der beiden Geschäftsreisenden?

GESPRÄCH ZWISCHEN ZWEI GESCHÄFTSREISENDEN

FRAU MEYER: Also ich reise nur noch mit Eurocheques.

HERR KARSTENS: Ist dieser bargeldlose Zahlungsverkehr denn so viel einfacher?

FRAU MEYER: O ja, besonders im Ausland. Ich reise sehr viel fürs Geschäft und will nicht immer die Währungen aller Länder mit mir herumtragen.

HERR KARSTENS: Ach, ich dachte, man bekommt nur D-Mark als Bargeld für den Eurocheque.

FRAU MEYER: Nein, nein, das ist ja gerade die feine Sache. In jedem Land Europas kann ich mit meinem EC-Scheck Geld in der Währung des Landes bekommen. In Italien bekomme ich Lire, in Frankreich Francs usw. Und ich kann auch gleich meine Rechnungen im Hotel, im Restaurant und in Geschäften mit dem EC-Scheck bezahlen.

HERR KARSTENS: Wieviel Bargeld können Sie sich denn holen?

FRAU MEYER: Man kann 400 Mark pro Scheck bekommen.

HERR KARSTENS: Und wo?

FRAU MEYER: Bei allen Kreditinstituten im In- und Ausland, die das EC-Zeichen zeigen.

HERR KARSTENS: Das scheint mir aber doch etwas riskant zu sein. Wenn Sie nun Ihre EC-Schecks verlieren?

FRAU MEYER: Keine Angst. Man kann seine EC-Schecks nur in Verbindung mit der EC-Scheck-Karte benutzen, und die habe ich separat in einer anderen Tasche. Niemand anders kann ohne meine Karte meine Schecks einlösen.

HERR KARSTENS: Na ja, wenn ich damit im Inland und im Ausland bargeldlos bezahlen kann, sollte ich mir das doch mal näher überlegen.

FRAU MEYER: Sie werden es nicht bereuen. Und noch etwas: Mein Chef will mich im Oktober nach Amerika schicken, und dann hole ich mir bei meiner Sparkasse die Eurocard-Kreditkarte. Mit der kann man weltweit bargeldlos bezahlen!

HERR KARSTENS: Na, sowas! Sie haben mich schon beinah überzeugt. Seien Sie herzlich bedankt für Ihre freundlichen Erklärungen. Und viel Spaß in Amerika!

1. Warum reist FRAU MEYER lieber mit EC-Schecks als mit Barschecks?

____

2. Wie bezahlt FRAU MEYER Hotelrechnung?

____

3. Wo kann man im Ausland einen EC-Scheck einlösen?

____

4. Warum glaubt FRAU MEYER daβ niemand anders ihre EC-Schecks einlösen wird, auch wenn sie verlieren sollte?

____

5. Wird FRAU MEYER Oktober ihre EC-Schecks mit in die USA nehmen?

____

6. Pro Eurocheque kann man wieviel Bargeld bekommen oder eine Rechnung bis zu wieviel bezahlen?

____

7. In welchen Ländern kann man seine Eurocheques benutzen?

____

8. Warum soll man seine Eurocard nicht zusammen mit seinen Eurocheques aufbewahren?

____

Grammatiknotiz

ERWEITERTE ADJEKTIVKONSTRUKTIONEN (*EXTENDED MODIFIERS*)

Im Deutschen kann vor einem Substantiv eine ganze Anzahl von Bestimmungswörtern (*modifiers*) stehen, auch Präpositionalausdrücke. Meistens beginnt solch eine Konstruktion mit einem Artikel, und alles, was zwischen dem Artikel und dem Substantiv steht, ist nichts anderes als ein ausgedehntes Adjektiv. Partizipien sind dabei besonders beliebt. Im Englischen gebraucht man dafür meistens einen Relativsatz. Der Gebrauch dieser Partizipialkonstruktionen ist eine Frage des Stils. Sie klingen sehr formell und offiziell.

Das an allen Geldautomaten Europas angebrachte **EC-Symbol** . . .
Der von mir schon am 15. ausgestellte **Verrechnungsscheck** . . .
Die für das jeweilige Zielland richtige **Währung** . . .

Übung zur Grammatik

Drücken Sie die folgenden Aussagen mit einem englischen Relativsatz aus.

BEISPIEL: Die für das jeweilige Zielland richtige Währung können Sie am Geldautomaten unserer Bank bekommen. →
At the automatic teller machine of our bank, you can get the currency which is the right one for your destination.

1. Die mit dem Symbol der europäischen Sparkassen versehenen Geldautomaten im Ausland geben Ihnen täglich bis zu 1 000 DM in der Landeswährung.
2. Der nur in Verbindung mit der EC-Karte gültige Eurocheque ist bis zu 400 DM garantiert.
3. Unsere überall in der Welt akzeptierten Reiseschecks können Sie in den acht wichtigsten Währungen erhalten.
4. Mit der in vierzehn Reiseländern Europas akzeptierten EC-Karte sind Sie auf Reisen jederzeit liquide und flexibel.
5. Das für alle Beteiligten praktische Electronic Banking setzt sich immer mehr durch.
6. Die Tage des klassischen Eurocheques mit seinem auf magere 400 DM begrenzten Limit sind gezählt.
7. Der Kunde schiebt seine Kreditkarte in ein dafür konzipiertes Lesegerät.
8. Hiermit wird vermieden, daß ein Karteninhaber mit einer wegen Limitüberschreitung gesperrten Scheckkarte einkaufen geht.

Aktivitäten

Mündliches. Sehen Sie sich die Werbung für American Express Reiseschecks an.

1. Wie will der Text Sie davon überzeugen, daß Reiseschecks besser oder sicherer sind als Bargeld?
2. Finden Sie diesen Werbetext leicht oder schwer zu verstehen? Woran liegt das?

Partnergespräch. Sehen Sie sich die Werbung der europäischen Sparkassen an. Überzeugen Sie Ihren Reisegefährten / Ihre Reisegefährtin davon, daß Sie sich Eurocheques und eine Eurocheque-Karte anschaffen sollten. Betonen Sie dabei die Vorteile, indem Sie die folgenden Sätze vervollständigen.

Die EC-Karte der Sparkasse Velbert

Mit eurocheques und EC-Karte sind Sie überall herzlich willkommen. In Ihrem Heimatort ebenso wie in London, Paris oder Rom. In Geschäften und Kaufhäusern, in Hotels und Restaurants, an Tankstellen, bei Autovermietern, Autowerkstätten usw. treten Sie als Barzahler auf und zahlen trotzdem bargeldlos: eurocheque ausstellen, EC-Karte vorlegen – das ist schon alles.

Europaweiter Bargeld-Service

Etwas Bargeld braucht man trotzdem in der Tasche. Wo Sie auch sind, mit EC können Sie problemlos abheben: Bei allen Sparkassen, Banken und Postämtern im Inland und bei mehr als 171.000 Zahlstellen in Europa sowie im angrenzenden Mittelmeerraum.

Überall gibt's gegen eurocheques Geld bar auf die Hand – bis zu 400,– DM je eurocheque.

EC-Geldautomaten: Bargeld rund um die Uhr

Für Bargeld brauchen Sie nicht mehr am Schalter zu warten oder auf Öffnungszeiten zu achten. Denn allein rund 6500 Geldautomaten im Inland sind offen für Ihre Bargeldwünsche. Fast jederzeit.

In 14 Reiseländern Europas stehen Ihnen etwa 17.000 EC-Geldautomaten zur Verfügung.

Die Handhabung am Geldautomaten ist denkbar einfach. Sie führen die EC-Karte ein, geben Ihre Geheimzahl und den gewünschten Betrag (im Ausland in der jeweiligen Landeswährung) ein ... fertig.

Geldautomaten bei der Sparkasse Velbert:

Hauptstelle Velbert-Mitte,
Friedrichstraße 181,
Filiale Velbert-Langenberg,
Froweinplatz.

Diese Geldautomaten stehen Ihnen täglich von 6 – 22 Uhr zur Verfügung, auch samstags und sonntags.

1. Tankstellen, Hotels und Geschäfte . . . .
2. Bargeld können wir . . . .
3. Bei allen Banken, Sparkassen und Postämtern im In- und Ausland . . . .
4. Wenn wir mehr ausländisches Geld brauchen, können wir . . . .
5. Sogar wenn die Banken geschlossen sind und am Wochenende . . . .

Fassen Sie den nachstehenden Text zusammen. Berücksichtigen Sie folgende Aspekte:

- die Vorteile des elektronischen Zahlungsverkehrs
- die Voraussetzungen, um am elektronischen Zahlungsverkehr teilnehmen zu können
- das Electronic Cash setzt sich durch
- das POZ-Verfahren

GeschäftsWelt EDV & ORGANISATION

Cash-management

Die Elektronik öffnet neue Wege im Zahlungsverkehr

Ausgedient hat die bare Münze auch im Zeitalter des Plastikgeldes längst noch nicht; dennoch setzen sich zunehmend moderne Möglichkeiten des bargeldlosen Zahlungsverkehrs durch.

Wenn am Bankeingang das Gitter heruntergelassen ist, haben die Computer der Geldinstitute längst noch keinen Feierabend. In den Nachtstunden wird der Großteil der bargeldlosen Zahlungen abgewickelt: Überweisungen werden von Institut zu Institut geschickt, Lastschriften und Schecks werden gebucht. Dabei haben die Überweisungsbelege, die früher noch per Post geschickt wurden, weitgehend ausgedient. Mittels Belegleser werden die Vordrucke erfaßt und in elektronische Datensätze umgewandelt, die wiederum schnell und unkompliziert durch die Rechnernetze der Sparkassen und Banken geleitet werden können.

Überweisungen rund um die Uhr

Doch auch für Kunden ist der „elektronische Hintereingang" der Sparkasse oder Bank noch geöffnet: Über Datex-J, dem ehemaligen Bildschirmtext-System der Telekom, oder über Datex-P ist der Rechner der heimischen Sparkasse in der Regel 24 Stunden am Tag online erreichbar, und dies sieben Tage in der Woche.

Vollautomatisch werden Überweisungen entgegengenommen, Auskünfte über den Kontostand erteilt oder der letzte Kontoauszug angezeigt. Die Sparkassenorganisation hält auch die Kontoführungssoftware ELKO (elektronische Kontoführung) bereit. Hier werden alle Aufträge zentral per Terminvorgabe verwaltet und zum vorgegebenen Zeitpunkt ausgeführt.

Dieser elektronische Service kann von jedermann genutzt werden. Erforderlich ist lediglich ein schlichter Personal Computer, der für wenige hundert DM mit einem Datex-J-Decoder und einem Modem aufgerüstet wird. Die Telekom teilt für einmalig 50 DM und monatlich 8 DM eine Software-Kennung zu, die nicht nur Zugang zu den Dienstleistungen der Sparkasse gewährt, sondern auch zum gesamten Datex-J-Programm. Und das ist – trotz aller Unkenrufe von Skeptikern – breit gefächert.

Die Zahlungsgepflogenheiten in Geschäften, Hotels und Restaurants haben sich verändert. Die Tage des klassischen eurocheque mit seinem auf magere 400 DM begrenzten Limit sind gezählt, vielmehr beginnt sich mittlerweile zunehmend electronic cash durchzusetzen. Pro Tag steht ein Limit von bis zu 4000 DM zur Verfügung.

Die Abwicklung ist vergleichsweise einfach. Nach Eintippen des Betrags in die Ladenkasse schiebt der Kunde seine eurocheque-Karte oder seine Kreditkarte in ein dafür konzipiertes Lesegerät, bestätigt den angezeigten Betrag mit Tastendruck und gibt seine Geheimnummer ein. Während dieses Vorgangs holt sich electronic cash-Terminal automatisch die Freigabe der Zahlung bei einem Zentralrechner der Kreditwirtschaft ein, die eigentliche Buchung erfolgt nach Ladenschluß durch beleglosen Datenaustausch zwischen dem Händler und seiner Hausbank.

Als Alternative wird seit einiger Zeit das Lastschriftverfahren oder – als neueste Errungenschaft – POZ (Point-of-sale-System ohne Zahlungsgarantie) angeboten.

Von electronic cash unterscheidet sich diese Variante grundlegend: Maßgeblich ist hier allein der Besitz einer eurocheque-Karte, die als Legitimationsinstrument dient. Die Daten vom Magnetstreifen der Karte werden elektronisch gelesen; die entsprechend ausgestattete Kasse druckt einen Beleg aus, den der Kunde lediglich unterschreiben muß. Der Rechnungsbetrag wird dabei ähnlich wie eine Lastschrift vom Konto des Karteninhabers abgebucht.

Während jedoch beim Lastschriftverfahren keinerlei Autorisierung erfolgt, das Einlöserisiko mithin in vollem Umfang vom Handel zu tragen ist, sieht POZ zumindest eine Basissicherung vor: Bei jeder Zahlung über 60 DM ist eine Online-Abfrage der Sperrdatei der Kreditwirtschaft vorgesehen. Vermieden wird mithin, daß ein Karteninhaber mit einer gestohlenen oder wegen Limitüberschreitung gesperrten Scheckkarte zum Einkaufen geht. Eine Zahlungsgarantie ist jedoch mit POZ nicht verbunden. *Peter Jobst*

Hörverständnis

Bankier Hermann Josef Abs

Neue Wörter Und Ausdrücke

die Aktiengesellschaft, -en	joint-stock company
das Aktienrecht	law governing shares
der Aufsichtsrat	board of directors
die Auslandsabteilung, -en	international department
der Begründer, -/-die Begründerin, -nen	founder
die Bescheidenheit	modesty
die Ehrung, -en	mark of honor, token of esteem
das Kreditgewerbe	credit/banking industry
die Machtstellung, -en	position of power
das Prädikat	*here:* title
das Schuldenabkommen, -	debt agreement
der Teilhaber, -/die Teilhaberin, -nen	partner
der/die Vorsitzende, -n	chairperson
der Vorstand	management board

Beantworten Sie die folgenden Fragen.

1. Welche Rolle spielte der Bankier Hermann Josef Abs im deutschen Kredit- und Bankgewerbe?

____

____

2. Welche Rolle spielte er in der Politik?

____

____

3. Wie lernte er den Beruf des Bankiers?

____

____

4. Welche Funktion hatte er bei der Deutschen Bank?

____

____

5. Was bedeutet „Lex Abs“ und warum wurde dieses Gesetz erlassen?

____

____

6. Wie nannte man den prominenten Bankier?

____

____

7. Was sagt man über ihn und seine Bescheidenheit?

____

____

Schlußgedanken

Besprechen Sie im Plenum, wie sich das Bankwesen in Deutschland von dem in Ihrem Land unterscheidet, und in welchen Punkten es ganz ähnlich ist.

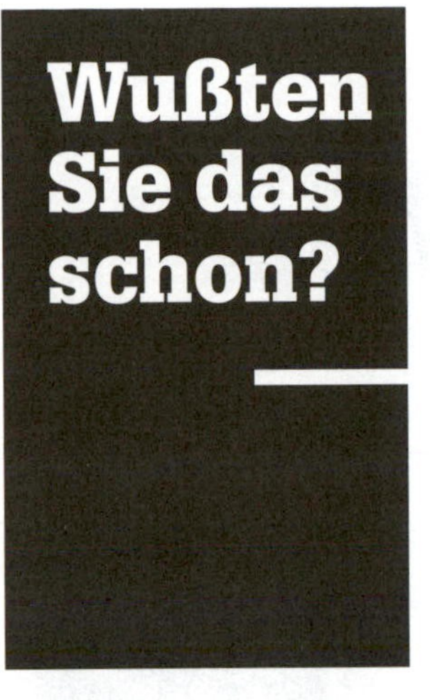

- Deutsche Bankkaufleute oder Bankiers haben eine enge Verbindung zur Wirtschaft. Sie können dem Geschäftsmann bei der Einrichtung eines neuen Geschäfts außerordentlich behilflich sein—nicht nur in geldlichen Angelegenheiten, sondern auch mit vielen guten Ratschlägen und Vorschlägen.
- Der Wechselkurs ändert sich täglich; er ist von Bank zu Bank etwas unterschiedlich. Für das Umwechseln muß man eine kleine Gebühr bezahlen. Diese Gebühr ist bedeutend höher in Wechselstuben, in Bahnhöfen und Flughäfen. Wie der Wechselkurs steht, sieht man auf einer Tafel mit der Überschrift „Devisenkurs".
- Man bezahlt gewöhnlich bar. Das Pendant zur MasterCard ist die EuroCard, und andere Kreditkarten wie z.B. Diners Club, American Express und VISA kennt man auch. Kleinere Einkäufe bezahlt man bar. Man kann aber die Karten dazu benutzen, Hotelrechnungen zu bezahlen, ein Auto zu mieten, eine Flugkarte zu kaufen oder sich bei einer großen Bank Bargeld zu holen.
- In den industrialisierten Ländern der westlichen Welt sparen die Italiener am meisten: 23,5% ihres Einkommens. Die Deutschen sparen 13,5%. (Die USA-Bürger sparen 3,9%.)
- Die Kreditinstitute erwarten vom Electronic Cash eine Verringerung des für sie teuren Bargeldgeschäfts (Kassenhaltung, Diebstahlsvorsorge usw.).
- Kreditkarten sind entweder Magnetstreifenkarten oder Chipkarten. Chipkarten können mehr Informationen speichern, und sie sind fälschungssicherer als Magnetstreifenkarten.
- Telefonkarten sind einfache Speicherkarten und können mit einem Guthaben geladen werden.
- Smart Cards können mit mehreren Funktionen programmiert werden. Eine Karte kann z.B. als Schlüssel, Kreditkarte und Fahrkarte dienen.

12 Umwelt

- **Umweltprobleme**
- **Umweltschutz**
- **Alternative Energiequellen**

Klares Wasser im Königsee

Lernziele

Die Beseitigung von Umweltproblemen ist lebensnotwendig für die Wirtschaft und damit für die Menschen. Ein weit vorausgeplanter Schutz des Menschen und seiner Umwelt ist das Anliegen des Deutschen Umweltbundesamtes und vieler anderer Organisationen und Bürgerinitiativen. Die Entwicklung und der Einsatz umweltfreundlicher Energiequellen spielt dabei für einen Industriestaat wie Deutschland eine besonders wichtige Rolle.

Wir alle sind verpflichtet, die uns anvertraute Umwelt auch den nachfolgenden Generationen zu erhalten. Wir haben nicht das Recht, die Natur rücksichtslos auszubeuten. Der technische Fortschritt muß Rücksicht auf die Umwelt nehmen.

Bundeskanzler Helmut Kohl, Mai 1983

- An welche Gefahren hat der Bundeskanzler bei seiner Aufforderung wohl gedacht?

Umweltprobleme

Vor dem Lesen

Denken Sie gemeinsam mit einem Partner / einer Partnerin über die folgenden Fragen nach.

1. Was für Arten von Umweltverschmutzung kennen Sie?
2. Was werfen Sie alles weg?
3. Inwiefern können unsere Umweltprobleme auch unsere Nachbarländer betreffen?
4. Kennen Sie—in Ihrem eigenen Land oder anderswo—eine staatliche oder private Organisation, die sich mit Umweltproblemen befaßt?
5. Tun Sie persönlich etwas zum Schutz der Umwelt? Wenn ja, was tun Sie?
6. Was für Abfälle können gut wiederverwertet werden?
7. Glauben Sie, die nächste Generation wird umweltbewußter handeln? Warum? Warum nicht?
8. Benutzen Sie Recyclingpapier? Warum? Warum nicht?

Wortschatz

Substantive

die Abgase (*Pl.*)	exhaust fumes (*pl.*)
das Absterben	dying out
das Abwasser, ¨	waste water, sewage
der Anliegerstaat, -en	neighboring country
das Ballungsgebiet, -e	densly populated area
die Dunstglocke, -n	haze
die Kläranlage, -n	water-treatment plant
das Laborschiff, -e	laboratory boat
die Lärm- und Müllbekämpfung	fight against noise and garbage
die Luftreinhaltung	maintenance of air purity
die Luftverschmutzung	air pollution
das Schwefeldioxyd	sulfur dioxide
der Umweltschutz	environmental protection
der Verschmutzungsgrad	degree of pollution
die Wasserverschmutzung	water pollution

Verben

ausbeuten	to exploit
ausstoßen	to emit
sich befassen mit	to occupy/concern oneself with
feststellen	to determine
verseuchen	to pollute

Adjektive und Adverbien

bleifrei	lead-free
schädlich	harmful

Ausdrücke

Gesetze erlassen	to pass laws
der saure Regen	acid rain
sich Sorgen machen um	to worry about

Lesetext 1

In der Bundesrepublik gibt es ein Umweltbundesamt, das sich mit Umweltproblemen befaßt und die Öffentlichkeit über Umweltfragen informiert. Die Bundesrepublik als hochindustrialisiertes und zentral gelegenes Land macht sich nicht nur Sorgen um seine eigenen Umweltprobleme, sondern auch um die Probleme seiner Nachbarn. Zum Beispiel stammt ein Großteil des Schwefeldioxyds in der deutschen Luft aus dem Ausland; allerdings schickt die Bundesrepublik auch einen Teil ihres eigenen Schwefeldioxyds ins Ausland; und Holland kann mit Recht ärgerlich sein, wenn das Rheinwasser schon in der Bundesrepublik verseucht wird.

Die wichtigsten Aufgaben für den Umweltschutz sind:

- Luftreinhaltung
- Wasserreinhaltung
- Lärm- und Müllbekämpfung
- Landschaftsschutz
- Schutz vor schädlichen Chemikalien

Autos verursachen Abgase und Gestank. Fabriken erzeugen Rauch. Die Stadt liegt unter einer Dunstglocke. Über dem Industriegebiet hängt der Smog wie eine braune Decke.

Luftverschmutzung ist ein besonders großes Problem in Ballungsgebieten,[1] in dicht bevölkerten Gebieten mit viel Industrie und Verkehr. Schädliche Abgase und saurer Regen werden für das Absterben der deutschen Wälder verantwortlich gemacht. Vor allem sind es die Stickstoffe[2] und Kohlenwasserstoffe,[3] die von Kraftfahrzeugen und Großfeuerungsanlagen[4] ausgestoßen werden. Seit 1983 hat man aber in der Bundesrepublik strenge Gesetze erlassen, die die Industriewerke zwingen, Rauchgasentschwefelungsanlagen[5] einzubauen, und seit 1986 dürfen neue Autos nur noch bleifreies Benzin verwenden. Jetzt verhandelt man mit anderen EU-Ländern, daß sie dem deutschen Beispiel folgen. Seit 1993 müssen neuzugelassene Kraftfahrzeuge EU-weit Katalysatoren zur Abgasreinigung haben.

Abwässer der Haushalte und Industrien fließen in Bäche, Flüsse und schließlich ins Meer. Abwässer töten Tiere und Pflanzen. Die Wasserverschmutzung ist besonders in industriereichen Gebieten ein großes Problem. Immer größere Mengen von Abwässern aus Haushalten und der Industrie verseuchten das Flußwasser. Holland führte gegen die Bundesrepublik Klage,[6] als im Rhein einmal fast alle Fische starben. Nun gibt es auf dem Rhein zwischen Duisburg und der holländischen Grenze ein kleines Laborschiff, das den Verschmutzungsgrad des Wassers feststellt. Industrieunternehmen und Gemeinden, die solche Verschmutzung verursachen, müssen eine Abwasserabgabe[7] von 40 DM pro Schadeinheit[8] bezahlen. Eine Schadeinheit ist ungefähr die Menge ungereinigtes Abwasser, die ein

---

[1]*densly populated areas* [2]*nitrogen* [3]*hydrocarbons* [4]*large furnaces, firing plants* [5]*sulfur dioxide detoxification devices* [6]*führte . . . sued* [7]*penalty for water pollution* [8]*damage unit (determines the amount of sewage)*

Einwohner produziert. Diese Abgaben haben die Industrie dazu veranlaßt, abwasserarme oder abwasserlose Produktionsverfahren zu entwickeln. Auch werden mehr Kläranlagen gebaut. Die Anliegerstaaten der Nordsee arbeiten z.Z. an konkreten Maßnahmen gegen das Problem der Meeresverschmutzung.

Das Laborschiff auf dem Rhein

Übung zum Verständnis

Sind die folgenden Aussagen nach den Informationen im Lesetext richtig oder falsch? Schreiben Sie **R** oder **F** neben die Aussagen. Korrigieren Sie die falschen Aussagen.

1. _______ In der Bundesrepublik gibt es ein Amt, das sich mit Umweltproblemen befaßt.
2. _______ Der Wind trägt die verschmutzte Luft in die Nachbarländer.
3. _______ Deutschland kümmert sich auch um die Umweltprobleme seiner Nachbarn.
4. _______ Wenn das Rheinwasser in der Bundesrepublik verseucht wird, muß auch Holland darunter leiden.
5. _______ Luftverschmutzung kommt zum Teil vom Schwefeldioxyd.
6. _______ Kläranlagen stellen den Verschmutzungsgrad des Wassers fest.
7. _______ Die Regierung hat Gesetze erlassen, die Industriewerke dazu zwingen, ihre Abgase zu entschwefeln.
8. _______ Seit 1993 müssen alle Fahrzeuge in den EU-Ländern mit bleifreiem Benzin fahren.
9. _______ Geldstrafen haben die Industrie dazu veranlaßt, umweltfreundliche Produktionsverfahren zu entwickeln.
10. _______ Andere Anliegerstaaten der Nordsee helfen auch dabei mit, das Problem der Wasserverschmutzung im Meer zu lösen.

Übungen zum Wortschatz

Sie können in Rekordzeit Ihr Umwelt-Vokabular erweitern, da die meisten Wörter Komposita sind, deren Einzelteile Sie wahrscheinlich schon kennen. Arbeiten Sie zusammen mit einem Partner/einer Partnerin.

1. Schreiben Sie unter jeden Ausdruck die englische Bedeutung und vor jedes Substantiv den passenden Artikel.
2. Setzen Sie hinter jeden positiven Ausdruck ein **+**, hinter jeden negativen Ausdruck ein – und hinter jeden neutralen Ausdruck eine **0**.

3. Besprechen Sie im Plenum, warum die positiven Ausdrücke positiv sind.

____ Umweltproblematik ____

____

____ umweltschutzorientiert ____

____

____ Umweltvergiftung ____

____

____ umweltverträglich ____

____

____ umweltgefährdend ____

____

____ umweltbewußt ____

____

____ Umwelt-Tip ____

____

____ umweltschädlich ____

____

____ umweltfreundlich ____

____

____ Umweltbundesamt ____

____

____ Umwelttechnologie ____

____

____ Umweltberater/Umweltberaterin ____

____

____ Emissionsgrenzwerte ____

____

____ Umweltverschmutzung ____

____

____ umweltgerecht ____

____

____ umweltschonend ____

____

____ Umweltexperte ____

____

____ Umweltverträglichkeitsprüfung ____

____

____ Wegwerfgesellschaft ____

____

____ Sanierung ____

____

____ Schadstoffmobil ____

____

____ Landschaftspflege ____

____

____ Naturschutz ____

____

____ Abfallstoff ____

____

____ Entsorgungsunternehmen ____

____

B Wählen Sie den Ausdruck, der am besten paßt, und ergänzen Sie die Sätze.

Abgase	Kläranlage	verseuchen
Ballungsgebiet	Luftverschmutzung	Wasserver-schmutzung
emittieren	Umweltschutz	

1. Kraftfahrzeuge ______________________ Stickstoffe und Kohlenwasserstoffe.
2. Die ______________________ der Autos schaden den Wäldern.
3. In dicht bevölkerten Gebieten ist die ______________________ am stärksten.

4. Ein ______________________ ist eine Gegend, wo viele Menschen leben.
5. Die ______________________ des Rheins verursacht auch Holland Probleme.
6. Abwässer ______________________ die Bäche und Flüsse.
7. Das Umweltbundesamt befaßt sich mit dem ______________________.
8. Eine ______________________ reinigt das Wasser.

Wortschatz

Substantive

das Altglas	used glass
der Altstoff	material already used
der Arbeitslärm	work noise
die Bekämpfung (+ *Gen.*)	fight (against)
die Chemikalien (*Pl.*)	chemicals
die Einwegflasche, -n	throwaway bottle (bottle without deposit)
der Fluglärm	aviation noise
der Klärschlamm	sludge
der Lärmgrenzwert, -e	noise limit
das Naturschutzgebiet, -e	nature preserve
die Pfandflasche, -n	deposit bottle
das Prüfungsergebnis, -se	test result
der Schienenlärm	noise along railroad tracks
der Sonderabfall	special waste (that is difficult to dispose of)
der Umweltlärm	environmental noise
die Verwendung	application

Verben

aussterben	to die out, become extinct
beseitigen	to remove, dispose of
kontrollieren auf (+ *Akk.*)	to test for
quälen	to torment
umwandeln in (+ *Akk.*)	to change into; to convert
verschaffen	to provide
verschärfen	to tighten, increase, intensify
wiederverwerten	to recycle

Adjektive und Adverbien

schalldämpfend	sound muffling

Ausdrücke

pro Kopf	per capita
unter strenger Kontrolle stehen	to be subject to strict regulation

Lesetext 2

Straßenlärm, Schienenlärm, Fluglärm und Arbeitslärm gehören zum Umweltlärm, der den modernen Menschen quält. In der EU-gibt es bestimmte Lärmgrenzwerte im Straßenverkehr, die aber in Zukunft noch viel mehr verschärft werden sollen.

Über vierzig zivile und militärische Flughäfen haben jetzt Lärmschutzbereiche.[1] Das ist natürlich bei weitem nicht genug, und die deutsche Bundesregierung arbeitet weiter an der Bekämpfung des Lärms. Sie baut an vielen Stellen der Autobahnen schalldämpfende Mauern, die die Bewohner vor dem Lärm der Motoren schützen.

[1] *no-noise zones*

Haus- und Industriemüll sollen umweltfreundlich beseitigt werden. Dafür gibt es 530 Zentralanlagen,[2] und die Beseitigung von Sonderabfällen in hundert Spezialanlagen wird besonders stark überwacht. Klärschlamm darf nur unter bestimmten Bedingungen aufs Land gebracht werden, und

Schalldämpfende Mauer bei Bonn

seine Verwendung steht unter strenger Kontrolle.

Da die Bundesrepublik arm an Rohstoffen ist, bemüht sie sich, die Abfälle wiederzuverwerten. 30% des Hausmülls wird in Energie umgewandelt; 600 000 Tonnen Altglas finden jährlich neue Verwertung; alte Autos und Autoreifen werden fast vollständig wiederverwertet.

Die deutsche Bevölkerung achtet sehr darauf, nicht zu viel wegzuwerfen. Einkaufstüten aus Plastik werden noch ein paarmal gebraucht und kosten in vielen Geschäften bis zu 0,20 DM. Wenn man einkaufen geht, nimmt man entweder eine Tasche oder einen Korb mit. Glasflaschen sind oft Pfandflaschen und werden zurückgebracht; die Einwegflaschen wandern in besondere Container, die an vielen Straßen aufgestellt sind.

Das Bundesnaturschutzgesetz[3] dient dazu, daß die Landschaftsplanung nicht weiter in die Lebensgebiete bestimmter Tier- und Pflanzenarten eingreift. Hunderte von Tierarten und Blütenpflanzen sind in der Bundesrepublik schon ausgestorben. Um ein weiteres Natursterben zu verhindern und um den Menschen Erholungsgebiete zu verschaffen, gibt es in der Bundesrepublik neunundfünfzig Naturparks und 1 700 Naturschutzgebiete.

Die größte Chemieproduktion der Welt pro Kopf der Bevölkerung hat die Bundesrepublik. Die EU hat festgestellt, daß über 100 000 verschiedene chemische Stoffe im Verkehr sind.[4] Um Land und Menschen vor den gefährlichen Einflüssen schädlicher Chemikalien zu schützen, gibt es das „Gesetz zum Schutz vor gefährlichen Stoffen". Hersteller und Importeure müssen alle neuen Artikel auf ihre Gefährlichkeit überprüfen lassen, bevor sie sie auf den Markt bringen. Die Prüfungsergebnisse müssen der Bundesanstalt für Arbeitsschutz und Unfallforschung in Dortmund vorgelegt werden. Auch Altstoffe, die sich schon im Verkehr befinden, werden laufend auf ihre Schädlichkeit oder Unschädlichkeit kontrolliert.

[2]*central facilities* [3]*Federal Nature Protection Law* [4]*im . . . are in use*

Übungen zum Verständnis

A Beantworten Sie die folgenden Fragen, indem Sie sich auf den Text beziehen.

1. Was für eine Aufgabe haben die schalldämpfenden Mauern?
2. Was macht man mit dem Klärschlamm?
3. Warum bemüht sich die Bundesrepublik, so viel Müll wie möglich wiederzuverwerten?
4. Wie garantiert die Bundesrepublik den Menschen Erholungsgebiete und den Tieren einen gefahrlosen Lebensraum?

5. Womit will Deutschland ein weiteres Natursterben verhindern?

6. Welche Maßnahmen hat die Bundesrepublik ergriffen, um die Bevölkerung vor gefährlichen Chemikalien zu schützen?

 Unterstreichen Sie im Text die Stellen mit den folgenden Informationen.

1. In den EU-Ländern dürfen Fahrzeuge auf der Straße nur eine bestimmte Lautstärke haben.
2. Viel Müll wird in der Bundesrepublik wiederverwertet.
3. Für Plastik-Einkaufstüten muß man oft etwas bezahlen.
4. Wenn man bestimmte Glasflaschen in den Laden zurückbringt, bekommt man oft etwas Geld dafür zurück.
5. Bestimmte Tiere und Pflanzen, die früher einmal in Deutschland lebten, gibt es heute nicht mehr.
6. Es gibt Gegenden, wo Tiere ungestört leben dürfen.
7. Im Verhältnis zur Einwohnerzahl produziert die Bundesrepublik mehr Chemikalien als irgendein anderes Land in der Welt.
8. Es gibt ein Gesetz, das die Menschen vor gefährlichen Chemikalien schützt.
9. Bevor ein neues Produkt verkauft werden darf, wird geprüft, ob es schädliche Chemikalien enthält.

Übungen zum Wortschatz

A Wovon spricht man hier?

1. Die Flasche kann man nur einmal gebrauchen ____________________
2. Lauter darf es nicht sein ____________________
3. Der Lärm, den die Eisenbahn verursacht ____________________
4. Glasartikel, die man nicht mehr benutzt ____________________
5. Das Resultat einer Untersuchung oder Prüfung ____________________
6. Lärm der Flugzeuge ____________________
7. Das schadet der Umwelt nicht ____________________
8. Ein bundesdeutsches Gesetz, das die Natur schützt ____________________
9. Wenn Tiere oder Pflanzen nicht mehr existieren ____________________
10. Der Lärm, der uns bei der Arbeit umgibt ____________________

B Wählen Sie den Ausdruck, der am besten paßt, und ergänzen Sie die Sätze.

Abgase	bleifreies	Kläranlagen	saure Regen	umweltfreundlich
Abwasser	Fluglärm	Klärschlamm	Schwefeldioxyds	Verschmutzungsgrad

1. Man versucht, den Müll ____________________ zu beseitigen.
2. Die Verwendung von ____________________ wird streng kontrolliert.
3. Im Frankfurter Gebiet ist der ____________________ ein besonders großes Problem.
4. ____________________ reinigen das Wasser.
5. Fabriken, die ihr ____________________ ungeklärt in Flüsse fließen lassen, müssen Strafe bezahlen.
6. Holland hat sich über den ____________________ des Rheins beklagt.

7. Seit 1986 dürfen neue Autos nur noch ________________ Benzin benutzen.
8. Der ________________ ist nicht nur ein Problem für deutsche Wälder.
9. In den industriellen Ballungsgebieten sind die ________________ besonders stark konzentriert.
10. Der Wind trägt die Hälfte des ________________, das sich in der Luft über der Bundesrepublik befindet, in die Nachbarländer.

Grammatiknotiz

KOMPOSITA ODER ZUSAMMENSETZUNGEN

Eine beliebte Art, neue Substantive zu bilden, ist das Zusammensetzen von zwei oder mehreren Wörtern, die auch selbständig vorkommen:

Eisen + **Bahn** = **Eisenbahn**

Wörter wie **der Eisenbahnwaggon** oder **die Feuerversicherungsgesellschaft** verstehen wir leicht, wenn wir uns das letzte Wort, das Grundwort, ansehen. Im ersten Fall handelt es sich um einen Waggon oder Wagen der Eisenbahn. Im zweiten Fall ist die Rede von einer Gesellschaft. Von was für einer Gesellschaft? Von einer Gesellschaft, die uns gegen Feuer versichert. Das Grundwort gibt dem Kompositum den Artikel. Vor dem Grundwort stehen die Bestimmungswörter. (Komposita können auch von anderen Wortarten abgeleitet werden, wie bei **kundenfreundlich** oder **qualitätsorientiert.**)

Manchmal steht zwischen den Substantiven ein Fugen **-s** oder **-(e)n.** Die Regeln für diese Fugenzeichen sind etwas komplex. Im großen und ganzen gelten aber folgende Regeln:

1. Das Fugen **-s** steht immer nach den Suffixen **-heit, -ing, -ion, -keit, -ling, -schaft, -tät, -tum, -ung (Heizungsrohr, Eigentumswohnung).**
2. Wenn das Bestimmungswort vor dem Grundwort im Plural steht, dann gilt die Pluralendung als Fugenzeichen—auch wenn es dem Sinn nach ein Singular ist (**das Hühnerei; das ist das Ei eines einzigen Huhns**).
3. Manchmal steht das Bestimmungswort im Singular, obwohl es Pluralbedeutung hat (eine Erdbeertorte hat nicht nur eine Erdbeere, und ein Flußsystem besteht aus mehr als nur einem Fluß).
4. Feminine Substantive können das **-e** am Wortende verlieren (**Schulaufgabe**).
5. Ein Fugen **-(e)n** kann eine Pluralform sein oder eine alte Genitivendung maskuliner und femininer Substantive (**Sonnenenergie, Dokumentenschrank**).
6. Wenn das Bestimmungswort mehrsilbig ist, kann das Fugen **-s** stehen, auch wenn es bei dem einsilbigen Bestimmungswort nicht steht (**Durchfahrtserlaubnis, Fahrterlaubnis**).
7. Mehrsilbige Substantive mit der Endung **-e** haben meistens kein Fugen **-s** (**Aufnahmebedingung, Teilnahmeschein**).
8. Kein Fugen **-s** haben einsilbige Bestimmungswörter (**Streikrecht**) und solche, die auf **-sch, -z, -s, -ss** enden (**Schmutzwasser**).

Übungen zur Grammatik

A Ergänzen Sie, wenn es erforderlich ist. Wie heißt das Kompositum auf englisch?

1. die Arbeit_________losigkeit _______________
2. der Kauf_________vertrag _______________
3. die Mensch_________rechte _______________
4. das Umwelt_________problem _______________
5. die Angestellt_________versicherung _______________
6. die Abfall_________verbrennung _______________
7. der Verschmutzung_________grad _______________
8. die Dunst_________glocke _______________
9. die Lehrer_________konferenz _______________
10. die Präsident_________wahl _______________
11. der Arbeitgeber_________verband _______________
12. der Ware_________test _______________
13. die Tag_________zeitung _______________
14. die Wasserschutz_________polizei _______________
15. der Schluß_________gedanke _______________

B Bilden Sie Komposita mit Artikel.

1. Das Leben, der Standard _______________
2. das Einkommen, die Verhältnisse _______________
3. die Lohnsteuer, die Karte _______________
4. der Test, die Ergebnisse _______________
5. die Mitbestimmung, das Recht _______________
6. die Industrie, der Staat _______________
7. der Lärm, der Schutz _______________
8. die Generation, der Konflikt _______________
9. die Geburt, das Datum _______________
10. das Leben, der Raum _______________

Aktivitäten

Partnerarbeit. Wählen Sie zusammen mit einem Partner / einer Partnerin eins der folgenden Themen, und nehmen Sie Stellung zu diesen Vorschlägen. Begründen Sie Ihre Antwort, und berichten Sie dann Ihre Ergebnisse dem Klassenforum.

1. Glauben Sie, daß die Regierung Lärmgrenzwerte festsetzen soll?
2. Sollte man Flughäfen weit weg oder in der Nähe von einer Großstadt bauen?
3. Was halten Sie davon, daß Industrieunternehmen eine Strafe bezahlen, wenn sie die Wasserwege verschmutzen?
4. Sind Sie bereit, mehr für umweltfreundliche Produkte zu bezahlen?

Schriftliches. Stellen Sie eine Liste von Umweltschutzmaßnahmen zusammen, die Ihr Land getroffen hat.

Mündlicher Bericht. Bereiten Sie einen mündlichen Bericht vor, in dem Sie einen Aspekt der Umweltprobleme in Nord- oder Südamerika beschreiben.

Umweltschutz

Vor dem Lesen

Sehen Sie sich die Zeichnung an, und berichten Sie, was geschähe, wenn diese Autofahrer das Gegenteil täten.

Wortschatz

Substantive

der Deponieraum, ¨-e	space on the depository (dump)
der Emissionsgrenzwert, -e	limit of exhaust fumes
der Engpaß, (*Pl.*) **Engpässe**	narrowing in the road
der Geräuschgrenzwert	noise limit
die Lärmsanierung	measures to reduce the existing noise level
der Lärmschutzwall, ¨-e	earth berm to shield from the source of noise
die Lärmvorsorge	measures to reduce the noise level before or at construction
die Lärmwand, ¨-e	constructed wall to shield from the source of noise
das Pflanzenschutzmittel, -	pesticide
der Schadstoffgrenzwert, -e	limit of toxic agents
die Steuervergünstigung, -en	tax break
die Verkleidung, -en	covering, lining, facing, panelling

Verben

sich befassen mit	to deal with
beseitigen	to dispose of
fördern	to foster; to promote
sanieren	to repair, renovate
schaffen	to create
schlucken	to swallow
verlegen	to relocate
vermindern	to reduce
verursachen	to cause
verwenden	to use

Adjektive und Adverbien

einfallsreich	innovative
innerdeutsch	(formerly) between West and East Germany
wiederverwendbar	reusable

Lesetext 1

Naturschutz und Landschaftspflege

- Lebensräume für Tiere und Pflanzen schaffen
- Keine Pflanzenschutzmittel verwenden
- Aufforstungen (junge Bäume pflanzen)
- Schutz für Pflanzen und Tiere in den Gebieten der innerdeutschen Grenze, wo sie sich vierzig Jahre lang ungestört entwickeln konnten.
- Keine motorisierten Fahrzeuge im Wald

Recycling

- Recycling-Papier verwenden
- Produkte aus wiederverwendbarem Material kaufen
- Deponieraum sparen durch Recycling
- Bürgerinitiative gründen und fördern

Lärmschutz

- Senkung der Geräuschgrenzwerte (Lärm wird bestraft)
- Kein zu schnelles Starten und Bremsen
- Lärmvorsorge (beim Bau) und Lärmsanierung (hinterher) an lauten Straßen durch Lärmschutzwälle und -wände
- Schallschluckende Verkleidung an Terrassen und Balkonen

Schadstoffreduzierung

- Bleifreier Kraftstoff (bleifreies Benzin ist in fast allen europäischen Staaten billiger als verbleites Benzin)
- Senkung der Schadstoffgrenzwerte
- Fortschrittlichste Umwelttechnik aller Nutzfahrzeuge (Lkw) der EU

An einer Tankstelle

Verkehrsberuhigung

- Vermindertes Tempo
- Einfallsreiche Arten der Fahrbahngestaltung (wie die Straßen verlaufen)
- Umgehungsstraßen, Ortsumgehung, Straßentunnel
- Beseitigung von Engpässen im Ort

Kombinierter Verkehr

- Lkw und Pkw über lange Strecken per Bahn oder Binnenschiff

Kombinierter Verkehr

- Güterfernverkehr in Deutschland als wichtiges Transitland auf die Schiene verlegen
- Steuervergünstigungen für Lkws, die nur für kombinierten Verkehr eingesetzt werden
- Terminalnetze für den kombinierten Verkehr Schiene/Straße

Luftschutz auch über den Wolken

- Die International Civil Aviation Organization (ICAO), eine Tochterorganisation der Vereinten Nationen (UN), legt Lärmgrenzwerte für Flugzeuge fest (Fluglärmmeßanlagen)
- Der Airbus gilt als vorbildlich
- Höhere Gebühren für Flugzeuge mit lautem An- und Abflug
- An- und Abflugstrecken außerhalb dichtbesiedelter Gebiete
- Die Broschüre „Flieger-Know-how" befaßt sich mit Vogelschutz (Vögel in ihren Nist- und Schutzgebieten bei Westerland dürfen nicht gestört werden)
- Emissionsgrenzwerte (Luftfahrt verursacht nur 1% aller Verkehrsmittel)

Übung zum Verständnis

Ordnen Sie die sieben Umweltthemen den folgenden Fragen zu:

1. Was kann der Bürger tun?
2. Was kann nur von der Regierung unternommen werden?
3. Was sollten wir vom Hersteller erwarten?

Aktivitäten

Schriftliches. Schreiben Sie an den VCD (Verkehrsclub Deutschland) GmbH, Eifelstr. 2, 53119 Bonn, und bitten Sie um Informationen über Umwelt und Verkehr.
Oder: Schreiben Sie an den Bundesminister für Verkehr, Referat Öffentlichkeitsarbeit, Robert-Schumann-Platz 1, 53175 Bonn, und bitten Sie um die Broschüre „Flieger Know-how" oder irgendeine andere Veröffentlichung, die sich mit einem der sieben Umweltthemen befaßt.

Wortschatz

Substantive

die Altpappe	used cardboard
das Aluminium	aluminum
die Beseitigung	disposal
die Büchse, -n	can
das Erdöl	petroleum
die Getränke (*Pl.*)	beverages
KFZ (das Kraftfahrzeug)	motor vehicle

Verben

bevorzugen	to prefer
fällen	to fell
meiden	to avoid
verteuern	to increase in cost
verzichten auf (+ *Akk.*)	to renounce, do without
vorhanden sein	to exist
zuführen (+ *Dat.*)	to supply

Adjektive und Adverbien

geringer	less
giftig	poisonous
grundsätzlich	all the time; on principle
zusätzlich	additional
die Verbrennungsanlage	incineration plant

Ausdrücke

andererseits	on the other hand
einerseits	on the one hand
nach Möglichkeit	if possible

Lesetext 2

Bereich „Abfall und Verpackung"

Sie handeln umweltbewußt, wenn Sie

1. . . . auf jede zusätzliche Verpackung im Geschäft verzichten, also bereits vorverpackte Ware nicht nochmals verpacken lassen, weil zur Herstellung von Verpackungsmaterial notwendige Rohstoffe verschwendet werden, die Verpackung die Ware verteuert und bei der Beseitigung der Verpackung wiederum Kosten und Umweltprobleme auftreten.

2. . . . auf Plastiktüten verzichten, also grundsätzlich eine Einkaufstasche verwenden, weil zur Herstellung von Plastiktüten Erdöl notwendig ist, das nur noch in begrenztem Umfang[1] vorhanden ist, und bei der Beseitigung von Plastiktüten besondere Probleme in Verbrennungsanlagen und auf Müllkippen[2] auftreten.

Zum Einkauf keine Plastiktüten verwenden

3. . . . überflüssige Verpackung gleich im Geschäft lassen, weil einerseits der Handel Altpappen der Wiederverwertung zuführen kann und andererseits die Produzenten beeinflussen kann, auf überflüssige Verpackungen zu verzichten.

Unnötige Verpackung sollten Sie gleich beim Händler lassen

4. . . . beim Getränkekauf Pfandflaschen bevorzugen und Einwegflaschen und -gläser in die Glassammelbehälter[3] bringen, weil Einwegbehälter im Müll die Abfuhrgebühren[4] erhöhen und unsere Müllkippen früher füllen.

Altglas gehört in den Sammelbehälter

5. . . . Lebensmittelverpackungen aus Kunststoff und Getränkebüchsen aus Weißblech oder Aluminium nach Möglichkeit meiden, weil bei der Herstellung wichtige Rohstoffe wie Erdöl, Zinn[5] und Bauxit[6] verloren gehen und bei der Beseitigung Probleme in Verbrennungsanlagen und auf Müllkippen entstehen.

6. . . . Altpapier und Textilien den Sammelaktionen[7] zuführen, weil damit Rohstoffe gespart und Umweltschäden vermieden werden.

Wiederverwendbare Verpackungen sind umweltfreundlich

7. . . . Papiererzeugnisse verwenden, die aus Altpapier hergestellt wurden, weil zur Herstellung von Altpapier keine Bäume gefällt werden müssen und auch die Gewässerbelastung geringer ist.

8. . . . giftige Abfälle wie z. B. Lösemittel, Pflanzenbehandlungsmittel,[8] Arzneimittel, Batterien (insbesondere KFZ-Batterien und Minibatterien) nicht in den Hausmüll geben, sondern der Sonderabfallbehandlung[9] oder dem Händler übergeben.

[1]in . . . *in a limited amount* [2]*dumps* [3]*container for used glass* [4]*trash collecting fee* [5]*tin* [6]*bauxite* [7]*collection drive* [8]*pesticides* [9]*disposal of special waste material*

Übung zum Verständnis

Warum?—Geben Sie einen guten Grund.

1. Warum sollen die Waren im Geschäft nicht doppelt und dreifach eingepackt werden?

____

____

2. Warum sind Papiertüten umweltfreundlicher als Plastiktaschen?

____

____

3. Warum soll man Pfandflaschen verlangen?

____

____

4. Warum soll man Einwegflaschen nicht in den allgemeinen Müll werfen?

____

____

5. Warum ist es umweltfreundlich, Altpapier zu benutzen?

____

____

Altglassammelstelle

Übungen zur Grammatik

Schreiben Sie die folgenden Sätze im Aktiv. Beginnen Sie mit „Man . . .“

1. Auf zusätzliche Verpackung kann verzichtet werden.
2. Vorverpackte Ware soll nicht nochmals verpackt werden.
3. Zur Herstellung von Verpackungsmaterial werden Rohstoffe verschwendet.
4. Auf Plastiktaschen kann verzichtet werden.
5. Erdöl wird gebraucht, um Plastik herzustellen.
6. Überflüssige Verpackung wird im Geschäft gelassen.
7. Getränke sollen in Pfandflaschen gekauft werden.
8. Altpapier und Textilien sollen den Sammelaktionen zugeführt werden.
9. Umweltschäden sollen grundsätzlich vermieden werden.
10. Zu viele Bäume werden gefällt.

Beginnen Sie jeden Satz mit „Sagen Sie mir bitte, . . .“

1. Was für Verpackungsmaterial ist umweltfreundlich?
2. Warum soll ich auf Plastiktaschen verzichten?
3. Was braucht man zur Herstellung von Plastik?
4. Wo kann ich diese überflüssige Verpackung lassen?
5. Wo ist der nächste Glassammelbehälter?
6. Welche Batterien sind besonders schädlich?
7. Wieviel kostet der Notizblock aus Altpapier?

Wortschatz

die Dose, -n	can
die Folienbeschichtung	lamination with plastic or metal
die Getränkeverpackung, -en	packaging for drinks
der Pappkarton, -s	cardboard container
der Pfandkasten, ¨-	returnable little crate
das Pflichtpfand	mandatory (noncashable) deposit
der Plastikschlauch, ¨-e	plastic hose

Lesetext 3

Aktion gegen den Verpackungsmüll

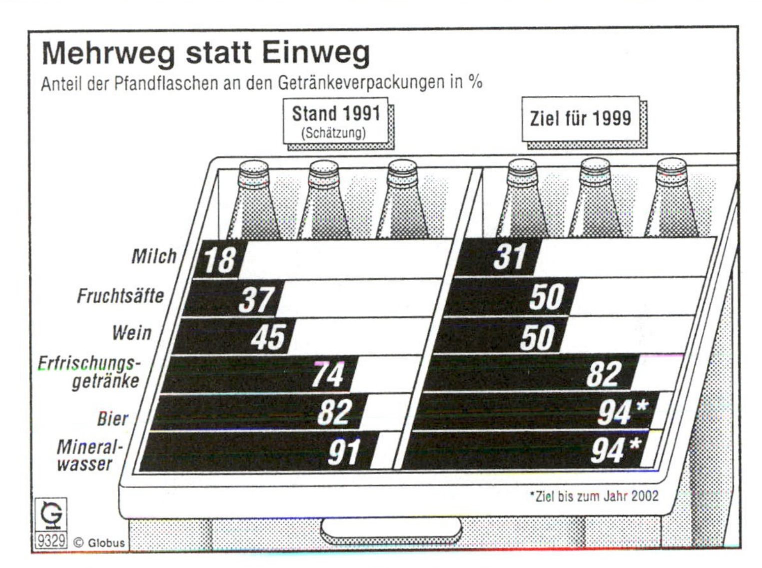

Ein großer Teil des alltäglichen Hausmülls besteht aus Getränkeverpackungen. Plastikschläuche, Pappkartons mit Folienbeschichtung, Dosen und jede Menge Glasbehältnisse landen Woche für Woche auf den Müllbergen. Dies gilt vor allem für die Verpackungen von Milch, Wein und Fruchtsäften. Viel besser steht es bei[1] Mineralwässern und Bier; hier gibt es schon überwiegend[2] Pfandflachen und -kästen, die den Weg zwischen Hersteller und Verbraucher mehrmals zurücklegen. Diese Mehrwegflaschen will Umweltminister Töpfer nun für alle Getränke durchsetzen. Bis zur Jahrtausendwende[3] sollen die Pfandflaschen die Einwegverpackungen weitestgehend[4] ersetzen. Relativ einfach wird die Erhöhung der Quoten[5] für die Getränke sein, die schon jetzt überwiegend in Mehrwegverpackungen angeboten werden. Bei Wein und Fruchtsäften wird es vor allem deshalb schwieriger, da in den neuen Bundesländern bei diesen Getränken noch sehr geringe Mehrwegquoten bestehen; hier haben nach der Grenzöffnung die Einwegflaschen den Markt schnell erobert. Bei der Milch hat Töpfer das Ziel nicht so hoch gesteckt, denn die Reinigung der Pfandflaschen macht noch Probleme. Falls sich diese Quoten nicht realisieren lassen, droht der Umweltminister mit einem Pflichpfand für Einwegverpackungen.

GLOBUS

Statistische Angaben: Gesellschaft für Verpackungsmarktforschung, Bundesumweltministerium

[1]Viel . . . *The situation is much better with* [2]*predominantly* [3]*turn of the millenium* [4]*as much as possible* [5]*numbers*

Übung zum Verständnis

Beantworten Sie die folgenden Fragen, indem Sie sich auf das vorhergehende Schaubild mit Text beziehen.

1. Von welchen Lebensmitteln spricht man hier?
2. Was für Lebensmittel werden am häufigsten in Pfandflaschen verpackt?
3. In was für Behälter kann Milch verpackt werden?
4. Was für Arten von Verpackung werden hier genannt?
5. Was für eine Art von Verpackung soll in Zukunft hauptsächlich verwendet werden, und bis wann soll das geschehen?
6. Was für Getränke werden auch heute schon hauptsächlich in wiederverwendbaren Verpackungen verkauft?

7. Welche Getränke werden in den neuen Bundesländern vor allem in Einwegflaschen verkauft?
8. Warum wird Milch wohl auch weiterhin vorwiegend in Einwegverpackungen verkauft werden?

Übung zum Wortschatz

Überlegen Sie zusammen mit einem Partner / einer Partnerin, was für eine Art Verpackung die folgenden Getränke in Ihrem Land haben. Einer/Eine in Ihrer Gruppe liest dann das Ergebnis zum Vergleich vor.

1. das Mineralwasser ____________
2. das Bier ____________
3. die Cola ____________
4. die Milch ____________
5. der Wein ____________
6. der Sekt (Champagner) ____________
7. Eistee (trinkfertig) ____________
8. das Milchmischgetränk (*milkshake*) ____________
9. die Tasse Kaffee beim Schnellimbiß ____________
10. der Gemüsesaft V-8 ____________
11. der Fruchtsaft ____________
12. das Trink-Joghurt ____________

Kunden bringen ihre eigenen Einkaufstaschen.

Aktivitäten

Einigen Sie sich in Ihrer Gruppe auf ein Umweltproblem, das Sie durch eine Bürgerinitiative lösen oder verringern können. Besprechen Sie das Problem in allen Einzelheiten sowie die Konsequenzen für die Umwelt und die Maßnahmen zur Behebung. Beschreiben Sie, wie Sie die Bürgerinitiative starten wollen.

Stellen Sie eine Liste zusammen mit dringenden Umweltmaßnahmen. Wie stark hat sich Ihre Regierung für die einzelnen Maßnahmen eingesetzt? Sehr gut—gut—ungenügend?

BEISPIEL:

Reduzierung von Abgasen der Kraftfahrzeuge *gut*

1. ____________ ____________
2. ____________ ____________
3. ____________ ____________
4. ____________ ____________
5. ____________ ____________

Alternative Energiequellen

Vor dem Lesen

1. Schreiben Sie zusammen mit zwei Partnern/Partnerinnen alle Energiequellen auf, die Sie kennen. Vergleichen Sie sie im Plenum.
2. Bezeichnen Sie jede Energiequelle mit einem + für **umweltfreundlich** oder einem – für **umweltschädlich.**
3. Welche Energiequellen werden zur Stromerzeugung benutzt?
4. Was für Energiequellen benutzt man in Ihrem Land?
5. Aus welchen Energiequellen kann Kraftfahrzeugtreibstoff erzeugt werden?
6. Was für Alternativen hätten wir, wenn plötzlich jeder Erdölimport zum Stillstand käme?
7. Welche Energiequelle ist Ihnen für Ihren Privatverbrauch am sympatischsten? Warum?

Wortschatz

Substantive

das Freischwimmbad, ¨-er outside swimming pool
die Nutzung utilization
die Umkleidekabine, -n dressing/locker room
die Wärmepumpe, -n heat pump

Verben

antreiben to drive; to power up
ausrüsten to equip
entwickeln to develop
erhöhen to raise
heizen to heat
speichern to save
überwachen to watch, monitor
umsetzen to convert
vorankommen to get ahead; to move forward/ahead

Adjektive und Adverbien

energiesparend energy saving
überdacht covered with a roof
sonnengeheizt solar heated

Lesetext

Sonnenenergie

Bei Sonnenschein fährt es am besten, doch kommt das **Solarboot „Korona"** auch bei Regenwetter voran. Achtzehn Solargeneratoren setzen die Sonnenstrahlung in Energie um, die den Elektromotor des Bootes antreibt. Für schlechtes Wetter wird zudem Solarenergie in Batterien gespeichert. Dozenten[1] und Studenten der Fachhochschule[2] Konstanz haben die „Korona" entwickelt und sie mit modernster Technik ausgerüstet: Computer an Bord überwachen und steuern das Boot.

Für viele Menschen in den Dörfern Senegals war es bisher nur ein Traum: Radio und Fernsehen. **Photovoltaik-Anlagen** machen nun den Traum zur Wirklichkeit. Auch Fernseh- und Radiogeräte lassen sich mit dem elektrischen Strom in Betrieb setzen[3], der hier direkt aus Sonnenlicht erzeugt wird. 150 dieser Anlagen hat die Gesellschaft für Technische Zusammenarbeit in einer Gegend installiert, in der noch bis vor kurzem Petroleumlampen[4] die einzige Lichtquelle waren.

Als „weitgehend energieautark"[5] gelten die Bewohner in Lykovrissi, einem Vorort von Athen. Dort haben griechische und deutsche Wissenschaftler gemeinsam ein **Sonnendorf** eingerichtet; es ist das weltweit größte Demonstrationsvorhaben[6] für die Nutzung der Sonnenenergie mit den verschiedensten Techniken. Das Sonnendorf umfaßt 435 Wohneinheiten,[7] zehn Geschäfte, ein Bürgerzentrum und eine Energiezentrale. Je nach Saison[8] und System sparen die Dorfbewohner zwischen 20 und 90 Prozent an konventioneller Energie ein.

[1] *lecturers* [2] *specialized college* [3] *in . . . run, operate* [4] *oil lamps* [5] *independent of (other) energy sources* [6] *demonstration enterprise* [7] *living quarters* [8] *je . . . Depending on the season*

Die Sonne bringt den Strom in die kleinste Hütte: Solartechnik im Senegal.

Montage von Sonnenkollektoren in der größten Solar-Versuchsanlage der Bundesrepublik Deutschland in Erlangen

Übung zum Verständnis

Der Artikel handelt von Sonnenenergie. Was erfahren Sie hier?

1. Diese drei Projekte werden besprochen: ____________________
____________________ ____________________
2. An diesen Projekten haben die folgenden Leute gearbeitet: ____________________
____
3. Diese Projekte befinden sich in ____________________
____________________ ____________________
4. Das Projekt ____________________ finde ich am interessantesten, weil
____
5. Die Regierung spielt bei diesen Projekten folgende Rolle:
____

Übung zum Wortschatz

Ordnen Sie dem Satzanfang in der linken Spalte das richtige Satzende aus der rechten Spalte zu. Bilden Sie dabei sinnvolle Sätze.

1. _______ Konventionelle Energie kann
2. _______ Solargeneratoren werden
3. _______ Sonnenstrahlen werden
4. _______ Das Boot „Korona" war
5. _______ Das Boot wird
6. _______ Der elektrische Strom wird
7. _______ Sonnenenergie kann
8. _______ Der Elektromotor des Bootes wurde

a. durch Sonnenenergie angetrieben.
b. in Energie umgewandelt.
c. mit modernster Technik ausgerüstet.
d. durch Sonnenenergie eingespart werden.
e. aus Sonnenlicht erzeugt.
f. in Batterien gespeichert werden.
g. durch Computer überwacht und gesteuert.
h. setzen Sonnenstrahlen in Energie um.

Aktivitäten

Partnerarbeit. Ihr Partner / Ihre Partnerin hat den letzten Sommer in Europa und Afrika verbracht und die Projekte in Konstanz, Senegal und Lykovrissi besucht. Führen Sie ein Interview, und erfragen Sie folgende Aspekte.

- Projektbeschreibung
- Auswirkung auf die Gesellschaft
- Bedeutung für die Entwicklung von Energiequellen
- Persönliche Eindrücke
- Anwendungsmöglichkeiten im eigenen Land

Schriftliches. Schreiben Sie in Ihren eigenen Worten auf deutsch eine Zusammenfassung der vier Texte.

Semesterarbeit. Wenn Sie während des Semesters eine Sammelmappe angelegt haben, dann schreiben Sie anhand der Informationen, die Sie gesammelt haben (a) einen Bericht über das Thema, das für Sie am interessantesten ist, oder (b) eine Abhandlung über Unterschiede in der Geschäftswelt in Deutschland und in Ihrem Land. Vergessen Sie nicht, kulturelle Unterschiede zu erwähnen.

Hörverständnis

Umwelt

Neue Wörter und Ausdrücke

das Artenschutzabkommen, -	agreement to protect endangered species
aussterben	die out, become extinct
dünnbesiedelt	sparsely populated
durchstreifen	roam through
der Einzelgänger, -/ die Einzelgängerin, -nen	individualist, lone-wolf
die Fährte, -n	track
Fuß fassen	to gain a foothold; to establish o.s.
heulen	howl
der Kranich, -e	crane
der Landstrich, -e	track of land, region
das Schutzkonzept, -e	protection plan
die Umweltstiftung, -en	environmental foundation, endowment
unter Schutz stehen	to be protected

der Wattvogel, ¨-	birds making shoals or mud-flats their habitat
die Wiederansiedlung	*here:* reintroduction, reestablishment
der Zugweg, -e	migration route

Beantworten Sie die folgenden Fragen.

1. Woher kommen die Wölfe, und wie kommen sie nach Deutschland?

____

____

2. Wie lange gibt es schon keine Wölfe mehr in Deutschland?

____

3. Wie verhält sich die Landesregierung Brandenburgs?

____

____

4. Wo stehen die Wölfe auf der Rangordnung des deutschen Naturschutzgesetzes und des internationalen Artenschutzabkommens?

____

5. Unterstützt die Bundesregierung das Schutzkonzept der brandenburgischen Landesregierung?

____

6. Welche Tierarten soll das Programm der Umweltstiftung „World Wide Fund for Nature" schützen?

____

____

7. Welche geographischen Regionen sollen unter Schutz stehen?

____

____

8. Reicht es aus, wenn die Küstenlandschaft der Ostsee unter Schutz steht? Warum? Warum nicht?

____

____

Schlußgedanken

Bringen Sie ein Poster oder anderes Bildmaterial, Artikel aus Zeitungen oder Zeitschriften oder vielleicht eine kleine Collage, die ein Umweltproblem darstellt. Besprechen Sie kurz das Anschauungsmaterial aller Studenten/Studentinnen, und diskutieren Sie dann im Plenum die folgenden Fragen.

- Können Umweltprobleme lokal gelöst werden?
- Ist eine weltweite Zusammenarbeit überhaupt möglich?
- Welche wirtschaftlichen Faktoren stehen einer Zusammenarbeit im Wege?
- Sollten wir uns ebensosehr mit Umweltproblemen beschäftigen wie mit Wirtschaftsproblemen?
- Was für Fortschritte, glauben Sie, wird die Umweltplanung bis zum Jahr 2050 erzielt haben?

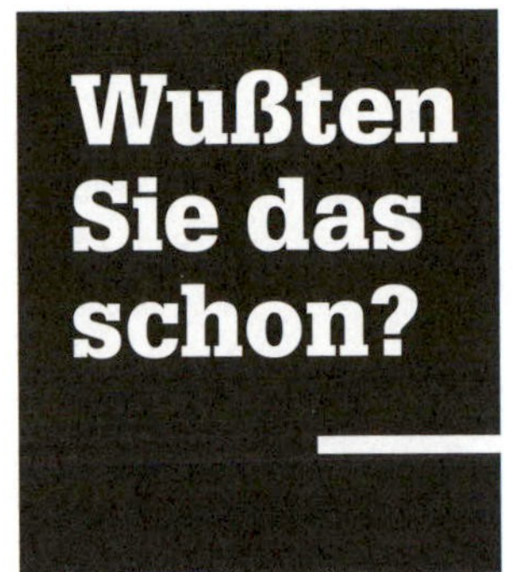

- Das Öko-Audit überprüft seit 1995 Industrieunternehmen in der EU mit dem Ziel, den Umweltschutz in den Betrieben zu verstärken.
- Öko-Kleidung wird unter Verwendung schadstoffarmer Materialien hergestellt.
- Das Umweltbundesamt wird von Berlin nach Sachsen-Anhalt verlegt.
- Unter Umweltkriminalität versteht man Verstöße gegen Gesetze zum Schutz der Umwelt.
- Der deutsche Umweltpreis in Höhe von 1 Mio. DM wird jährlich an Personen, Firmen und Organisationen vergeben, die etwas Besonderes zum Schutz der Umwelt geleistet haben.
- 4 000 deutsche Spezialfirmen spezialisieren sich auf Umwelttechnik.
- Umwelt-High-Tech „Made in Germany" ist eines der neuesten Exportprodukte, die weltweit gefragt sind.

Sample Test
Prüfung Wirtschaftsdeutsch International

Modellsatz

Schriftlicher Teil

Fachlexik 11
Leseverständnis 17
Textzusammenfassung in der Landessprache 23
Geschäftsbrief 27

Mündlicher Teil

Gelenktes Gespräch 31
Textzusammenfassung auf deutsch 35
Geschäftsfall 39

Lösungen 43

Carl
Duisberg
Centren

PRÜFUNG WIRTSCHAFTSDEUTSCH INTERNATIONAL

Deutscher Industrie- und Handelstag
Goethe-Institut
Carl Duisberg Centren

PWD 0.2 A
Zeit: 45 Minuten

F A C H W O R T S C H A T Z

Prüfungszentrum: ____________ Datum: ________ Name: ________________

1 *Wählen Sie aus den Verben die passenden aus und ordnen Sie sie zu.*

A ein Konto — 1 abschließen
B eine Rechnung — 2 freimachen
C einen Vertrag — 3 verleihen
D eine Werbekampagne — 4 begleichen
E einen Brief — 5 eröffnen
F einen Scheck — 6 starten
G einen Wechsel — 7 honorieren
8 einlösen

Beispiel:

A
5

B	C	D	E	F	G

2
2
2
2
2
2

2 *Wählen Sie die passenden Wörter und setzen Sie sie in die Reihe ein.*

Vertreter Spediteur
Konsument Großhändler
Lieferant

Produzent ---> ____________ ---> Einzelhändler ---> ____________ 2 2

3 *Bilden Sie Gegensatzpaare.*

Beispiel: Einkauf _____*Verkauf*_____

1 Gutschrift ________________ 6
2 Einnahmen ________________ 6
3 Gewinn ________________ 6
4 Haben ________________ 6
5 Einfuhr ________________ 6

4 *Ergänzen Sie.*

Beispiel: Der Bezug von Waren und Dienstleistungen aus dem Ausland wird _____*Import*_____ genannt.

1 Den Ertrag aus einer Aktie nennt man ________________. 6

2 Als Bezahlung für seine Arbeit erhält ein Angestellter ein ________________. 6

3 Die Berechnung der Löhne wird von der ________________ durchgeführt. 6

4 Beiträge zur Kranken-, Arbeitslosen- und Rentenversicherung nennt man ________________. 6

5 Die jährliche Zusammenkunft der Aktionäre eines Unternehmens wird ________________ genannt. 6

5 *Wählen Sie aus den folgenden Wörtern die passenden aus und setzen Sie sie ein.*

Werbeabteilungen - Unternehmen - Absatz - Werbespots -
Manager - Hersteller - ~~Absatzsteigerung~~ - Konsumenten -
Vertreter - Verkaufsabteilungen - Zielgruppen - Nachfrage -
Verkäufer - Werbeagenturen - Plakate - Werbefilme

WERBUNG

<u>Beispiel:</u> Neben Messen und Ausstellungen stellt die Werbung ein wichtiges Instrument zur *Absatzsteigerung* dar.

Ziel der Werbung ist es, eine große ____________ (2)
zu schaffen. ____________ und ____________, (2 + 2)
die im Radio bzw. im Fernsehen ausgestrahlt werden, erreichen
sicherlich die größte Gruppe von ____________. Wenn (2)
sie auch die gewünschte Wirkung erzielen sollen, müssen sie
gut geplant werden. Daher ist es notwendig, Fachleute mit
der Planung und Durchführung der Werbung zu beauftragen.
Einige Unternehmen haben eigene ____________. (2)
Aber viele Produzenten beauftragen ____________ (2)
damit, geeignete Werbeträger auszuwählen, um ihre Produkte
den jeweiligen ____________ näherzubringen. (2)

6 *Kreuzen Sie die richtige Lösung an.*

<u>Beispiel:</u>

	Bankkredit	a) Eigenkapital	☐	
		b) Fremdkapital	☒	
		c) Anlagekapital	☐	
1	Sorten	a) ausländische Schecks	☐	
		b) Bankeinlagen in fremder Währung	☐	
		c) ausländische Münzen und Banknoten	☐	2
2	Schatzbriefe	a) Anleihen des Bundes	☐	
		b) Anleihen der Länder	☐	
		c) Anleihen der Gemeinden	☐	2
3	Dauerauftrag	a) Auftrag an einen Zulieferer, Waren regelmäßig zu liefern	☐	
		b) Auftrag an die Bank, regelmäßig einen bestimmten Betrag auf ein Konto zu überweisen	☐	
		c) Ermächtigung zum regelmäßigen Einzug von Forderungen	☐	2
4	Konkurs	a) Wettbewerb zwischen mehreren Unternehmen	☐	
		b) Zusammenbruch eines Unternehmens	☐	
		c) Zusammenschluß zweier Unternehmen	☐	2
5	Skonto	a) Preisnachlaß bei Barzahlung	☐	
		b) Preisnachlaß für große Mengen	☐	
		c) Preisnachlaß wegen beschädigter Ware	☐	2

PRÜFUNG WIRTSCHAFTSDEUTSCH INTERNATIONAL

Deutscher Industrie- und Handelstag
Goethe-Institut
Carl Duisberg Centren

L E S E V E R S T Ä N D N I S (TEXT)

Vom „Deutschen Kaiser" zum Weltkonzern

Thyssen feiert hundert Jahre Stahlgeschichte

B.K. DÜSSELDORF, 7. Juni. Nimmt man es genau, so ist der Thyssen-Konzern um einiges älter als hundert Jahre. Mit einem Startkapital von 35 000 Thalern gründete August Thyssen nämlich schon 1871 die Firma Thyssen & Co., die in Mülheim an der Ruhr ein Stahl- und Walzwerk betrieb. Wenn der heutige Weltkonzern am kommenden Dienstag in der Duisburger Mercatorhalle im Beisein von Bundeskanzler Helmut Kohl sein großes Jubiläum feiert, so stützt er sich auf den 29. September 1891. Damals wurde auf der Gewerkenversammlung der Gewerkschaft Deutscher Kaiser in Hamborn bekannt, daß alle tausend Teile der Gesellschaft in den Händen der Brüder August und Josef Thyssen lagen. Thyssen war Schritt für Schritt bei der Zechengesellschaft Deutscher Kaiser eingestiegen. Dahinter stand der Wunsch, die Versorgung des Stahlwerkes von fremden Kohlenlieferungen unabhängig zu machen. August Thyssen hat damit als einer der ersten Unternehmer an Rhein und Ruhr die Verbundwirtschaft zwischen Kohle und Stahl entwickelt. Mit dem Engagement in Hamborn konnte er sich ein verkehrsgünstiges Gelände mit Anbindung an die Wasserstraßen sichern; das gilt noch heute als bedeutender Standortvorteil. In Bruckhausen bei Hamborn entstanden ein Stahl- und ein Walzwerk. Der erste Stahl wurde dort im Dezember 1891, also ebenfalls vor hundert Jahren, abgestochen. Das erste Walzwerk ging im Januar 1892 in Betrieb. Im Mülheimer Stammwerk wurden derweil die ersten Maschinen fabriziert.

Schwere Wunden durch den Krieg

Als August Thyssen, der unternehmerisch dominante der beiden Brüder, 1926 im Alter von fast 84 Jahren starb, hinterließ er als sein Lebenswerk einen Konzern, der auf vielen Gebieten aktiv war, der freilich durch den verlorenen Ersten Weltkrieg, die Ruhrbesetzung und die Hyperinflation schwere Wunden erlitten hatte. Die Nachkriegswirren, die desolate Wirtschaftslage und Überkapazitäten in der Branche zwangen zum Zusammenschluß mit anderen Unternehmen. So gab nur wenige Wochen nach August Thyssens Tod der Thyssen-Konzern seine Selbständigkeit auf; Thyssen selbst hatte an der Vorbereitung mitgewirkt. Es entstanden die Vereinigten Stahlwerke, deren Kapital etwa zu einem Viertel von den Thyssen-Zechen und -Werken repräsentiert wurde. Fritz Thyssen, der älteste Sohn Augusts, war nun kein freier Unternehmer mehr, sondern als größter Aktionär des Verbundes nur noch Vorsitzender des Aufsichtsrates.

Ein Torso blieb zurück

Die Vereinigten Stahlwerke waren zunächst ein zentralistisch geführtes Unternehmen. Erst zum 1. Januar 1934 wurde die straffe Zentralisierung aufgegeben und einzelne Betriebsgesellschaften gegründet, in denen von der Produktion her verwandte und regional naheliegende Werke zusammengefaßt wurden. Die fünf im Raum Duisburg liegenden Hüttenwerke wurden unter die Leitung der Betriebsgesellschaft August Thyssen-Hütte gestellt; sie war der Kern der heutigen Thyssen Stahl AG. Als im Jahr 1953 die August Thyssen-Hütte AG bei der Entflechtung der Montankonzerne aus den Vereinigten Stahlwerken heraus gegründet wurde, hatte die Gesellschaft allerdings nicht mehr viel mit der in den dreißiger Jahren eingerichteten Betriebsgesellschaft gemein.

Vorausgegangen waren von 1936 an die Aufrüstung für den von Hitler langfristig geplanten Weltkrieg, Frauenarbeit und Einsatz von Fremdarbeitern in den Werken, dann von 1940 an Luftangriffe und schließlich die Zerstörung durch Bomben. 1946 wurden alle Arbeiten in Homburg eingestellt. Was nach dem Krieg noch stehengeblieben war, wurde für die Demontage freigegeben. Zurück blieb ein Torso: Von den ehedem fünf Hüttenwerken blieb der Gesellschaft nur noch die Thyssenhütte mit einem kleinen Rest der früheren Anlagen. Der erste Hochofen wurde im Mai 1951 wieder angeblasen. Mit der Gründung der Montanunion im Jahr 1952 entfielen die Produktionsbeschränkungen, so daß die August Thyssen-Hütte wieder planmäßig aufgebaut werden konnte. Am 2. Mai 1953 folgte dann schließlich die Gründung der August Thyssen-Hütte AG (ATH). Daß damals schon entschieden wurde, beim Wiederaufbau den Schwerpunkt auf die Flachstahlseite zu legen, hat wesentlich zum Erfolg des Unternehmens beigetragen.

Die späten fünfziger und die sechziger Jahre standen im Zeichen des ehrgeizigen Konzernaufbaus. Hinzu kamen unter anderem die Niederrheinische Hütte AG, die Phoenix-Rheinrohr AG, die aus dem früheren GHH-Konzern stammende Hüttenwerk Oberhausen AG und die Handelsunion AG. Die Thyssen-Gruppe war bis dahin ein reinrassiges Stahlunternehmen, das mit Beginn der siebziger Jahre mit rund 92 000 Beschäftigten etwa 10 Milliarden DM umsetzte. Zum Vergleich: Bei der Neugründung im Jahr 1953 erzielten 6000 Mitarbeiter gerade 248 Millionen DM Umsatz.

1973 schwenkte die Konzernleitung auf die Diversifikation des Geschäftes um. Es kam zur „Elefantenhochzeit" mit der Rheinstahl AG. Der Konzern wurde nach und nach auf die Säulen Investitionsgüter und Verarbeitung, Handel und Dienstleistungen, Edelstahl und Stahl gestellt. Mit Beginn der Stahlkrise im Jahr 1975 rückte für Thyssen die Erschließung neuer Geschäftsfelder und die Internationalisierung des Geschäftes ins Blickfeld. Als eine Konsequenz daraus wurde 1978 das amerikanische Unternehmen The Budd Company übernommen, das der Duisburger Muttergesellschaft freilich in den ersten Jahren viel Geld und Geduld abverlangt und dem Vorstand reichlich Kritik eingebracht hat.

Einer der Großen der Branche

Heute stützt sich der Thyssen-Konzern in aller Welt auf fast 300 Gesellschaften mit fast 150 000 Mitarbeitern. Mit einem Umsatz von 36 Milliarden DM gehören die Duisburger zu den ganz Großen der deutschen Industrie. Der zuletzt vorgelegte Jahresabschluß für das Geschäftsjahr 1989/90 (30. September) gilt als der zweitbeste in der Unternehmensgeschichte. Die mit einem Kapital von 1,56 Milliarden DM ausgestattete Gesellschaft gehört rund 240 000 Aktionären, darunter 40 000 Mitarbeitern. Die Familie Thyssen repräsentiert indirekt noch mehr als 36 Prozent des Kapitals, und zwar zum einen über die Thyssen-Beteiligungsverwaltung GmbH, in der die voll im Eigentum der Thyssen-Erben liegende Thyssen-Vermögensverwaltung sowie Anteile der Allianz AG und der Commerzbank AG gepoolt sind, sowie zum anderen die Fritz Thyssen Stiftung, die 1959 von Amelie Thyssen und deren Tochter Anita Gräfin Zichy-Thyssen ins Leben gerufen wurde.

Quelle: Frankfurter Allgemeine Zeitung
vom 08. Juni 1991

PRÜFUNG WIRTSCHAFTSDEUTSCH INTERNATIONAL

Deutscher Industrie- und Handelstag
Goethe-Institut
Carl Duisberg Centren

PWD 0.2 A
Zeit: 45 Minuten

L E S E V E R S T Ä N D N I S (AUFGABEN)

Prüfungszentrum: ____________ Datum: ________ Name: ______________

1 *Beantworten Sie stichwortartig die folgenden Fragen zum Text:*

1 Wann und wo sind die Brüder Joseph und August Thyssen zum erstenmal als Unternehmer tätig geworden?

______________________________ 6

2 Warum hat Thyssen die Zeche Deutscher Kaiser gekauft?

______________________________ 6

3 Warum ist Thyssen in Hamborn besonders aktiv geworden?

______________________________ 6

4 Wie sind die Vereinigten Stahlwerke entstanden?

______________________________ 6

5 Nach welchen Gesichtspunkten wurden die Vereinigten Stahlwerke 1934 umstrukturiert?

______________________________ 6

6 a) Wann wurde das Nachfolgeunternehmen der Vereinigten Stahlwerke gegründet?

______________________________ 3

b) Wie hieß das Unternehmen?

______________________________ 2

7 In welchen Bereichen ist Thyssen seit den siebziger Jahren tätig?

a) ____________________ 4

b) ____________________ 4

c) ____________________ 4

8 Wie hat Thyssen sich in den siebziger Jahren im Ausland engagiert?

____________________ 6

9 Welche Position nimmt der Thyssen-Konzern heute in der deutschen Wirtschaft ein?

____________________ 6

10 Welche Rolle spielt die Familie Thyssen in der heutigen Thyssen Stahl AG?

____________________ 6

2 *Stehen die folgenden Aussagen im Text?*

		Ja	**Nein**	
Beispiel:	Die Firma Thyssen & Co. wurde 1871 gegründet.	*x*		
1	Der Thyssen-Konzern produzierte bis zu den siebziger Jahren nur Kohle und Stahl.			5
2	Der Erste Weltkrieg hat zum Konkurs des Thyssen-Konzerns geführt.			5
3	Ein Teil der Belegschaft ist am Aktienkapital der Thyssen Stahl AG beteiligt.			5
4	Thyssen konnte seine Produktion nach Ende des Zweiten Weltkriegs in vollem Umfang wiederaufnehmen.			5
5	Thyssens Engagement im Ausland war von Anfang an erfolgreich.			5
6	Thyssen war im Zweiten Weltkrieg in der Rüstungsproduktion tätig.			5
7	Thyssen hat sich in den siebziger Jahren mit Rheinstahl zusammengeschlossen.			5

PRÜFUNG WIRTSCHAFTSDEUTSCH INTERNATIONAL

Deutscher Industrie- und Handelstag
Goethe-Institut
Carl Duisberg Centren

PWD 0.2 A
Zeit: 45 Minuten

T E X T Z U S A M M E N F A S S U N G
I N D E R L A N D E S S P R A C H E (TEXT)

Beiersdorf will die Gesundheit seiner Mitarbeiter fördern

Krankheitsbedingte Kosten sollen sinken / Zusammenarbeit mit der AOK / Finanzielle Anreize

Beiersdorf AG, Hamburg. Künftig werden die Angestellten des Hamburger Konzerns weniger über gesundheitliche Schwierigkeiten klagen. Das ist jedenfalls das Ziel eines Projektes zur Senkung der krankheitsbedingten Kosten, das Anfang des nächsten Jahres im Unternehmen beginnen soll. Zusammen mit der Allgemeinen Ortskrankenkasse Hamburg bietet das Unternehmen seinen Mitarbeitern ein umfangreiches Gesundheitsförderungsprogramm, mit dem sogar ein finanzieller Anreiz verbunden ist – wenn auch nur für die 2400 AOK-Versicherten unter den Beiersdorf-Angestellten. Diesen Mitgliedern zahlt die Krankenkasse bei Erfüllung des Programms bis zu 520 DM im Jahr.

Die eine Hälfte dieses Bonus erhält der Mitarbeiter, der sich an den innerbetrieblichen Maßnahmen zur Gesundheitsförderung beteiligt. Zur Zeit wird in den Hamburger Betriebsstätten untersucht, welche Belastungen an den verschiedenen Arbeitsplätzen auftreten. Verhandelt wird auch noch mit dem Betriebsrat darüber, welche Teile des „Fitness"-Programms während der Arbeitszeit absolviert werden dürfen. „Eine Betriebsvereinbarung wird dieses regeln", sagt Personalvorstand Werner Opgenoorth.

Die andere Hälfte des Bonus soll die Mitarbeiter in Kurse locken, die außerhalb ihrer Arbeitszeit stattfinden, beispielsweise Übungen zu bestimmten Entspannungstechniken oder Seminare zum Thema „Sucht" oder „gesunde Ernährung". Mit einem sogenannten „Gesundheitsförderungspaß" dokumentieren die Angestellten dann ihre regelmäßige Teilnahme gegenüber der AOK, die sie einmal im Jahr mit dem Bonus belohnt.

Ziel dieses Projektes ist es, im Unternehmen den Krankenstand um einen Prozentpunkt zu senken. Damit würden allein in den Hamburger Betrieben 3 Millionen DM an Kosten jährlich eingespart, wurde bei Beiersdorf errechnet. Mit einem Krankenstand von 6,5 Prozent liegt Beiersdorf in seinen Hamburger Betriebsstätten zwar leicht unter dem Branchendurchschnitt von 6,8 Prozent, verglichen jedoch mit dem Durchschnitt der Hamburger AOK-Versicherten schneiden die Beiersdorf-Mitarbeiter in Hamburg schlechter ab. In den Hamburger Betriebsstätten haben sich die krankheitsbedingten Produktionsverluste im vergangenen Jahr auf 20 Millionen DM addiert, in allen deutschen Beiersdorf-Betrieben waren es rund 35 Millionen DM.

Während Japan mit 36 Fehlstunden je Beschäftigtem und Jahr den geringsten Durchschnittswert aufweist, gefolgt von 57 Fehlstunden in den Vereinigten Staaten und 101 Fehlstunden in Dänemark, haben die Statistiker für den westlichen Teil der Bundesrepublik 145 jährliche Fehlstunden je Beschäftigtem errechnet. Dadurch sind allein im vergangenen Jahr Produktionsverluste von 34 Milliarden DM entstanden.

„Für das gesamte Projekt rechnen wir mit Kosten von 10 Millionen DM", sagt Alfred Schmidt, Personalleiter Inland. Einen Teil dieser Kosten erstattet die AOK, und zwar im ersten Jahr 1,3 Millionen DM. Insgesamt rechnet die Ortskrankenkasse mit Ausgaben zwischen 6 und 7 Millionen DM. Und das sind nach den Worten ihres Geschäftsführers Behrend Behrends nicht mehr als die Einsparungen. So erwartet die AOK, bei einem um einen Prozent niedrigeren Krankenstand 1,3 Millionen DM weniger Krankengeld im Jahr zahlen zu müssen.

Die Beiersdorf-Angestellten stehen dem Programm noch skeptisch gegenüber. Sie äußern vor allem Unverständnis darüber, daß sich die Ersatzkassen – rund 3000 Hamburger Beiersdorf-Angestellte sind bei anderen Trägern versichert – nicht an dem Bonus beteiligen wollen. „Die Ersatzkassen finden das Modell zwar attraktiv, können sich aber zu dem finanziellen Bonus nicht entschließen", berichtet Opgenoorth über die Verhandlungen. Sie sähen in dem Bonus vielmehr einen Verstoß gegen das Solidaritätsprinzip. In diesem Punkt besitzt die AOK Rückendeckung auf höchster Ebene: Gesundheitsministerin Gerda Hasselfeldt bezweifelt, daß eine solche Bonusregelung das Solidaritätsprinzip in der gesetzlichen Krankenversicherung aushöhlt, zumal der Gesetzgeber noch an anderen Stellen im Krankenversicherungsrecht finanzielle Anreize für ein gesundheitsförderndes Verhalten der Versicherten geschaffen habe. Die geplante Bonusregelung der AOK Hamburg hält sie grundsätzlich für zulässig und empfiehlt, im Interesse einer gleichmäßigen Behandlung der Versicherten, „daß die in Betracht kommenden Kassenarten zusammenarbeiten und sich nicht gegenseitig überbieten". am.

PRÜFUNG WIRTSCHAFTSDEUTSCH INTERNATIONAL

Deutscher Industrie- und Handelstag
Goethe-Institut
Carl Duisberg Centren

PWD 0.2 A
Zeit: 45 Minuten

T E X T Z U S A M M E N F A S S U N G
I N D E R L A N D E S S P R A C H E (AUFGABE)

Fassen Sie den Text in Ihrer Landessprache zusammen.
Berücksichtigen Sie dabei folgende Aspekte:

- Wie wollen die Beiersdorf AG und die Allgemeine Ortskrankenkasse Hamburg die Gesundheit der Beiersdorf-Mitarbeiter fördern?

- Warum sind die Beiersdorf AG und die Allgemeine Ortskrankenkasse Hamburg an der Gesundheitsförderung der Beiersdorf-Mitarbeiter interessiert?

- Welche Reaktionen auf diesen Plan gibt es?

PRÜFUNG WIRTSCHAFTSDEUTSCH INTERNATIONAL

Deutscher Industrie- und Handelstag
Goethe-Institut
Carl Duisberg Centren

PWD 0.2 A
Zeit: 45 Minuten

G E S C H Ä F T S B R I E F

Fall:

Sie sind Einkäufer der Warenhauskette "Intercom", die ihren Hauptsitz in London hat. Sie haben bei der Firma Schneidgut GmbH 200 Rasenmäher zu DM 150,-- plus MWSt, 200 Heckenscheren zu DM 50,-- plus MWSt und 250 Kantenschneider zu DM 45,-- plus MWSt bestellt. Stattdessen haben Sie aber 250 Rasenmäher, 300 Heckenscheren und 200 Kantenschneider erhalten. Die Rechnung bezieht sich auf die tatsächlich gelieferten Stückzahlen.

Darüber hinaus haben Kontrollen ergeben, daß 30 % der Rasenmäher schadhafte Klingen haben.

Ein ähnlicher Fall ist bei einer der letzten Lieferungen schon einmal vorgekommen.

Aufgabe:

Reklamieren Sie die falsche Lieferung. Fordern Sie die kostenlose Rücknahme der überzähligen Rasenmäher sowie die kostenlose Lieferung der Ersatzklingen und der fehlenden Kantenschneider. Fordern Sie einen beträchtlichen Rabatt ein, weil Ihnen für den Einbau der Ersatzklingen erhebliche Personalkosten entstehen werden. Verlangen Sie eine entsprechend korrigierte Rechnung. Weisen Sie auf den vorangegangenen Fall hin, und drohen Sie Konsequenzen an, wenn Ihren Forderungen nicht entsprochen wird.

Adressen:

Intercom plc, 36 Mayfair Place, London W1X 3RB, Großbritannien

Schneidgut GmbH, Hohenstauffenring 28, W-5000 Köln 60

PRÜFUNG WIRTSCHAFTSDEUTSCH INTERNATIONAL

Deutscher Industrie- und Handelstag
Goethe-Institut
Carl Duisberg Centren

PWD 0.2 A
Zeit: ca. 10 Minuten

M Ü N D L I C H E   P R Ü F U N G

GELENKTES GESPRÄCH

Zur Ausgabe an den Prüfungsteilnehmer

Nach Gebrauch an den Prüfer zurückgeben

Themenliste:

- Kreditkarten
- Vereintes Europa
- Werbung
- Computer

Aufgabe:

Wählen Sie e i n Thema aus der obenstehenden Themenliste aus. Entwickeln Sie zunächst kurz Ihre Ansichten und Ideen zu dem von Ihnen gewählten Thema. Anschließend wird der Prüfer Ihnen zu diesem Thema Fragen stellen. Bitte beantworten Sie diese Fragen nicht nur mit "Ja" oder "Nein", sondern begründen Sie Ihre Ansichten und geben Sie Beispiele (evtl. aus Ihrem Land / Ihrer Berufspraxis).

Der Behandlung des Themas geht ein kurzes Gespräch über Ihr Berufsleben / Ihren geplanten Berufsweg voraus.

PRÜFUNG WIRTSCHAFTSDEUTSCH INTERNATIONAL

Deutscher Industrie- und Handelstag
Goethe-Institut
Carl-Duisberg Centren

PWD 0.2 A
Zeit: 45 Min.

Prüfungszentrum: ______________ **Datum:** _________ **Name:** ____________

ZUSAMMENFASSUNG AUF DEUTSCH

Text: "New Leadership is set for Volkswagen AG"
Source: New York Times, Monday, March 30, 1992

Aufgabe:

Bitte fassen Sie den Zeitungsartikel unter Berücksichtigung der folgenden Fragen zusammen:

1. Who will be the new head of VW and what are his qualifications for the job?
2. Where does VW stand at this time within the international competition?
3. What are the present concerns at VW, and what are future plans and risks?

New Leadership for Volkswagen

By FERDINAND PROTZMAN

Special to The New York Times

BONN, March 29 — Volkswagen A.G. has announced that Carl H. Hahn, the company's chairman for more than 10 years and the force behind its global expansion, will step down at the end of the year. He will be succeeded by Ferdinand Piëch, the chief of the company's Audi A.G. subsidiary and a grandson of Prof. Ferdinand Porsche, the legendary sports car developer who designed the Volkswagen Beetle.

The changes were announced on Saturday by the executive committee of Volkswagen's supervisory board after a meeting in Hanover. The news ended weeks of speculation in the German auto industry about who would succeed Mr. Hahn, who helped to build Volkswagen into the world's fourth-largest auto maker and the European market leader.

Mr. Hahn, who is 65 years old, had originally planned to retire in 1990, but agreed to a three-year extension of his contract at the supervisory board's request.

Two Leading Candidates

The two leading candidates were Mr. Piëch, a 54-year-old engineer, and Daniel Goeudevert, 50, the current head of the Volkswagen brand division. Mr. Goeudevert, a French citizen and former schoolteacher, will be promoted to deputy chairman.

The promotions must be approved by the full 20-person supervisory board, which is scheduled to meet on April 10. Industry experts said approval was almost certain.

Mr. Piëch (pronounced pee-ESCH) will take command at Volkswagen as it embarks on a bold and risky plan to invest $51 billion for worldwide expansion over the next five years. Conceived by Mr. Hahn, the plan is intended to increase Volkswagen's annual production to more than four million vehicles, from about three million now. Industry analysts call it one of the largest investments in automotive history.

If the strategy pans out, Volkswagen, which is based in Wolfsburg, Germany, will be capable of competing with its larger rivals — General Motors, Ford and Toyota — anywhere in the world. Should it fail, it will be saddled with far more production capacity than it needs and it will face potentially catastrophic losses.

"It the plan works, Volkswagen will be one of the world's leading auto makers well into the next century," said Joachim Bernsdorff an automotive analyst with Bank Julius Baer (Deutscheland) in Frankfurt. "But it is a big risk. Competition within Europe is brutal, and when the European Community's barriers to Japanese imports are lowered in 1997 it will get worse. And Volkswagen still has the worst cost structure in Europe."

Auto industry executives say Volkswagen's automotive business posted an operating loss of 700 million marks ($462 million) in 1991, partly as a result of high labor costs, an expensive changeover to a new Golf model and tax write-offs. Company officials consistently deny there was any operating loss from auto production.

Volkswagen's worldwide sales rose 12.1 percent in 1991 to 76.3 billion marks ($50.3 billion), while its profit edged up to 1.114 billion marks ($735 million) from 1.086 billion marks.

Costs are likely to be the first area that Mr. Piëch attacks. On Saturday, the company also announced that it would cut 2,500 jobs in Germany each year for the next five years. It currently has 260,000 employees worldwide and about 126,000 production workers in its six German plants.

Mr. Piëch began his career in 1963 at the Stuttgart headquarters of the Porsche sports car company founded by his grandfather. He also worked for a while as an independent engineer before joining Audi in 1972.

The skill Mr. Piëch demonstrated in handling development, production and finances at Audi, which he has headed since 1988, is believed to have been an important factor in his selection.

Known for his love of fast cars, the Vienna-born executive led the development of the highly successful Audi Quattro, a four-wheel-drive model introduced in 1980. Earlier this year, Audi introduced new prototype sports cars, the Audi Quattro Spyder and the Avus Quattro, which are made of lightweight aluminum.

But Mr. Piëch has also proved to be a relentless cost-cutter with a close eye on the bottom line. Audi provided profits of 140 million marks ($94 million) in 1990, roughly twice the level it produced in 1988 when Mr. Piech took over as chairman. In 1990, Audi's sales rose almost 17 percent, to 14 billion marks ($9.4 billion).

Camera Press

Carl H. Hahn, chairman of Volkswagen and its driving force, who will step down at the end of 1992.

Those qualities will be needed. While Volkswagen's share of the European market rose to around 17 percent, from 13 percent when Mr. Hahn became chairman in November 1981, its costs have remained high, particularly for labor.

Mr. Hahn replaced Toni Schmücker as Volkswagen chairman. In his first year, Volkswagen lost 300 million marks. The company returned to profitability in 1984 and has remained there.

Under Mr. Hahn, Volkswagen, whose largest single owner is the German state of Lower Saxony, with a 20 percent stake, sold off an unprofitable office machine subsidiary and acquired two auto makers: SEAT of Spain and Skoda of Czechoslovakia. In the mid-1980's, it supplanted Fiat of Italy as Europe's largest auto maker. Fiat's European market share has since dwindled to 12.9 percent.

PRÜFUNG WIRTSCHAFTSDEUTSCH INTERNATIONAL

Deutscher Industrie- und Handelstag
Goethe-Institut
Carl Duisberg Centren

PWD 0.2 A
Zeit: ca. 10 Minuten

M Ü N D L I C H E   P R Ü F U N G

GESCHÄFTSFALL

Herr Schneider, Einkäufer einer großen Warenhauskette, ruft Herrn Arend, Verkaufsleiter der Firma Olympia-Fahrräder, an.

Sie hören das Gespräch zweimal. Beim zweiten Durchgang können Sie sich Notizen machen. Fassen Sie Inhalt und Verlauf des Gesprächs zusammen. Berücksichtigen Sie dabei insbesondere folgende Punkte:

- Weshalb ruft Herr Schneider Herrn Arend an?
- Wieviel will Herr Arend bestellen?
- Welchen Preis handeln die beiden aus?
- Welche Zahlungs- und Lieferbedingungen vereinbaren sie?

Geschäftsfall

BESTELLUNG

A.= Herr Arend, Verkaufsleiter der Firma Olympia-Fahrräder

S.= Herr Schneider, Einkäufer einer großen Warenhauskette

Wählgeräusch
Klingelzeichen

A.: Olympia-Fahrräder, Arend.

S.: Guten Tag, Herr Arend. Schneider hier, von der Firma Kompaß. Wie geht's Ihnen?

A.: Ah, Herr Schneider, guten Tag. Mir geht's gut, und wie sieht's bei Ihnen aus?

S.: Jah ... Ich kann nicht klagen. Das Geschäft läuft gut.

A.: Das freut mich zu hören. Und was kann ich für Sie tun?

S.: Eh, ich habe gestern den Katalog erhalten, den Sie mir freundlicherweise zugesandt haben. Vielen Dank. Ich hab' mir den mal angeschaut und bin zu dem Ergebnis gekommen, ja, daß wir einige Ihrer neuen Modelle wahrscheinlich gut absetzen könnten.

A.: Das hört sich gut an ... Einen kleinen Moment mal, bitte, ich hole mir kurz eben den Katalog, damit ich sehen kann, welche Modelle Sie meinen.

S.: Ja, bitte.

(kurze Pause)

A.: So, da bin ich wieder. An welche Modelle haben Sie denn gedacht, Herr Schneider?

S.: Nun, ich denke, das Olympia "Orion", das Leichtsportrad mit der 3-Gang-Rücktrittbremsnabe und den 28-Zoll-Reifen, und dann ist da, ach ja, das Modell Olympia "Saturn", das Leichtsportrad mit der 6-Gang-Kettenschaltung und den 28-Zoll-Reifen und dann noch das Modell Olympia ATB 24, das All-Terrain-Bike für Kinder mit der 12-Gang-Kettenschaltung und den 24-er Reifen, die Modelle, die ließen sich sicherlich gut verkaufen, denke ich.

A.: Aha ... Ja, da haben Sie sich wirklich exzellente Modelle ausgesucht. Es sind die besten, die wir zur Zeit im Programm haben. Das schlägt sich ja auch in den Preisen nieder.

S.: Ja, also, ich dachte, darüber sollten wir noch reden.

A.: Nun, an welche Stückzahlen dachten Sie denn?

S.: Ja, sagen wir mal, für den Anfang, also, um zu sehen, ob sie tatsächlich gut laufen, dachte ich so an eine Stückzahl von 100.

A.: 100 Räder ...

S.: Nein, nein, 100 Stück pro Modell ...

A.: Ach so. Ja. Ich verstehe.

S.: Später könnten wir vielleicht, das heißt, wenn sich die Räder, wie gesagt, wenn die Räder sich gut verkaufen, dann könnten wir wohl an höhere Stückzahlen denken.

A.: Das klingt vielversprechend.

S.: Nun, was für ein Preisangebot können Sie mir auf der Grundlage, eh, auf der Basis dieser Zahlen machen?

A.: Lassen Sie mich überlegen. Anfangs, sagten Sie, 100 pro Modell ...

S.: Ja, richtig.

A.: Später eventuell erheblich mehr.

S.: Ja, genau.

A.: Nun, das Modell "Orion" bieten wir für, eh, 350 DM plus Mehrwertsteuer an, und das "Saturn" kostet 480 Mark plus Mehrwertsteuer und das ATB 24 300 plus Mehrwertsteuer. Nun, für Sie könnten wir, eh, sagen wir mal, Ihnen könnten wir einen Rabatt von 5 Prozent gewähren.

S.: 5 Prozent? Da wäre doch bestimmt noch etwas mehr drin, bei der Stückzahl!

A.: Ja, sagen wir mal, 5 für die ersten 300 Stück und für den Anschlußauftrag 10 Prozent. Ist das ein Angebot?

S.: Ja, das hört sich schon besser an; denn sonst, eh, sonst können wir die Räder nicht zu einem vernünftigen Preis anbieten.

A.: Ja, ja, sicher. Die Preise verstehen sich, wie immer, ab Werk.

S.: Ja, ja, wir zahlen dann, wie üblich, gegen laufende Rechnung.

A.: Ja, selbstverständlich.

S.: Und wie sieht's mit der Lieferzeit aus? Wann können wir mit den Rädern rechnen?

A.: Ja, eh, vier Wochen nach Eingang der schriftlichen Bestellung.

S.: In Ordnung. Ich werde, ja, ich schicke Ihnen dann gleich heute noch ein Telex.

A.: Okay.

S.: Gut, also, sagen wir, bis demnächst.

A.: Ja, bis dann, Herr Schneider.

PRÜFUNG WIRTSCHAFTSDEUTSCH INTERNATIONAL

Deutscher Industrie- und Handelstag
Goethe-Institut
Carl Duisberg Centren

LÖSUNGEN UND TRANSKRIPTION

Fachwortschatz

1 B 4 - C 1 - D 6 - E 2 - F 8 - G 7 — 6 x 2 P.

2 Großhändler, Konsument — 2 x 2 P.

3
1 Lastschrift
2 Ausgaben
3 Verlust
4 Soll
5 Ausfuhr / Export — 5 x 6 P.

4
1 Dividende
2 Gehalt
3 (Lohn)buchhaltung / Personalabteilung
4 Sozialabgaben
5 (Jahres)hauptversammlung — 5 x 6 P.

5
Nachfrage
Werbespots / Werbefilme
Werbefilme / Werbespots
Konsumenten
Werbeabteilungen
Werbeagenturen
Zielgruppen — 7 x 2 P.

6 1 c - 2 a - 3 b - 4 b - 5 a — 5 x 2 P.

Leseverständnis

1
1 1871 in Mülheim an der Ruhr — 6 P.
2 Unabhängigkeit von fremden Kohlelieferungen — 6 P.
3 gute Verkehrsanbindung — 6 P.
4 durch Zusammenschluß des Thyssen-Konzerns mit anderen Unternehmen der Branche — 6 P.
5 Zusammenfassung der von der Produktion her verwandten und regional naheliegenden Werke — 6 P.
6 a) 1953 — 3 P.
b) August Thyssen-Hütte AG — 2 P.
7 a) Investitionsgüter und Verarbeitung — 4 P.
b) Handel und Dienstleistungen — 4 P.
c) Edelstahl und Stahl — 4 P.

8 durch Kauf des amerikanischen Unternehmens The Budd Company — 6 P.

9 gehört zu den ganz Großen der deutschen Wirtschaft — 6 P.

10 repräsentiert indirekt noch 36 % des Kapitals — 6 P.

2 1 ja

2 nein

3 ja

4 nein

5 nein

6 ja

7 ja — 7 x 5 P.

Textzusammenfassung in der Landessprache

Die Zusammenfassung könnte folgende Informationen enthalten:

- Die Beiersdorf AG und die Allgemeine Ortskrankenkasse Hamburg wollen ein Programm zur Gesundheitsförderung anbieten. Zunächst werden die Arbeitsplätze daraufhin untersucht, welche gesundheitlichen Belastungen sie für die Arbeitnehmer erzeugen. Dann soll ein Fitness-Programm entwickelt werden, an dem die Mitarbeiter während der Arbeitszeit teilnehmen können. Für die Teilnahme sollen die AOK-Mitglieder unter den Mitarbeitern einen Bonus erhalten.
  Zusätzlich zu den innerbetrieblichen Programmen sollen Kurse angeboten werden, die außerhalb der Arbeitszeit stattfinden. Für die Teilnahme an diesen Kursen soll ebenfalls ein Bonus gezahlt werden.

- Die Beiersdorf AG hofft, mit dem Gesundheitsprogramm den Krankenstand im Betrieb zu senken und somit Produktionsverluste zu verringern. Die Allgemeine Ortskrankenkasse hofft ebenfalls auf eine Senkung des Krankenstandes und daß sie trotz der Ausgaben, die die Bonuszahlungen mit sich bringen werden, die Kosten einsparen kann, die durch die Zahlung von Krankengeld entstanden wären.

- Mitarbeiter, die nicht bei der Allgemeinen Ortskrankenkasse versichert sind, fordern, daß auch ihre Krankenkassen sich an dem Bonussystem beteiligen. Die anderen Krankenkassen hingegen halten das Bonussystem für nicht mit dem Solidaritätsprinzip vereinbar. Im Gesundheitsministerium ist man jedoch der Auffassung, daß das Krankenversicherungsrecht ein solches Bonussystem zuläßt.

TEXTZUSAMMENFASSUNG AUF DEUTSCH:

1.) Ferdinand Piech, z.Zt. Vorstandsvorsitzender der VW Tochtergesellschaft AUDI A.G., soll Carl Hahn 1993 an der Spitze von VW ablösen.
F. Piech begann seine Karriere 1963 bei Porsche/Stuttgart. 1972 stieg er bei Audi ein. Seit 1988 ist er Vorsitzender bei Audi. Dort hat er bahnbrechend im Bereich Entwicklung und Produktion gewirkt, u.a. geht das Modell Audi Quattro auf seine Initiative zurück.
Weiterhin hat sich P. einen Namen durch adepte Finanzhandlung gemacht. Seitdem er bei Audi einstieg (1988), haben sich die Erträge (Gewinne) verdoppelt (auf jetzt DM 140 Millionen = US $ 94 Millionen). Der Umsatz ist um 17 Prozent auf DM 14 Milliarden (US $ 9.4 Milliarden) gestiegen.

2. Unter der Führung von Carl Hahn hat sich Volkswagen zum viertgrößten Automobilproduzenten der Welt und dem größten Europas entwickelt (u.a. durch Erwerb von SEAT/Spanien und Skoda/Tschechoslowakei). VW hat Fiat aus der ersten Position verdrängt.
Zukunftspläne für den Autokonzern sehen eine Erweiterung der Produktion vor, die VW's Kapazität in kommenden Jahren enorm vergrößern soll (s.u.)

3. Die Kostenstruktur ist derzeit VW's größtes Problem, speziell die Lohnkosten. Obwohl der Umsatz weltweit 1991 leicht gestiegen ist und das Jahresgesamtergebnis (Gewinn) sich von DM 1,086 Milliarden auf DM 1,114 Milliarden verbessert hat, gab es doch im Kraftfahrzeugbereich leichte Verluste von DM 700 Millionen. Um VW wieder voll konkurrenzfähig zu machen, plant Herr Piech Kosteneinsparungen durch Einsparung von Arbeitsplätzen, und zwar in den nächsten fünf Jahren je 2,500 Arbeitsplätze in Deutschland allein.
Für die nächsten fünf Jahre ist gleichzeitig eine weltweite Expansion mit einer Investitionshöhe von $ 51 Milliarden vorgesehen, die VW entweder erfolgreich unter die vier größten Automobilhersteller einreihen wird (die anderen sind GM, Ford, und Toyota), oder zu katastrophalen Verlusten führen kann.

Stoffplan

1. Geschäftskorrespondenz

Warenverkehr/Transport/Vertrieb
Geld- und Kreditwesen
Versicherungswesen
Tourismus
Schriftverkehr im Personalbereich
Auskunftsschreiben
Empfehlungsschreiben
Rundschreiben
Betriebsinterne Mitteilungen

2. Alle übrigen Subtests

Wirtschaftssysteme
Wirtschaftssektoren
Maßgebliche Wirtschaftsindikatoren der BRD und des eigenen Landes
Wirtschaftsgeographie der BRD und des eigenen Landes
Nationale und internationale Organisationen und Einrichtungen
Währungssystem
Banken-, Börsenwesen
Versicherungswesen
Unternehmensformen und -zusammenschlüsse
Organisation eines Unternehmens
Personalwesen
Marktforschung und Werbung
Absatz
Absatz und Produktion im Ausland
Betriebliches Rechnungswesen
Kaufvertrag als Rechtsgeschäft
Güterverkehr
Geld- und Zahlungsverkehr
Abgaben

EXAMINATION SITES

The "Certificate Wirtschaftsdeutsch International" is administered at test centers designated by the sponsoring organizations. The current test centers are:

AGSIM
Modern Languages
Prof. Lilith Schutte
Glendale, AZ 95306
Tel: (602) 978-7272/7255

California State University
Foreign Languages
Prof. Marjorie Tussing
Fullerton, CA 92634
Tel: (714) 773-2410

Deutsches Haus at NYU
Prof. Irene Spiegelman
New York, NY 10003
Tel: (212) 998-8660
or (914) 949-6200

Duke University
Germanic Languages
Prof. Anette Koeppel
Durham, NC 27706
Tel: (919) 684-3836

Eastern Michigan University
Foreign Languages
Prof. J. Hubbard/ Prof. S. Robertson
Ypsilanti, MI 48197
Tel: (313) 487-0130

Eastern Montana College
Foreign Languages
Prof. Tamara Berger-Prößdorf
Billings, MT 59101-0298
Tel: (406) 657-2965

Georgetown University
School of Foreign Service
Prof. Barbara Harding
Washington, DC 20057
Tel: (202) 687-5808

Georgia Institute of Technology
Prof. Bettina Cothran
Modern Languages
Atlanta, GA 30332
Tel: (404) 894-7327

Metropolitan State College of Denver
Campus Box 26 / Modern Languages
Prof. Gudrun Clay
Denver, CO 80217-3362
Tel: (303) 556-2908

Monterey Institute of International Studies
Languages
Prof. Andreas Winkler
Monterey, CA 9340
Tel: (408) 647-4175

Nazareth College
Foreign Languages
Prof. William Hopkins
Rochester, NY 14610
Tel: (716) 586-2525 ext. 1490

Pennsylvania State University
German Department
Prof. Manfred Keune
University Park, PA 16802
Tel: (814) 865-0131

Purdue University
Foreign Languages
Prof. Christiane Keck
West Lafayette, IN 47907
Tel: (317) 494-3876

Rutgers University
Germanic Languages
Prof. Dwight A. Klett
New Brunswick, NJ 08903
Tel: (201) 932-7201

University of Connecticut
Prof. Gerhard Austin
German Department
Storrs, CT 06268
Tel: (203) 486-3369

University of Rhode Island
Language Department
Prof. John M. Grandin
Kingston, RI 02881
Tel: (401) 792-5911

Washington University
German Department
Prof. Christine Bohnert
St. Louis, MO 63130
Tel: (314) 935-4469

SPONSORING ORGANIZATIONS AND THEIR BRANCHES IN THE U.S.A.

CDS International:

CDS International, Inc.
330 Seventh Avenue
New York, NY 10001
(212) 760-1400

CDS International - Indiana
1 American Square # 1610
Indianapolis, IN 46282
(317) 637-1277

CDS International - Atlanta
3475 Lenox Road N.E. # 600
Atlanta, GA 30326
(404) 239-9495

German-American Chamber of Commerce:

German American Chamber of Commerce
3475 Lenox Road N.E. # 620
Atlanta, GA 30326
(404) 239-9494

German American Chamber of Commerce
104 S. Michigan Ave. # 600
Chicago, IL 60603-5978
(312) 782-8557

German American Chamber of Commerce
5555 San Felipe # 1030
Houston, TX 77056
(713) 877-1114

German American Chamber of Commerce
3250 Wilshire Blvd. # 1112
Los Angeles, CA 90010
(213) 381-2236

German American Chamber of Commerce
666 Fifth Avenue, 21st floor
New York, NY 10103
(212) 974-8830

German American Chamber of Commerce
465 California St. # 910
San Francisco, CA 94104
(415) 392-2262

Goethe-Institut:

Goethe-Institut Ann Arbor
220 E. Huron
Ann Arbor, MI 48104
(313) 996-8600

Goethe-Institut Atlanta *
400 Colony Square, street level
Atlanta, GA 30361-2401
(404) 892-2388

Goethe-Institut Boston *
170 Beacon Street
Boston, MA 02116
(617) 262-6050

Goethe-Institut Chicago *
401 North Michigan Avenue
Chicago, IL 60611
(312) 329-0915/17

Goethe-Institut Cincinnati *
559 Liberty Hill
Cincinnati, OH 45210
(513) 721-2777

Goethe-Institut Houston *
3120 Southwest Freeway
Houston, TX 77098
(713) 528-2787

Goethe-Institut Los Angeles *
8501 Wilshire Blvd, Suite 205
Beverly Hills, CA 90211
(213) 854-0993

Goethe House New York
1014 Fifth Avenue
New York, NY 10028
(212) 439-8700

Goethe-Institut San Francisco
530 Bush Street
San Francisco, CA 94108
(415) 391-0370

Goethe-Institut St. Louis *
326 North Euclid Avenue
St. Louis, MO 63108
(314) 376-2452

Goethe-Institut Seattle *
605 First Avenue, Mutual Life Building
Seattle, WA 98104
(206) 622-9694

Goethe-Institut Washington
1607 New Hampshire Avenue N.W.
Washington, D.C. 20009
(202) 319-0702

Anhang

Zahlen, Gewichte, Maße

BRÜCHE UND DEZIMALBRÜCHE

$\frac{1}{2}$	ein halb	$2\frac{1}{2}$	zweieinhalb
$1\frac{1}{2}$	anderthalb	$\frac{1}{4}$	ein Viertel
$\frac{1}{3}$	ein Drittel	$\frac{3}{4}$	drei Viertel
$\frac{1}{8}$	ein Achtel	$1\frac{1}{4}$	ein ein Viertel

2,5 (zwei Komma fünf)	2.5
30,04 (dreißig Komma null vier)	30.04
2 254,5 (zweitausendzweihundertvierundfünfzig Komma fünf)	2,254.5

(NOTE: A decimal point in German is shown with a comma, not with a period.)

GEWICHTE

DEUTSCHLAND	USA
1 Gramm (g)	0.035 ounce
1 Pfund (Pfd.)	1.1 pounds
1 Kilogramm oder Kilo (kg) = 1000 g	2.2 pounds
1 Zentner (Ztr.) = 100 deutsche Pfunde	110.23 pounds

MASSE

DEUTSCHLAND	USA
1 Zentimeter (cm)	0.3937 inch
2,54 Zentimeter	1 inch
10 Zentimeter = 1 Dezimeter (dm)	3.937 inches
1 Meter (m) = 100 cm	3.281 feet
1609,3 Meter	1 mile
1 Kilometer (km) = 1000 m	0.621 mile
1,6 Kilometer	1 mile

Um Meilen in Kilometer umzurechnen, multipliziert man mit 1,6. 55 Meilen = 88 Kilometer (55 × 1,6 = 88).

Um Kilometer in Meilen umzurechnen, multipliziert man mit 0,62. 352 Kilometer = 218,24 Meilen (352 × 0,62 = 218,24).

(These calculations provide approximate values to the nearest hundredth.)

Daten und Temperaturen

JAHRESZAHLEN

1987	neunzehnhundertsiebenundachtzig
1871	achtzehnhunderteinundsiebzig
2004	zweitausendvier
112 A.D.	hundertzwölf nach Christus
57 B.C.	siebenundfünfzig vor Christus

DATUM

der sechzehnte März, 16.03.91	March 16, 1991
der erste April, 01.04.	April 1
der vierundzwanzigste Juni, 24.06.	June 24
der zweite August, 2.08.	August 2
der dreißigste September, 30.09.	September 30
der achtundzwanzigste Oktober, 28.10.	October 28

TEMPERATUREN

Die Temperatur wird in Celsius gemessen. Wasser kocht bei 100 Grad Celsius und wird bei 0 Grad Celsius zu Eis. Um Fahrenheit in Celsius umzuwandeln, gebraucht man folgende Formel: Fahrenheit minus 32, geteilt durch 9, mal 5 = Celsius.

Wieviel Grad Celsius sind 68 Grad Fahrenheit?
68 – 32 ÷ 9 × 5 = 20 68 Grad F = 20 Grad C

Um Celsius in Fahrenheit umzuwandeln, gebraucht man folgende Formel: Celsius mal 9, geteilt durch 5, plus 32 = Fahrenheit.

Wieviel Grad Fahrenheit sind 30 Grad Celsius?
30 × 9 ÷ 5 + 32 = 86 30 Grad C = 86 Grad F

Gesetzliche Feiertage in Deutschland

Neujahr 1. Januar	New Year's Day
Heilige Drei Könige 6. Januar	Day of the Magi; observed only in Baden-Württemberg and Bavaria.
Karfreitag Freitag vor Ostern	Good Friday
Ostermontag Tag nach Ostersonntag	Easter Monday. Easter is the first Sunday after the first full moon in spring; Easter Sunday falls between March 22 and April 25.
Tag der Arbeit 1. Mai	Labor Day
Himmelfahrt 6. Donnerstag nach Ostern	Ascension Day
Pfingstmontag 7. Montag nach Ostern	Day after Pentecost (Whitsunday).
Fronleichnam Donnerstag nach Trinitatis (Trinitatis fällt auf den Sonntag nach Pfingsten.)	Corpus Christi Day. It is observed only in Baden-Württemberg, Bavaria, and the communities with a Catholic majority in North-Rhine Westphalia, Rheinland-Palatinate, Saarland, and parts of Thuringia.
Mariä Himmelfahrt 15. August	Mary's Assumption, observed only in the Saarland and in Bavarian communities with a Catholic majority.
Tag der Deutschen Einheit 3. Oktober	German Unity Day

Allerheiligen 1. November	All Saints Day, observed in Baden-Württemberg, North-Rhine Westphalia, Rheinland-Palatinate, Saarland, Bavaria, and parts of Thuringia.
Buß- und Bettag Mittwoch vor dem letzten Sonntag des Kirchenjahres	Repentance Day, the Wednesday before the last Sunday in the church year (last Sunday before Advent).
Weihnachten 25. und 26. Dezember	Christmas

Abkürzungen

à für, zu je, zum Preis von	at (*10 Stück à 4,20 DM*)
a.a.O. an angeführtem Ort	in the place cited
Abt. Abteilung	department
a c. a conto	on account
Adr. Adresse	address
AG Aktiengesellschaft	stock corporation
Anl. Anlage	enclosure
beil. beiliegend	enclosed
betr. betreffend, betreffs	concerning
Betr. Betreff	re: (subject)
BGB Bürgerliches Gesetzbuch	German civil code
Bhf. Bahnhof	railroad station
BP, DBP Deutsche Bundespost	federal postal service
BRT Bruttoregistertonne	gross registered ton
btto., bto. brutto	gross
b.w. bitte wenden	please turn over
bz. bezahlt	paid
bzw. beziehungsweise	respectively
ca. circa	about, approximately
Co. Kompagnon	partner, company
DB Deutsche Bundesbahn	federal railway system
DBP Deutsche Bundespost	federal postal service
d.h. das heißt	that is
DIN Deutsches Institut für Normung	German Institute for Standardization
d.J. dieses Jahres	of this year
DM Deutsche Mark	West-German mark
d.M. dieses Monats	of this month
Dtz(d). Dutzend	dozen
EDV Elektronische Datenverarbeitung	electronic data processing
EG Europäische Gemeinschaft	European Community
einschl. einschließlich	inclusive(ly)
entspr. entsprechend	corresponding
EU Europäische Union	European Union
e.V. eingetragener Verein	registered association
evtl. eventuell	perhaps, possibly
EWG Europäische Wirtschaftsgemeinschaft	European Economic Community
exkl. exklusive	exclusive(ly)
Expl. Exemplar	sample, copy
Fa. Firma	firm, company
ff. folgende Seiten	following pages
Forts. Fortsetzung	continuation
Fr. Frau	Mrs., Ms.
Frl. Fräulein	Miss
Gbhf. Güterbahnhof	railroad freight station
Gebr. Gebrüder	brothers
gegr. gegründet	founded
Gew. Gewicht	weight
gez. gezeichnet	signed
ggf. gegebenenfalls	if necessary
G.m.b.H. Gesellschaft mit beschränkter Haftung	private limited liability company
Hbf. Hauptbahnhof	main railroad station
HGB Handelsgesetzbuch	German commercial code
Hr(n). Herr(n)	Mr.
i.A. im Auftrag	on behalf
i.a., i.allg. im allgemeinen	in general
i.J. im Jahr(e)	in the year, per year
Inh. Inhaber	proprietor
inkl. inklusive	inclusive(ly)
i.V. in Vertretung	on behalf of
Ia eins A	first rate, A number one
KFZ, Kfz. Kraftfahrzeug	motor vehicle
KG Kommanditgesellschaft	limited partnership
Kl. Klasse	class
Konn. Konnossement	bill of lading
Kto. Konto	account
lfd. laufend	current
Lfg. Lieferung	delivery
Lfzt. Lieferzeit	time of/for delivery
LKW, Lkw. Lastkraftwagen	truck
lt. laut	according to
m.E. meines Erachtens	in my opinion
Mio., Mill. Million(en)	million(s)
Mrd., Mia. Milliarde(n)	a thousand millions, (*USA*) billion(s)
Nachf. Nachfolger	successor
nachm. nachmittags	in the afternoon, P.M.
n.J. nächsten Jahres	of next year
n.M(ts). nächsten Monats	of next month
Nr. Nummer	number
NRT Nettoregistertonne	net registered ton
ntto., nto. netto	net
od. oder	or
OHG Offene Handelsgesellschaft	open partnership
Ord. Order	order
p.A(dr). per Adresse	in care of, c/o
Pat. Patent	patent
Pf. Pfennig	one-hundredth of a mark
Pfd. Pfund	pound
Pkw., PKW Personenkraftwagen	passenger car
PS Pferdestärke	horsepower
PSchA Postscheckamt	postal check office
Rab. Rabatt	discount
rd. rund	roughly, approximately
s. siehe	see
s.a. siehe auch	see also
Sa. Summa; Samstag	total; Saturday
s.o. siehe oben	see above
sog. sogenannt	so-called
St(ck). Stück	piece
s.u. siehe unten	see below
Tsd. Tausend	thousand
u. und	and
u.a. und andere(s)	and others/other things
u.a. unter anderem	among other things
u.ä. und ähnliches	and the like
u.dgl. und dergleichen	and the like

uns. unser	our
usf. und so fort	and so forth
usw. und so weiter	and so on
u.U. unter Umständen	under certain circumstances
v. von	of
Val. Valuta, Wert	value
vgl. vergleiche	compare
v.H. von Hundert	percent
v.J. vorigen Jahres	of last year
v.M. vorigen Monats	of last month
vorm. vormittags	before noon, A.M.
vorm. vormals	formerly
Vors. Vorsitzender	chairman
v.T. von Tausend	per thousand
z.B. zum Beispiel	for example
z.H. zu Händen	in care of, c/o
z.T. zum Teil	partly
Ztr. Zentner	(*metric*) hundredweight
zus. zusammen	together
zuz., zzgl. zuzüglich	plus, in addition
z.Z. zur Zeit	at present

Länder, Hauptstädte, Leute, Sprachen, Währungen

Belgien, Brüssel, Belgier/Belgierin, Flämisch u. Französisch, Belgischer Franc
Bosnien-Herzegowina, Sarajevo, Serbokroatisch/Slowenisch/Serbisch, Bosnier, jugoslawischer Dinar
Bulgarien, Sofia, Bulgare/Bulgarin, Bulgarisch, Lew
(die) Bundesrepublik Deutschland, Berlin (Bonn = Regierungssitz), Deutscher/Deutsch, Deutsche, Deutsche Mark
China, Beijing, Chinese/Chinesin, Chinesisch, Renminbi Yuan
Dänemark, Kopenhagen, Däne/Dänin, Dänisch, Dänische Krone
Finnland, Helsinki, Finne/Finnin, Finnisch, Finnmark
Frankreich, Paris, Franzose/Französin, Französisch, Französischer Franc
Griechenland, Athen, Grieche/Griechin, Griechisch, Drachme
Großbritannien, London, Brite/Britin, Englisch, Pfund Sterling
Irland, Dublin, Ire/Irin, Englisch u. Irisch, Irisches Pfund
Israel, Jerusalem, Israeli, Hebräisch, Schekel
Italien, Rom, Italiener/Italienerin, Italienisch, Lira
Japan, Tokio, Japaner/Japanerin, Japanisch, Yen
Jugoslawien, Belgrad, Jugoslawe, Jugoslawin, Serbokroatisch/Slowenisch/Serbisch/Mazedonisch, jugoslawischer Dinar
Kroatien, Zagreb, Kroate, Kroatin, Kroatisch, kroatischer Dinar
Liechtenstein, Vaduz, Liechtensteiner/Liechtensteinerin, Deutsch, Schweizer Franken
Luxemburg, Luxemburg, Luxemburger/Luxemburgerin, Französisch, Deutsch u. Letzeburgisch, Luxemburgischer Franc
(die) Niederlande, Den Haag, Niederländer/Niederländerin, Niederländisch, Holländischer Gulden
Nordirland, Belfast, Brite/Briten, Englisch, Pfund Sterling
Norwegen, Oslo, Norweger/Norwegerin, Norwegisch, Norwegische Krone
Österreich, Wien, Österreicher/Österreicherin, Deutsch, Schilling
Polen, Warschau, Pole/Polin, Polnisch, Zloti
Portugal, Lissabon, Portugiese/Portugiesin, Portugiesisch, Escudo
Rußland, Moskau, Russe/Russin, Russisch, Rubel
Rumänien, Bukarest, Rumäne/Rumänin, Rumänisch, Lei
Schweden, Stockholm, Schwede/Schwedin, Schwedisch, Schwedische Krone
(die) Schweiz, Bern, Schweizer/Schweizerin, Deutsch, Französisch, Italienisch und Rätoromanisch, Schweizer Franken
(die) Slowakei, Bratislava, Slowake, Slowakin, Slowakisch, Slowakische Krone
Slowenien, Ljubljana, Slowene, Slowenin, Slowenisch, Tolar
Spanien, Madrid, Spanier/Spanierin, Spanisch, Peseta
Tschechien, Prag, Tscheche/Tschechin, Tschechisch u. Slowakisch, Tschechische Krone
(die) Türkei, Ankara, Türke/Türkin, Türkisch, Türkisches Pfund
Ungarn, Budapest, Ungar/Ungarin, Ungarisch, Forint
die Vereinigten Staaten (USA), Washington, D.C., (US-)Amerikaner/Amerikanerin, Englisch, US-Dollar

Adressen staatlicher und privater Unternehmen und Organisationen in Deutschland

1. Deutschland
Deutsche Zentrale für Tourismus
Beethovenstraße 69
60235 Frankfurt a.M.

Inter Nationes
Bildungsmedien / Film
Postfach 20 07 49
53137 Bonn

2. Europäische Gemeinschaft
Presse- und Informationsamt der Bundesregierung
Welckerstraße 11
53113 Bonn

Verlag für wirtschaftliche Informationen
Malvenweg 4
51061 Köln

Zeitlupe
Bundeszentrale für politische Bildung
Berliner Freiheit 7
53111 Bonn

3. Transport und Verkehr
Deutsche Bahn
Zentrale Hauptverwaltung
Friedrich-Ebert-Anlage 43–45
60327 Frankfurt a.M.

Allgemeiner Deutscher Automobil-Club (ADAC) e.V.
Am Westpark 8
81373 München

Deutsche Lufthansa AG
Von-Gablenz-Straße 2–6
50679 Köln

4. Geschäftskorrespondenz
Die Korrespondenz
Hans Holzmann Verlag
86827 Bad Wörishofen

5. Bewerbung
Deutscher Sparkassen- und Giroverband
Schul-Service
Simrockstr. 4
53113 Bonn

6. Tourismus
Deutsche Zentrale für Tourismus e.V.
Beethovenstraße 69
60325 Frankfurt a.M.

Deutscher Hotel- und Gaststättenverband e.V.
Kronprinzenstraße 64
53173 Bonn

7. Verbraucher
Arbeitsgemeinschaft der Verbraucherverbände e.V.
Heilsbachstraße 20
53123 Bonn

Stiftung Warentest
Beratungsdienst
Lützoplatz 11–13
10785 Berlin

Hauptgemeinschaft des Deutschen Einzelhandels
Sachsenring 89
50677 Köln

8. Sozialwesen
Bundesversicherungsamt
Reichpietschufer 72–76
10785 Berlin

Bundesverband der Ortskrankenkassen
Karl-Finkelnburg-Straße 50
53173 Bonn-Bad Godesberg

9. Industrie und Arbeitswelt
Bundesverband der Deutschen Industrie
Gustav-Heinemann-Ufer 84–88
50968 Köln

Bundesvereinigung der Deutschen Arbeitgeberverbände
Gustav-Heinemann-Ufer 72
50968 Köln

Deutsche Angestellten-Gewerkschaft
Karl-Much-Platz 1
20355 Hamburg

Internationales Arbeitsamt
Hohenzollernstraße 21
53175 Bonn-Bad Godesberg

Zentralstelle für Arbeitsvermittlung
Feuerbachstraße 42
60325 Frankfurt a.M.

Treuhandanstalt
Leipziger Straße 5–7
50858 Köln

10. Wirtschaft
Bundesministerium für Wirtschaft
Villemombler Straße 76
53123 Bonn-Duisdorf

Bundesstelle für Außenhandelsinformationen
Agrippastraße 87–93
50676 Köln

Deutsches Institut für Wirtschaftsforschung e.V. (DIW)
Königin-Luise-Straße 5
14195 Berlin

Institut der deutschen Wirtschaft e.V. (IW)
Gustav-Heinemann-Ufer 84–88
50968 Köln

Ifo-Institut für Wirtschaftsforschung e.V.
Poschingerstraße 5
81679 München

Ausstellungs- und Messeausschuß der deutschen Wirtschaft
Lindenstraße 8
50674 Köln

Bundesverband Deutscher Banken e.V.
Mohrenstraße 35–41
50670 Köln

Deutscher Sparkassen- und Giroverband
Simrockstraße 4
53113 Bonn

11. Geldwirtschaft

Deutsche Bundesbank
Presse und Information
Wilhelm-Eppstein-Straße 14
60431 Frankfurt a.M.

Postbank Unternehmenskommunikation
Friedrich-Ebert-Allee 122–126
53113 Bonn

12. Umwelt

Umweltbundesamt
Bismarckplatz 1
14193 Berlin

Institut für Europäische Umweltpolitik
Aloys-Schulte-Straße 6
53129 Bonn

Wortschatz

A

die Abbezahlung, -en installment payments
das Abblendlicht, -er low beam
abfertigen to process
die Abgaben (*Pl.*) contribution
die Abgase (*Pl.*) exhaust fumes
abheben to withdraw (*money*)
die Abhebung, -en withdrawal
der Absatz, ¨e paragraph; sales
der Absatzmarkt, ¨e market
abschleppen to tow
sich abspielen to take place
das Absterben dying out
die Abteilung, -en department
der Abwärtstrend downward trend
das Abwasser, ¨ waste water
abweichen von to differ from
ab Werk direct from the factory
die Abwicklung, -en transaction
abziehen to deduct
achten auf (+ *Akk.*) to pay attention to
das Agrarland, ¨er farming area
der Agrarmarkt, ¨e Agrarian (agricultural) market
die Akkordarbeit, -en piecework
das Aktenzeichen file number, reference number
die Aktie, -n share, stock
der Aktionär, -e stockholder
das Allzweckdarlehen general-purpose loan
das Almosen alms
das Altglas used glass
die Altpappe used cardboard
der Altstoff, -e material already used
das Aluminium aluminum
anbieten to offer
andererseits on the other hand
Anforderungen stellen an (+ *Akk.*) to put demands on
Angebot und Nachfrage supply and demand
angehören (+ *Dat.*) to belong to
der/die Angestellte, -n employee
angewiesen sein auf (+ *Akk.*) to be dependent on
jemanden anhalten, etwas zu tun to encourage somebody to do something
ankommen auf (+ *Akk.*) to depend on
die Anlage, -n enclosure
die Anlagedauer set time of saving
die Anlaufzinsen (*Pl.*) initial percentage, loan points
der Anliegerstaat, -en neighboring country
die Annonce, -n advertisement
anpassen (+ *Dat.*) to bring into line with
sich anpassen (+ *Dat.*) to adjust oneself to
anpassen an (+ *Akk.*) to adapt to
die Anrede, -n salutation
die Anredemöglichkeit, -en possible way of addressing people
die Anschaffung, -en acquisition
der Anspruch, ¨e claim, right
Anspruch haben auf (+ *Akk.*) to be entitled to
in Anspruch nehmen to make use of
anspruchsvoll demanding
der Anstellungsvertrag, ¨e employment contract
der Anstieg increase
der Anteil, -e share
der Antrag, ¨e application
der Antragsteller, -/die Antragstellerin, -nen applicant
antreiben to drive, power
der Arbeiter, -/die Arbeiterin, -nen blue-collar worker
der Arbeitgeberverband, ¨e employers' association
arbeitsfähig able to work
die Arbeitsförderung employment promotion
der Arbeitskampf, ¨e labor action
die Arbeitskraft, ¨e worker
der Arbeitslärm work noise
das Arbeitslosenproblem, -e unemployment problem
die Arbeitslosenversicherung, -en unemployment insurance
aufarbeiten to catch up (*with work*)
der Aufbau construction
aufbauen to build up
aufgeschlossen open-minded
die Auflösung, -en dissolution
sich aufmachen to take off
die Aufnahme, -n admission
die Aufsatzform, -en composition style
der Aufsichtsrat, ¨e board of supervisors
ausarbeiten to work out (*a plan*)
ausbeuten to exploit
die Ausbildung training, education
die Ausbildungsförderung education promotion
die Ausbildungsvergütung training pay
ausführen to carry out
der Aushilfsjob, -s temporary job
der Auslagenersatz, ¨e late-payment penalty
die Auslandsinvestition, -en foreign investment
auslassen to leave out
das Ausrufezeichen, - exclamation point
ausrüsten to equip
im Außendienst in the field
der Außenzoll, ¨e external tariff between member states
in Aussicht stellen to promise
die Aussperrung, -en lockout
ausstellen to put on display; to issue
aussterben to die out, become extinct
ausstoßen to emit
die Auszahlungsanweisung, -en disbursing order
das Autobahnnetz network of superhighways
der Autostau, -s traffic jam
der Azubi (Auszubildende), -s trainee

B

der Bahnanschluß, *Pl.* **Bahnanschlüsse** connection to the railway system
das Ballungsgebiet, -e densely populated area
das Bankgeschäft, -e banking transaction
die Banknote, -n banknote
bar in cash
bargeldlos without using cash
der Barscheck, -s check which can be cashed (*as opposed to a check for deposit only*)
basieren auf (+ *Dat.*) to be based on
bauartbedingt due to construction
baulich structural
das Bausparen saving with the intention of building
beachtlich considerable
die Beantragung, -en application
die Bearbeitungsprovision, -en processing fee
beauftragen mit to charge with
der Bedarf need
das Bedürfnis, -se need, necessity
beeindruckt impressed
sich befassen mit to deal with, to occupy oneself with
sich befinden to be located
befördern to transport
die Beförderung, -en promotion, transport
die Befriedigung satisfaction
befürworten to approve
die Behörde, -n office
die Beihilfe, -n financial assistance
beitragen to contribute
der Beitritt joining, attaining of membership
bekämpfen to fight against
die Bekämpfung (+ *Gen.*) fight (against)
sich beklagen über (+ *Akk.*) to complain about
die Bekleidung clothing
belasten to charge (*an account*)
die Belastung, -en burden
die Belegschaft, -en staff

bemüht sein zu (+ *Infin.*) to try to
der Berater, - die Beraterin, -nen adviser
berechtigt sein to have the right
bereitstehen to be available
bergab downhill
der Bergbau mining
die Berufsberatung professional counseling, career service
die Beschränkung, -en limitation
sich beschweren über (+ *Akk.*) to complain about
beseitigen to remove, dispose of
die Beseitigung, -en removal, disposal
besiedelt populated
die Besonderheit, -en special feature
der Bestandteil, -e part, element
bestätigen to confirm
bestehen aus to consist of
betonen to stress
beträchtlich substantial
der Betrag, ¨e amount
betragen to amount to
Betreff (+ *Gen.*) in regard to
der Betrieb, -e company
der Betriebsrat, ¨e workers' council
die Betriebsstätte, -n production site
betroffen sein von to be affected by
bevölkerungsreich with a large population
das Bevölkerungswachstum population growth
bevorzugen to prefer
bewältigen to master
die Bewerbung, -en application
die Bewerbungsunterlagen (*Pl.*) application materials
bewilligen to grant
beziehen to get, receive; to purchase
sich beziehen auf (+ *Akk.*) to refer to
die Bezugszeichenzeile, -n line of reference
die Bierbrauerei, -en beer brewery
Bilanz ziehen to take stock
sich ein Bild machen von to get an impression of
die Binnenschiffahrt inland shipping
bleifrei lead-free
der Branntwein brandy, alcohol in general
Briefverkehr führen to handle correspondence
der Brummi, -s (*colloquialism for*) truck
der Bruttoverdienst gross income
die Büchse, -n can
der Buchungstag, -e transaction date
die Bundesstraße, -n federal highway
die Bürgerinitiative citizens' initiative

C

das Charterunternehmen chartered airline
der Chef boss
das Chemiewerk, -e chemical factory
die Chemikalien (*Pl.*) chemicals

D

die Dachorganisation, -en umbrella organization
das Darlehen loan
die Darlehenskosten (*Pl.*) cost of loan
der Datenbogen, ¨ data sheet
der Dauerauftrag, ¨e standing order
dazukommen to be added
der Deponieraum space on the depository (dump)
dicht dense
die Dienstleistung, -en service(s)
der Dienstleistungsbereich service industry
der Dispositionskredit, -e available credit in one's overdraft
die Distributionskette distribution chain
der Dolmetscher, - die Dolmetscherin, -nen interpreter
die Dose can
dünn besiedelt thinly populated
die Dunstglocke, -n haze
das Durchgangsland, ¨er transit country
durchleben to live through
im Durchschnitt on the average
sich durchsetzen to predominate; to be generally accepted
dürftig poorly

E

ehemalig former
in etwas (Dat.) **einbegriffen sein** to be included in something
eindrucksvoll impressive
einerseits on the one hand
einfallsreich innovative
das Einfühlungsvermögen intuition, intuitive grasp
einheitlich uniform(ly)
das Einheitsschreiben form letter
sich einigen to agree, come to an agreement
die Einkommensteuer income tax
einlösen to cash in
die Einmischung, -en interference
die Einmündung, -en junction
einräumen to grant (*credit*)
einrichten to install
sich einrichten auf (+ *Akk.*) to prepare for
die Einrichtung, -en institution
einrücken to indent
einschränken to reduce
einseitig on one side
sich einsetzen für to do one's best for
einstellen to employ
einteilen in (+ *Akk.*) to divide into
der Eintrag, ¨e entry
eintragen in (+ *Akk.*) to enter (*on a document*)
einwandfrei perfect
die Einwegflasche, -n throwaway bottle (bottle without deposit)
das Einwohnermeldeamt, ¨er residents' registration office
die Einzahlung, -en deposit
der Einzelhandel retail trade
der Einzelhändler retailer
einzeln alone; singularly
der Emissionsgrenzwert, -e limit of exhaust fumes
energiesparend energy-saving
die Energieversorgung, -en energy supply
der Engpaß, *Pl.* **Engpässe** narrowing in the road
entlassen to let go
die Entlohnung, -en salary
entscheidend decisive
entsprechen (+ *Dat.*) to correspond to, be according to
entsprechend corresponding
entwickeln to develop
die Entwicklung, -en development
die Entwicklungshilfe, -n development aid
das Entwicklungsland, ¨er developing country
erdenklich thinkable
das Erdöl petroleum
erfahren to experience
erforderlich necessary
erfordern to demand
erheblich considerably
erhöhen to raise
die Erholungskur, -en rest cure (*in a health resort*)
erkunden to discover, find out
erleichtern to make easier
ermitteln to find out, investigate
die Ernährungsmittelindustrie, -n food industry
erproben to try out
errichten to establish
ersetzbar replaceable
ersparen to save, prevent
erstarken to gain in strength
erweitern to expand
die Erweiterung, -en expansion
erwerben to acquire
erwerbstätig gainfully employed
der Erzeuger producer
der Essenszuschuß, *Pl.* **Essenszuschüsse** meal allowance
etwaig eventual
die Europäische Union European Union
im Extremfall as a last resort

F

das Fachgeschäft, -e specialty store
die Fachkenntnis, -se specialized knowledge
die Fachkraft, ¨e expert
die Fachleute (*Pl.*) experts
der Fachmann, ¨er expert
die Fachrichtung, -en major field of study
fällen to fell
fällig due
fällig sein to be due
von Fall zu Fall from case to case
falten to fold
der/die Familienangehörige, -n family member
der Fehltag, -e a day when the worker does not report to work
die Feindseligkeit, -en animosity
die Feinmechanik precision mechanics
der Fernschreiber, - telex machine
der Fernsprecher, - telephone
feststellen to determine; to notice
die Filiale, -n chain store
die Finanzhilfe, -n financial support
der Firmenkopf, ¨e letterhead
die Fließbandarbeit, -en assembly line work
der Fluglärm aviation noise
die Flugsicherheit air safety
folgendermaßen as follows
die Folgerate, -n subsequent payment
die Folienbeschichtung, -en lamination

fördern to foster, to promote
Forderungen stellen to make demands
formgebunden having a prescribed form
die Fortdauer continuance, continuation
fortschrittlich progressive
die Fracht freight
das Frachtschiff, -e freight vessel
der Freibetrag, ¨e tax-free amount
die freie Marktwirtschaft free enterprise system
das Freischwimmbad, ¨er outside swimming pool
der Fremdkunde, -n non-customer
die Friedenssicherung peacekeeping measures
führen zu to lead to
der Führungsnachwuchs trainee(s), junior staff

G

der Gastarbeiter, - /die Gastarbeiterin, -en guest worker
die Gastronomie catering trade
die Gaststätte, -n restaurant
von etwas Gebrauch machen to make use of something
gebräuchlich common
die Gebühr, -en fee
gebührenfrei free of charge
die Geburtenhäufigkeit birthrate
der Geburtenüberschuß surplus of births
gedeckt covered
die Gegebenheit, -en situation
der Gegenpol counter balance
gegenseitig mutual
der Gegenstand item
gegenüberstehen (+ *Dat.*) to be faced with
die Gegenwartsform present tense
das Gehalt, ¨er salary
die Gehaltserhöhung, -en rise, raise
der Geldberater, - /die Geldberaterin, -nen bank counselor
gelten to be in force, to be valid
genießen to enjoy
genossenschaftlich cooperative
genügend sufficient
das Genußmittel consumable luxury item
die Genußmittelindustrie luxury food and tobacco industry
der Geräuschgrenzwert noise limit
die Gerechtigkeit justice
geringer less
der Gesamtbetrag total cost
die Gesamtbevölkerung total population
die Gesamtlaufzeit term
der Geschäftsführer, -/die Geschäftsführerin, -nen manager
die Geschäftszeiten business hours
die Geschwindigkeitsbegrenzung speed limit
Gesetze erlassen to pass laws
der Gesprächstermin appointment for an interview
gesundheitsschädlich detrimental to one's health
das Gesundheitswesen public health
die Getränke (*pl.*) beverages
die Getränkeverpackung packaging for drinks
getrennt nach divided by
gewähren to grant
die Gewerbesteuer trade tax
die Gewerkschaft, -en trade union
die Gewerkschaftskasse union fund
giftig poisonous
das Girokonto, *Pl.* Girokonten checking account
die Girozentrale, -n clearinghouse bank
glänzend brilliant
gleitend sliding
die Gleitzeit, -en flexible work hours
grenzen an (+ *Akk.*) to border (on)
der Großbetrieb large-scale enterprise
der Großhändler wholesaler
das Grundgesetz constitution
grundsätzlich all the time, on principle
das Gruppenverhalten group behavior
die Grußformel, -n complimentary closing
der Güteraustausch freight traffic
gutschreiben (+ *Dat.*) to credit

H

die Hafeneinrichtungen port facilities
die Haftpflichtversicherung liability insurance
die Haftung liability
der Handelsaustausch economic exchange
die Handelsbarriere trade barrier
die Handelsflotte merchant fleet
der Handelspartner trade partner
der Handelsvertreter, - die Handelsvertreterin, -en traveling salesperson
das Handwerk craft, trade
die Hauptquelle main source
das Heimatland, ¨er native country
heizen to heat
herausgeben to publish
herstellen to produce
die Hervorhebung stress, emphasis
jemandem etwas ans Herz legen to recommend something to somebody
die Hochgeschwindigkeitsstrecke high-speed stretch
hochgesteckt aiming for the best
das Hochschulstudium university education
die (Höchst)geschwindigkeitsbegrenzung speed limit
die Hypothekenbank, -en mortgage bank

I

immerhin anyhow, at any rate
das Industriegebiet, -e industrial area
die Industriemesse, -n industrial fair
der Industriestandort, -e industrial center, location
der Industriezweig, -e industrial branch
der Inlandzoll, ¨e domestic tariff
innerdeutsch (*formerly*) between East and West Germany
innereuropäisch within Europe
innergemeinschaftlich within the community
innerstädtisch within a city
insgesamt in total
integrieren to integrate
die Investition, -en investment

J

der Jahreszinssatz, ¨e annual percentage rate
der Jugendarbeitsschutz child labor law
der Jugendausschuß youth council

K

der Kanal, ¨e canal
die Kantine, -n cafeteria
das Kapital capital, money
der Kapitalmarkt, ¨e money market
die Kaufkraft purchasing power
die Kernenergie nuclear energy
Kfz (das Kraftfahrzeug) motor vehicle
das Kindergeld, -er child subsidy
die Kläranlage, -n water-treatment plant
der Klärschlamm sludge
der Kleinhändler, - retailer
kleinschreiben to use lowercase letter(s)
knapp barely
der Knotenpunkt, -e junction
die Konjunktur economic situation
konkurrieren to compete
der Konsument, -en consumer
Konsumgüter (*Pl.*) consumer goods
der Kontoauszug, ¨e account statement
der Kontostand account balance
kontrollieren auf (+ *Akk.*) to test for
die Körperschaftssteuer corporation tax
die Krankenversicherung health insurance
Kredit aufnehmen to take out a loan
Kredit einräumen to give credit
Kredit gewähren to grant credit
Krieg führen to wage war
die Kriegsopferversorgung war victim assistance
der Kundenkreis, -e clientele
der Kundenstamm clientele
kündigen to give notice
die Kündigungsfrist period of notice (*for withdrawal of funds*)
die Kundschaft clientele
der Kurs steht günstig the exchange rate is good
der Kurswert market value

L

das Laborschiff, -e laboratory boat
der Lagerraum, ¨e storage space, storage facility
die Landeswährung, -en currency of a particular country
die Landeszentralbank, -en central bank
langfristig for a long time
die Lärm- und Müllbekämpfung fight against noise and garbage
der Lärmgrenzwert, -e noise limit
die Lärmsanierung measures to reduce the existing noise level
der Lärmschutzwall earth berm to block out noise
die Lärmvorsorge measures to reduce the noise level
die Lärmwand constructed wall to block out noise
der Laster truck
die Lastschrift, -en debit
laufend current

die Laufzeit, -en repayment time
leben von to live on/by
die Lebenslage, -n situation
der Lebenslauf, ¨-e C.V., resumé, autobiographical statement
der Lebensunterhalt cost of living
lebenswichtig vital
die Leerzeile, -n empty line
die Lehrmittel (*Pl.*) instructional materials
leistungsfähig efficient
der Lieferant, -en supplier
der Lieferer, - supplier
die Lieferzeit, -en delivery time
der Linienflug, ¨-e regularly scheduled flight
der Linienverkehr regularly scheduled flights
locken to entice
der Lohn- und Gehaltstarif, -e wage or salary agreement
sich lohnen to be worthwhile
die Lohnsteuer income tax
löschen und beladen to unload and load
der Luftfahrzeugbau aircraft industry
die Luftreinhaltung maintenance of air purity
die Luftverkehrsgesellschaft airline
die Luftverschmutzung air pollution

M

die Mahnung, -en warning, reminder
der Mangel an (+ *Dat.*) lack of
die Mängelrüge, -n complaint
die Markenartikelindustrie brand-name industry
die Marktwirtschaft market economy
maschinengeschrieben typewritten
die Maßnahme, -n action, measure
die Mehrwehrtsteuer value-added tax
meiden to avoid
das Mindespreisniveau guaranteed minimum price
die Mindestbestimmung, -en minimum requirement
die Mindestzeit, -en minimal time
das Mißverständnis, -se misunderstanding
das Mitbestimmungsrecht right of codetermination
der Mitgliedstaat, -en member country
der Mitschuldner, - / die Mitschuldnerin, -nen cosigner
mitteilen to inform
mitwirken to join in working
die Molkerei dairy
mtl. (monatlich) monthly
mühelos easy (easily), without problems
der Mülltransport transport of waste, garbage
der Mutterschutz protection of pregnant women and new mothers

N

die Nachricht, -en message
nächstmöglich as soon (close) as possible
nahezu nearly
die Nahrungsmittelindustrie food industry
das Naturschutzgebiet, -e nature preserve
das Nettogehalt, ¨-er net income
die Niederlassung, -en branch
niedrig halten to keep low
das Niveau level
nochmalig additional, repeatedly
normen to standardize
die Notwendigkeit, -en necessity
die Nutzung utilization

O

oberirdisch above ground
öffentlich-rechtlich public
ökonomisch economic
optimal best
das Ostgebiet, -e Eastern territories (*areas east of the Federal Republic that were formerly part of the German Reich and include parts of Poland, the former Yugoslavia, Russia, and other countries—but not that part which became the German Democratic Republic*)

P

der Pappkarton, -s cardboard
die Pauschalreise, -n all-inclusive travel package
peinlich embarrassing
der Personalchef personnel director
der Personalleiter, - / die Personalleiterin, -nen personnel manager
der Personalrat staff council
die Personenbeförderung conveyance of passengers
der Personenkraftwagen (Pkw) private automobile
die Pfandflasche, -n bottle with deposit
der Pfandkasten, - returnable crate
das Pflanzenschutzmittel, - pesticide
pflegen to foster, cultivate
das Pflichtpfand mandatory (noncashable) deposit
die Pflichtversicherung, -en compulsory insurance
der Plastikschlauch, ¨-e plastic hose
die Plastiktüte, -n plastic bag
das Plus-Sparen saving of money remaining in checking account at month's end
der Postbezirk, -e postal zone or district
die Postleitzahl, -en Zip code
das Prämiensparen saving with a chance of winning cash
die Preisermäßigung, -en price reduction
das Preisniveau price level
preiswert at a reasonable price
die Privatisierung turning (state-owned) property into private property
die Probezeit, -en trial period, probation
die Produktionsstätte, -n production site
der Produzent, -en producer
pro Kopf per capita
das Pro-Kopf-Einkommen income per capita
die Provision, -en commission
das Prüfungsergebnis, -se test result
der Punkt, -e period

Q

quälen to torment
das Qualitätssiegel seal of quality
die Quelle, -n source

R

der Rabatt, -e discount
der Rahmen- oder Manteltarif framework of general agreement
der Rand, ¨-er edge, margin
die Rate, -n installment
die Rationalisierung rationalization
die Rechenmaschine, -n calculator
rechnen mit to count on
rechtlich legally
die Referenzen references
regeln to regulate, to work out
reizen to attract, entice
reizvoll attractive
reklamieren to complain, to make a complaint
die Rendite, -n yield, return on capital
die Rentenversicherung pension plan (insurance)
die Richtgeschwindigkeit suggested speed limit
richtungweisend pointing the way
der Rohstoff, -e raw material
die Rohstoffverarbeitungsindustrie raw material processing industry
rückgängig machen to undo
das Rückhaltesystem, -e restraining seatbelt
rückläufig decreasing
die Rücksichtnahme consideration
der Rückstand backwardness
rund approximately

S

die Sachkenntnis, -se factual knowledge
sachlich matter-of-fact
sanieren to repair, renovate
schädlich harmful
der Schadstoffgrenzwert, -e limit of toxic agents
schaffen to create
schalldämpfend sound muffling
schätzen to estimate
schätzen auf (+ *Akk.*) to estimate at
die Schätzung estimate
scheitern to fail, break down
die Schichtarbeit shift work
die Schiene, -n track
der Schienenlärm noise along railroad tracks
der Schiffbau shipbuilding
schleunigst as soon as possible
die Schlichtungskommission arbitration commission
schlucken to swallow
im Schnitt on average
das Schriftbild script, style of handwriting
das Schwefeldioxyd sulfur dioxide
die Seeschiffahrt overseas shipping
der Selbstbedienungsladen, ¨ self-service store
das Selbstlob self-praise
der Sicherheitsgurt, -e seatbelt
sichern to secure
der Sonderabfall special waste (*that is difficult to dispose of*)

sonnengeheizt solar heated
sich Sorgen machen um to worry about
das Sortiment, -e assortment
das Sozialgesetzbuch legal code of social welfare
die Sozialhilfe welfare aid
die Sozialleistungen (*Pl.*) social benefits
die Sozialpartner (*Pl.*) labor and management
das Sozialprodukt, -e national product
Sozialversicherung national insurance
spärlich sparsely
speichern to save
die Speicherung, -en storage (*in computers*)
die Sperrlinie, -n roadblock, barricade
sich spezialisieren auf (+ *Akk.*) to specialize in
der Spitzenservice best service
spüren to sense, notice
staatseigen belonging to the state
der Stand standard, level
das Standardblatt standard-size sheet of paper
ständig continual, constant
das Standlicht, -er parking lights
der Stau traffic jam
staunen to be amazed
die Steuer, -n tax
die Steuererleichterung, -en tax allowance *or* tax relief
die Steuerklasse tax category
die Steuervergünstigung, -en tax break
das Stichwort key word
stillegen to close down
stoßen auf (+ *Akk.*) to hit upon, bump into
das Straßenfahrzeug motor vehicle
streckenweise for certain stretches
der Strom electricity
subventionieren to support financially

T

tabellarisch in tabular form
die Tabelle table, chart
die Tarifpartner (*Pl.*) parties to collective agreements
die Tarifverhandlung wage/salary negotiations
der Tarifvertrag, ¨-e collective agreement
die Tarifvertragsparteien (*Pl.*) labor and management
tätig active
tätig sein als (+ *Nom.*) to be working as
tatkräftig actively, enthusiastically
das Teilzeitstudium part-time university studies
das Transportunternehmen, - transport business or enterprise
die Trasse, -n marked-out route
die Treuhandanstalt trust agency
die Tüte, -n (paper) bag

U

die Überalterung disproportionately large numbers of older people
überdacht covered with a roof
sich (etwas) überlegen to consider (something)
übermitteln to transmit
überregional connecting different regions
der Überschuß, *Pl.* **Überschüsse** excess, surplus
der Überseehafen, ¨ sea port
übersetzen to cross over
die Übersichtlichkeit clarity
überteuert overpriced
überwachen to watch, monitor
überweisen to transfer
die Überweisung, -en transfer (*of money*)
überwiegend predominantly
überzogen overdrawn
üblich common
umfangreich ample
umfassen to encompass
die Umgangsformen (*Pl.*) manners
umgestaltet remodeled
die Umkleidekabine, -n dressing room
umlagern to surround
der Umsatz, ¨-e turnover, sales
umsetzen to convert
umwandeln in (+ *Akk.*) to change into, convert
umweltfreundlich environmentally safe
umweltgerecht friendly to the environment
der Umweltlärm environmental noise
der Umweltschaden environmental damage
der Umweltschutz environmental protection
undenkbar unthinkable
unentbehrlich indispensable
der Unfallschwerpunkt, -e place with high concentration of accidents
die Unfallversicherung accident insurance
die Unsicherheit insecurity
unterirdisch underground
die Unterkunft, ¨-e housing
das Unternehmen, - enterprise
die Unternehmensleitung, -en management
der Unternehmergeist entrepreneurial spirit
unterstehen (+ *Dat.*) to be under the control of
die Unterstreichung, -en underlining
unterstützen to subsidize
die Unterstützung, -en support
unverändert unchanged
ursprünglich originally

V

verantwortlich responsible
verantwortungsbewußt responsible
verarbeitend processing
verärgert annoyed
verbilligen to lower (*in price*)
verbindlich binding
der Verbraucher, - consumer
die Verbraucherberatungsstelle, -n office for consumer advisory service
der Verbraucherschutzverband, ¨-e consumer protection agency
die Verbrauchsgüter (*Pl.*) consumer goods
die Verbrauchsgüterindustrie consumer products industry
die Verbrauchssteuer consumer tax
die Verbrennungsanlage, -n incineration plant
verderblich perishable
verdoppeln to double
vereinbaren to arrange
vereinbart agreed upon
sich vereinigen to unite
verfügbar available
die Verfügbarkeit availability
verfügen über (+ *Akk.*) to have at one's disposal
zur Verfügung stehen to be available
zur Verfügung stellen to make available
das Verhältnis relation(ship)
verhältnismäßig relatively
die Verhandlung, -en negotiation
der Verkaufs-Außendienst field sales representation
die Verkaufsfiliale, -n sales outlet
die Verkehrsberuhigung quiet zone (slow traffic)
der Verkehrsbetrieb traffic enterprise
die Verkehrsdichte traffic density
verkehrsgünstig easily accessible
die Verkehrsleistung, -en number of kilometers per person
das Verkehrsmittel means of transportation
das Verkehrswesen public transportation
die Verkleidung covering, lining, facing, paneling
verlegen to relocate
vermeiden to avoid
vermerken to record
vermindern to reduce
die Verpflegung, -en meals
verpflichten zu (+ *Infin.*) to obligate to
der/die Verpflichtete, -n responsible party
die Verpflichtung, -en obligation
der Verrechnungsscheck, -s collection-only check
das Versandgeschäft mail-order house
der Versandhandel mail-order business
verschaffen to provide
verschärfen to tighten, increase, intensify
der Verschmutzungsgrad, -e degree of pollution
verseuchen to pollute
verstopft jammed
die Verteidigung, -en defense
verteuern to increase in cost
der Vertrag contract
vertraulich confidential
die Vertreibung aus dem Paradies expulsion from paradise
der/die Vertriebene, -n person who has been exiled or driven out
verursachen to cause
verwalten to manage
verwenden to use
verwenden für to use for
die Verwendung, -en application
die Verwirklichung, -en realization
verzichten auf (+ *Akk.*) to renounce, do without
die Volkswirtschaft national economy
vorankommen to get ahead, move
Vorauskasse leisten to pay in advance
voraussetzen to presuppose
die Voraussetzung, -en prerequisite, requirement
voraussichtlich in all probability

die Vordisposition, -en market research
vorgedruckt (pre)printed
vorgeschrieben required, prescribed
vorhanden sein to exist
vorsehen für (+ *Akk.*) to earmark for
das Vorstellungsgespräch, -e interview
vorurteilslos without prejudice

W

wachen über (+ *Akk.*) to watch over
der Wachstumsmarkt, ¨-e growth market
wahnsinnig immense
die Währungsstabilität currency stability
der Wandel, - change
sich wandeln to change
der Warenabsatz, ¨-e sale of goods
die Wärmepumpe, -n heat pump
das Wasserstraßennetz, -e network of waterways
die Wasserverschmutzung, -en water pollution
wechselnd changing
wegfallen to be omitted
das Weinbaugebiet, -e wine-producing area
weiterbilden to further educate
der Weltumsatz, ¨-e turnover on the international market
die Wende turning point; *here:* unification
der Werbebrief, -e advertising letter
werben um to advertize for
die Werbung, -en advertisement
der Werdegang, ¨-e career
die Werft, -en shipyard
der Werkhandel factory-outlet sales
wesentlich essential
der Wettbewerb, -e competition
wettbewerbsfähig competitive
wettbewerbsunfähig uncompetitive
die Wiedervereinigung unification
wiederverwendbar reusable
wiederverwerten to recycle, utilize again
die Winzerei, -en vineyard and winery
wirksam effective
die Wirtschaftsförderung, -en economic support
die Wirtschaftsleistung, -en economic output
die Wirtschaftswissenschaften (*Pl.*) economics
der Wirtschaftszweig, -e branch of trade, sector of the economy
die Wissenschaft, -en science
das Wohl, das Wohlergehen welfare
wohlhabend wealthy
das Wohngeld, -er rent assistance

Z

der Zahlungsempfänger, - recipient of money
die Zahlungskondition, -en terms of payment
der Zahlungspflichtige, -n person responsible for paying
der Zahlungsverkehr payment transactions
die Zahlungsweise mode or methods of payment
die Zinsen (*Pl.*) interest
der Zinssatz, ¨-e interest rate
die Zollschranken (*Pl.*) customs barrier
die Zollstraße, -n toll road
das Zonengeschwindigkeitsschild, -er speed limit sign
zuführen (+ *Dat.*) to supply
zukunftssicher secure in the future
der Zulassungsschein, -e registration
zunehmend increasingly
sich zurechtfinden to find one's way around
sich zurückziehen to withdraw
sich zusammenschließen to merge
das Zusammenwachsen growing/coming together
zusätzlich additional
zuschlagpflichtig subject to surcharge
zuständig appropriate, relevant
zuständig sein für to be responsible for
zustimmen to agree
zuversichtlich optimistic
zweifeln an (+ *Dat.*) to doubt
die Zweigstelle, -n branch
der Zwischenhändler middleman

Index

A
Abfall, 243
Abgaben Sozialwesen, 146–148
Abgase, 232
Abwässer, 232
AG (Aktiengesellschaft), 183
Aktiengesellschaft (AG), 183
Allzweckdarlehen, 213–214, 218 (Muster)
Alternative Energiequellen, 247–248
Altersversicherung, 143
Anfrage, schriftliche, 71–72, 76
Angebot, schriftliches, 71–72, 76
Angebot und Nachfrage
  in EG-Ländern, 22–23
  im Handel, 185
Angestelltengewerkschaft, 191
Anrede in Geschäftsbriefen, 64
Arbeitgeberverbände, 191–192
Arbeitnehmer, ausländsiche, 175–177
Arbeitsförderung, 144
Arbeitsgesetz, 203
Arbeitslosenversicherung, 143–144, 147–148
Arbeitsplätze, 162, 165, 168
Arbeitswelt, 168–173
Arbeitszeiten
  in Deutschland, 102, 168, 172–173
  in EU-Ländern, 172
  Regelung von, 173
  in USA, 172
  Vergleich mit anderen Industrieländern, 172
Asian Pacific Economic Cooperation (APEC), 196
Aufbau in Ostdeutschland, 3–4
Ausbildungsförderung, 143, 144
Ausfuhr (Export), 162, 181, 197
Ausländerreiseverkehr, 104–105, 107–108
Ausländische Arbeitnehmer
  Arbeitslosigkeit, 177
  Beschäftigungsschwerpunkte, 177
  Heimatländer, 175
  Probleme, 176
Ausländische Unternehmer in Deutschland, 177
Auslandsinvestitionen, 165, 197
Außenhandel, 197
Außenzoll, in EG-Ländern, 22
Aussperrung, 191–192
Autobahnen, 39, 43–44
Autoindustrie, 7, 159
Autokennzeichen, internationale, 25
Autoreisen, 114–115
Autos
  Gütertransport mit, 43–44, 241
  im Straßenverkehr, 39
  im Tourismus, 43, 114–115
  als Umweltverschmutzer, 43, 48–49, 231–232

B
BAFöG (Bundesausbildungsförderungsgesetz), 144
Bahn, 37, 39, 45–51
BahnCard, 46 (Muster)
Bahnreisen, 114
Ballungsgebiete, 29, 43, 46, 232
Banken, 120, 159, 207–208, 210, 211
Bankkarte, 213
Barbezahlung, 185, 229
Bargeld, 120, 213, 226
Bargeldloser Zahlungsverkehr, 212–213, 227
Bauindustrie im Osten, 165–166
Bausparkassen, 207
Bekleidungsindustrie, 160, 165
Belastungen (Soll), 213
Benzin, 232, 241
Bestellung, schriftliche, 72, 76
Betriebsrat, 192
Bevölkerung
  Bundesrepublik Deutschland, 4
  Europäische Gemeinschaft, 28–29 (Schaubild)
Bewerbungsschreiben, 85–87
Binnenschiffahrt, 39, 57, 241
Bismarck, Otto von, 143
Bundesausbildungsförderungsgesetz (BAFöG), 144
Bundesbahn, 45
Bundesländer
  Beschreibung, 7–13
  Landkarte, 5
  Namen und Wappen, 2
Bundesnaturschutzgesetz, 236
Bundesrepublik Deutschland
  Bevölkerung, 4
  Größe, 3
  Industriegebiete, 159
  Lage, 3
Bundesvereinigung der Deutschen Arbeitgeberverbände (BDA), 191
Büromaschinen, 160
Busreisen, 109–111, 114

C
Camping, 114
City-Bahn (CB), 47
Chemieindustrie 159, 162
Chemikalien, schädliche, 232, 236
Commerzbank, 207

D
Dauerauftrag, 212–213 (Muster), 215
Deutsche Bahn AG, 45
Deutsche Bank, 207
Deutsche Bundesbank, 207
Deutsche Entwicklungsgesellschaft (DEG), 197
Deutscher Gewerkschaftsbund (DGB), 191
Deutsche Zentrale für Tourismus (DZT), 105
Dienstleistungen, von Banken und Sparkassen, 208
Dienstleistungsbereich
  Ausländer im, 177
  als Industriezweig, 159
Discountläden, 185
Dispositionskredit, 213
Distribution im Handel, 185
Dresdner Bank, 207
D-Zug, 47

E
ECU (European Currency Unit), 21, 23, 36
EC-Karte, 222, 227, 229
EC-Zug (EuroCity), 46
EFTA (European Free Trade Association), 23
EG (Europäische Gemeinschaft), 21–32, 36
EGKS (Europäische Gemeinschaft für Kohle und Stahl), 21, 22, 23
Eilzug (E-Zug), 47
Einfuhr (Import), 196–197
Einkommensteuer, 122, 124, 125
Einwegverpackungen, 236, 245 (Schaubild)
Einzelfirma, 183
Einzelhandelsgeschäft, 188
Einzelhändler, 185
Eisen- und Stahlindustrie, 160
Eisenbahn, 39, 40
Electronic Banking, 222, 227, 229
Elektroindustrie, 7, 8, 159, 199

Elektronische Datenverarbeitung (ED), 159
Energiequellen
  alternative, im Umweltschutz, 247–248
  für Energieversorgung, 160
Entwicklungsbeihilfe, 196
Entwicklungsländer, Handel mit Deutschland, 197
Ernährungsindustrie, 160
Erzeuger und Verbraucher, 184–185
Erziehungsgeld, 149
Erziehungsurlaub, 149
EU (Europäische Union), 19, 21–23, 36
EU-Länder
  Arbeitszeiten, 172
  Autokennzeichen, 25
  Handel mit Deutschland, 197
  Namen, 22
EURATOM (Europäische Atomgemeinschaft), 21–23
Eurocard (EC-Karte), 222, 227, 229
Eurocheque, 217 (Muster), 222
EuroCity (EC-Zug), 47
Europäische Atomgemeinschaft (EURATOM) 21–23
Europäische Freihandelszone (EFTA), 23
Europäische Gemeinschaft (EG)
  Bevölkerung, 28, 29 (Schaubild)
  Geschichte, 21–23, 29
  Landkarte, 28
  Mitglieder, 22–23, 28 (Schaubild), 29, 32
  Politik und Wirtschaft, 31–32, 36
Europäische Gemeinschaft für Kohle und Stahl (EGKS), 21, 22, 23
Europäische Union (EU), 19, 21–23, 32, 36
Europäische Währungseinheit (ECU), 21, 23
Europäische Wirtschaftsgemeinschaft (EWG), 21, 22
Europäischer Wirtschaftsraum (EWR), 24
Europäische Zentralbank (EZB), 21, 24
Europapaß, 36
European Currency Unit (ECU), 21, 23
European Free Trade Association (EFTA), 23
European Union (EU), 19, 21–23, 36
EU-Schecks, 227
EWG (Europäische Wirtschaftsgemeinschaft), 21, 22
EWR (Europäischer Wirtschaftsraum), 24
Export (Ausfuhr), 162, 181, 197, 251
E-Zug (Eilzug), 47

F
Fachgeschäfte, 185
FD-Zug (Fern-Expreß), 47
Fern-Expreß (FD), 47
Filialen, 186
Flughäfen, 53, 55 (Schaubild)
Flugsicherheit, 53
Flugverkehr, 39, 40
Flugzeugbau, 7
Forschung und Entwicklung, 18, 162
Frauen in der Arbeitswelt, 180
Freie Marktwirtschaft, 185
Fürsorge im Sozialwesen, 141–142

G
Gastarbeiter, 175–176
Gastronomie, als Industriezweig, 159, 177
Geldanlage, 208, 214
Geldautomaten, 213, 222, 226–227
Geldinstitute
  Banken, 206–208
  Postbank, 207, 208, 210
  Sparkassen, 207, 214–215
Geldwechsel, 229
Gemischtwarengeschäfte, 185, 187
Geschäftsbanken, 207
Geschäftsbezeichnungen, 182–183
Geschäftsbrief
  Format, 63–64, 102
  Muster, 65, 77–79
  Rechtschreibung und Stilistik, 67, 69, 82
Geschwindigkeitsbegrenzung, 43–44, 114
Gesellschaft mit beschränkter Haftung (GmbH), 183
Gesellschaftsformen (AG, GmbH, KG, OHG), 183
Gesundheitswesen, 156
Gewerbesteuer, 124
Gewerkschaften, 191–192
Gewerkschaftsbünde, 191
Girokonto, 208, 212–213
Grammatiknotizen
  Direkte Rede, 127
  Erweiterte Adjektivkonstruktionen, 224
  Fremdwörter im Geschäftsbrief, 69
  -ig oder *-lich*, 58
  Indirekte Rede, 127, 200–201
  Komparativ, 136
  Komposita (Zusammensetzungen), 238–239
  Konjunktionen, koordinierende, 126
  Konjunktionen, unterordnende (subordinierende), 40, 126
  Konjunktiv I, 127, 200–201
  Konjunktiv II, 127, 151
  Passiv, 130–131, 198–199
  Rechtschreibung im Geschäftsbrief, 67
  Relativsätze, 88–89, 163
  Sollen, 171
  Stilistik im Geschäftsbrief, 69
Großbanken, 207
Großhändler, 185
Grundgesetz, 143
Güterverkehr
  Eisenbahn, 39–40, 46, 48–49
  Flugzeug, 39
  Lastkraftwagen, 30–40, 43–44
  Schiff, 39, 57
Gutschriften (Haben), 213

H
Haben (Gutschriften), 213
Handel, 159, 182–189, 197
  Außenhandel, 197
  als Dienstleistungsbereich, 159
  Erzeuger und Verbraucher im, 184–185
  Großhandel, 185
  Kleinhandel, 185–186
Handelsgesellschaft, Offene, 183
Handelspartner
  Entwicklungsländer, 197
  EU-Länder, 197
  USA, 199
Handelsvertreter, 185
Hauptverkehrszeiten, 39
Hausmüll, 236, 245
Hersteller, 185
High-Tech Industrie, 7
Hochgeschwindigkeitszug (ICE), 46, 47, 199
Höchstarbeitszeit, 173
Hotels, 114, 120
Hypothekenbanken, 207

I
IC-Zug (InterCity), 46–47
ICAO (International Civil Aviation Organization), 242
ICE-Zug (InterCity Express), 46, 47, 60, 199
Import und Export, 162, 197, 199
Industriegebiete, deutsche, 159
Industrie in neuen Bundesländern (Ostdeutschland), 164–166
Industriemüll, 236
Industriezweige, 103, 159–160, 191
InterCity (IC), 46–47
InterCity Express (ICE), 46, 47, 60, 199
Interview und Stellenangebot, 95–96, 102
Invalidenversicherung, 143
Investitionen
  aus dem Ausland, 165, 197
  in die Bundesrepublik, 165, 197
  in die neuen Bundesländer, 165
IR-Zug (Interregio), 47

J
Jugendarbeitsschutz, 143, 144
Jugendausschuß, 192
Jugendliche als Käufer, 133–135

K
Kaufhaus, 186
Kaufkraft der Jugendlichen, 133–135
Kernenergie, 160
Kinderarbeit, 144
Kindergeld, 143, 144, 148, 156
Kirchensteuer, 125
Kläranlagen, 233
Kleinhändler, 185
Knappschaftsversicherung, 124
Kohle, 160
Kombinierter Verkehr, 241–242
Kommanditgesellschaft (KG), 183
Kontoauszug, 212, 217 (Muster)
Kontostand (Saldo), 212
Körperschaftssteuer, 124
Krankenkasse, 148
Krankenversicherung, 124, 141, 143, 144, 147–148
Kreditbanken, 207
Kredite, 208, 213–214
Kreditkarten, 212, 221–223, 226, 229
Kriegsopferversorgung, 143, 144
Kündigung
  in der Arbeitswelt, 148
  im Geldverkehr, 215
Kunststofferzeugnisse, 160

L
Lärmbekämpfung, 232–233, 235, 241, 242
Landeszentralbanken (LZB), 207
Landschaftschutz, 232, 236, 241
Landwirtschaft, 165, 182
Lastkraftwagen (Lkw), 43, 44 (Schaubild)
  im Gütertransport, 43–44 (Schaubild)
  als Luftverschmutzer, 48, 241
Lebenslauf, 91–94, 102
Leistungen im Sozialwesen, 146–148, 156
Lkw-Verkehr, 43–44, 48, 241–241
Lohnsteuer, 124
Luftfahrt, 37, 52–55
Luftfahrzeugbau, 159
Lufthansa AG, 39
Luftschutz, 242
Luftverkehr, 39, 60
Luftverschmutzung, 43, 48–49, 231–232

M
Mängelrüge, schriftliche, 72, 77
Marktwirtschaft
  freie, 185
  soziale, 4, 128, 181–182
Maschinenbau, 159
Meeresverschmutzung, 233
Mega-Läden, 186
Mehrwegverpackungen, 245 (Schaubild)
Mehrwertsteuer, 124
Metallindustrie, 160
Mitbestimmungsrecht im Betrieb, 192
Müll, 232, 236, 245
Mustergeschäftsbriefe, 77–79
Mutterschutz, 143, 144, 148

N
Nachbarländer, 5
NAFTA (North American Free Trade Agreement), 35, 196
NATO (North Atlantic Treaty Organization), 22, 24
Naturschutz, 236, 241, 242
Naturschutzgebiete, 236

O
Öl, 160, 180
Offene Handelsgesellschaft (OHG), 183
Optik, 160
Ostdeutschland
  Aufbau, 3–4
  Industrie, 164–166
  Privatisierung, 165
  Reichsbahn, 45

P
Personalrat, 192
Personenverkehr, 39–40 (Schaubild)
Piktogramme im Reiseverkehr, 112–113
Pkw (Personenkraftwagen), 40, 241
Polizei, 120
Post, 159
Postbank, 207–208, 210
Postdienst, 182
Privatisierung, in Ostdeutschland, 165

R
RB (Regionalbahn), 47
Rechnungen, 213
Recycling, 241
Regen, saurer, 232
Regionalbahn (RB), 47
Regionalbanken, 207
RegionalSchnellBahn (RSB), 47, 50
Reichsbahn, 39, 45
Reiseschecks, 222, 225 (Muster)
Reiseverkehr
  ins Ausland, 104–105, 108
  in die Bundesrepublik, 105
  in Europa, 107 (Schaubild)
  Piktogramme im, 112–113
Rente, dynamische, 156
Rentenversicherung, 124, 143
Rohstoffe, 197
RSB (RegionalSchnellBahn), 47, 50

S
Saldo (Kontostand), 213
S-Bahn, 43, 47, 48–49, 50
Schadstoffreduzierung, 241
Schecks, 208, 212, 217 (Muster), 222
Schienenverkehr, 48, 242
Schiffahrt, 37, 56–57
Schiffbau, 159
Schiffsreisen, 114
Schlichtungskommission, 191
Schlußformel, in Geschäftsbriefen, 64, 76
Schwefeldioxyd, 232
Seeschiffahrt, 57
Selbstbedienungsläden, 186
Siemens AG, 199
Solarzellen, 248
Soll (Belastungen), 213
Sonnenenergie, 247–248 (Schaubild)
Soziale Entschädigung, 143, 144
Soziale Marktwirtschaft, 4, 128, 181–182
Sozialgesetzbuch, 143
Sozialhilfe, 141–144, 147, 152–154 (Schaubild)
Sozialleistungen, 146–148, 156
Sozialpartner, 190, 191
Sozialversicherungen, 141–144
Sparen, 140, 207–208, 209, 214, 229
Sparkassen, 207, 214–215
Sparkassenbriefe, 214, 215, 217 (Muster)
Sparkonto, 208, 214–215
Staatsausgaben, 123
Stellenangebote, 98–99, 169–170
Stellenbewerbung
  Bewerbungsschreiben, 85–87
  Lebenslauf, 91–94
  Vorstellungsgespräch, 96–97
Steuererleichterungen für Unternehmen, 197
Steuern, 122–125
Straßenfahrzeugbau, 159
Straßenverkehr, 32, 39, 42–44,48, 114, 242
Streik, 191, 193, 195
Strom, 120
Supermärkte, 186

T
Tarifpartner, 191
Tarifverhandlungen, 191, 195
Tarifverträge, 173, 182, 191, 195
Telefonkarten, 120, 229
Textilindustrie, 160, 165
TGV (Train a Grand Vitesse), 199
Tochtergesellschaft, 182

Tourismus, 7, 103, 120, 159
Transitland, Deutschland als, 44 (Schaubild), 45
Transportbereich
  ausländische Unternehmer im, 177
  Gütertransport, 39–40, 43–44, 46, 48, 57, 242
  Personentransport, 39–40, 43, 46–47, 48, 53–55
Transportmittel
  Bahnen, 37, 39, 45–51
  Flugzeuge, 39–40
  Schiffe, 56–57
  Straßenfahrzeuge, 39, 43–44, 48, 114–115
  Züge, 46–47, 50–51, 60, 199
Treuhandanstalt, 4, 165
Triebwagen, 50–51
Trinkgeld, 120

U
U-Bahn, 40, 43, 47
Überseehäfen, 57
Überweisungen, 208, 212, 217 (Muster), 227
Umsatzsteuer, 124
Umschulung,144, 165
Umweltbundesamt, 232, 251
Umweltprobleme, 159, 231–237
Umweltschutz, 159, 232, 240–245, 251
Umweltschutzgesetze, 236
Umweltverschmutzung
  durch Abfall, 243, 245
  durch Autos, 43, 232
  durch Chemikalien, 232, 236
  durch Lärm, 232, 235, 242
  durch Müll, 236, 245
  in der Luft, 232
  im Wasser, 232
Unfallversicherung, 143, 144, 147
Universalbanken, 207
Unternehmer, Ausländer als, 177
Urlaubsreisen, 18, 104–105, 107, 109–111
Urlaubszeit, 156, 173
USA als Handelspartner, 199

V
Verbraucher
  Erzeuger und, 184–185
  Jugendliche Käufer als, 133–135
  in der Konsumgesellschaft, 132, 134–135
Verbraucherschutz, 128–129
Verbrauchsgüterindustrie, 160
Verbraucherschutzgesetze, 129
Verbrauchersteuer, 124
Verkehrsberuhigung als Umweltschutz, 241
Verkehrsbund, 46
Verkehrsleistungen, 40 (Schaubild)
Verkehrsmittel, öffentliche, 39, 42–43
Verkehrsträger, 37–40
Verkehrsunternehmen, staatliche, 182
Verpackung, 243, 245
Verpackungsmittel, 245
Verpackungsmüll, 245
Verrechnungsscheck, 213
Versandgeschäfte, 186
Versicherungen, 124, 141–144, 159
Versorgung, im Sozialwesen, 142
Vogelschutz, 242
Vorstellungsgespräch, 96–97, 102

W
Währungeinheit, europäische (ECU), 21
Währungsunion, 36
Warenhaus, 186
Warentest, 128–129
Warentransport = Güterverkehr
Wasserstraßennetz, 57
Wasserverschmutzung, 232
Weihnachtsgeld, 173
Weltmarkt, Deutschland im, 197
Werbung, 185
Wertpapiere, 209
Wettbewerb
  im Geldverkehr, 207–208
  in der Marktwirtschaft, 182, 185
Wiederverwertung, 236, 243
Wiedervereinigung, 3, 165
Wirtschaft
  ausländische Arbeitnehmer, 175–177
  Geldverkehr, 207–208
  Handel, 159, 184, 197
  Import und Export, 197
  Marktwirtschaft, 182, 185
Wirtschaftsausschuß, 192
Wirtschaftspolitik in der EG, 22
Wohlfahrtstaat, 143
Wohngeld, 143, 144

Z
Zahlungsverkehr, bargeldloser, 212–213, 227
Zeitungen, 120
Zölle, 22, 197
Zollvergünstigungen, 197
Züge, 46–47, 50–51, 60, 120, 199

About the Author

Dr. Gudrun Clay, a native of Germany, studied French, English, and Education at the University of Bonn. She received her Ph.D. in Germanic Languages and Literatures from the University of Colorado. Her teaching career spans assignments at elementary schools, the U.S. Army Education Center Overseas, the University of Denver, and Metropolitan State College of Denver where she is now a full professor in the Department of Modern Languages.

In 1988, Dr. Clay was the recipient of the Excellence in Teaching Award from the Golden Key National Honor Society. In 1993, she was named Chair of the Academy for Teaching Excellence in Denver. She has received numerous grants to develop courses in Business German and to participate in Business German workshops and seminars in the United States and Germany. In 1993, Metropolitan State College of Denver became a test center for the **Prüfung Wirtschaftsdeutsch International.** Dr. Clay conducts these examinations annually.

In addition to teaching, Dr. Clay is active in curriculum development with an emphasis on computer-assisted instruction. She is currently designing a grammar workbook to accompany an interactive German language video series produced by BBC.

Dr. Clay chairs the International Education Committee of the School of Letters, Arts, and Sciences and is a member of the Committee of the International Studies Major Program at MSCD. Her interest in cross-cultural awareness is evident in her book *Dealing with Germans—Umgang mit Deutschen* (Wuth Publishing, Lünen, 1990), which she co-authored with Dr. Paul A. Schons.

Realia/Text Credits

Page 2, 7–13 (coats of arms) Presse- und Informationsamt; *7–13* (maps) Prestel Verlag; *7–13* (photos) Inter Nationes; *20* Goethe, New York; *21* Inter Nationes; *23* Bundesministerium der Finanzen; *27* Presse- und Informationsamt der Bundesregierung; *28, 30* Globus; *32* Presse- und Informationsamt der Bundesregierung; *40* Globus; *43* Verkehrsclub Deutschland; *44* Globus; *46* Deutsche Bahnen; *48, 50, 51* Pro Bahn Niederberg e. V.; *55* Globus; *74* (activity 1) Goethe, München; *77* Flothmann; *78* Kiekert; *79, 86, 87 (left), 92* Tom Dzimian; *98* Otto Versand; *105* Deutsche Zentrale für Tourismus; *107* Globus; *108* Brigitte Zeitschrift; *109, 110–111* Velbert; *112–113; 114–115* Deutsche Zentrale für Tourismus; *124* Bundesministerium der Finanzen, Bonn; *129* Inter Nationes; *132* Globus; *133* Rheinischer Merkur; *134* Globus; *149* Erich Schmidt Verlag; *154* Globus; *162* Die Welt; *173* Inter Nationes; *176–177* Informationen zur politischen Bildung, Nr. 237 Hrsg.: Bundeszentrale für politische Bildung; *209 (top)* Sparkassen Schulservice; *209 (bottom)* Sparkassenverlag; *210* Postbank; *212–215, 217–218* Sparkassen Schulservice; *225 (bottom)* American Express; *226* Sparkasse Velbert; *227* aus "Geschäftswelt", Wirtschafts- und Finanzzeitschrift für Freunde der Sparkassen, 26. Jahrg. Dez.93; *240, 243* Umweltbundesamt Berlin; *245* Globus; *247* Scala, Frankfurter Societäts Druckerei GmbH.

Appendix: Der Abdruck des Modelltests PWD geschieht mit freundlicher Genehmigung des Autors, Herrn Dr. Dieter Wessels, sowie des Goethe-Instituts, des Deutschen Industrie- und Handelstages und der Carl Duisberg Centren.